パーマの科学
SCIENCE OF PERM

Introduction

序文

本書は昭和55年（1980年）11月に初版が刊行された『毛髪とパーマ』が前身です。同書はパーマの専門書として理美容師の高い評価を得て、業界未曾有のベストセラーとなりました。その後、薬事法改正や理美容技術の進歩に伴い書き改められ、『サイエンス・オブ・ウェーブ』とタイトルを改めて今日に至りました。ちなみに現在の『サイエンス・オブ・ウェーブ　改訂版』は、これまで改版したなかでも最高の部数が増刷されています。インターネットが普及し情報があふれる現在であっても、こうして本書が支持されることは、理美容師の皆様が真に信頼できる情報を求めていることを示唆しているものと思います。

今回『パーマの科学』とタイトルを改めて出版することとなりましたが、改版の理由は背景として平成14年（2002年）の洗い流すヘアセット料自主基準の制定及び平成22年（2010年）の改正により、化粧品ヘアセット料が台頭してきたこと、平成26年（2014年）11月には「薬事法」が「医薬品、医療機器等の品質、有効性及び安全性の確保等に関する法律」に変わり、また平成27年（2015年）3月にはパーマネント・ウェーブ用剤製造販売承認基準が改正されると共に、平成26年12月にパーマ剤第1剤及び第2剤の分離申請が導入されたこと等により、パーマを取り巻く法的な、そして市場の環境が大きく変わったことがあります。こうした変化を技術委員会が精力的に見直して、加筆修正いたしました。

パーマは戦後70年、日本の理美容業の発展を支えてまいりましたが、出荷量は平成4年（1992年）をピークに下がり続けております。原因の1つは理美容師のパーマに対する興味と理解が減ったことにより、お客様への表現力が不足していることがあげられています。パーマに特化した本書によりパーマの認識を新たにし、ウェーブやカールスタイルの美しさ、そしてパーマの必要性をお客様にお伝えくださるよう、お願いいたします。

本書が一人でも多くのパーマファンを増やし、業界繁栄のお役に立つことができれば幸いに思います。

日本パーマネントウェーブ液工業組合
理事長　岩崎彰宏

ミクロの目で見る

ミクロの目で見る ［ヒトの様々な毛］

● 毛髪／断面
コルテックスが詰まった状態で、中心部には空洞のあるメデュラが観察できます。
写真提供／中野製薬株式会社

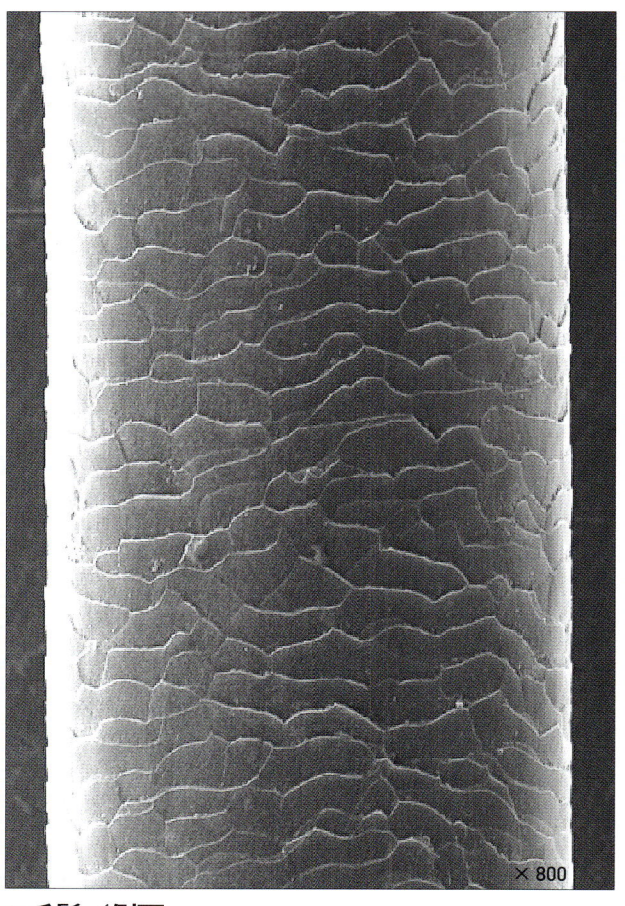

● 毛髪／側面
キューティクルがしっかりと重なり合い、割れ目、剥離、脱落等が見られない典型的な正常毛の状態です。
写真提供／中野製薬株式会社

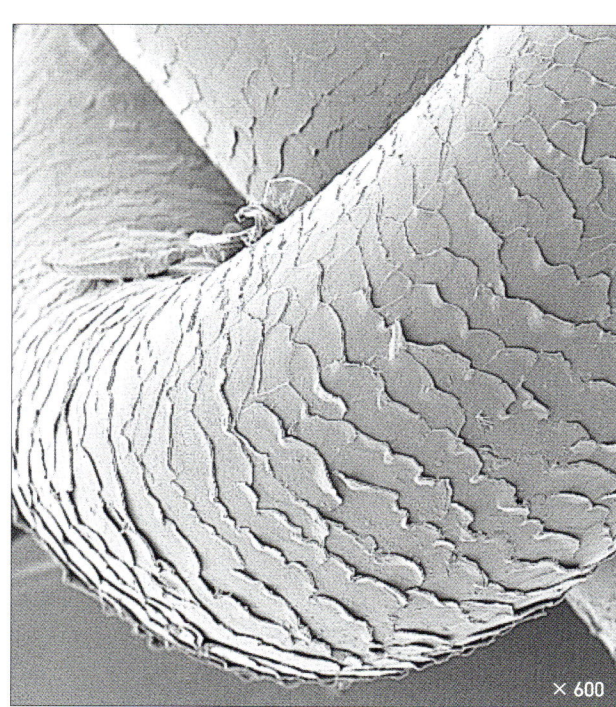

● 毛髪／結んだ状態
正常毛でも、結ぶことによりキューティクルは若干ですが浮き上がります。微細な損傷でも結ぶことで観察できます。
写真提供／香栄化学株式会社

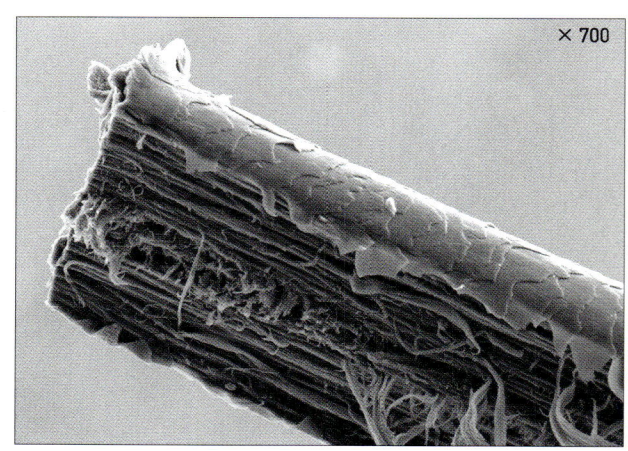

● 縦破断面
カラー毛を縦に裂いてコルテックスを露出させた状態です。
写真提供／タカラベルモント株式会社

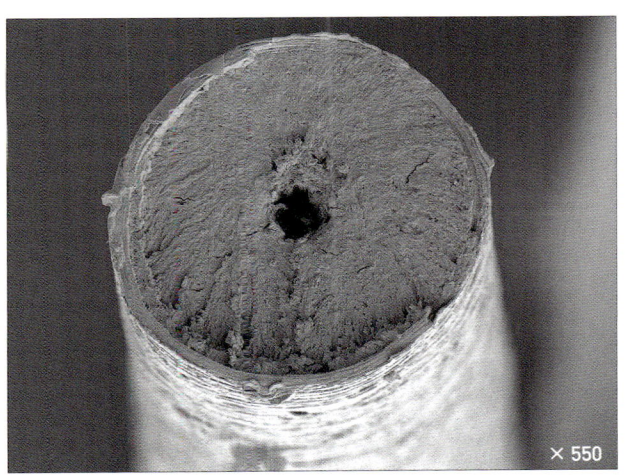

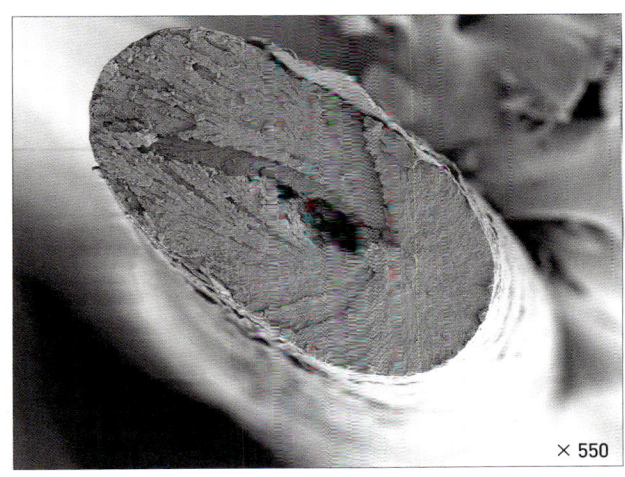

● 毛髪／直毛
真円に近い断面をしています。
写真提供／株式会社ミルボン

● 毛髪／縮毛
楕円の断面をしています。
写真提供／株式会社ミルボン

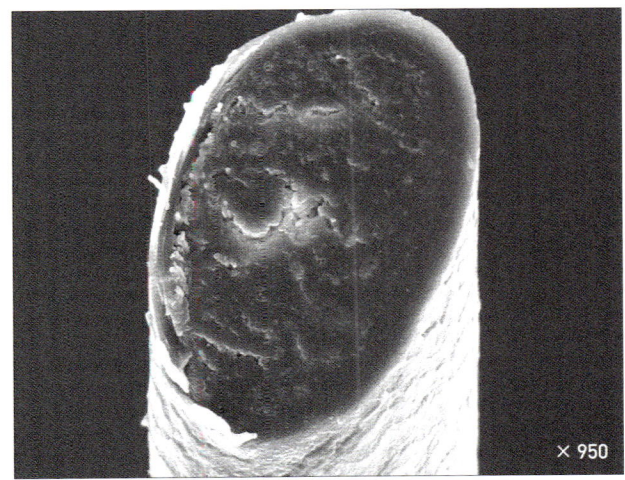

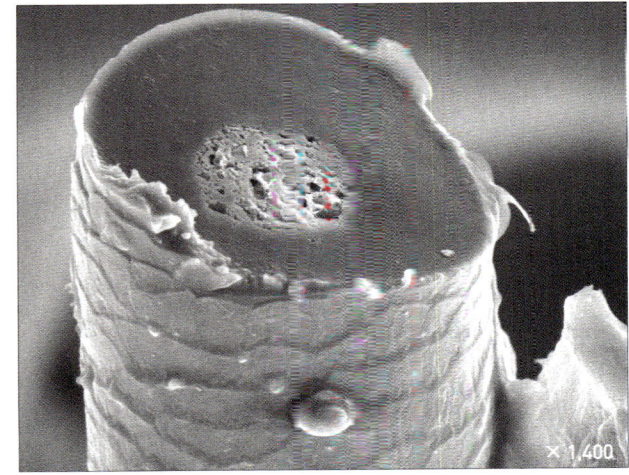

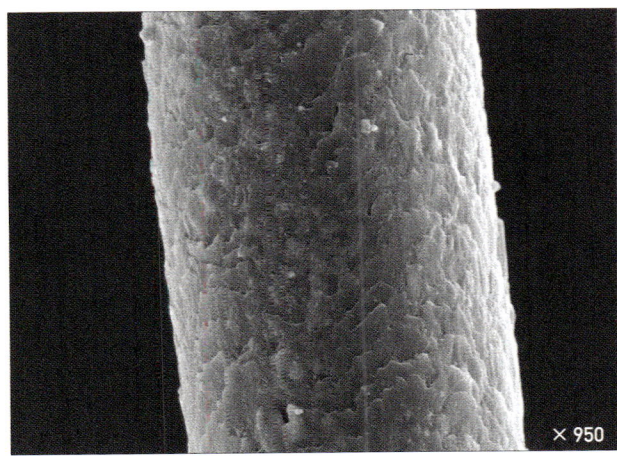

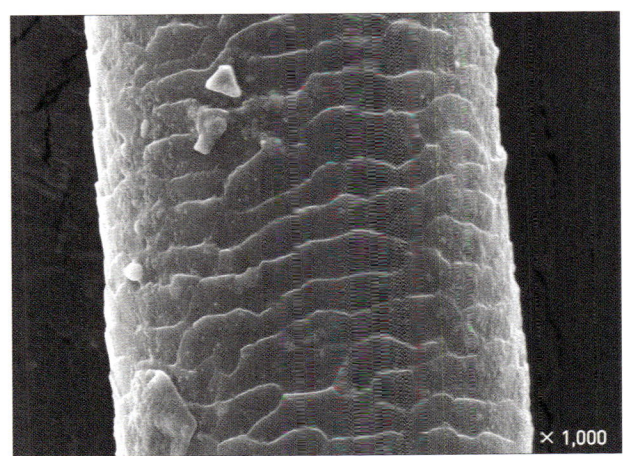

● 眉毛
メデュラは認められず、やや楕円の断面をしています。毛髪と比較してキューティクルは粗い状態です。
写真提供／株式会社アリミノ

● まつ毛
毛髪と同様の形態です。キューティクルもしっかりとありますが、毛髪よりもやや薄めです。
写真提供／株式会社アリミノ

ミクロの目で見る

ミクロの目で見る ［様々な損傷を受けた人毛］

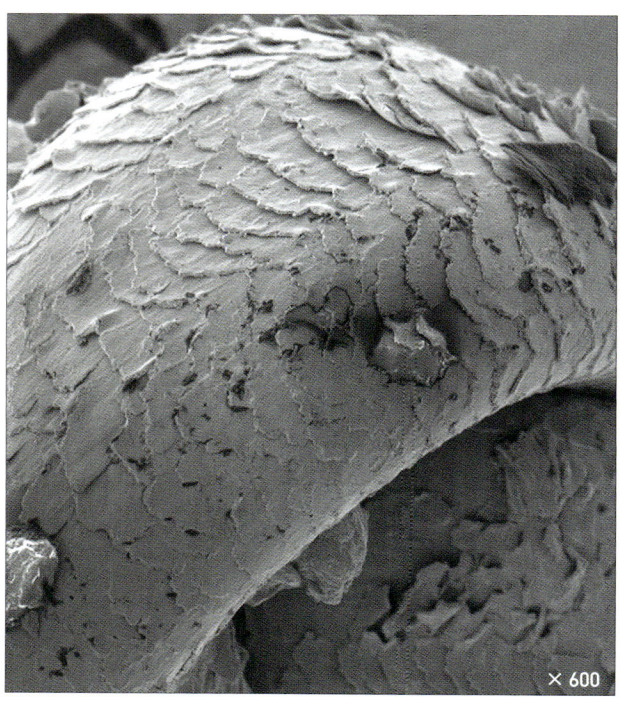

● ストレートパーマ＋カラー

コーミングの影響か、一部のキューティクルがはがれ、浮きやすい状態になっています。

写真提供／香栄化学株式会社

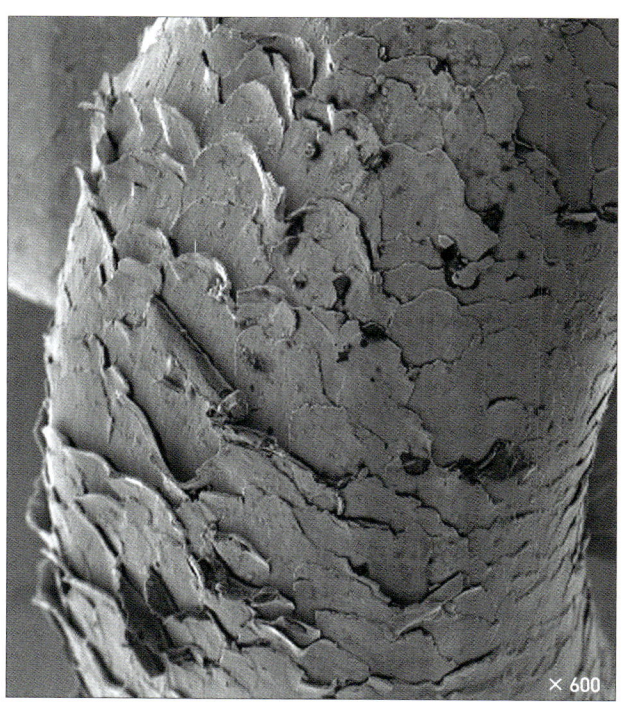

● パーマ＋カラー

パーマ剤と染毛剤の作用で、キューティクルが浮きやすい状態になっています。

写真提供／香栄化学株式会社

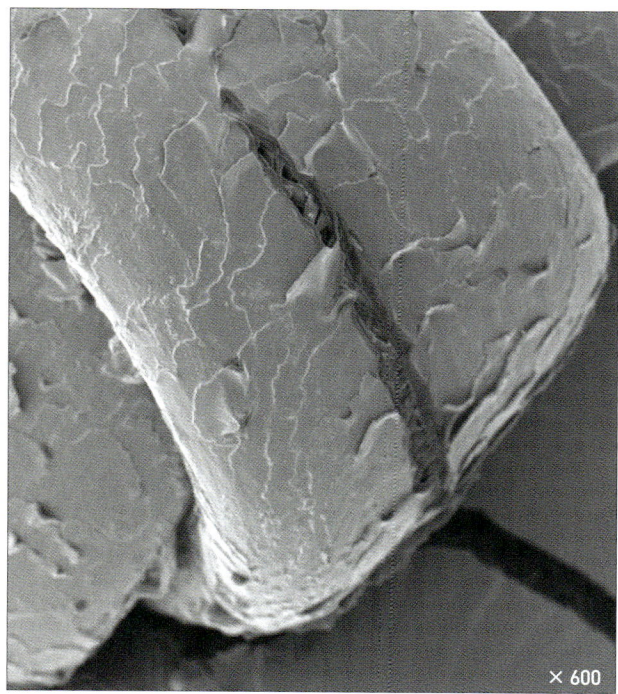

● カラー＋アイロン

染毛剤とアイロンの作用で毛髪の空洞化が進み、結んだ時の力に耐えきれず裂けた状態です。

写真提供／香栄化学株式会社

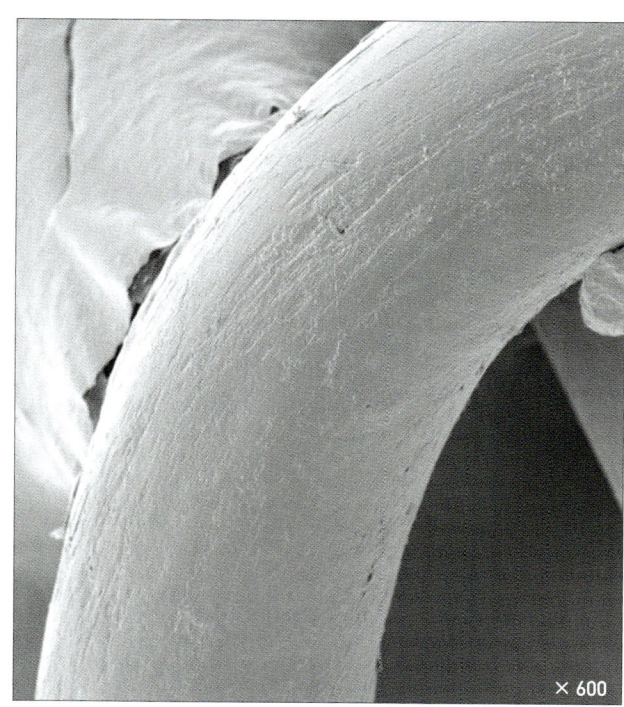

● 毛先（キューティクルがない状態）

損傷が進み、キューティクルが全て欠落した状態です。

写真提供／香栄化学株式会社

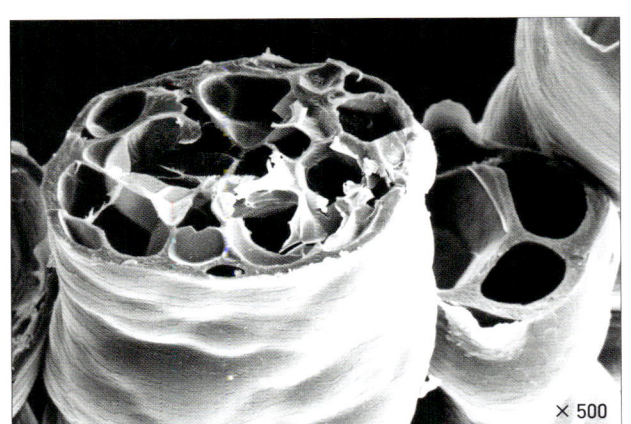

● 熱損傷_1

過度のアイロン処理により、沸騰した毛髪内の水分が毛髪組織を膨張させ、激しい空洞化が起きています。

写真提供／中野製薬株式会社

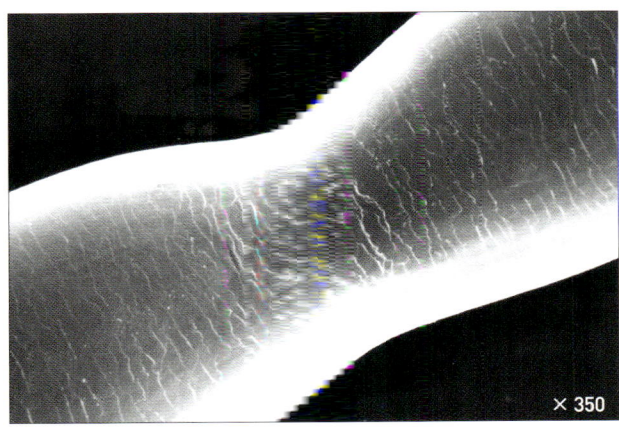

● 熱損傷_2

高温のアイロンで強く圧迫されたことにより、毛髪が変形しています。

写真提供／中野製薬株式会社

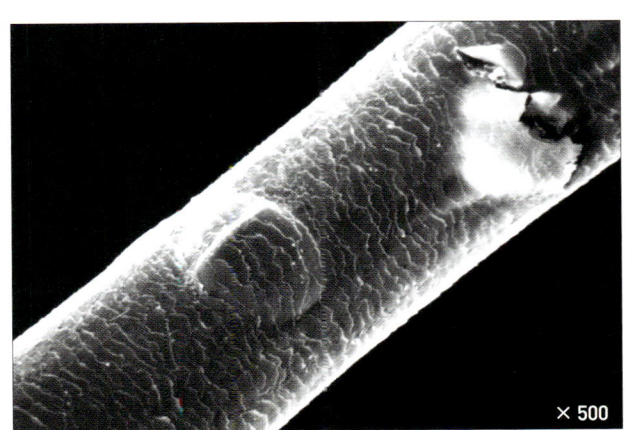

● 熱損傷_3

急激な加熱により、毛髪内部の水分が膨張し、一部が膨らんでいます。

写真提供／中野製薬株式会社

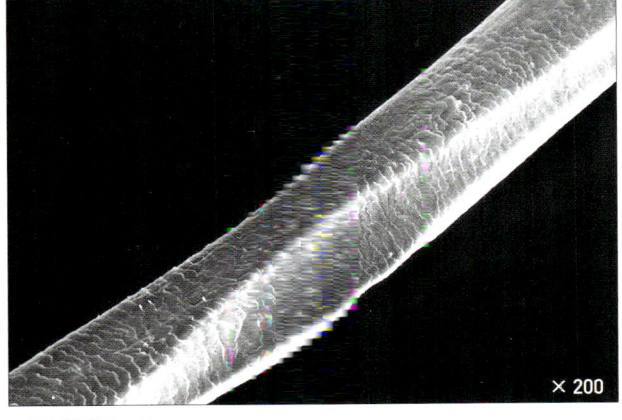

● 熱損傷_4

急激な加熱により、毛髪内の水分が蒸発して空洞となり、冷却されることで外観が凹んでいます。

写真提供／中野製薬株式会社

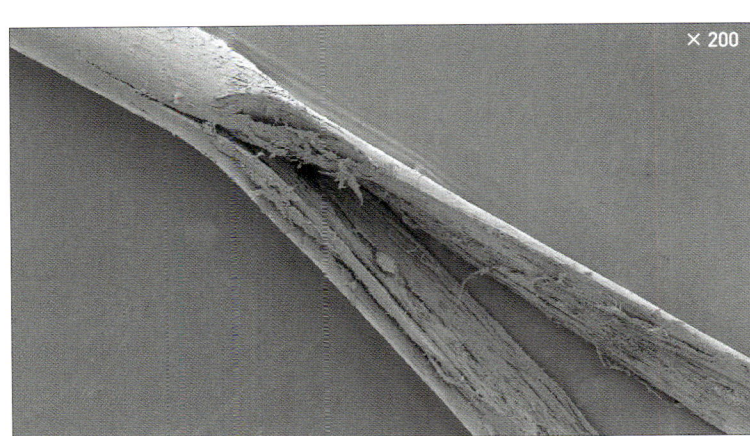

● 枝毛

毛髪が縦に裂けた状態です。

写真提供／香栄化学株式会社

ミクロの目で見る

ミクロの目で見る ［動物毛 ①］

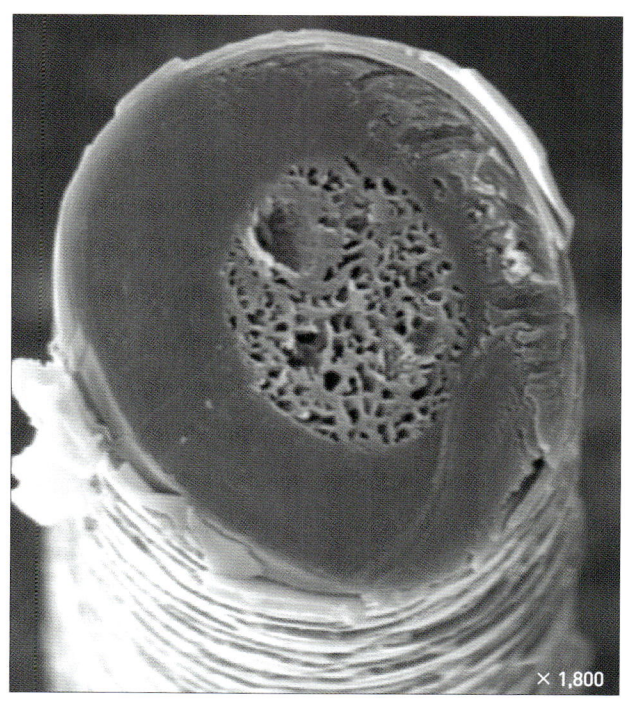

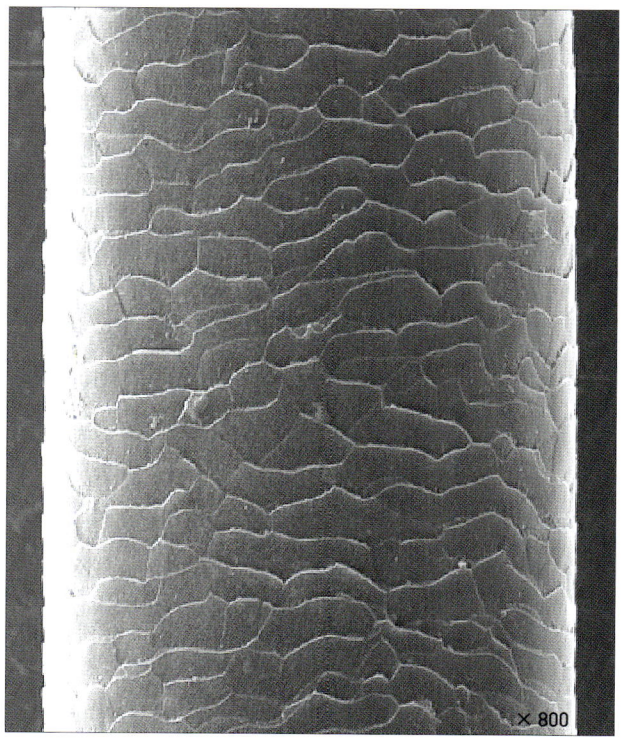

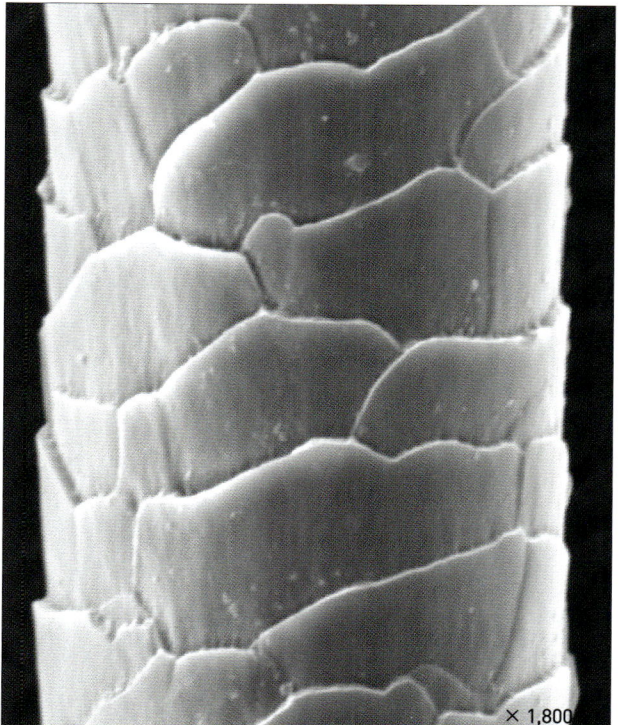

● **ヒト**

キューティクルが密で、しっかりとコルテックスがつまり、毛髪に占めるメデュラの割合は小さくなっています。
写真提供／中野製薬株式会社

● **イヌ**（ダックスフンド）

毛に占めるメデュラの割合が大きくなっています。
写真提供／中野製薬株式会社

口絵5 ｜ パーマの科学／ミクロの目で見る

動物毛は、一般的にメデュラが大きく、毛の軽量化や身体の保温に役立っていると言われています。いずれの毛も品種、年齢、性別、季節、毛の部位、環境等によって異なり、厳密な意味での普遍性は持ち得ません。

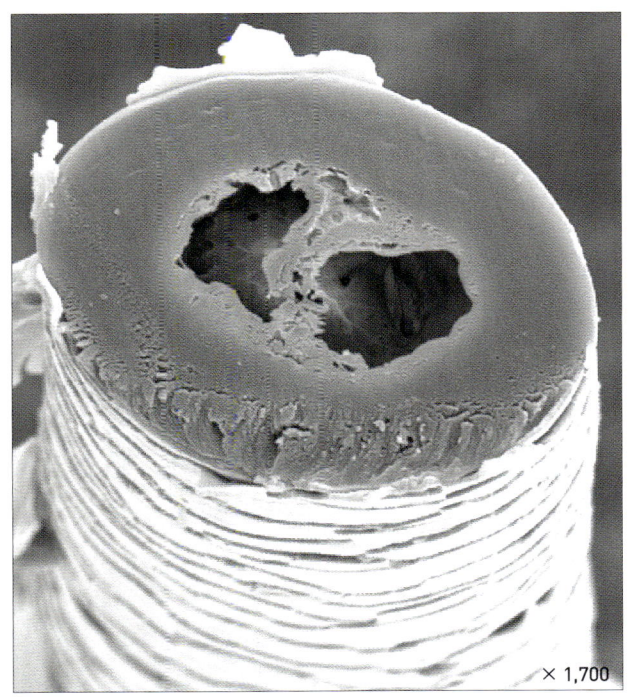

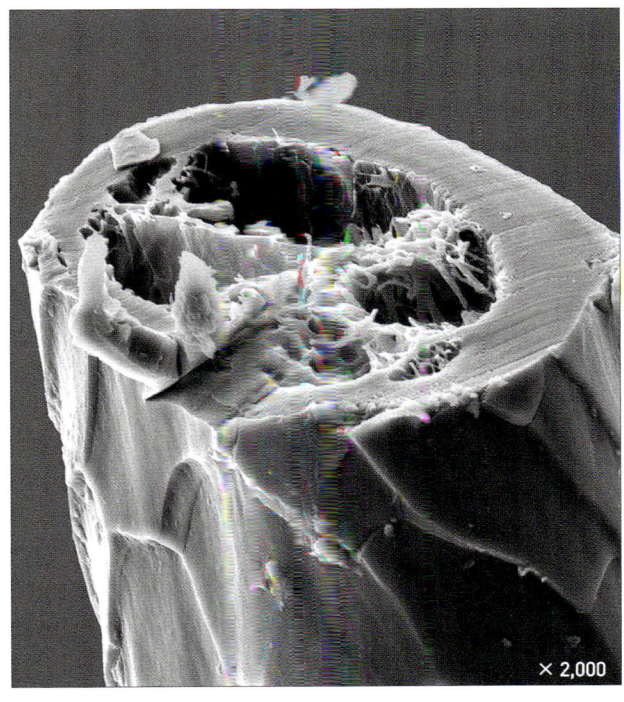

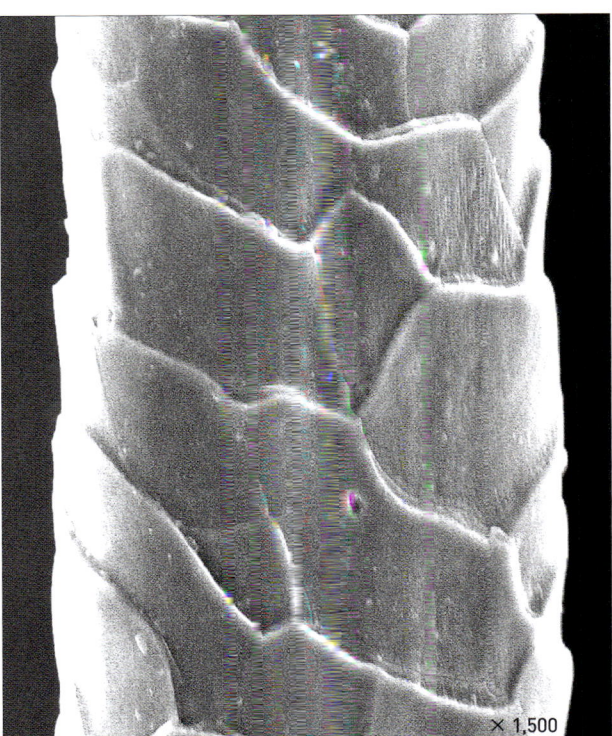

● **ネコ**（トンキニーズ）

角のあるキューティクルで覆われ、毛に占めるメデュラの割合が大きくなっています。

写真提供／中野製薬株式会社

● **ヒツジ**（メリノ）

イヌ、ネコよりもさらに大きな空洞のあるメデュラを持ち、コルテックスの占める割合が小さくなっています。

写真提供／一丸ファルコス株式会社

パーマの科学／ミクロの目で見る　口絵6

ミクロの目で見る

ミクロの目で見る ［動物毛 ②］

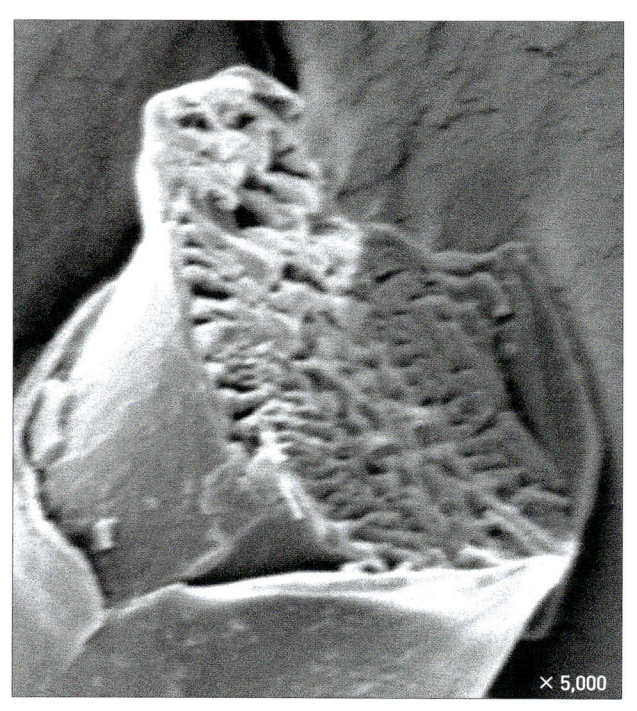

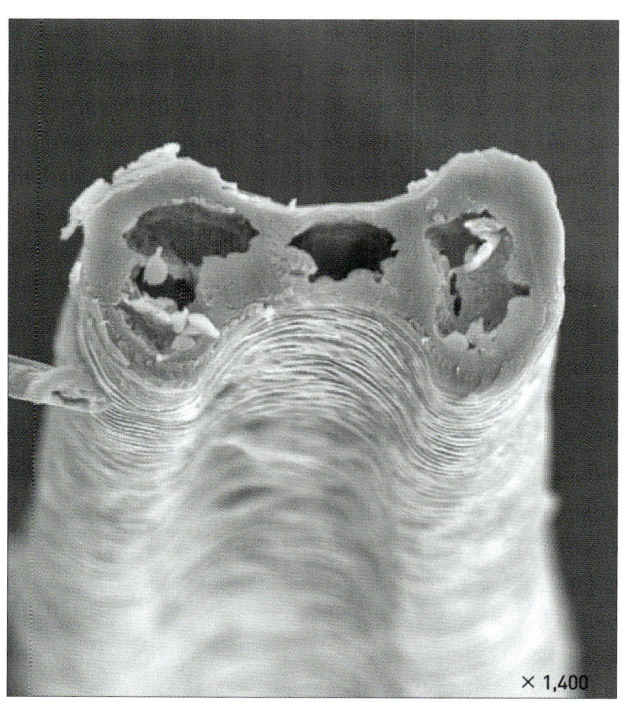

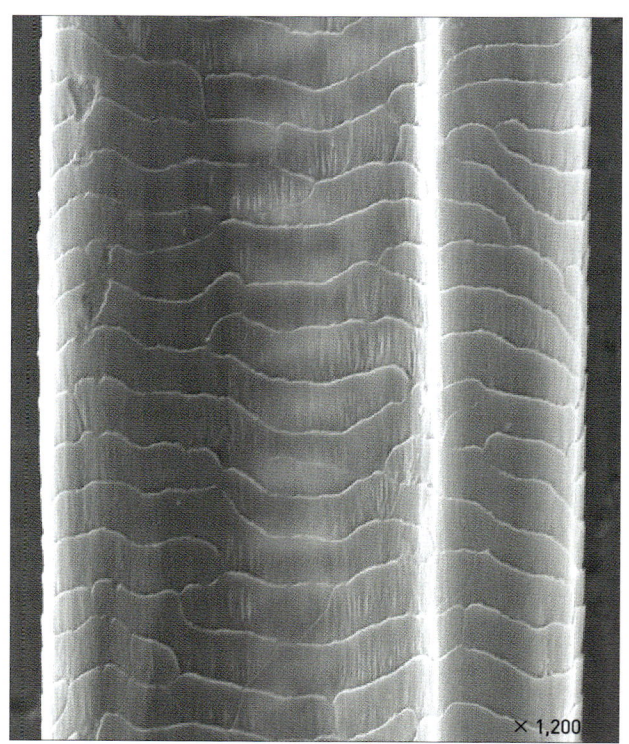

● ヤギ（カシミア）

キューティクルは粗いが、コルテックスの占める割合はとても少なく、小さな空洞を伴うメデュラが大部分を占めています。

写真提供／一丸ファルコス株式会社

● ウサギ

キューティクルは密に整っていますが、くびれた断面を持ち、大きな空洞が占めています。

写真提供／中野製薬株式会社

×3,300

×700

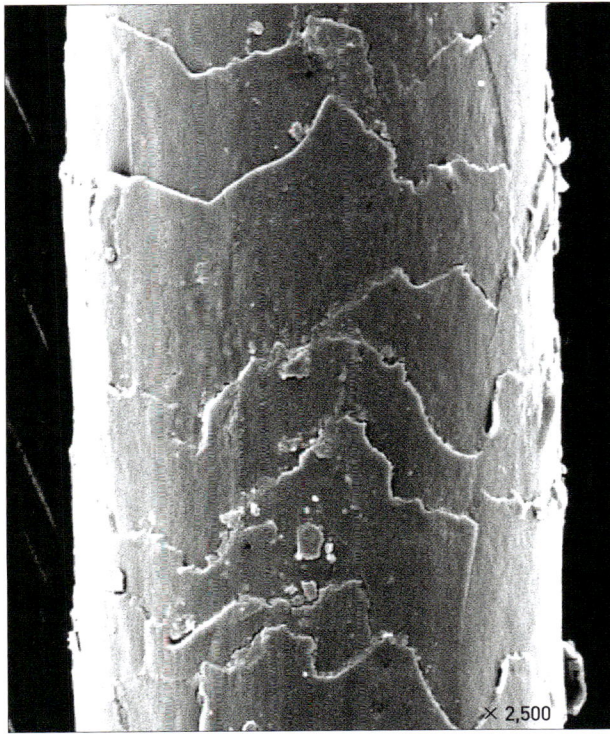

×2,500

×400

●アルパカ

ヤギと似た構造で、コルテックスの占める割合はとても少なく、小さな空洞を伴うメデュラが大部分を占めています。

写真提供／一丸ファルコス株式会社

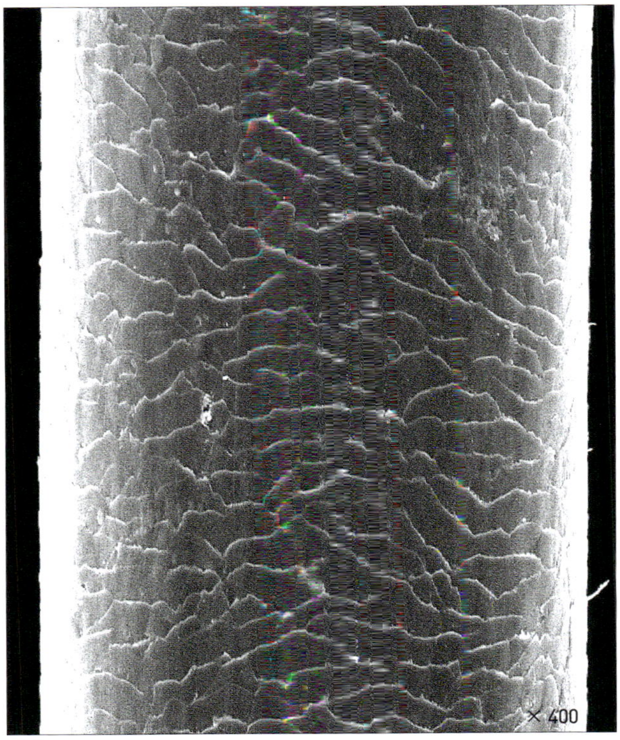

●ウマ

人毛と似た構造をしており、コルテックスが大部分を占め、中心部にはメデュラが認められます。

写真提供／一丸ファルコス株式会社

パーマの科学
SCIENCE OF PERM
CONTENTS．❶

序文	**003**
ミクロの目で見る	

第1章　パーマ剤の法的位置づけ　　**011**

（1）パーマ剤と法規制 …………………………………………………… **012**
　①医薬部外品の定義 ……………………………………………………… 012
　②パーマ剤の基準 ………………………………………………………… 014
　　「コールド・パーマネント・ウェーブ用剤最低基準」制定の背景
　　「パーマネント・ウェーブ用剤基準」の制定と変遷
　　「パーマネント・ウェーブ用剤製造（輸入）承認基準」の誕生と変遷
　　「パーマネント・ウェーブ用剤製造販売承認基準」の概要

（2）パーマ剤の承認（許認可）………………………………………… **017**
　　製品が使用されるまでのプロセス

（3）パーマ剤の品質確保 ………………………………………………… **019**
　①パーマ剤の品質規格 …………………………………………………… 019
　②製造管理及び品質管理規則 …………………………………………… 022

（4）パーマ剤の表示 ……………………………………………………… **023**
　　成分表示／使用期限

第2章　パーマの理論　　**027**

（1）パーマ剤の種類と特徴 ……………………………………………… **028**
　①パーマ剤の分類 ………………………………………………………… 028
　②パーマ剤の特徴を左右する要因 ……………………………………… 028
　　第1剤の組成／有効成分による変化／アルカリ剤による変化／添加剤による変化
　③その他の要因について ………………………………………………… 032
　　第1剤のpHの変化／施術温度について／第1剤のまとめ

第2章

④ 第2剤の種類と特徴 034
　臭素酸塩を有効成分とするパーマ剤第2剤
　過酸化水素を有効成分とするパーマ剤第2剤
　第2剤のまとめ

⑤ 分類によるパーマ剤の特徴 035

(2) パーマ剤の反応 039

① ウェーブ形成の理論 039
　シスチン結合（SS結合）に対する作用／塩結合と水素結合に対する作用

② 毛髪の微細構造への作用 042

③ 反応調整剤としてのジチオジグリコール酸 043

④ パーマ剤で起こりうる毛髪の損傷につながる異常反応 044

(3) パーマ剤の成分 046

① パーマ剤に使用される成分 046

② パーマ剤の基本構成 046

③ パーマ剤の成分 046

(4) カーリング料 054

① カーリング料の法的位置づけ 054
　ヘアセット料自主基準制定の背景／ヘアセット料自主基準の変遷
　ヘアセット料自主基準の概要／カーリング料の一般的な使用法
　カーリング料と過酸化水素水を含有する製品を組み合わせて使用できない理由

② カーリング料に配合されるチオール基を有する成分 057
　2001年の化粧品規制緩和／化粧品に配合されるチオール基を有する成分の特徴
　医薬部外品のパーマ剤にも配合されるチオール基を有する成分
　還元作用を有する成分の併用の目的／還元成分の毛髪への作用に関わる差値

第3章 パーマ施術の安全性の確保 061

(1) パーマ剤の使用上の注意 062
　使用上の注意自主基準／操作中の注意事項／保管及び取扱い上の注意事項
　その他の注意事項

(2) カーリング料の使用上の注意 068

(3) 安全な使用方法 071

① パーマ施術プロセス中の留意点 071
　毛髪診断と頭皮の状態確認／シャンプーと前処理／パーマ剤の選択
　ワインディングと第1剤塗布／第1剤の放置時間と温度管理／縮毛矯正剤の留意点
　高温整髪用アイロンを用いた縮毛矯正剤の留意点／中間水洗／第2剤塗布と放置時間
　後処理／パーマ施術後のホームケア／特殊な使用法／その他の留意点

② パーマ剤と皮膚障害 075
　一次刺激性接触皮膚炎／アレルギー性接触皮膚炎／理美容技術者の手荒れ

③ パーマ剤の危険性 076

パーマの科学
SCIENCE OF PERM
CONTENTS ❷

第3章

④ パーマ剤の目的外使用 ……………………………………………… 076
　目的外使用の例
⑤ まとめ ……………………………………………………………… 078

第4章　毛髪の構造と性質　081

(1) 毛髪の役割 …………………………………………………… 082

① 毛髪の役割 ………………………………………………………… 082
② 毛髪の形状 ………………………………………………………… 082
③ 毛髪の色 …………………………………………………………… 083

(2) 毛髪の発生機構 ……………………………………………… 084

① 頭皮と毛根 ………………………………………………………… 084
　毛包周辺の構造／皮膚の角化／毛根部の構造
② 毛髪の発生 ………………………………………………………… 086
　細胞分裂 → 増殖 → 角化
③ 毛周期 ……………………………………………………………… 086
　毛周期の特性と基本過程／毛周期の種類／毛の成長速度
④ 毛髪の色 …………………………………………………………… 088
　メラニン色素／白髪
⑤ 毛髪の脱毛 ………………………………………………………… 089
　自然脱毛と異常脱毛の判別／病的な脱毛の原因／男性型脱毛症
　円形脱毛症／パーマ剤による脱毛

(3) 毛髪の構造 …………………………………………………… 091

① 3層構造 …………………………………………………………… 091
　キューティクル（毛小皮）／コルテックス（毛皮質）／メデュラ（毛髄質）
② 毛髪の微細構造 …………………………………………………… 092
　キューティクルの微細構造／コルテックスの微細構造／メデュラの微細構造
③ 毛髪内の結合 ……………………………………………………… 096
　主鎖結合／側鎖結合

第4章

(4) 毛髪の成分と組成 — 099
- ① ケラチンタンパク質 — 099
- ② メラニン色素 — 100
- ③ 脂質 — 100
- ④ 微量元素 — 101
- ⑤ 水分 — 102

(5) 毛髪の化学的性質 — 103
- ① タンパク質とアミノ酸 — 103
- ② ケラチンタンパクとアミノ酸 — 104
- ③ L体とD体（DL体） — 107

(6) 毛髪の物理的性質 — 108
- ① 吸湿性と膨潤性　吸着と膨潤の定義／吸収・吸着・収着の定義 — 108
- ② 吸湿性　水分率 — 108
- ③ 膨潤性　膨潤の形態／膨潤度／膨潤のメカニズム — 112
- ④ 毛髪の乾燥 — 114
- ⑤ その他の物理的性質　熱変性／光変性／帯電性 — 115
- ⑥ 吸水性と膨潤の日常例　吸湿性の見方 — 115

(7) 毛髪の力学的性質 — 117
- ① 力学の基礎知識　弾性（弾力性）／塑性（可塑性）／粘性（粘度）／粘弾性 — 117
- ② 毛髪の強さと伸び　荷重伸長曲線／毛髪の弾性挙動 — 119
- ③ ケラチンタンパク質の分子構造と弾性挙動 — 120
- ④ 弾性ヒステリシスと可塑性 — 121
- ⑤ 毛髪の感触 — 122
- ⑥ セット — 122

(8) 毛髪の損傷 — 124
- ① 毛髪損傷の発生 — 124
- ② 毛髪損傷の原因 — 124
  摩擦による損傷／熱による損傷／紫外線による損傷／化学的損傷
- ③ 毛髪損傷の評価 — 127
  感覚的評価／顕微鏡観察／濡れ性測定／摩擦抵抗測定
  引っ張り強度測定／膨潤度測定／水分量測定／アミノ酸分析

(9) パーマ剤のウェーブ効率 — 131
- ① ウェーブ効率の測定方法について　キルビー（Kirby）法 — 131
- ② パーマ剤の違いによるウェーブ効率の違い — 133
- ③ 毛髪の違いによるウェーブ効率の違い — 134
  キューティクルについて／コルテックスについて
- ④ パーマ剤の処理時間とウェーブ効率について — 134

パーマの科学
SCIENCE OF PERM
CONTENTS ③

第5章 ヘアカラー&ヘアケアとパーマ　137

(1) ヘアカラーとパーマ　138
① ヘアカラーの理解の必要性　138
② 医薬部外品と化粧品の違い　138
③ 染毛剤（医薬部外品）　138
酸化染毛剤（永久染毛剤）／非酸化染毛剤（永久染毛剤）／脱色剤・脱染剤
④ 染毛料（化粧品）　144
酸性染毛料（半永久染毛料）／カラートリートメント（半永久染毛料）
毛髪着色料（一時染毛料）／ヘンナまたはヘナ（半永久染毛料）
⑤ ヘアカラー毛髪へのパーマ施術　145
⑥ パーマとカラーの同日施術　145

(2) ヘアケアとパーマ　150
① パーマ施術における【前・後】処理剤　150
前処理剤（プレ剤）／中間処理／後処理剤（アフター剤）
② シャンプー　152
シャンプーの配合成分／パーマ施術前のシャンプー（プレシャンプー）
パーマ施術後のシャンプー（アフターシャンプー）
パーマをかけた後の自宅でのシャンプー
③ ヘアトリートメント　156
ヘアリンス／ヘアトリートメント／洗い流さないヘアトリートメント
システムトリートメント／パーマにかかわるアフタートリートメント

第6章 パーマの歴史　161

(1) パーマの歴史　162
① 前史時代　162
② 黎明期　162
③ 電髪黄金時代と受難期　162
④ マシンレスウェーブ　163
⑤ コールドパーマへの道　164
⑥ 第2期 電髪黄金時代　164

第6章

⑦ チオグリコール酸の安全性 ... 165
⑧ コールドパーマネントウェーブ液特許事件 ... 165
⑨ コールドパーマ液の急速な普及 ... 165
⑩ システインパーマの出現 ... 166
⑪ ストレートパーマから縮毛矯正剤へ ... 167
⑫ 化粧品カーリング料 ... 167

(2) 欧米・アジアのパーマ剤規制 ... 169
① 欧州連合（European Union : EU） ... 169
② 米国（United States of America） ... 169
③ 東南アジア諸国連合（Association of South-east Asian Nations : ASEAN） ... 171
④ 中国（People's Republic of China） ... 171
⑤ 台湾（Republic of China） ... 171
⑥ 韓国（Republic of Korea） ... 172

第7章 パーマに関わるQ&A　173

Q01 妊娠している方や病後の方にパーマをかけてもいいでしょうか？ ... 174
Q02 パーマ剤の第2剤は酸化剤と教わったのですが、なぜ中和剤と呼ぶのですか？ ... 174
Q03 パーマでの手荒れを防止するにはどうしたらよいですか？ ... 175
Q04 欧米人と日本人、髪の細い人と太い人、髪質によってパーマのかかりはどう変わりますか？ ... 176
Q05 カーリング料にはなぜ過酸化水素が使えないのですか？ ... 177
Q06 pHって何ですか？ pHが1違うと、どうなるのですか？ ... 178
Q07 アルカリ度って何？ アルカリ度が1違うと、どう違うのでしょうか？ ... 179
Q08 サロンでは、何種類くらいのパーマ剤を用意しておけばいいでしょうか？ ... 180
Q09 ヘアカラー毛にパーマをかける場合、注意しなければならないことは何ですか？ ... 180
Q10 パーマとヘアカラーを1週間あけて施術しなければならない理由を教えて下さい。 ... 181
Q11 「ビビリ毛」という言い方がありますが、どのような状態をいうのでしょうか？ ... 181
Q12 「チオシス」とか「シスチオ」といった呼び方のパーマ剤がありますが、「チオ系」「シス系」とはどう違うのでしょうか？ ... 182
Q13 カーリング料の説明で見る「チオ換算」は、どう計算するのでしょうか？ ... 183
Q14 ロッドを加温するタイプの「ホット系の機械」を使用する場合に、パーマ剤やカーリング料を選択するポイントはありますか？ ... 184
Q15 パーマ剤の「目的外使用」とは何ですか？ ... 184

第8章 「パーマの科学」用語集　187

第9章 資料編　227

パーマネント・ウェーブ用剤製造販売承認基準（全文） ... 228
パーマネント・ウェーブ用剤添加物リスト通知 ... 243
洗い流すヘアセット料に関する自主基準 ... 245
参考文献一覧 ... 247
日本パーマネントウェーブ液工業組合会員名簿 ... 248

1

（1）パーマ剤と法規制
（2）パーマ剤の承認（許認可）
（3）パーマ剤の品質確保
（4）パーマ剤の表示

パーマ剤の法的位置づけ
パーマの科学　第1章

（1）パーマ剤と法規制 …………………………
（2）パーマ剤の承認（許認可） ………………
（3）パーマ剤の品質確保 ………………………
（4）パーマ剤の表示 ……………………………

第 1 章 パーマ剤の法的位置づけ

（1）パーマ剤と法規制

　昭和 35 年（1960 年）に制定された薬事法は、平成 26 年 11 月 25 日より「医薬品、医療機器等の品質、有効性及び安全性の確保等に関する法律」に名称が改正され施行されました。この法律の略称には、「医薬品医療機器等法」や「薬機法」が用いられますが、ここでは「医薬品医療機器等法」の略称で記述します。

　パーマネント・ウェーブ用剤（以下、パーマ剤と略します）は人体に使用するものであるため、毛髪や身体に対する安全性やその効能・効果を確保することが重要となります。

　そのため、パーマ剤は医薬品医療機器等法で医薬部外品に指定され、製造販売をするためには個々の製品ごとに国に承認申請をして、製造販売の承認を取得する必要があります。その申請の際には、内容物（成分名、成分の規格、配合量）や用法・用量及び使用上の注意等を記載する必要がありますが、有効性・安全性について確認された範囲等が示されたものがパーマネント・ウェーブ用剤製造販売承認基準（以下、パーマ剤承認基準と略します）です。

　また、パーマ剤の製造に当たっては製造所での製造管理及び品質管理規則等に従って適切に製造することも義務づけられています。

　一方、製造販売業者は製品に対して品質管理基準に従って出荷判定を行い、市販後には安全管理情報の収集が法的に義務づけられています。

　以下、これ等の事項について記述します。

①医薬部外品の定義

　医薬品医療機器等法（昭和 35 年法律第 145 号、改正平成 26 年法律第 122 号）の第一条では「医薬品、医薬部外品、化粧品及び医療機器等についてはその品質、有効性及び安全性の確保のために必要な規制を行う」ことにより、保健衛生の向上を図ることを目的とすることが述べられています。

　さらに、第二条の第 2 項では医薬部外品の定義が示されています。

第二条 2　医薬部外品の定義

　この法律で「医薬部外品」とは、次に掲げる物であつて人体に対する作用が緩和なものをいう。

一　次のイからハまでに掲げる目的のために使用される物（これらの使用目的のほかに、併せて前項第二号又は第三号に規定する目的のために使用される物を除く。）であつて機械器具等でないもの
イ　吐きけその他の不快感又は口臭若しくは体臭の防止
ロ　あせも、ただれ等の防止
ハ　脱毛の防止、育毛又は除毛
二　略
三　前項第二号又は第三号に規定する目的のために使用される物（前二号に掲げる物を除く。）のうち、厚生労働大臣が指定するもの

　この定義中の「厚生労働大臣が指定するもの」として、次のものが厚生労働省告示（平成 21 年 2 月 6 日厚生労働省告示第 25 号）で指定されています。この中の（21）にパーマ剤が明示されています。

厚生労働大臣が指定する医薬部外品

(1) 胃の不快感を改善することが目的とされている物
(2) いびき防止薬
(3) 衛生上の用に供されることが目的とされている綿類（紙綿類を含む。）
(4) カルシウムを主たる有効成分とする保健薬（(19)号に掲げるものを除く。）
(5) 含嗽薬
(6) 健胃薬（(1)号及び(27)号に掲げるものを除く。）
(7) 口腔咽喉薬（(20)号に掲げるものを除く。）
(8) コンタクトレンズ装着薬
(9) 殺菌消毒薬（(15)号に掲げるものを除く。）
(10) しもやけ・あかぎれ用薬（(24)号に掲げるものを除く。）
(11) 瀉下薬
(12) 消化薬（(27)号に掲げるものを除く。）
(13) 滋養強壮、虚弱体質の改善及び栄養補給が目的とされている物
(14) 生薬を主たる有効成分とする保健薬
(15) すり傷、切り傷、さし傷、かき傷、靴ずれ、創傷面等の消毒又は保護に使用されることが目的とされている物
(16) 整腸薬（(27)号に掲げるものを除く。）
(17) 染毛剤
(18) ソフトコンタクトレンズ用消毒剤
(19) 肉体疲労時、中高年期等のビタミン又はカルシウムの補給が目的とされている物
(20) のどの不快感を改善することが目的とされている物
(21) パーマネント・ウェーブ用剤
(22) 鼻づまり改善薬（外用剤に限る。）
(23) ビタミンを含有する保健薬（(13)号及び(19)号に掲げるものを除く。）
(24) ひび、あかぎれ、あせも、ただれ、うおのめ、たこ、手足のあれ、かさつき等を改善することが目的とされている物
(25) 医薬品医療機器等法第2条第3項に規定する使用目的のほかに、にきび、肌荒れ、かぶれ、しもやけ等の防止又は皮膚若しくは口腔の殺菌消毒に使用されることも併せて目的とされている物
(26) 浴用剤
(27) (6)号、(12)号又は(16)号に掲げる物のうち、いずれか2以上に該当するもの

一方、化粧品は医薬品医療機器等法第二条第3項に定義が示されています。

第二条3　化粧品の定義

この法律で「化粧品」とは、人の身体を清潔にし、美化し、魅力を増し、容貌を変え、又は皮膚若しくは毛髪を健やかに保つために、身体に塗擦、散布その他これらに類似する方法で使用されることが目的とされている物で、人体に対する作用が緩和なものをいう。

なお、後の章で説明する洗い流すヘアセット料（以下、カーリング料と略します）は化粧品に該当します。

②パーマ剤の基準

「コールド・パーマネント・ウェーブ用剤最低基準」制定の背景

　昭和20年代半ば頃までは、日本では亜硫酸塩を主成分としたソリューションと呼ばれる薬液を使う「電髪」の全盛時代でした。その頃、欧米ではすでにチオグリコール酸を使用したコールドパーマが主流を占めており、日本にも「コールドパーマ」が上陸しました。

　それまでの電髪と比較して、かかり具合や、毛髪へのダメージ程度等に優れるこの「コールドパーマ」は昭和20年代後半急速に普及し始めましたが、その結果、粗悪な製品が出現すると共に、それを使用する美容技術者の教育・技術の不足をもたらし、断毛や皮膚障害等の事故を多発させました。そのため、昭和31年（1956年）にコールドパーマの品質規格を定めた「コールド・パーマネント・ウェーブ用剤最低基準」が法律として制定されたのです。これがパーマ剤規制の始まりです。

「パーマネント・ウェーブ用剤基準」の制定と変遷

　昭和35年（1960年）には第1回目の改正が行われました。正確にはコールド・パーマネント・ウェーブ用剤最低基準を廃止し、新たにパーマネント・ウェーブ用剤基準が制定されたわけですが、これによって、加温式とpH範囲拡大に伴う酸性パーマが追加されました。

　翌、昭和36年（1961年）に新たな薬事法が施行され、人体を美しく健やかに保つ「化粧品」と、薬効を持つ「医薬品」との間に、両方の性格を併せ持つ「医薬部外品」が誕生することとなりました。パーマ剤はそれまで化粧品であったものが医薬部外品に移行され、また、染毛剤は医薬品から医薬部外品に移行され、パーマ剤と染毛剤は同一のカテゴリーに入ることになりました。

　次いで昭和43年（1968年）、パーマネント・ウェーブ用剤基準の第2回目の改正が行われました。ここでシステイン系パーマ剤と一浴式パーマ剤が追加されました。当時システイン系パーマ剤は、製品化が難しく、また市場のニーズがつかめなかったこともあり低迷していましたが、昭和50年頃から普及し始め、現在ではメーカーからの出荷金額の約30%を占めるまでに成長しています。

　昭和55年（1980年）、再び薬事法が改正されました。この改正により指定成分の表示及び安定性が3年未満の製品については、使用期限の表示が義務づけられました。

　昭和60年（1985年）、前回から17年ぶりにパーマネント・ウェーブ用剤基準の第3回目の改正が行われました。ここで、縮毛矯正剤、用時調製発熱二浴式パーマ剤及び過酸化水素水第2剤が加わり、合計7種の製品区分となりました。

　こうした規制の歴史を経て、安全で安定したパーマ剤の生産が可能となり、また、美容技術者の意識向上もあり、事故の減少には多大な効果がありました。

　しかし、製品の利便性や多様化を求め、パーマネント・ウェーブ用剤基準の変更や追加を要望しようとすると、この基準が「法律」であるために簡単には進まず、時間と複雑な手続きが必要とされたのも事実でした。こうした事情を背景に、次の新たな変化が起こったのです。

「パーマネント・ウェーブ用剤製造（輸入）承認基準」の誕生と変遷

　パーマ剤が医薬部外品であることは前述したとおりですが、医薬部外品というカテゴリーは欧米諸国にはありません。そのため、欧米諸国のメーカーが日本でパーマ剤を製造販売しようとするとき、こうした薬事上の枠組みや規制が分かりにくく、申請許可の困難さが指摘されることとなりました。そのため、日本の国際化という環境の変化に厚生労働省としても対応しなければならなくなりました。まずその手始めとして化粧品の種別許可制度、医薬部外品の承認基準制度、新指定医薬部外品の指定、そして平成13年（2001年）の化粧品基準の制定と続きます。

　パーマ剤は、国内メーカーに対しても審査の透明性の確保を図り、簡素化し、審査期間の短縮を図る必要性も生じていました。そのため、医薬部外品を分かりやすく見直すことが必要となり、染毛剤、パーマ剤、薬用歯みがき類及び浴用剤について承認基準が制定されました。

　パーマ剤の承認基準は、「パーマネント・ウェーブ用剤製造（輸入）承認基準」（以下、パーマ剤製造（輸入）承認基準と略します）として平成5年（1993年）に定められましたが、従来のパーマネント・ウェーブ用剤基準が法律であったことに対して、パーマ剤製造（輸入）承認基準は厚生労働省の定める局長通知として制定されたため、従来よりも変更や追加のハードルが低くなったと、当時は考えられました。なお、パーマ剤製造（輸入）承認基準の制定により従前のパーマネント・ウェーブ用剤基準は廃止されましたが、パーマ剤製造（輸入）承認基準に付随したパーマネント・ウェーブ用剤品質規格（以下、品質規格と略します）が新たに制定され、そこにパーマネント・ウェーブ用剤基準の内容が引き継がれました。

　その後、市場のニーズにより、平成11年（1999年）5月にチオグリコール酸系高温整髪用アイロンを使用する加温二浴式縮毛矯正剤が、平成27年（2015年）3月にチオグリコール酸系高温整髪用アイロンを使用するコールド二浴式縮毛矯正剤が新たに承認基準に加わりました。（図表1）

「パーマネント・ウェーブ用剤製造販売承認基準」の概要

　パーマ剤の承認基準は、従前のパーマネント・ウェーブ用剤製造（輸入）承認基準（厚生省薬務局長通知／平成5年2月10日、薬発第111号）から、現在はパーマネント・ウェーブ用剤製造販売承認基準（厚生労働省医薬食品局長通知／平成27年3月25日、薬食発0325第35号）となっています。

　以下、パーマネント・ウェーブ用剤製造販売承認基準をパーマ剤承認基準と略します。

　このパーマ剤承認基準では、パーマ剤は効能・効果及び安全

性の面から「毛髪にウェーブをもたせ、保つ」及び「くせ毛、ちぢれ毛又はウェーブ毛髪をのばし、保つ」の効能、効果をうたう頭髪用の外用剤と定義され、右の9項目を満たすことが定められています。

この（4）添加剤の種類、規格及び分量については、別途厚生労働省医薬食品局課長通知（薬食審査発0325第22号平成27年3月25日パーマネント・ウェーブ用剤添加物リストについて）により、定められています。その概要の抜粋を**図表2**に示します。

なお、パーマ剤承認基準に適合しないパーマ剤にあっては、有効性、安全性及び配合理由等についての資料に基づきパーマ剤承認基準外として別途審査されることになっています。

(1) 有効成分の種類
(2) 有効成分の分量
(3) 有効成分の規格
(4) 添加剤の種類、規格及び分量
(5) 各成分の原料規格
(6) 剤型
(7) 用法及び用量
(8) 効能又は効果
(9) 規格及び試験方法

図表1　パーマ剤の基準の歴史

年代	基準の変遷	薬事法の変遷	該当する製品等
（1945年～）昭和20年代			電髪パーマ
1956年 昭和31年	コールド・パーマネント・ウェーブ用剤最低基準の制定		コールド・パーマ
1960年 昭和35年	パーマネント・ウェーブ用剤基準の制定（最低基準廃止と制定・2種）		酸性パーマ 加温式パーマ
1961年 昭和36年		新薬事法制定／医薬部外品制定 パーマ剤（化粧品→医薬部外品） 染毛剤（医薬品→医薬部外品）	
1968年 昭和43年	パーマネント・ウェーブ用剤基準（第2回目改訂・4種）		システインパーマ 一浴式パーマ
1980年 昭和55年		薬事法改正／指定成分・使用期限の制定	
1985年 昭和60年	パーマネント・ウェーブ用剤基準（第3回目改訂・7種）		縮毛矯正剤、過酸化水素2剤、用時調製発熱式
1993年 平成5年	パーマネント・ウェーブ用剤基準廃止 パーマネント・ウェーブ用剤製造（輸入）承認基準制定		加温式シスパーマ
1999年 平成11年	承認基準の一部改正（9種）	新指定医薬部外品の制定	高温整髪用アイロンを使用する加温二浴式縮毛矯正剤
2000年 平成12年		事務連絡発出	高温整髪用アイロンを使用するコールド二浴式縮毛矯正剤
2001年 平成13年		化粧品基準施行	
2002年 平成14年	還元剤を配合した化粧品のヘアセット料に関する自主基準の制定（*）		チオール基を有する成分を配合したカーリング料
2004年 平成16年		新範囲医薬部外品の制定	
2005年 平成17年		薬事法改正／製造販売制度の制定	
2014年 平成26年		薬事法の名称が「医薬品、医療機器等の品質、有効性及び安全性の確保等に関する法律」に改正 課長通知発出	パーマ剤の分離申請
2015年 平成27年	承認基準を見直し名称を「パーマネント・ウェーブ用剤製造販売承認基準」に変更（10種）		

（*）ヘアセット料自主基準の変遷は、P.55第2章（4）カーリング料の図表2を参照のこと。

第1章 パーマ剤の法的位置づけ

図表2 パーマネント・ウェーブ用剤 添加物リスト（抜粋）

連番	添加物の名称	成分コード	規格コード	英名	外原規2006における成分名	旧外原規における成分名	粧原基における成分名	粧配基における成分名	使用時濃度上限（%）	備考	薬発第111号別表3で定める旧成分名称
0001	アクリルアミド・アクリル酸・塩化ジメチルジアリルアンモニウム共重合体液	532001	51	Acrylamide·Acrylic Acid·Dimethyldiallyl Ammonium Chloride Copolymer Solution	アクリルアミド・アクリル酸・塩化ジメチルジアリルアンモニウム共重合体液	アクリルアミド・アクリル酸・塩化ジメチルジアリルアンモニウム共重合体液		アクリルアミド・アクリル酸・塩化ジメチルジアリルアンモニウム共重合体液	5.0	外原規2006 別記II	アクリルアミド・アクリル酸・塩化ジメチルジアリルアンモニウム共重合体液
0002	アクリル酸・アクリル酸アミド・アクリル酸エチル共重合体	522001	51	Acrylic Acid·Acrylamide·Ethyl Acrylate Copolymer	アクリル酸・アクリル酸アミド・アクリル酸エチル共重合体	アクリル酸・アクリル酸アミド・アクリル酸エチル共重合体		アクリル酸・アクリル酸アミド・アクリル酸エチル共重合体	○	外原規2006 別記II	アクリル酸エチル・アクリル酸アミド・アクリル酸共重合体
0003	アクリル酸・アクリル酸アミド・アクリル酸エチル共重合体カリウム塩液	522002	51	Acrylic Acid·Acrylamide·Ethyl Acrylate Copolymer Potassium Salt Solution	アクリル酸・アクリル酸アミド・アクリル酸エチル共重合体カリウム塩液	アクリル酸・アクリル酸アミド・アクリル酸エチル共重合体カリウム塩液		アクリル酸・アクリル酸アミド・アクリル酸エチル共重合体カリウム塩液	○	外原規2006 別記II	アクリル酸エチル・アクリル酸アミド・アクリル酸共重合体液
0004	アクリル酸アミド・スチレン共重合体	520005	51	Acrylamide·Styrene Copolymer	アクリル酸アミド・スチレン共重合体			アクリル酸アミド・スチレン共重合体	○	外原規2006 別記II	
0005	アクリル酸アルキルエステル・メタクリル酸アルキルエステル・ジアセトンアクリルアミド・メタクリル酸共重合体液	520006	51	Alkyl Acrylate·Alkyl Methacrylate·Diacetone Acrylamide·Methacrylic Acid Copolymer Solution	アクリル酸アルキルエステル・メタクリル酸アルキルエステル・ジアセトンアクリルアミド・メタクリル酸共重合体液	アクリル樹脂液		アクリル酸アルキルエステル・メタクリル酸アルキルエステル・ジアセトンアクリルアミド・メタクリル酸共重合体液	○	外原規2006 別記II	アクリル樹脂液
0006	アクリル酸アルキル共重合体	522003	51	Alkyl Acrylate Copolyme	アクリル酸アルキル共重合体	アクリル酸ブチル・メタクリル酸共重合体		アクリル酸アルキル共重合体	○	外原規2006 別記II	アクリル酸ブチル・メタクリル酸共重合体
0007	アクリル酸アルキル共重合体エマルション(2)	522008	51	Alkyl Acrylate Copolymer Emulsion (2)	アクリル酸アルキル共重合体エマルション(2)	アクリル酸エチル・メタクリル酸エチル共重合体エマルション		アクリル酸アルキル共重合体エマルション(2)	○	外原規2006 別記II	アクリル酸エチル・メタクリル酸エチル共重合体エマルション
0008	アクリル酸アルキル・酢酸ビニル共重合体エマルション	522010	51	Alkyl Acrylate·Vinyl Acetate Copolymer Emulsion	アクリル酸アルキル・酢酸ビニル共重合体エマルション	アクリル酸ラウリル・酢酸ビニル共重合体エマルション		アクリル酸アルキル・酢酸ビニル共重合体エマルション	○	外原規2006 別記II	アクリル酸ラウリル・酢酸ビニル共重合体エマルション
0009	アクリル酸アルキル・スチレン共重合体	520010	51	Alkyl Acrylate·Styrene Copolymer	アクリル酸アルキル・スチレン共重合体	アクリル酸・スチレン共重合体		アクリル酸アルキル・スチレン共重合体	○	外原規2006 別記II	アクリル酸・スチレン共重合体
0010	アクリル酸アルキル・スチレン共重合体エマルション	522011	51	Alkyl Acrylate·Styrene Copolymer Emulsion	アクリル酸アルキル・スチレン共重合体エマルション	アクリル酸オクチル・スチレン共重合体エマルション		アクリル酸アルキル・スチレン共重合体エマルション	○	外原規2006 別記II	アクリル酸オクチル・スチレン共重合体エマルション
0011	N-オクチルアクリルアミド・アクリル酸ヒドロキシプロピル・メタクリル酸ブチルアミノエチル共重合体	522013	51	N-Octyl Acrylamide·Hydroxypropyl Acrylate·Butylamino... Methacrylate Copolymer	アクリル酸ヒドロキシプロピル・メタクリル酸ブチルアミノエチル共重合体	アクリル酸ヒドロキシプロピル・メタクリル酸ブチルアミノエチル共重合体		アクリル酸ヒドロキシプロピル・メタクリル酸ブチルアミノエチル共重合体	○	外原規2006 別記II	
1830	ローマカミツレ油	508141	51	Chamomile Oil	ローマカミツレ油	ローマカミツレ油		ローマカミツレ油	○	外原規2006 別記II	ローマカミツレ油
1831	ローヤルゼリー	106028	51	Royal Jelly	ローヤルゼリー	ローヤルゼリー		ローヤルゼリー	○	外原規2006 別記II	ローヤルゼリー
1832	ローヤルゼリーエキス	521313	51	Royal Jelly Extract	ローヤルゼリーエキス	ローヤルゼリーエキス		ローヤルゼリーエキス	○	外原規2006 別記II	ローヤルゼリーエキス
1833	ロジン	002383	51	Resin	ロジン	ロジン	ロジン		○	外原規2006 別記II	ロジン
1834	ロジン酸ペンタエリスリット	540183	51	Pentaerythritol Rosinate	ロジン酸ペンタエリスリット	ロジン酸ペンタエリスリット		ロジン酸ペンタエリスリット	○	外原規2006 別記II	ロジン酸ペンタエリスリット
1835	ワセリン	107552	51	Petrolatum	ワセリン	ワセリン	ワセリン		○	外原規2006 別記II	ワセリン
1836	ワレモコウエキス	521314	51	Burnet Extract	ワレモコウエキス	ワレモコウエキス		ワレモコウエキス	○	外原規2006 別記II	ワレモコウエキス

＊備考には、添加物の名称が収載される公定書名を略記した。
・「第16改正日局」は「第16改正日本薬局方」
・「食添第8版」は「第8版食品添加物公定書」
・規格コード「71」の成分については、JIS規格番号を制定年・改正年と共に記し、既に廃止された規格には冒頭に「廃止」を付した
・「外原規2006 別記I」は「医薬部外品原料規格2006 別記I」
・「外原規2006 別記II」は「医薬部外品原料規格2006 別記II」

(2) パーマ剤の承認（許認可）

　医薬品医療機器等法によりパーマ剤を製造販売するためには、医薬部外品の製造販売業の許可を得て、個々の製品について予め厚生労働大臣または都道府県知事へ承認の申請を行う必要があります。

　本来、全てのパーマ剤は厚生労働大臣の承認を得ることが必要ですが、パーマ剤承認基準が定められ、一律の審査が可能なため、ほとんどのパーマ剤は都道府県知事に承認権限が委任されています。なお、染毛剤や浴用剤、薬用歯みがき類等も承認基準が定められているため、多くの場合、承認権限は地方に委任されています。

　知事は申請者から提出された申請書の内容（製品名称、成分とその分量、製法、用法及び用量、効能または効果、規格及び試験方法、使用上の注意等）と添付されるパーマ剤の試験検査結果がパーマ剤承認基準を満たしているか、否かを審査します。この審査でパーマ剤承認基準に適合し、パーマ剤の安全性や効能・効果を含めた品質の確保がされていることが確認されると承認が出され、申請したパーマ剤を製造販売することができることになります。

　現在、各都道府県では審査に要する標準的事務処理期間を定めていますが、申請から承認が出されまでの期間は約3ヶ月を目処に事務処理を行う都道府県が多いようです。

　なお、「有効成分の種類」、「有効成分の分量」、「用法及び用量」、「効能又は効果」のいずれか1項目でもパーマ剤承認基準に適合しない場合は、都道府県への委任の範囲外となり、厚生労働大臣宛に申請します。そして、この厚生労働大臣宛ての申請では、審査期間は短くても約6ヶ月を要します。

　また、パーマ剤は従来第1剤と第2剤のセットで承認を得ていたため、販売する際にもセットで販売することが義務付けられていました。しかし、平成26年12月10日付の厚生労働省の通知（「パーマネント・ウェーブ用剤の分離申請の取扱いについて」）により、第1剤及び第2剤単独の申請が認められたことから、厚生労働大臣宛に申請をし、承認を得たパーマ剤第1剤及び第2剤の分離販売が認められることになりました。

製品が使用されるまでのプロセス

　パーマ剤、カーリング料が使用されるまでのプロセスを図表3に示します。

　まず、新製品の企画が立ち上がり、市場の調査、コンセプトの設定の後、処方開発及び評価が行われ、最低1年〜2年、大きなテーマでは何年にもわたる検討が行われます。処方が完成し、販売することが決定すると製造販売業者は、名称（販売名）、配合する成分及び分量、製造を行う医薬部外品の製造業者名及び製造の方法、用法及び用量、効能又は効果、規格及び試験方法等を記した申請書を作成し、試験成績書も添付した上で都道府県知事あて（あるいは厚生労働大臣あて）に申請します。

　通常、審査は約3ヶ月間（厚生労働大臣あての場合は最短でも6ヶ月間）を要し、行政での審査が終了すると承認書が交付され、市場への流通が可能になります。

　また、パーマ剤の製品中に新しい原料を配合する場合には、安全性や有効性のデータを含め、多くの資料が必要とされます。そのため、さらに長い期間と実験のための多額の費用が必要となります。

　このような薬事上の手続き以外にも、製品を市場に流通させるための作業が必要です。製品に付随するデザイン、容器あるいは箱等の制作、さらに販売にあたっての教育、企画、広告等、様々な角度からの準備が行われます。

　こうした作業がまとまり、その結果、製品が誕生しますが、誕生した製品は日々工場において正しく生産されているか常に品質がチェックされ、合格した製品だけが出荷されます。

　一方、化粧品（カーリング料）の場合は、承認申請の手続きが異なります。製造販売業者は、名称（販売名）、製造を行う化粧品の製造業者名及び製造の工程等を記載した届出書を作成し、都道府県知事あてに製造販売の届出を行います。パーマ剤の場合とは異なり、配合する成分及び分量は届出書に記載しませんので、書類の審査はなく、届出たその日に受領され、即日販売ができるようになります。

　こうした作業が結集し、製品は理美容室に届けられ、使用されるのです。

　パーマ剤、カーリング料に限らず理美容室で使用される製品は、様々な手続きを経て、時間をかけて大切に作られています。製品をよく理解し、大切に正しく使用していただきたいと思います。

第1章 パーマ剤の法的位置づけ

図表3 パーマ剤・カーリング料の薬事的手続きから使用までのプロセス

医薬品、医療機器等の品質、有効性及び安全性の確保等に関する法律
（略称「医薬品医療機器等法」）

【カーリング料】
→ 化粧品 → 届出制度 → 化粧品製造販売届出 → 製造販売（製造／製造管理規制／品質管理規制／検査・合格／品質管理の基準（GQP）／品質管理後安全管理の基準（GVP））→ 市場への出荷 → 使用（施術）（理美容所）

表示
- 販売名
- 用法・用量
- 全成分表示
- 製造販売業者の名称・住所
- 製造番号
- 使用期限
- 使用上の注意
- 内容量
（公正競争規約による）

化粧品基準（洗い流すヘアセット料に関する自主基準）
- 成分
- 用法
- 効能
適合

使用上の注意
（洗い流すヘアセット料に関する自主基準）
遵守

【パーマ剤】
→ 医薬部外品 → 承認審査制度（申請→審査→（承認基準）→承認）→ 製造販売（製造／製造管理規制／品質管理規制／検査・合格／品質管理の基準（GQP）／品質管理後安全管理の基準（GVP））→ 市場への出荷 → 使用（施術）（理美容所）

容器・添付文書へ表示
- 販売名
- 「医薬部外品」の文字
- 内容量
- 用法・用量
- 指定成分または(*)全成分表示
- 製造販売業者の名称・住所
- 製造番号
- 使用期限
- 使用上の注意
- (*)「業務用」の区別
- (*)「業務用」の文字
(*) は自主基準

承認基準
- 成分
- 剤型
- 用法及び用量
- 効能又は効果
- 規格及び試験方法
審査 適合

使用上の注意
- 使用前の注意
- 操作中の注意
- 保管・取扱の注意
遵守

18 パーマの科学

(3) パーマ剤の品質確保

パーマ剤の品質を確保するために適正な製造管理及び品質管理が求められています。

パーマ剤品質規格はパーマ剤の内容物について定めたもので、製造管理及び品質管理は製造時の遵守事項です。

①パーマ剤の品質規格

パーマ剤承認基準ではパーマ剤は下記（**A**～**J**）の10種の使用区分に分けられ、それぞれについて品質規格が定められています。品質規格にはpHの範囲、アルカリの上限値、還元性物質の含量範囲、ヒ素、重金属、鉄の限度量、酸化力等が規定されていますが、これらの規格値はパーマ剤の安全性と有効性を確保するために、科学的な根拠に基づいて設定されています。

パーマ剤の使用区分ごとの品質規格の要点について**図表4**にまとめましたので、参照してください。

では、品質規格の表す内容について、パーマ剤の使用区分ごとに、まず第1剤から説明します。

A

**チオグリコール酸又はその塩類を有効成分とする
コールド二浴式パーマネント・ウェーブ用剤**

平成5年（1993年）のパーマ剤製造（輸入）承認基準制定時に、品質規格でのチオグリコール酸濃度の上限がジチオジグリコール酸（以下、DTDGと略します）との併用により、7％から11％に拡大されました。製品としては、7％までの場合は、DTDGは配合しても配合しなくてもよく、配合するならば4％以下となります。チオグリコール酸濃度が7％を超える場合には、7％を超えた分と同等以上、4％以下の範囲でDTDGを配合しなければなりません。

pHは4.5～9.6の範囲でなければいけません。

アルカリは、1mLのパーマ剤中に存在するアルカリ剤を中和するのに必要な0.1mol/L塩酸の消費量（mL）によって示します。これは7mL以下でなければなりません。製品化された処方中には複数のアルカリ剤が使われているためこのようなアルカリの総量をまとめる規格となっています。パーマ剤の特徴は、pHの高低だけでなく、アルカリと一体にして考えることが大切です。

「使用時の温度条件」とは、第1剤を毛髪に塗布したのち放置するときの温度条件のことで、コールドとは加温せず室温で放置することです。なお、室温とは医薬部外品原料規格2006の通則に、1～30℃との規定があります。

B

**システイン、システインの塩類又はアセチルシステインを
有効成分とするコールド二浴式パーマネント・ウェーブ用剤**

平成5年（1993年）のパーマ剤製造（輸入）承認基準制定時に、有効成分にアセチルシステインが加わり、システイン（及びその塩類）とアセチルシステインを併用したパーマ剤も製造販売できるようになりました。システインは酸化されると水に難溶性のシスチンとなり、今まではパーマ施術時の発粉現象が問題でしたが、アセチルシステインの酸化体であるアセチルシスチンは水易溶性のため、システイン系パーマ剤の発粉防止策としてチオグリコール酸の安定剤としての配合とともに効果的です。

pHは8.0～9.5の範囲でなければならないため、酸性タイプは認められていません。また、アルカリが12mL以下と**A**と比較して高いのは、システイン自体が緩衝作用を持つため、中和に要する0.1mol/L塩酸量が多く必要なためです。

このパーマ剤には、システイン、アセチルシステインの酸化を防ぐための安定剤としてチオグリコール酸が1.0％まで配合できますが、システイン、システインの塩類及びアセチルシステイン、安定剤として配合されるチオグリコール酸も含めた総合計（総還元量といいます）は、システイン濃度に換算して規格の範囲内（3.0～7.5％）であることが求められます。

C

**チオグリコール酸又はその塩類を有効成分とする
加温二浴式パーマネント・ウェーブ用剤**

Aのコールド二浴式と比較して、有効成分の濃度1.0～5.0％、pH4.5～9.3及びアルカリ5mL以下と低く押さえられています。これは第1剤塗布後の放置時に加温使用するためで、加温温度は60℃以下と定められています。

D

**システイン、システインの塩類又はアセチルシステインを
有効成分とする加温二浴式パーマネント・ウェーブ用剤**

平成5年（1993年）のパーマ剤製造（輸入）承認基準制定時に追加された分類です。pHが4.0～9.5までとなっており、ここで酸性のシステインパーマが可能になったわけです。使

第1章 パーマ剤の法的位置づけ

図表4 パーマ剤の品質規格

分類		規格の範囲	第1剤 pH (25℃)	第1剤 アルカリ (mL) (0.1mol/L 塩酸消費量)	第1剤 有効成分濃度 (システイン以外すべてチオグリコール酸)	第2剤 有効成分が臭素酸ナトリウム、臭素酸カリウム、過ホウ酸ナトリウムの第2剤 (a) 酸化力	第2剤 (a) pH (25℃)	第2剤 有効成分が過酸化水素の第2剤 (b) 酸化力	第2剤 (b) 過酸化水素濃度	第2剤 (b) pH (25℃)	第1剤、第2剤使用時の温度条件
パーマネント・ウェーブ	A	チオグリコール酸又はその塩類を有効成分とするコールド二浴式パーマネント・ウェーブ用剤	4.5〜9.6	7 mL 以下	2.0〜11.0% ※注	1人1回分の量の酸化力が3.5以上	4.0〜10.5	1人1回分の量の酸化力が0.8〜3.0	2.5%以下	2.5〜4.5	室温 (1〜30℃)
	B	システイン、システインの塩類又はアセチルシステインを有効成分とするコールド二浴式パーマネント・ウェーブ用剤	8.0〜9.5	12 mL 以下 不揮発性無機アルカリを含まないこと	システイン濃度 3.0〜7.5%	Aに同じ		Aに同じ			室温 (1〜30℃)
	C	チオグリコール酸又はその塩類を有効成分とする加温二浴式パーマネント・ウェーブ用剤	4.5〜9.3	5 mL 以下	1.0〜5.0%	Aに同じ		Aに同じ			60℃以下
	D	システイン、システインの塩類又はアセチルシステインを有効成分とする加温二浴式パーマネント・ウェーブ用剤	4.0〜9.5	9 mL 以下	システイン濃度 1.5〜5.5%	Aに同じ		Aに同じ			60℃以下
	E	チオグリコール酸又はその塩類を有効成分とするコールド一浴式パーマネント・ウェーブ用剤	9.4〜9.6	3.5〜4.6 mL	3.0〜3.3%	—		—			室温 (1〜30℃)
	F	チオグリコール酸又はその塩類を有効成分とする第1剤用時調製発熱二浴式パーマネント・ウェーブ用剤 第1剤の(1)	4.5〜9.5	10 mL 以下	8.0〜19.0%	Aに同じ		Aに同じ			室温 (1〜30℃)
	F	第1剤の(2)	2.5〜4.5	過酸化水素濃度 2.7〜3.0%							
	F	第1剤の(1)及び第1剤の(2)の混合液	4.5〜9.4	7 mL 以下 ジチオジグリコール酸濃度 3.2〜4.0%	2.0〜11.0% 温度上昇 14〜20℃						
縮毛矯正	G	チオグリコール酸又はその塩類を有効成分とするコールド二浴式縮毛矯正剤	4.5〜9.6	7 mL 以下	2.0〜11.0% ※注 粘度 40000 mPa·s 以下	Aに同じ		Aに同じ			室温 (1〜30℃)
	H	チオグリコール酸又はその塩類を有効成分とする加温二浴式縮毛矯正剤	4.5〜9.3	5 mL 以下	1.0〜5.0% 粘度 40000 mPa·s 以下	Aに同じ		Aに同じ			60℃以下
	I	チオグリコール酸又はその塩類を有効成分とする高温整髪用アイロンを使用するコールド二浴式縮毛矯正剤	4.5〜9.6	7 mL 以下	2.0〜11.0% ※注 粘度 40000 mPa·s 以下	Aに同じ		Aに同じ			室温 (1〜30℃) アイロンは180℃以下
	J	チオグリコール酸又はその塩類を有効成分とする高温整髪用アイロンを使用する加温二浴式縮毛矯正剤	4.5〜9.3	5 mL 以下	1.0〜5.0% 粘度 40000 mPa·s 以下	Aに同じ		Aに同じ			60℃以下 アイロンは180℃以下

※注 7.0%を超える場合は、超過分に対し反応調整剤としてジチオジグリコール酸を同量以上から4.0%以下配合すること。

用できる有効成分の種類は、**B** のコールド式と同じですが、加温操作を行うことで作用が強まることから、総還元量は 1.5 ～ 5.5％ となっています。配合される有効成分量が低く抑えられていることから、アルカリも抑えられており、9mL 以下となっています。

E

チオグリコール酸又はその塩類を有効成分とする
コールド一浴式パーマネント・ウェーブ用剤

コールド二浴式パーマ剤の第2剤のないタイプで、第2剤の代わりに空気酸化を利用します。そのため、有効成分、pH、アルカリの規格の範囲が全体にわたって狭くなっています。

F

チオグリコール酸又はその塩類を有効成分とする
第1剤用時調製発熱二浴式パーマネント・ウェーブ用剤

第1剤の（1）と（2）を使用直前に混合して使用します。混合したときに約40℃に発熱することから用時調製発熱の名前がつきました。第1剤の(1)の有効成分はチオグリコール酸、(2)の有効成分は過酸化水素水です。混合することにより酸化還元反応が起こり発熱するもので、このとき一部のチオグリコール酸は、酸化されてジチオジグリコール酸になります。

第1剤の（1）と（2）の混合液の pH は 4.5 ～ 9.4 で、アルカリ、有効成分濃度は、**A** の規格と同じです。

G

チオグリコール酸又はその塩類を有効成分とする
コールド二浴式縮毛矯正剤

A と pH の範囲や有効成分等の規格は同じです。使用法は、クシ等で毛髪を伸ばすように塗布し、高温整髪用アイロンを使用することはできません。毛髪にテンションがかかるほどよく伸びますが、過剰なテンションがかかると断毛等の事故を引き起こす可能性が高まるため、事故防止の観点から 40,000 mPa・s 以下の粘度の規格が設けられています。ここで、パーマ剤は、液状（概ね 10,000 mPa・s 以下）であるのに対し、縮毛矯正剤は、クリーム状あるいはジェル状まで認められています。効能効果は、パーマ剤が、「ウェーブをもたせ、保つ」に対し、縮毛矯正剤は「くせ毛、ちぢれ毛又はウェーブ毛髪をのばし、保つ」となります。

H

チオグリコール酸又はその塩類を有効成分とする
加温二浴式縮毛矯正剤

C と有効成分等の規格は同じです。また、粘度規格及び効能効果は、**G** のコールド二浴式縮毛矯正剤と同じです。

I

チオグリコール酸又はその塩類を有効成分とする
高温整髪用アイロンを使用するコールド二浴式縮毛矯正剤

G と規格は同じですが、第 剤を塗布・放置し、洗い流した後に 180 ℃以下の高温整髪用アイロンを使用することが特徴で、1か所の使用時間は使用上の注意で 2 秒以内に抑えられています。これは、180 ℃という高温で毛髪を処理するため、毛髪の損傷を抑えるためにこのような用法になっています。また、コールド式となっているのは、第1剤を塗布した後室温で放置するということからの命名で、第1剤を水洗除去した後に乾燥し、アイロン処理をします。毛髪の損傷を防ぐために、正しい用法で施術して下さい。

J

チオグリコール酸又はその塩類を有効成分とする
高温整髪用アイロンを使用する加温二浴式縮毛矯正剤

規格は **H** 加温二浴式縮毛矯正剤と同じで、用法は **I** と同じです。第1剤処理の際の放置条件が 60 ℃以下で加温して使用するものです。

第2剤については、第2剤のないコールド一浴式を除きどの区分にも共通で、以下のとおりです。

a

臭素酸ナトリウム、臭素酸カリウムもしくは
過ホウ酸ナトリウムを有効成分とする第2剤

日本の市場の多くを占めるのがこのタイプで、しかも臭素酸ナトリウムを使用した液状タイプです。パーマ剤承認基準では過ホウ酸ナトリウムも認められていますが、実際にはほとんど使用されていません。

また、液状タイプが主流となる以前は、粉末タイプの第2剤が用いられ、臭素酸カリウムが主に使用されていました。しかし、液状タイプが主流を占めるに伴い、水への溶解性に劣る臭素酸カリウムを用いた粉末の第2剤は、今ではほとんど見かけることはありません。

「酸化力」は、還元されたシステイン残基を再びシスチン結合に復元させるために必要な酸化する能力を表すため便宜上設定された規格で、1人1回分として使用する第2剤の酸化剤量を臭素酸カリウム（g）に換算して表した数値です。

つまり、1人1回分の酸化力が 3.5 以上とあるのは、1人1回分の使用量を 100mL と仮定すると、臭素酸カリウム（100％純品として）であれば 3.5g 以上が必要であることを示しています。一方、臭素酸ナトリウムの場合は、分子量の違いから 3.2g 以上が必要となります。酸化力の求め方は次の式によります。

$$酸化力 = 臭素酸ナトリウム_{(\%)} \times \frac{1人1回の量_{(mL)}}{100} \times \frac{臭素酸カリウムの分子量_{(167)}}{臭素酸ナトリウムの分子量_{(151)}}$$

第2剤に配合できる臭素酸ナトリウム、臭素酸カリウム、過ホウ酸ナトリウムに上限はありませんが、一般的に臭素酸ナトリウムは、5〜10％程度配合されています。

b

過酸化水素を有効成分とする第2剤

過酸化水素第2剤の「酸化力」は、1人1回分の使用量に含まれる過酸化水素の量（g）で表します。
酸化力の求め方は以下の式によります。

$$酸化力 = 過酸化水素濃度_{(\%)} \times \frac{1人1回の量_{(mL)}}{100}$$

品質規格には、1人1回分の「酸化力」は0.8〜3.0の範囲になければならないことになっています。一方「過酸化水素濃度」は上限値2.5％と定められていますので、1人1回分の使用量が100mLの場合には過酸化水素濃度は0.8〜2.5％の間になければなりません。

②製造管理及び品質管理規則

平成17年当時の薬事法の改正により、製造販売業者には保健衛生上支障なく製品を出荷するため品質管理の基準（GQP：Good Quality Practice）と製品の市場での責任を明確にし、市販後の安全対策の充実・強化を図るために製造販売後安全管理の基準（GVP：Good Vigilance Practice）が義務づけられました。

また、パーマ剤の製造所においては、平成11年制定の「医薬品及び医薬部外品の製造管理及び品質管理規則」（厚生省令第16号 最終改正平成16年厚生労働省令第179号）（以下、製造管理及び品質管理規則と略します）に準拠することが必要になります。

製造管理及び品質管理規則には、製造手順等を定めた製品標準書、原料等の保管や製造工程の管理を定めた製造管理基準書、構造設備の衛生管理や作業員の衛生管理を定めた製造衛生管理基準書を作成することが規定されています。

さらに、品質管理基準書には、製造した原液の試験を行うための検体の採取方法、試験検査結果の判定方法、その他必要な事項を定め、これらの手順書に従って責任技術者の監督下で適正に製造することが求められます。この目的は製造や品質についての作業を定型化し、不適切な作業やミスの発生を防止することにより、品質面からの安全性と有効性を確保することにあります。

一方、化粧品は日本化粧品工業連合会が国際規格のISO22716を化粧品GMP（製造管理及び品質管理に関する基準：Good Manufacturing Practice）として自主的に採用しています。その内容は概ね前述の医薬部外品の場合と同等のものです。

医薬品及び医薬部外品の製造管理及び品質管理の基準に関する省令（抜粋）

平成16年12月24日厚生労働省令第179号

（旧医薬品及び医薬部外品の製造管理及び品質管理規則　平成11年3月12日厚生省令第16号）

第1章　総則

第2章　医薬品製造業者等の製造所における製造管理及び品質管理
第5条（製造管理者）・第7条（製品標準書）・第8条（手順書等）・第9条（構造設備）・第10条（製造管理）・第11条（品質管理）・第18条（自己点検）・第19条（教育訓練）・第20条（文書及び記録の管理）

第3章　医薬部外品製造業者等の製造所における製造管理及び品質管理
第32条　医薬部外品については、前章の規定（第7条第4号、第9条第5項、第23条第3項ニ及び第4節を除く。）を準用する。この場合において第4条第1項中「医薬品製造管理者」とあるのは「責任技術者」と、前章中「製造管理者」とあるのは「責任技術者」と読み替えるものとする。

(4) パーマ剤の表示

医薬品医療機器等法の第59条には医薬部外品の直接の容器等の記載事項として、下記の12項目が定められています。

このうち、製造販売業者の氏名又は名称及び住所は製品の責任の所在を明らかにし、「医薬部外品」の文字は法的な位置づけを示し、名称と製造番号又は製造記号は製品を特定し、重量、容量又は個数等の内容量は公正取引上の必要性から記載が必要な事項です。

8項の「指定する成分」とは表示指定成分（または表示対象成分）とも呼ばれ、消費者がアレルギー等の皮膚障害を起こす恐れのある製品の使用を自ら避けることができることを目的として定められたもので、既にその成分でかぶれたことがある方に注意を促し、安全性を確保するための事項です。

10項の使用期限は、後で詳しく説明しますが、3年未満に定められた有効成分の量が低下し、品質が劣化する可能性がある場合に記載が必要な事項です。

直接の容器等への記載事項

第59条 医薬部外品は、その直接の容器又は直接の被包に、次に掲げる事項が記載されていなければならない。ただし、厚生労働省令で別段の定めをしたときは、この限りでない。

1 製造販売業者の氏名又は名称及び住所
2 「医薬部外品」の文字
3 第2条第2項第2号又は第3号に規定する医薬部外品にあつては、それぞれ厚生労働省令で定める文字
4 名称（一般的名称があるものにあっては、その一般的名称）
5 製造番号又は製造記号
6 重量、容量又は個数等の内容量
7 厚生労働大臣の指定する医薬部外品にあつては、有効成分の名称（一般的名称があるものにあっては、その一般的名称）及びその分量
8 厚生大臣の指定する成分を含有する医薬部外品にあっては、その成分の名称
9 第2条第2項第2号に規定する医薬部外品のうち厚生労働大臣が指定するものにあつては、「注意―人体に使用しないこと」の文字
10 厚生大臣の指定する医薬部外品にあつては、その使用の期限
11 第42条第2項の規定によりその基準が定められた医薬部外品にあっては、その基準において直接の容器又は直接の被包に記載するように定められた事項
12 前各号に掲げるもののほか、厚生労働省令で定める事項

また、医薬品医療機器等法の第60条では、医薬品について規定された第51条から第57条までの規定が医薬部外品に準用され、用法、用量、使用及び取扱い上の必要な注意等の添付文書への記載事項について定めています。

添付文書等の記載事項

第52条 医薬品は、これに添付する文書又はその容器若しくは被包（以下この条において「添付文書等」という。）に、当該医

薬品に関する最新の論文その他により得られた知見に基づき、次に掲げる事項（次項及び次条において「添付文書等記載事項」という。）が記載されていなければならない。ただし、厚生労働省令で別段の定めをしたときは、この限りでない。

1　用法、用量その他使用及び取扱い上の必要な注意
2　日本薬局方に収められている医薬品にあつては、日本薬局方において添付文書等に記載するように定められた事項
3　第41条第3項の規定によりその基準が定められた体外診断用医薬品にあつては、その基準において添付文書等に記載するように定められた事項
4　第42条第1項の規定によりその基準が定められた医薬品にあつては、その基準において添付文書等に記載するように定められた事項
5　前各号に掲げるもののほか、厚生労働省令で定める事項

成分表示

成分表示については、第59条8号に「厚生労働大臣の指定する成分を含有する医薬部外品にあっては、その成分の名称」とあり、これを具体的に定めた通知があります（平成12年9月厚生省告示第332号「医薬品、医療機器等の品質、有効性及び安全性の確保等に関する法律第59条第8号及び第61条第4号の規定に基づき名称を記載しなければならないものとして厚生労働大臣の指定する医薬部外品及び化粧品の成分」）。

これには、人体に直接使用される医薬部外品の成分一覧（タール色素も含めて140成分）、及び化粧品の成分が示されています。

パーマ剤に一般的に使用される主な成分としてはチオグリコール酸及びその塩類、システイン及びその塩酸塩、モノエタノールアミン等が挙げられます。

一方、化粧品は平成13年4月から、医薬品添加物についても平成14年3月（日薬連発第170号「日本製薬団体連合会の自主申し合わせ」）から全成分表示に移行しました。このような情報開示の社会情勢を受けて、日本パーマネントウェーブ液工業組合では「医薬部外品の全成分表示に係る日本パーマネントウェーブ液工業組合の基本方針について」（平成18年3月10日）を発出し、配合される全ての成分を自主的に表示することとしました。なお、この基本方針は日本化粧品工業連合会の定めた医薬部外品の方針に同調したものです。

使用期限

使用期限は厚生労働省告示「医薬品医療機器等法第50条第14号等の規定に基づき使用の期限を記載しなければならない医薬品等」（昭和55年9月26日、厚生省告示第166号、最終改正 平成26年11月21日厚生労働省告示第439号）で定められています。

一般的に使用期限の記載が義務づけられている成分で、パーマ剤に使用されるものとしてはチオグリコール酸及びそれらの塩類、システイン及びその塩酸塩、過酸化化合物等があります。

また、室温で3年を超えて安定なものについては、使用期限を表示する必要はありません。そのため、現在では製剤化技術の進歩で市販されている製品は3年以上安定なため、使用期限が表示されていないものが大半となっています。

医薬品医療機器等法第50条第14号等の規定に基づき使用の期限を記載しなければならない医薬品等
（昭和55年9月26日厚生省告示第166号、最終改正 平成26年11月21日厚生労働省告示第439号）

医薬品医療機器等法（昭和35年法律第145号）第50条第14号（医薬品）、第59条第10号（医薬部外品）、第61条第5号（化粧品）及び第63条第7号（医療機器）の規定に基づき、使用の期限を記載しなければならない医薬品、医薬部外品、化粧品及び医療用具として次のものを指定し、昭和55年10月30日から適用する。ただし、製造又は輸入後適切な保存条件のもとで3年を超えて性状及び品質が安定な医薬品、医薬部外品及び化粧品並びに法第50条第5号又は第9号の規定により有効期間又は有効期限が記載されている医薬品を除く。

医薬部外品

1　アスコルビン酸、そのエステル及びそれらの塩類の製剤
2　過酸化化合物及びその製剤
3　肝油及びその製剤（医薬品医療機器等法施行令（昭和36年政令第11号）第20条第2項の規定により厚生労働大臣が指定する医薬部外品に限る。）
4　酵素及びその製剤
5　システイン及びその塩酸塩の製剤
6　チアミン、その誘導体及びそれらの塩類の製剤
7　チオグリコール酸及びそれらの塩類の製剤
8　トコフェロールの製剤
9　乳酸菌及びその製剤
10　発泡剤型の製剤
11　パラフエニレンジアミン等酸化染料の製剤
12　ビタミンA油の製剤
13　ピレスロイド系殺虫成分の粉剤
14　有機リン系殺虫成分の毒餌剤又は粉剤
15　レチノール及びそのエステルの製剤
16　前各号に掲げるもののほか、法第14条又は第19条の2の規定に基づく承認事項として有効期間が定められている医薬部外品

化粧品

1　アスコルビン酸、そのエステル若しくはそれらの塩類又は酵素を含有する化粧品
2　前号に掲げるもののほか、製造又は輸入後適切な保存条件のもとで3年以内に性状及び品質が変化するおそれのある化粧品

2

(1) パーマ剤の種類と特徴
(2) パーマ剤の反応
(3) パーマ剤の成分

パーマの理論
パーマの科学　第2章

(1) パーマ剤の種類と特徴
(2) パーマ剤の反応
(3) パーマ剤の成分
(4) カーリング料

(1) パーマ剤の種類と特徴

① パーマ剤の分類

　パーマ剤は、「パーマネント・ウェーブ用剤製造販売承認基準」（以下、パーマ剤承認基準と略します）で10種類に分類されていますが、これは効能・効果（ウェーブ形成と縮毛矯正）、浴式（一浴式と二浴式）、使用方法（コールド式と加温式、及び用時調製発熱式）、そして第1剤の有効成分（チオグリコール酸系及びシステイン系）の組み合わせの違いにより分類されたものです。

　パーマ剤の特徴を理解し、実際にパーマ施術を行うためには、この分類だけでは不十分ですが、最も基本的な有効成分の種類及び使用法（浴式、コールド式と加温式）については、よく理解する必要があります。

　パーマ剤承認基準ではどのような範囲の製品が許可されるのかについて、有効成分と共に、パーマ剤の特徴を大きく左右するpHによる変化も含めて、図表1に示します。

　現在市場にあるほとんどのパーマ剤は、パーマ剤承認基準により、その製造販売が認められていますから、基本的にはこの表の分類のいずれかに入ることになります。

　ここで、図表1の第1剤のpHの項に注目してみましょう。基準により10種類に分類されるパーマ剤は、酸性、中性、アルカリ性というpHの変化も加えると、26種類にも細分化されることが分かります。

　毛髪診断により判断された髪質に適したパーマ剤の選定を行うためには、このように細分化されるパーマ剤の特徴を理解する必要があります。そのためには、まずパーマ剤を特徴づけるさまざまな要因を十分理解し、該当する要因を組み合わせ、総合的に判断することが必要になります。

② パーマ剤の特徴を左右する要因

第1剤の組成

　パーマ剤の特徴を理解する上で、パーマ剤第1剤の組成と配合される成分の役割（配合目的）を理解することは大変重要です。というのは、パーマ剤の特徴は主に第1剤の配合成分の違いに大きく左右されるからです。

　一般的に汎用されるアルカリ性のパーマ剤第1剤の組成は、

有効成分（還元剤）
アルカリ剤
添加剤

の3つに基本的には大別されます。

　パーマ剤第1剤は、これらの成分の組み合わせにより調製されますが、そのパーマ剤の開発意図や毛髪との化学反応理論にのっとって合理的に調製されています。

　図表2に第1剤の配合成分と、その配合目的についてまとめて示しましたが、この配合成分の違いがパーマ剤にどのような特徴を与えるのかについて、次に説明します。

有効成分による変化

　パーマ剤の特徴の基本となるのが、この有効成分の種類の変化です。

　パーマ剤承認基準により、現在使用可能な有効成分は、チオグリコール酸系及びシステイン系の2種類に大別されます。

　チオグリコール酸とシステインの違いは、毛髪への浸透力の強さとそれに伴う毛髪の膨潤度の違いにあります。つまり、同一濃度、同一pHの場合、チオグリコール酸のほうがシステインよりも毛髪への浸透力が高く、毛髪の膨潤度も大きいため、その効果も強いということです。

　ですから、チオグリコール酸系パーマ剤のほうが、システイン系パーマ剤よりも強い効果を持つことになります（図表3）。

　また、図表4にチオグリコール酸濃度とウェーブ効率の関係を示しましたが、有効成分量の増加に伴ってウェーブ効果も上昇します。有効成分が増えるということは、毛髪に作用する物質の量が増えるということですから、量が多いほど毛髪への作用も強くなり、効果（ウェーブ形成力及び縮毛矯正効果）も強くなるのです。

　パーマ剤承認基準では各分類ごとに有効成分の配合上限量の規定がありますが、これは有効成分の量が多過ぎる場合には、必要以上の作用が毛髪や頭皮へ起こることになるため、これらの弊害を考慮した結果です。

　一般的にパーマ施術によって毛髪が損傷する原因は、

・毛髪からその成分であるタンパク質やアミノ酸が流出すること
・パーマ剤第1剤の有効成分が、毛髪内に取り込まれてしまうこと（混合ジスルフィドの生成）
・パーマ剤第2剤処理時あるいは処理後、異種の酸化生成物が毛髪内にできること（システイン酸の生成）

等があげられます。

　チオグリコール酸系パーマ剤とシステイン系パーマ剤を比較した場合、これらの現象の起こる程度は、システイン系パーマ剤のほうが一般的に低いため、毛髪を損傷しにくいという

図表1　パーマ剤の分類

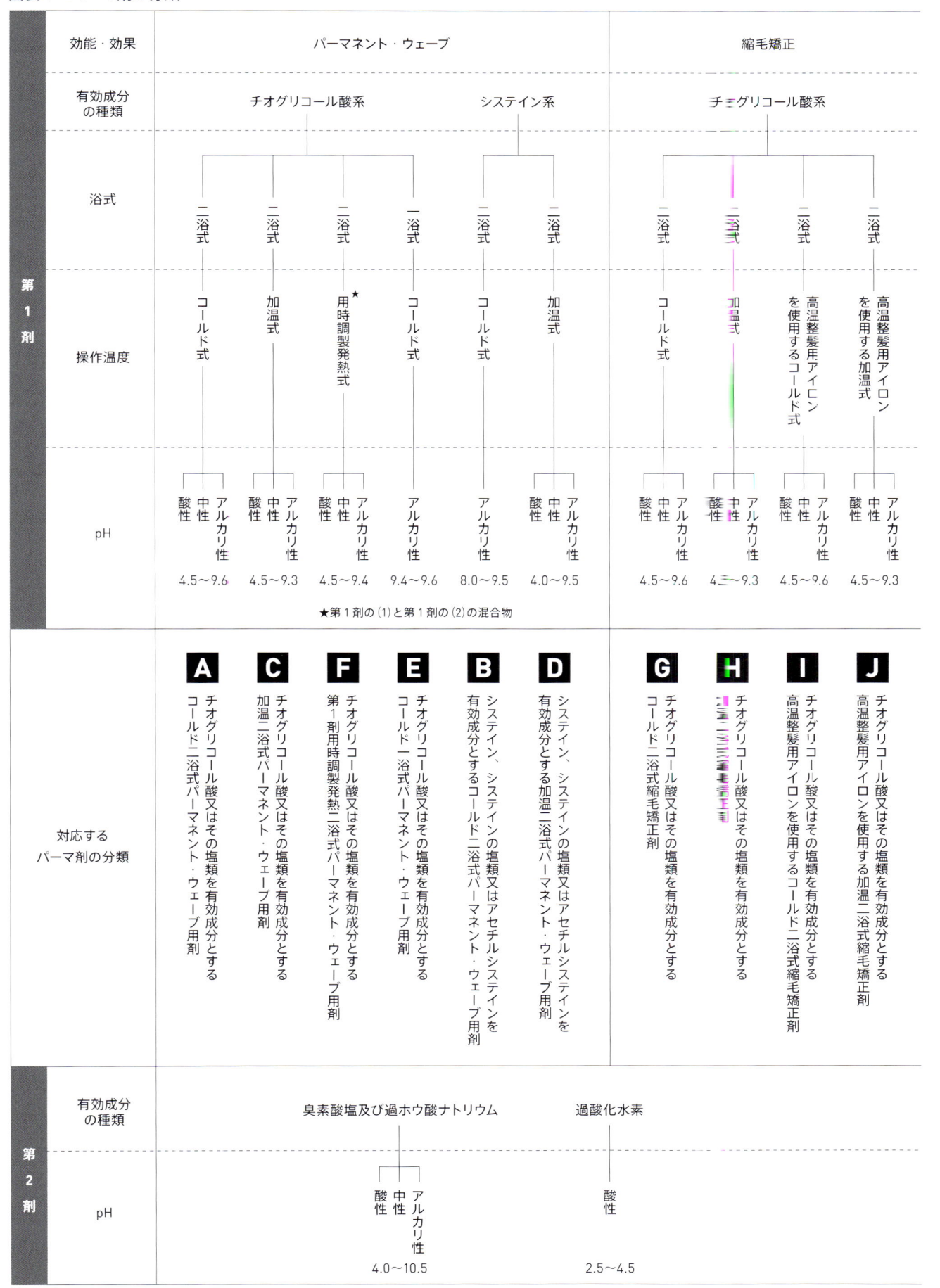

		パーマネント・ウェーブ						縮毛矯正			
第1剤	効能・効果	パーマネント・ウェーブ						縮毛矯正			
	有効成分の種類	チオグリコール酸系				システイン系		チオグリコール酸系			
	浴式	二浴式	二浴式	二浴式	一浴式	二浴式	二浴式	二浴式	二浴式	二浴式	二浴式
	操作温度	コールド式	加温式	用時調製発熱式★	コールド式	コールド式	加温式	コールド式	加温式	高温整髪用アイロンを使用するコールド式	高温整髪用アイロンを使用する加温式
	pH	酸性・中性・アルカリ性	酸性・中性・アルカリ性	酸性・中性・アルカリ性	アルカリ性	アルカリ性	酸性・中性・アルカリ性	酸性・中性・アルカリ性	酸性・中性・アルカリ性	酸性・中性・アルカリ性	酸性・中性・アルカリ性
		4.5〜9.6	4.5〜9.3	4.5〜9.4	9.4〜9.6	8.0〜9.5	4.0〜9.5	4.5〜9.6	4.5〜9.3	4.5〜9.6	4.5〜9.3
		★第1剤の(1)と第1剤の(2)の混合物									
	対応するパーマ剤の分類	**A** チオグリコール酸又はその塩類を有効成分とするコールド二浴式パーマネント・ウェーブ用剤	**C** チオグリコール酸又はその塩類を有効成分とする加温二浴式パーマネント・ウェーブ用剤	**F** チオグリコール酸又はその塩類を有効成分とする第1剤用時調製発熱二浴式パーマネント・ウェーブ用剤	**E** チオグリコール酸又はその塩類を有効成分とするコールド一浴式パーマネント・ウェーブ用剤	**B** システイン、システインの塩類又はアセチルシステインを有効成分とするコールド二浴式パーマネント・ウェーブ用剤	**D** システイン、システインの塩類又はアセチルシステインを有効成分とする加温二浴式パーマネント・ウェーブ用剤	**G** チオグリコール酸又はその塩類を有効成分とするコールド二浴式縮毛矯正剤	**H** チオグリコール酸又はその塩類を有効成分とする加温二浴式縮毛矯正剤	**I** チオグリコール酸又はその塩類を有効成分とする高温整髪用アイロンを使用するコールド二浴式縮毛矯正剤	**J** チオグリコール酸又はその塩類を有効成分とする高温整髪用アイロンを使用する加温二浴式縮毛矯正剤
第2剤	有効成分の種類	臭素酸塩及び過ホウ酸ナトリウム						過酸化水素			
	pH	酸性・中性・アルカリ性 4.0〜10.5						酸性 2.5〜4.5			

※ **A**〜**J** は「第1章 (3) パーマ剤の品質確保」の分類に合わせました。

第2章 (1) パーマ剤の種類と特徴

第2章 パーマの理論

図表2 パーマ剤第1剤の配合成分と配合目的

配合成分	成分名	作用・配合目的
有効成分 （還元剤）	チオグリコール酸、チオグリコール酸アンモニウム液、チオグリコール酸モノエタノールアミン液、L-システイン、L-システイン塩酸塩、N-アセチル-L-システイン 等	・毛髪中のシスチン結合を切断する
アルカリ剤	アンモニア水、モノエタノールアミン、炭酸水素アンモニウム、L-アルギニン 等	・有効成分の効果を促す ・毛髪を膨潤させる
添加剤	エデト酸塩、チオグリコール酸、シリコーン、カチオン化セルロース、PPT、植物抽出液、システイン 等	・液の安定剤等（チオグリコール酸はシステイン系パーマ剤の安定剤／システインはチオグリコール酸系パーマ剤の湿潤剤） ・毛髪保護及び頭皮への刺激緩和 ・仕上がり感、使用感の向上

図表3 有効成分とウェーブ効率

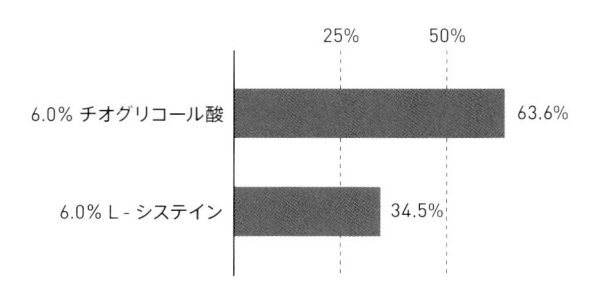

- 6.0% チオグリコール酸 63.6%
- 6.0% L-システイン 34.5%

・第1剤処理時間 10分（室温）アンモニアにて pH 9 に調整
・第2剤処理時間 10分（室温）臭素酸ナトリウム 6.0%水溶液
・未処理毛使用、ウェーブ効率はキルビー法による

図表4
チオグリコール酸濃度に伴うウェーブ効率の変化

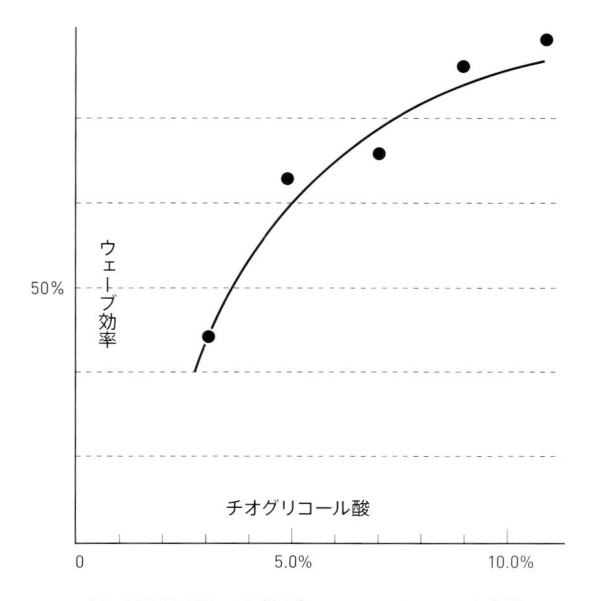

（縦軸：ウェーブ効率、横軸：チオグリコール酸）

・第1剤処理時間 10分（室温）アンモニアにて pH 9 に調整
・第2剤処理時間 10分（室温）臭素酸ナトリウム 6.0%水溶液
 ただし、チオグリコール酸 7% 以上配合の場合、超過分に対する対応量のジチオジグリコール酸を配合

特徴を持ちます。

アルカリ剤による変化

有効成分の種類の次にパーマ剤の特徴を左右する要因が、このアルカリ剤の種類です。

パーマ剤をアンモニアタイプやアミンタイプ等に分類する場合がありますが、これは各パーマ剤で主に使用されているアルカリ剤の種類の違いによるタイプ分けです。

通常汎用されるアルカリ剤はアンモニア、アミン類、そして中性塩の3つに大別されますが、これらはそれぞれ長所と短所をあわせ持っています。

アルカリ剤の特徴を図表5にまとめて示しましたが、現在は長所を伸ばし短所を極力抑えるため、これらのアルカリ剤を併用して用いる場合が多くなっています。

■アンモニアタイプのパーマ剤

アルカリ剤としてアンモニアを主体としたパーマ剤で、日本でパーマ剤が発売された当初から現在に至るまで、広く使用されている製品です。

アンモニアは高アルカリ性・高揮発性の性質を持つ物質で、このことがパーマ剤の特徴となって現われます。

チオグリコール酸アンモニウムにアンモニアを添加した場合のpHの変化を図表6に示しましたが、少量のアンモニアの添加で、第1剤のpHは大きく上昇することが分かります。

このように、このタイプのパーマ剤は、アンモニアの添加により、高いpHを持つ第1剤が得られるため強い効果を持つ製品となるのです。同時に、第1剤の処理時間中にアンモニアは揮発しますので、アルカリ剤（アンモニア）の配合量が低下し、その結果、薬剤のpHの低下が起こります。つまり、薬剤の作用は第1剤処理時間中に徐々に低下することになるわけです。

ですから、アンモニアタイプのパーマ剤は強い効果を持つこと、毛髪への過剰反応（オーバータイム）が起こりにくい

図表5　アルカリ剤の特徴

アルカリ剤	成分名	特徴
アンモニア	アンモニア水	1. 揮発性のため刺激臭がある反面、この揮発性により第1剤のオーバータイム及び手指への刺激が少ない 2. 配合量の増加に伴って第1剤のpHの上昇が著しいため強い効果を持つ
アミン類	モノエタノールアミン トリエタノールアミン イソプロパノールアミン等	汎用されるモノエタノールアミンには以下の特徴がある 1. 揮発性がなく刺激臭が少ない反面、毛髪への親和性・残留性が高いため、オーバータイムや手指への刺激に配慮する必要がある 2. 配合量の増加に伴って第1剤のpHの上昇が著しいため強い効果を持つ
中性塩	炭酸水素アンモニウム （重炭酸アンモニウム） 炭酸水素ナトリウム リン酸水素アンモニウム等	汎用される炭酸水素アンモニウムには以下の特徴がある 1. アンモニアのような強い刺激臭がなく、モノエタノールアミンのような刺激への配慮は比較的少ない 2. 配合量を増加しても第1剤のpHは上昇しにくいため効果は弱い

こと、及び頭皮や施術者の手指への刺激が少ないという長所を持ちます。

また、このタイプのパーマ剤には、アンモニアの揮発による刺激臭があることが最大の短所としてあります。しかし、さまざまな長所を考慮しますと、若干の刺激臭は致し方ないと考えられます。

■アミンタイプのパーマ剤

アミン類は、アンモニアと異なり揮発しない（不揮発性）ため、刺激臭がないアルカリ剤で、高アルカリ性のモノエタノールアミンが最も広く使用されています。

モノエタノールアミンはアンモニアと同様、少量の添加で第1剤のpHを上昇させる作用があります（図表6）ので、強い効果を持つ製品が得られます。しかし、不揮発性であることからアンモニアのように第1剤処理時間中に薬剤のpHが低下することはありません。

さらに、アンモニアと比較して、毛髪に対する親和性や残留性が高いため、過剰反応の恐れがあり、同時に頭皮・手指にも残留しやすいので、施術後には十分に洗い流すことが大切になります。

■中性塩タイプのパーマ剤

「中性パーマ」、「低pHパーマ」と呼ばれるものが、この中性塩をアルカリ剤として使ったタイプの製品です。

中性塩として汎用されるものは、炭酸水素アンモニウム（重炭酸アンモニウム）ですが、この原料はアンモニアを炭酸という酸で中和したもので、これ自体はほぼ中性を示します（図表7）。従って、できあがった製品のpHも低くなります。

このタイプのパーマ剤は、第1剤のpHが低いことで、その効果は弱くなる（図表8）のですが、その分毛髪への過剰反応や頭皮・手指への刺激は、比較的少ないという特徴を持ちます。

また、中性塩は図表9で示すように、アンモニアやモノエタノールアミンと比較して同一pHの場合、アルカリ度は大きくなる性質を持ちます。

ここで、アルカリ度について説明を加えます。同じpH、同じアルカリ剤を使用したパーマ剤同士を比べた場合にのみ、アルカリ度の高低とパーマ剤の強弱に相関関係が現れます。つまり、アルカリ度は、アルカリ剤の種類や有効成分の変化（種類及び量）により大きく変わるものですから、高アルカリ度＝強い作用の関係は成り立たないのです（図表9）。

また、炭酸塩の場合はアンモニアやアミン類と異なり、温度やpHの変化により分解するという性質を持ち、特に高温や酸性の状態では急速に分解が進みます。製品は、未使用の状態では約3年間は安定ですが、使いかけたまま長時間放置したり、高温の場所に保管したりすると、炭酸塩の分解が起こってしまいます。ですから、未使用の製品は冷暗所に保管し、使いかけの残液は密栓し、早目に使い切るようにすることが大切です。図表10に炭酸塩を使用した弱アルカリ性パーマ剤の開栓後の残液のpHの変化を示しましたが、時間の経過によ

図表6　アルカリ剤の種類と第1剤のpH

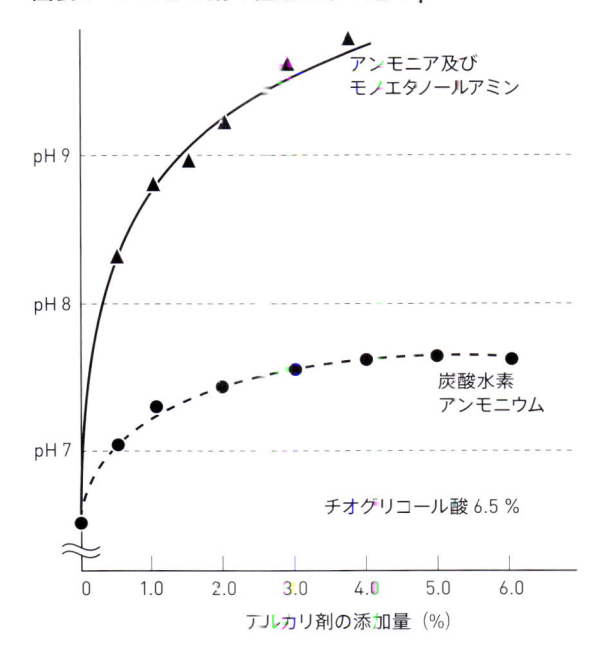

第2章 パーマの理論

図表7　アルカリ剤の種類とpH（25℃）

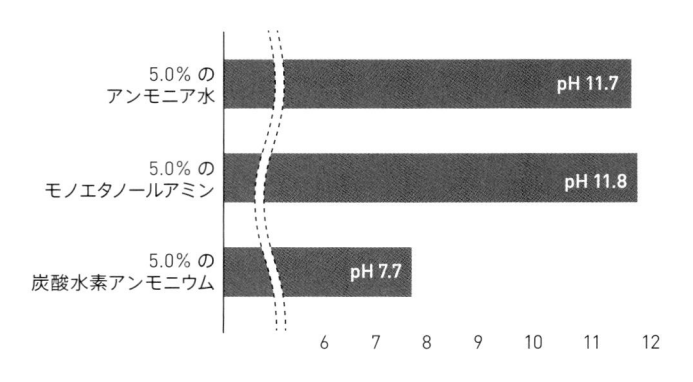

- 5.0%のアンモニア水　pH 11.7
- 5.0%のモノエタノールアミン　pH 11.8
- 5.0%の炭酸水素アンモニウム　pH 7.7

図表8　アルカリ剤の変化に伴うウェーブ効率の変化

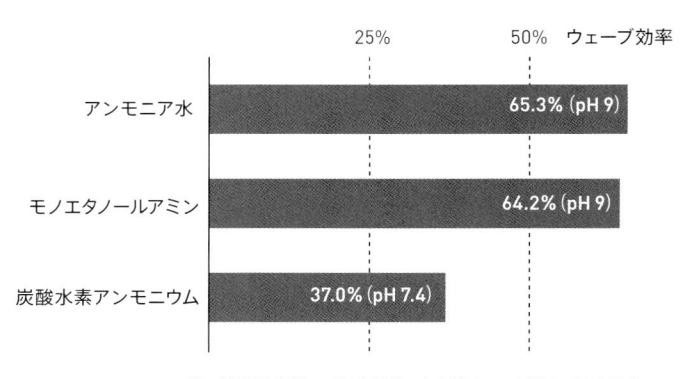

- アンモニア水　65.3%（pH 9）
- モノエタノールアミン　64.2%（pH 9）
- 炭酸水素アンモニウム　37.0%（pH 7.4）

未処理毛使用
・第1剤処理時間10分（室温）チオグリコール酸7.0%水溶液（アルカリ剤の配合量は2.7%で統一し調製）
・第2剤処理時間10分（室温）臭素酸ナトリウム6.0%水溶液

図表9　アルカリ剤の変化に伴うpHとアルカリ度

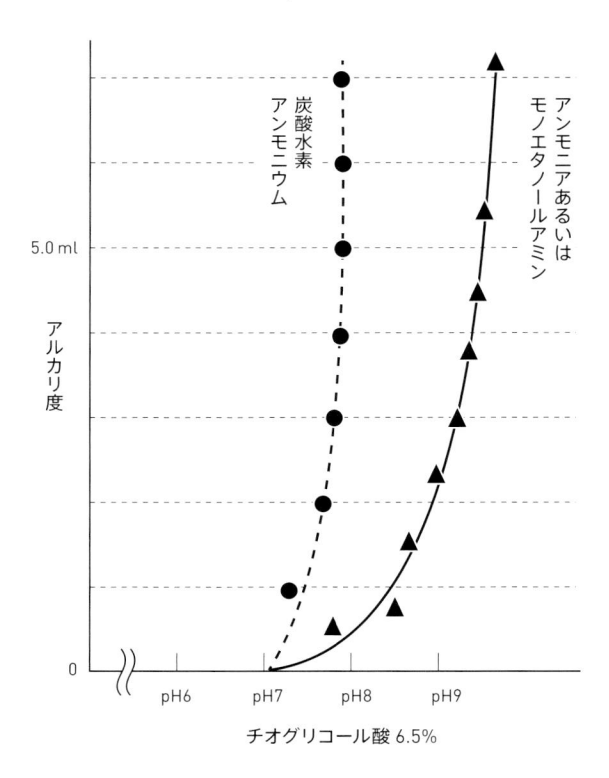

チオグリコール酸6.5%

り液のpHが上昇することがわかります（一般的に、他のアルカリ剤を用いたパーマ剤の場合にはpHは経時的に低下する傾向があります）。

添加剤による変化

　パーマ剤の別の見方として、効果重視のタイプと仕上がりや使用感重視のタイプ（コンディショニングタイプ）に大別できます。この違いは、コンディショニング成分と呼ばれる添加剤の種類と量による変化と考えられるものです。

　実際の現場では多くの場合、パーマ剤の外観上の数値（有効成分濃度、pH、アルカリ度等）についての関心は高いようですが、この添加剤についてはあまり関心を持たれておらず、単に仕上がり時の手触りの良否として受け止められているようです。

　しかし、製品開発を行う場合、この添加剤の検討はアルカリ剤の検討とともに大変重視される問題です。というのは、パーマ剤の評価を行う上で、仕上がり感の良し悪しが問題となりますが、これは添加剤による影響が大きな要因となるからです。

　仕上がり感や使用感を向上させる添加剤としては、シリコー

ン類やカチオン化セルロース等が多くの場合使用されますが、これらは一般的にパーマ剤の作用を抑制する方向に働きます。従って、基本的には同じ処方の製品（有効成分の種類・量及びアルカリ剤の種類・量が同一）でも、添加剤の違いによりその効果も異なるのです。

　また、この添加剤の影響は第2剤についても適用され、ウェーブの締まり等の問題となって現れる場合もあります。

　パーマ剤は第1剤と第2剤の組み合わせで適切な効果（目的とする効能及び仕上がり等）を発揮するように設計されていますから、独自の判断で不必要な成分を添加したり、メーカーの設計した組み合わせ以外の製品を使用するようなことは避けるべきです。

③その他の要因について

　ここまでは、主に第1剤の配合成分の個々の変化に伴うパーマ剤の特徴について説明しましたが、パーマ剤はこれらの配合成分を組み合わせて調製されているものですから、ここではパーマ剤第1剤全体を総合的に見た場合の特徴について説明します。

第1剤のpHの変化

前述のアルカリ剤の項では、主にアルカリ剤の種類に伴う影響について説明しましたが、ここでは製品全体のpH（第1剤のpH）の影響について説明します。

図表11にパーマ剤第1剤のpHと毛髪の膨潤度及びウェーブ効率の関係を示しました。このように、2つの曲線は同じようなカーブを描いていますから、毛髪の膨潤度とウェーブ効率には密接な関係のあることがわかります。

つまり、毛髪の膨潤度が大きい第1剤ほど、その効果も強いということです。

毛髪の膨潤度はpHの上昇にともなって増加しますから、一般的に高いpHを持つ第1剤ほど、強いウェーブ形成力や縮毛矯正効果を発揮することになります。

慣用的にパーマ剤をアルカリパーマ、中性パーマ、及び酸性パーマと種類分けが行われますが、これは第1剤のpHの変化がパーマ剤の効果に大きく影響を与えることから、効果の強弱の目安としてこのような種類分けが行われているのです。

この種類分けには明確な定義があるわけではありませんので、若干の幅を持ちますが、一般的にアルカリパーマはpH9程度、中性パーマはpH8前後、酸性パーマはpH7以下の製品を指します。

また、毛髪の損傷原因の1つである毛髪内タンパク質の流出は、毛髪の膨潤度と密接な関係があり、膨潤度の大きい場合ほどその量も多くなる傾向があります。

ですから、パーマ剤の作用の強弱と毛髪の損傷の程度には、十分注意を払う必要があり、一般的にその傾向は、

アルカリパーマ ＞ 中性パーマ ＞ 酸性パーマ

の順になります。

施術温度について

パーマ剤には、施術中にヘアキャップのみを使用するコールド式パーマ剤と、遠赤外線装置やウォーマー等の加温器を用いる加温式パーマ剤の2種類の使用方法の薬剤があります。ちなみに、主に理容室で施術するアイパーと称されるアイロンパーマは加温式になります。

パーマ剤の作用は、毛髪の膨潤度と密接な関係があり、pHの高いものほど膨潤度も大きいことは前述の通りですが、毛髪の膨潤度を増加させる要因として、温度の影響も見逃せません。

同一のパーマ剤第1剤を用いた場合の温度と毛髪の膨潤度との関係を**図表12**に示しましたが、温度が高いほど毛髪の膨潤度も大きくなることが分かります。

また、毛髪への薬剤の浸透に温度が高いほど速くなります。ですから、同一の薬剤を用いた場合、施術温度の高いほうが、その効果も強くなるのです。

酸性パーマと呼ばれる製品にこの加温式が多い理由は、酸性の状態では毛髪の膨潤度が低く、薬剤の浸透力も弱いため、加温操作によって、この効果不足を補うためです。

図表13に第1剤処理時の温度差による酸性パーマの

図表10
炭酸塩を使用した弱アルカリ性パーマ剤第1剤の開栓後のpH変化

	開栓直後	48時間後 $\frac{4}{5}$ 残液	48時間後 $\frac{1}{5}$ 残液
製品A	pH 7.76	pH 7.82	pH 8.18
製品B	pH 7.80	pH 7.90	pH 8.20
製品C	pH 8.06	pH 8.11	pH 8.20

図表11
パーマ剤第1剤のpHと毛髪の膨潤度及びウェーブ効率

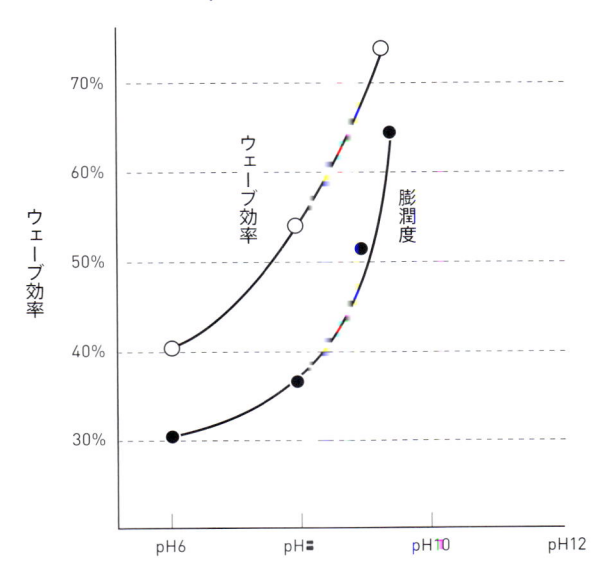

図表12 第1剤処理温度と毛髪の膨潤度

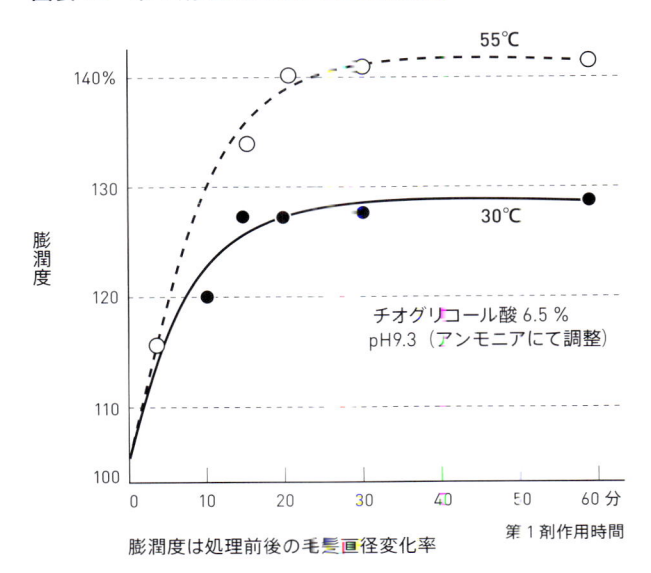

チオグリコール酸6.5％
pH9.3（アンモニアにて調整）

膨潤度は処理前後の毛髪直径変化率

図表13
酸性パーマのコールド式と加温式のウェーブ効率

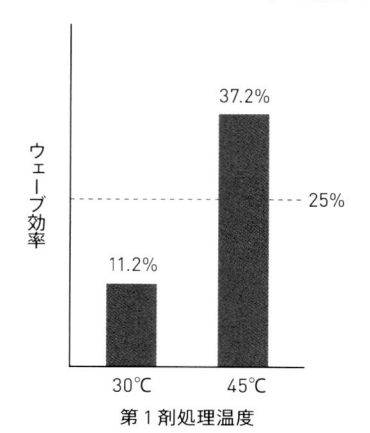

未処理毛使用
・第1剤処理時間 10分（各温度）
　チオグリコール酸 5.0%
　水溶液 pH6
・第2剤処理時間 10分（室温）
　臭素酸ナトリウム 6.0%
　水溶液

30℃: 11.2%
45℃: 37.2%
基準: 25%

ウェーブ効率の比較を示しましたが、加温操作を行うことで、ウェーブ効率が上昇することが分かります。

このように、温度の上昇に伴ってパーマ剤の作用も強くなりますから、コールド式と比較して加温式のほうが薬剤自体の効力は弱め（有効成分の量、pH、アルカリ度等が低めに）で、加温することで目的の効果が発揮されるように設計されています。

コールド式は常温でその効果が十分発揮されるように設計されています。そのため、不必要な加温操作は毛髪の損傷を引き起こすことになりますので、絶対に避けましょう。

第1剤のまとめ

パーマ剤の特徴は、このように様々な要因の組み合わせにより左右されるものですから、ある1つの要因（例えば、有効成分の種類やpH等）だけで、そのパーマ剤の良し悪しを判断することはできません。

パーマ剤の特徴が有効成分の種類と量、アルカリ剤、添加剤、pH、施術温度等、多くの要因の組み合わせで決定されるものである以上、各要因を的確に把握し、総合的に判断することが大切です。

各パーマ剤の特徴を的確に判断し、数多くの種類のパーマ剤の中から、対象となる毛髪に適したパーマ剤を選定することが失敗のないパーマ施術の第一歩となるのです。

④第2剤の種類と特徴

パーマ施術の成功も失敗も、この第2剤に左右されると言われるほど、第2剤の役割は重要です。一般的な第2剤の組成は、

- **有効成分（酸化剤）**
- **添加剤**

の2つに基本的には大別されます。

「（2）パーマ剤の反応」の項で詳述しますが、パーマ剤は第1剤で毛髪中のシスチン結合を切断（還元）し、第2剤で再結合（酸化）させるものですから、第2剤の有効成分として酸化剤が使用されます。

第2剤の有効成分としては、臭素酸塩、過ホウ酸ナトリウムまたは過酸化水素を使用することとされており、パーマ剤承認基準においては、二浴式パーマ剤の全分類において、これら全ての成分の使用が可能となっています。

なお、添加剤については、第1剤とほぼ同様な成分が配合されますが、第1剤との相乗効果による効果の増強等を狙い、合理的に設計されています。

臭素酸塩を有効成分とするパーマ剤第2剤

日本国内で昔から製造されてきたほとんどのパーマ剤第2剤に使用されてきたものが、このタイプに属するものです。臭素酸塩として使用可能なものは、臭素酸ナトリウム及び臭素酸カリウムがありますが、現在では液状の第2剤がその主流を占めるため、水へ溶けやすく、高い濃度でも結晶等が析出しにくい臭素酸ナトリウムが汎用されています。なお、臭素酸カリウムは、主に粉末状第2剤に使用されますが、現在では見かけることはほとんどありません。

臭素酸塩による第2剤は、そのpHが中性付近（pH5.0〜7.5付近）であり、後述する過酸化水素と比較すると穏やかな酸化作用を持つため、使用感に優れる、毛髪が脱色されない等の長所を持ちます。

しかし、酸化作用が過酸化水素と比較して穏かなため、その作用を十分発揮させるためには、施術時間を長く取る（第2剤処理時間を長くする）必要があります。

なお、今日の一般的な製品の液状第2剤は、臭素酸ナトリウム濃度が5〜10%程度であり、原液のまま使用するもの、使用時に水で希釈して使用するもの等があり、使用時の濃度は7%前後のものが多いようです。

過酸化水素を有効成分とするパーマ剤第2剤

欧米では市場全体の80〜90%に、この過酸化水素第2剤が使用されています。

過酸化水素は、臭素酸塩と比較して化学的に不安定なため、光や微量金属の存在及びアルカリ性の状態では、比較的簡単に分解します。そのため製剤の調製には特別な工夫が必要で、液のpHは酸性（市販品のpHは2.5〜3.5程度）に調整されています。

過酸化水素第2剤は、臭素酸塩第2剤と比較して、酸化作用が強力なため、第2剤処理時間が短いという長所を持ちます。しかし、この強力な酸化作用により、傷んだ毛髪等に使用した場合には、毛髪の"赤茶化"として現れる可能性を持つ等の短所があり、放置時間には特に注意しなければなりません。

第2剤のまとめ

　パーマ施術を成功させるためには、第1剤と第2剤の持つ作用をそれぞれ十分発揮させることが大切です。

　第2剤は、酸化作用のほかに、第1剤によって毛髪が受けた影響（毛髪の強度の低下や膨潤等）を元の状態に戻す作用も持ちます。ですから、第2剤が正しく用いられなかった場合には、毛髪の損傷やウェーブのダレ、持ちの不足、残臭等の悪影響が発生してしまうことになります。

　このように、パーマ施術の成功に第2剤の役割は大変重要な影響を与えます。よく「第2剤だけが余る」との声を耳にしますが、この場合第2剤の働きが不十分になることが予想されますので、必ず第1剤と第2剤は決められた用法・用量を守って施術することが大切です。

　臭素酸塩及び過酸化水素の各第2剤とも長所・短所を合わせ持っています。そのため、それぞれの第2剤が持つ特徴を十分理解し、目的に合ったパーマ剤を選定することが大切です。新製品開発の場でも、以前は第1剤にのみとらわれ、第2剤についての検討は不十分な傾向があったようですが、技術の進歩に伴い、第2剤の注目度は上昇しています。

　ですから、もう一度第2剤についての認識を新たにする必要があると思います。

⑤ 分類によるパーマ剤の特徴

　たとえパーマ剤の特徴を理解し、髪質に適したパーマ剤の選定が行われても、その操作が不適当であった場合には、パーマ剤の持つ特徴を生かすことはできません。分類には、有効成分、効能・効果及び使用方法が含まれていますので、必ずこの分類に沿った施術を行う必要があります。

　ウェーブ用剤に分類されるパーマ剤の効能・効果は、ウェーブ形成に用いられます。縮毛矯正剤に分類されるものは、ちぢれ毛またはウェーブ毛伸ばしに用いられます。ですから、施術の目的に沿って、正しい分類の製品を選択することが大前提となります。ここでは、各分類に伴うパーマ剤の特徴について解説します。

A

チオグリコール酸又はその塩類を有効成分とするコールド二浴式パーマネント・ウェーブ用剤

　通常「コールド」と呼ばれるものが、この分類の製品で、最も多くの種類の製品が市販されています。

　この製品の施術工程は、第1剤・第2剤共に室温（規定では1～30℃の範囲）で用いられるもので、加温操作を行うものは、後述の加温式として区別されています。

　この分類の製品は、pHの変化やチオグリコール酸の濃度変化により、強力タイプ～弱タイプまで幅広い製品が得られます。

　ですから、分類としては1種でも、様々な髪質に適したタイプの製品が数多く市場に存在し、最も幅広く用いられるのです。

　チオグリコール酸またはその塩類として使用可能なものには、チオグリコール酸、チオグリコール酸アンモニウム液及びチオグリコール酸モノエタノールアミン液があります。

　チオグリコール酸自体は、10%水溶液ではpH 1.7のため、皮膚刺激等の取扱い上の問題がありますので、通常の場合、中和された形の塩類が用いられます。

　そして、この塩類としてチオグリコール酸アンモニウム液が最も広く用いられています。

　チオグリコール酸モノエタノールアミン液は、その分子内にアンモニアを含みませんから、無臭パーマとして使用されることが多いようです。

　また、平成5年（1993年）のパーマ剤承認基準の改正によりチオグリコール酸の配合濃度の上限が、従来の7%から11%へと拡大されました。

　この拡大の条件としてジチオジグリコール酸（DTDG）の配合が義務づけられていますが、これは『チオグリコール酸とジチオジグリコール酸が共存した場合には、化学的に平衡反応が起こり、ジチオジグリコール酸に対応するチオグリコール酸は毛髪との化学反応に関与しない。』という理論を背景として認められたものです。しかし、実際には、チオグリコール酸の増加によりパーマ剤の効果は増強されます。

　この上限値拡大により製品の幅が広がったため、従来品では対応が困難であった撥水性で硬毛といったような、パーマがかかりにくい髪質にも、容易に対応できるような強力タイプの製品も可能になったわけです。

　さらに、チオグリコール酸系パーマ剤にシステインを配合することも可能ですが、その配合は1.5%（システインとして）以下と規定されています。この場合のシステインは、有効成分ではなく、湿潤剤として配合されますが、システインの配合効果については、システイン系パーマ剤の項で記述します。

C

チオグリコール酸又はその塩類を有効成分とする加温二浴式パーマネント・ウェーブ用剤

　この製品は、基本的には前述のチオグリコール酸系コールド二浴式パーマ剤と同様の骨格を持つものですが、コールド式との違いは、施術時にスチーマーやウォーマー、遠赤外線装置等の加温器を使用することにあります。

　そして、この加温操作を行うことで浸透力及び毛髪の膨潤度が上昇し、薬剤の作用がアップしますから、薬剤自体の効力はコールド式と比較して有効成分量やpH、アルカリ度等が低めに設定されています。また、この分類の製品には、第1剤だけを加温処理する場合と、第1剤・第2剤共に加温処理する場合の2種類の製品があります。ウェーブのかかり過ぎや、その他の事故を防ぐため、パーマ剤承認基準により加温温度は60℃以下の規定がありますから、使用に当たっては温度の管理に注意が必要です。

　この加温式の許可は、パーマ剤承認基準ではアルカリ性～酸性の範囲で得られますが、実際の製品としては、加温式酸性パーマ剤とアイロンパーマ剤が代表的なものです。

アイロンパーマ剤は、主に理容室で用いられるもので、その操作法は毛髪を第1剤で処理した後、水洗し、アイロン鏝（こて）の滑り向上とアイロンと熱から毛髪を保護する目的で、オイル等を塗布します。その後アイロン操作によりウェーブを作り、さらに第2剤処理を行うという技法です。つまり、ロッドの替わりにアイロンとその熱でウェーブを得るものですが、ちょっとした熱のかけ過ぎにより毛髪は損傷してしまうので、施術には相当熟練を必要とするようです。

加温式酸性パーマ剤は、第1剤のpHが弱酸性（市販品ではpH5.5～6.5付近のものが多いようです）ですので、毛髪に対する影響は少なくてすみます。しかし、還元力及び毛髪の膨潤度が低いため、加温操作で効力をアップできるとはいっても、やはり限界があるため通常の操作では必ずしも満足な結果が得られるとは限りません。ですから、施術には細いロッドを数多く使用したり、毛髪のスライス幅を狭くしたりといった特別な技法が必要になります。

つまり、化学的な薬剤の弱さを物理的な力で補って施術を行うことが必要であるということです。

B

システイン、システインの塩類又はアセチルシステインを有効成分とするコールド二浴式パーマネント・ウェーブ用剤

通常「システインパーマ」、「シスパーマ」と呼ばれる製品がこの分類の製品で、諸外国ではあまり見られない日本独自の製品です。

このシステイン系パーマ剤は昭和43年（1968年）に認められ基準に取り込まれましたが、安定性に劣る、ウェーブ形成力が弱い、連続して使用すると施術者の手指に白色の結晶が析出し荒れやすい、といった諸問題を抱えていました。

しかし、その後様々な検討が行われ、現在では安定性、ウェーブ形成力共に優れる製品へと発展しています。これは、安定剤として配合可能なチオグリコール酸の上限量が0.3%から1.0%に引き上げられたことによるものです。

システインは空気酸化により、水に不溶のシスチンを生成し、これが発粉（フレーキング）として現れるのですが、酸化防止剤としてチオグリコール酸を配合することでシスチンの生成を抑制します。

また、システインの酸化生成物であるシスチンは毛髪の構成成分の一種で、実際システイン系パーマ剤に使用されるL-システインは、毛髪を塩酸で加水分解して得られるシスチンを還元すると得られ、原料として使用されています。

ですから、システイン系パーマ剤でパーマ施術を行った場合には、有効成分であるシステインが施術中に毛髪に取り込まれ、毛髪の損傷原因と言われる流出アミノ酸の一部を補って、補修を行うと言われています。

システイン系パーマ剤が損傷毛に適すると言われる理由は、このように補修作用を持つことと、薬剤の影響を受けやすい損傷毛に対しても適度な浸透作用を示すことによるものです。

さらに、この他のシステイン系パーマ剤の長所は、原料自体にチオグリコール酸のような臭いがないため不快臭が少ないこと、毛髪の膨潤度が小さいため毛髪を損傷しにくいこと、ウェーブの仕上がりが自然で、感触に優れること等があります。

短所としては、原料自体がチオグリコール酸よりも高価なため製品も高価であること、チオグリコール酸系パーマ剤と比較して製品安定性に劣ること、ウェーブ形成力が弱いこと等があげられます。

このような特徴を持つシステイン系パーマ剤は、前述のように、毛髪への作用が緩和で、しかも毛髪補修効果を持つため、損傷毛等を施術する場合にはなくてはならない製品です。

また、アセチルシステインの最大の長所は、システインのような発粉がまったくないことです。これは、システインの酸化生成物のシスチンは水に不溶ですが、アセチルシステインの酸化生成物（アセチルシスチン）は水に可溶であることによるものです。

しかし、アセチルシステインはシステインと比較してウェーブ形成力に劣るという短所を持つため、単独で使用するには難しい問題も抱えています。ですから現在は、アセチルシステインの持つ発粉がないという特徴と、システインの持つ自然なウェーブ形成という特徴が組み合わさったようなパーマ剤へと、システイン系パーマ剤は発展進化してきています。

D

システイン、システインの塩類又はアセチルシステインを有効成分とする加温二浴式パーマネント・ウェーブ用剤

このパーマ剤の特徴は、従来のシステイン系パーマ剤（コールド式）が持つ最大の欠点であったウェーブ形成力が弱いことを解消する点にあります。

図表14に同じシステイン系パーマ剤をコールド式及び加温式で処理した場合のウェーブ効率の比較を示しましたが、加温操作を行うことでその効果が増強することがわかります。

さらに、加温式システイン系パーマ剤の特徴として、Bシステイン系コールド式パーマ剤ではアルカリ性の製品のみ許可が得られますが、この分類の製品ではアルカリ性～酸性と幅広いpH範囲で許可が得られるということです。

つまり、加温操作でウェーブ形成力は増強され、さらにpH範囲の拡大で多様化した製品が可能となるわけですから、対象毛の幅が広がるということになります。

ですから、システイン系コールド式パーマ剤では対応が困難であった健康毛や硬毛へもその使用が可能となり、さらに前述のアセチルシステインとの併用使用等により、発粉が少ないパーマ剤へと製品の展開が広がるのです。

しかし、効果が増強されるということは、それだけ毛髪に対する影響も大きくなるわけですから、使用に当たっては、前もって得られる効果の確認を行うと共に、毛髪の損傷を考慮した注意が必要です。

E

チオグリコール酸又はその塩類を有効成分とするコールド一浴式パーマネント・ウェーブ用剤

このパーマ剤の特徴は、第1剤処理で還元された毛髪の酸

化を、空気中の酸素で徐々に行うことにあり、第2剤は使用しない点にあります。

第2剤を使用しないことにより、他の分類の製品よりもpH、チオグリコール酸濃度、アルカリの規格幅が狭くなっており、その弊害が起こらないよう留意されています。

ウェーブ形成力は一般的に弱めですので、使用に際しては細いロッドを使用したり、毛髪のスライス幅を狭くしたりといった、特別な技法が必要になります。

また、加温式の一浴式は認められていませんから、使用に際しての加温操作は行ってはいけません。

F

チオグリコール酸又はその塩類を有効成分とする第1剤用時調製発熱二浴式パーマネント・ウェーブ用剤

この製品は、第1剤が、第1剤の（1）及び第1剤の（2）の2種類、第2剤が1種類の3種類で構成されます。このうち第1剤の2種類を使用直前に混合して使用することで「用時調製」と呼ばれます。

また、第1剤の（1）は還元剤であるチオグリコール酸を高濃度（チオグリコール酸として8%〜19%）配合されたもので、その他アルカリ剤や添加剤が配合されています。言うなれば相当強力な第1剤とも考えられるものです。

第1剤の（2）は、酸化剤である過酸化水素を配合したものです。ですから、両液を混合すると、還元剤と酸化剤というまったく相反する薬剤同士が反応（酸化還元反応）を起こし発熱するため、「発熱式」と呼ばれ、この2つの名称を合わせて「用時調製発熱式」と呼ばれるのです。

このパーマ剤の特徴は、自ら発熱し、パーマのかかり過ぎを抑えるという発想から生まれたもので、欧米では1978年（昭和53年）以降使われ始め、日本では1985年（昭和60年）以降製造が認められたものです。

このかかり過ぎを抑える要因は、2種類の第1剤を混合することで、発熱と同時に前述のジチオジグリコール酸（DTDG）が生成され、これが過剰反応抑制剤として働くことによるものです。

混合時の発熱曲線を**図表15**に示しましたが、混合直後に最高温度に達し、その後徐々に液温は低下することがわかります。

図表14
システインパーマのコールド式と加温式のウェーブ効果

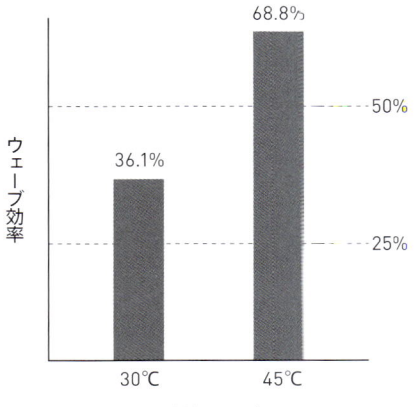

未処理毛使用
・第1剤処理時間 10分（各温度） システイン 4.1%
　チオグリコール酸 1.0%水溶液　pH9（アンモニア）
・第2剤処理時間 10分（室温） 臭素酸ナトリウム 6.0%水溶液

図表15　発熱曲線

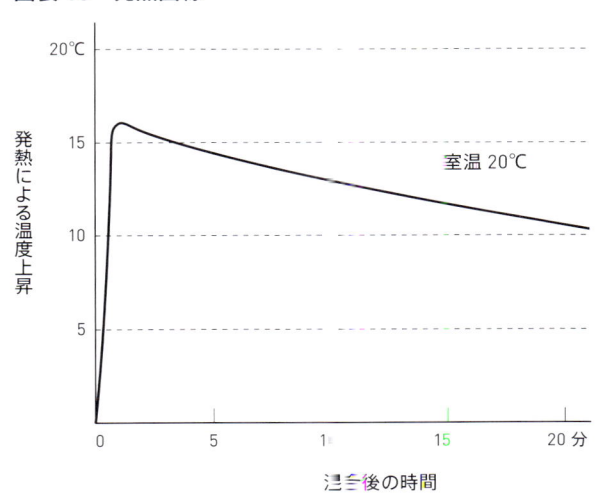

混合条件
第1剤の（1）チオグリコール酸 10.0%水溶液　pH9.0　75ml
第1剤の（2）過酸化水素水 3.5%水溶液　pH3.3　25ml

このパーマ剤は、混合時の発熱温度を利用してウェーブ形成力のアップを図る製品ですので、その使用に当たっては温度低下のロスを防ぐため、製品は一人用で、必ず使用直前に混合します。

また、このパーマ剤は、水巻き法で施術するのが特徴です。ですから、第1剤が直接施術者の手指にあまり触れないため、手荒れに悩む美容師にとっては歓迎すべき製品と考えられます。

しかし、第1剤の（1）は高濃度のチオグリコール酸を含有しますので、混合しないで使用したり、水巻き法に特有な塗布ムラにならないよう注意して使用することが大切です。

なお、使用時（混合時）の第1剤のチオグリコール酸量、pH、アルカリ等の規格は、**A** チオグリコール酸系コールド式パーマ剤とほぼ同様になっています。

$$\begin{array}{l} H\text{-}S\text{-}CH_2\text{-}COOH \\ H\text{-}S\text{-}CH_2\text{-}COOH \end{array} + H_2O_2$$
（2分子のチオグリコール酸）　　（過酸化水素）

↓ 発熱

$$\begin{array}{l} S\text{-}CH_2\text{-}COOH \\ | \\ S\text{-}CH_2\text{-}COOH \end{array} + 2H_2O$$
（ジチオジグリコール酸）　　（水）

G

**チオグリコール酸又はその塩類を有効成分とする
コールド二浴式縮毛矯正剤**

H

**チオグリコール酸又はその塩類を有効成分とする
加温二浴式縮毛矯正剤**

　この製品は、基本的にはチオグリコール酸系パーマ剤（コールド式及び加温式）と同じ骨格を持つ製品で、「ストレートパーマ」として定着しています。

　その効果は、「くせ毛、ちぢれ毛又はウェーブ毛髪をのばし、保つ」ことを目的とし、他のウェーブ剤とは区別されています。

　一般的に縮毛矯正剤は、製品の粘度が高い（パーマ剤承認基準では 40000 mPa・s ＜ミリパスカル秒＞以下の規定があります）ことを特徴としていますが、これは、毛髪の縮んだ部分を操作中に伸ばし続けることが必要なためです。

　パーマ剤承認基準で粘度の上限が設定されている理由は、あまり硬い製品で毛髪を伸ばすと必要以上のテンションが毛髪にかかり、断毛の危険性があるためで、過去にこのような事故が相次いだことによるものです。

　また、パネルと称される板を用いた技法により、パネルとの境で断毛事故が多発しましたので、現在ではパネルの使用は認められていません。

　縮毛矯正剤は、施術時にコーム等でテンションをかける操作が加わりますので、毛髪に対する影響は他のパーマ剤と比較して大きくなりますから、その使用に当たっては細心の注意が必要です。

　特に、誤った毛髪診断及びテンションのかけ過ぎによる事故が多いようですので、効果のみにとらわれず、毛髪への影響を考慮した施術が大切です。

I

**チオグリコール酸又はその塩類を有効成分とする
高温整髪用アイロンを使用する
コールド二浴式縮毛矯正剤**

J

**チオグリコール酸又はその塩類を有効成分とする
高温整髪用アイロンを使用する
加温二浴式縮毛矯正剤**

　平成 11 年（1999 年）に高温整髪用アイロンを使用する加温二浴式縮毛矯正剤がパーマ剤承認基準に追加され、平成 27 年（2015 年）に高温整髪用アイロンを使用するコールド二浴式縮毛矯正剤が追加されました。これらは、第 1 剤処理後に毛髪を乾燥して高温整髪用アイロンを使用することに特徴がありますが、薬剤自体は高温整髪用アイロンを使用しない縮毛矯正剤と同じ規格となっています。

　基本的な問題として注意しなければならないのは、高温整髪用アイロンを毛髪にあてる時間を 1 か所で 2 秒以下にとどめることです。高温整髪用アイロンの設定温度（180℃以下）にもよりますが、2 秒以上アイロンをあてたままにしておくと、急激に毛髪自体の温度が上昇して著しく傷んだり、毛髪自体が熱によって変質することがあります。

　このタイプの縮毛矯正剤は、効果という面では優れていますが、高温アイロンを使用するという特殊な条件での使用になりますから、使用に当たっては十分にウイッグ等で練習し、習熟しておきましょう。

　このように、高温整髪用アイロンを使用する施術には特殊な技術を要するため、一般の方の使用を制限することが使用上の注意に記載されています。

　以上、パーマ剤の種類と特徴について記述しました。繰り返しになりますが、実際の使用に当たっては、各パーマ剤の長所・短所を十分理解した上で、髪質によって使い分けることが大切です。

　パーマ施術を行う際には、技法は非常に大切ですが、パーマ剤の適切な選択ということも、技術者にとって非常に大切です。

　美しく、毛髪を傷めないパーマ施術こそ、技術者の、そしてお客様の双方の希望です。そのためには、正しい知識を修得し、これを実際の現場で応用することが必要です。

　技術の発達に伴って、パーマ剤も効果と毛髪の損傷の問題、技術者の手指の皮膚損傷の問題等を解決すべく日々進歩し、処方にもその配慮が行われています。

　しかし、せっかくの製品も、これが正しく用いられなかった場合には、大切な毛髪を損傷してしまうことにもなりかねません。

　正しい知識と正しい施術こそ、プロフェッショナルとしての技術の発揮の場であると考えます。

(2) パーマ剤の反応

① ウェーブ形成の理論

　毛髪はタンパク質の一種であるケラチンを主成分としています。タンパク質は多数のアミノ酸がペプチド結合したポリペプチド鎖（主鎖）を基本骨格としていて、ケラチンは隣りあった主鎖同士がシスチン結合（SS結合）、塩結合、水素結合等の側鎖によってつながった網目構造を作っています。側鎖結合をまとめて図表1に示しました。この網目構造によって毛髪は弾力性に富み、折り曲げても手を離せば直ちに元の形に戻る復元力を持っています。

　このような性質を持った毛髪ですが、パーマをかける際、第1剤放置後のテストカールでは、髪に弾力がなく、「軟化」しているのがわかります。これは第1剤によってケラチン中の側鎖結合が切断されているためです。さらに、第2剤処理後はウェーブが固定され、髪の弾力は元の通り回復します。これは第2剤によって切断されていた側鎖結合が再結合したためです。この一連の反応によって、持続性のあるウェーブが形成されます。もちろん、くせのある毛髪をまっすぐに伸ばす縮毛矯正や、ウェーブヘアをストレートにする原理も同じです。それでは毛髪の内部でどのような反応が起きているのかを詳しく説明します。

シスチン結合（SS結合）に対する作用

　側鎖結合の1つであるシスチン結合はSS結合、あるいはジスルフィド結合とも呼ばれ、硫黄原子（S）同士が-S-S-の形につながり、毛髪を爪と同じように硬く弾力のあるものにしています。パーマ操作においては、強固な側鎖結合であるシスチン結合の切断と再結合がとても重要です。

■第1剤の役割

　パーマ剤第1剤には、還元剤としてチオグリコール酸、システインあるいはアセチルシステインが使われます。これらの構造式を図表2に示しました。3つの成分に共通しているのは、硫黄原子（S）とそれにつながる水素原子（H）を持っています。これをチオール基（-SH）といいます。シスチン結合の切断の反応式を図表3 **1**式に示しました。

　毛髪中のシスチン結合は、チオール基の水素原子と結合し、2つのシステイン残基（-SH）に変化します。これが第1剤によるシスチン結合の切断です。

　一方、役割を終えたチオグリコール酸は、チオグリコール酸同士で酸化結合し、ジチオジグリコール酸（DTDG）に変化します。同様に、システインはシスチンに、またアセチルシ

図表1　ケラチンの側鎖結合

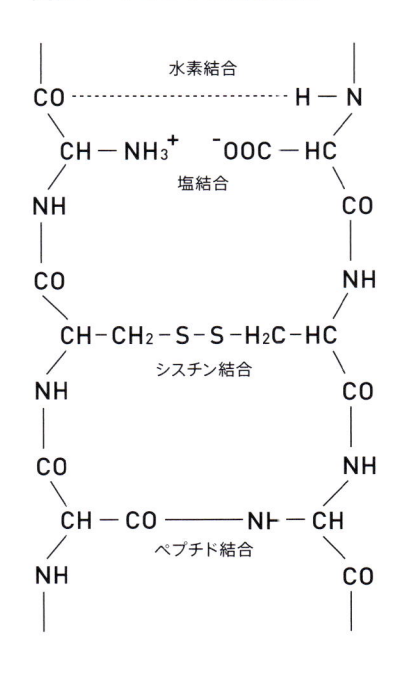

```
        水素結合
   CO┄┄┄┄┄┄┄┄H─N
   │                    │
   CH─NH₃⁺  ⁻OOC─HC
   │        塩結合        │
   NH                   CO
   │                    │
   CO                   NH
   │                    │
   CH─CH₂-S-S-H₂C─HC
   │     シスチン結合      │
   NH                   CO
   │                    │
   CO                   NH
   │                    │
   CH─CO────NH─CH
   │    ペプチド結合       │
   NH                   CO
   │                    │
```

図表2　還元剤3種の構造式

　　　　　　　　　　　　　　　　チオール基

[チオグリコール酸]　　HOOC － CH₂ － S － H

[システイン]　　HOOC － CH － CH₂ － S － H
　　　　　　　　　　　│
　　　　　　　　　　　NH₂

[アセチルシステイン]　HOOC － CH － CH₂ － S － H
　　　　　　　　　　　　　│
　　　　　　　　　　　　　NH － COCH₂

第2章 パーマの理論

図表3　第1剤及び第2剤の毛髪への作用

第1剤＜還元反応＞

$$\text{〜S-S〜} + 2[\text{HS-CH}_2\text{-COOH}] \rightarrow \text{〜SH HS〜} + \begin{array}{c} \text{S-CH}_2\text{-COOH} \\ | \\ \text{S-CH}_2\text{-COOH} \end{array} \quad \cdots \text{1式}$$

毛髪中のシスチン結合　　第1剤中のチオグリコール酸　　毛髪中のシスチンがチオグリコール酸の水素と反応してシステイン残基になる　　役割を終えたチオグリコール酸はジチオジグリコール酸（DTDG）になる

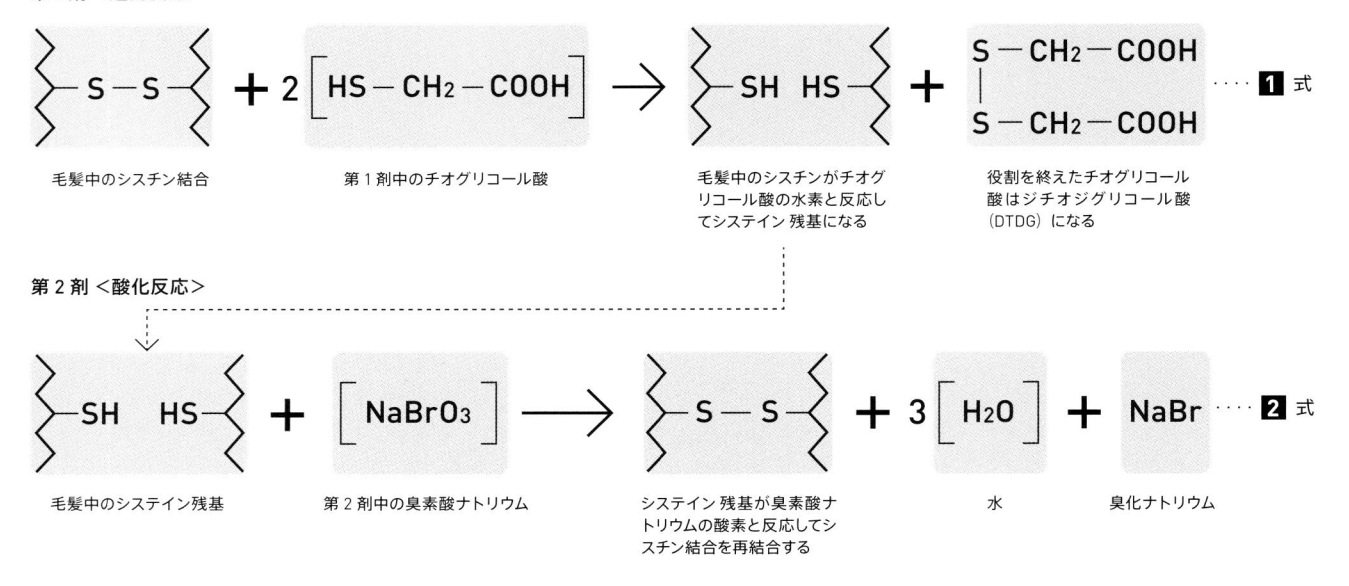

第2剤＜酸化反応＞

$$\text{〜SH HS〜} + [\text{NaBrO}_3] \rightarrow \text{〜S-S〜} + 3[\text{H}_2\text{O}] + \text{NaBr} \quad \cdots \text{2式}$$

毛髪中のシステイン残基　　第2剤中の臭素酸ナトリウム　　システイン残基が臭素酸ナトリウムの酸素と反応してシスチン結合を再結合する　　水　　臭化ナトリウム

図表4　チオレートアニオン

$$\text{HOOC-CH}_2\text{-SH} \rightleftarrows \text{HOOC-CH}_2\text{-S}^- + \text{H}^+$$

チオグリコール酸　　　　　　チオレートアニオン

ステインはアセチルシステインに変化し、パーマ施術終了後の水洗により毛髪外に洗い流されます。

このように、第1剤の反応は還元剤のチオール基が毛髪中のシスチン結合に水素原子を与えてシスチン結合を切断するというものですが、チオール基は-SHのままだと反応が進まず、図表4のようにイオン化してはじめてシスチン結合を切断することができます。このチオール基がイオン化した-S⁻がチオレートアニオンです。第1剤中には-SHと-S⁻が共存していますが、pHが高いほど-S⁻が多くなり、よりシスチン結合を切断しやすくなります。

シスチン結合の切断を、さらに詳しく見ると図表5のように2段階で進むと考えられています。これらの2つの反応式は、矢印が右向きだけでなく、左向きにもなっていることが特徴的で「化学平衡」と呼ばれます。それぞれの成分の濃度に対応して始めは右向きに進み、右の濃度が高くなるにつれて左向きの反応が起こり、やがて左右の反応が同じように起こると、あたかも反応が止まっているような平衡状態となって落ち着きます。

■**第2剤の役割**

第2剤の役割は、切断されたシスチン結合を再結合させることです。

第2剤に用いられる有効成分は、臭素酸ナトリウム、臭素酸カリウム及び過酸化水素の3種類が主に使われ、その構造式は次の通りです。

臭素酸ナトリウム　$NaBrO_3$

臭素酸カリウム　$KBrO_3$

過酸化水素　H_2O_2

いずれの成分も共通して酸素原子（O）を持っていることが分かります。

臭素酸ナトリウムを用いた場合の毛髪との反応式を図表3の2式に示しました。2つのシステイン残基の水素（H）が酸素（O）との反応により水（H_2O）となって取り除かれ、再びシスチン結合（SS結合）になります。そして、役割を終えた臭素酸ナトリウムは臭化ナトリウム（NaBr）に変わります。

シスチン結合の切断と再結合の反応は還元・酸化反応と呼ばれ、第1剤と第2剤の有効成分はそれぞれ還元剤、酸化剤と呼ばれます。この「還元」や「酸化」は化学的な現象を表す用語で、それぞれ次のように定義されています。

図表5　毛髪中のシスチン結合切断の2段階反応

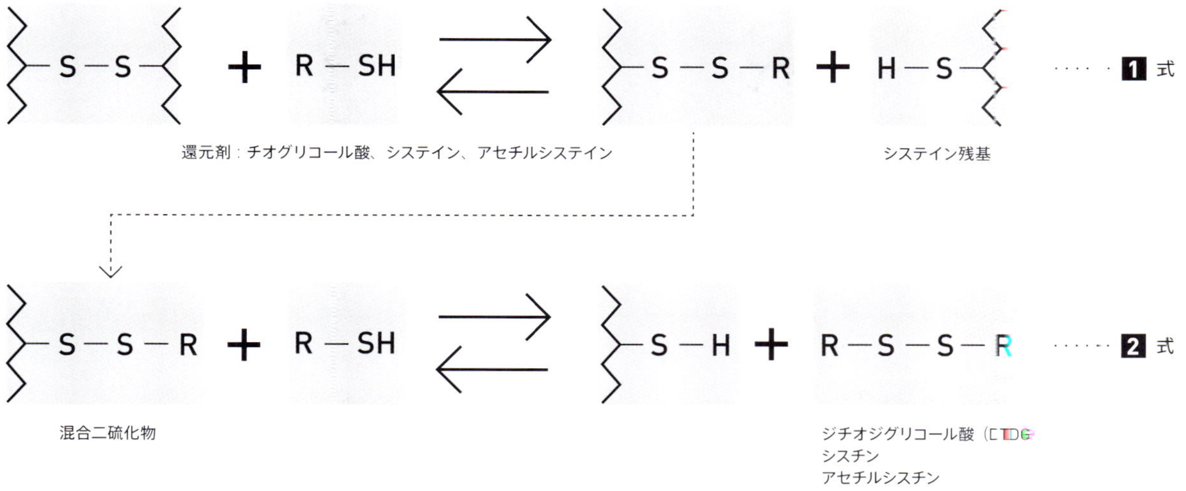

$$\sim\!\!S\!-\!S\!\sim + R\!-\!SH \rightleftarrows \sim\!\!S\!-\!S\!-\!R + H\!-\!S\!\sim \quad \cdots\cdots \text{1 式}$$

還元剤：チオグリコール酸、システイン、アセチルシステイン　　　　　　　　システイン残基

$$\sim\!\!S\!-\!S\!-\!R + R\!-\!SH \rightleftarrows \sim\!\!S\!-\!H + R\!-\!S\!-\!S\!-\!R \quad \cdots\cdots \text{2 式}$$

混合二硫化物　　　　　　　　　　　　　　　　　ジチオジグリコール酸（DTDG）
　　　　　　　　　　　　　　　　　　　　　　　シスチン
　　　　　　　　　　　　　　　　　　　　　　　アセチルシスチン

【 還元 】

① 物質が酸素（O）を失う
② 物質が水素（H）と化合する
③ 原子やイオンが電子を得る

【 酸化 】

① 物質が水素（H）を失う
② 物質が酸素（O）と化合する
③ 原子やイオンから電子が失われる

　図表3 1 式を見ると、第1剤の反応はチオグリコール酸によってシスチン結合に水素が化合する還元反応であることが、図表3 2 式を見ると、第2剤の反応は臭素酸ナトリウムによってシステイン残基が水素を失う酸化反応であることが分かります。

　なお、第2剤の反応を「中和」と呼ぶ場合もありますが、これは酸とアルカリによる化学反応（中和反応）を表しているのではなく、第1剤の反応を打ち消す、という意味から慣用的に使われる表現です。

塩結合と水素結合に対する作用

　シスチン結合は最も強固な側鎖結合ですが、この他に塩結合や水素結合があることはすでに述べた通りです。これらの側鎖は弱いながらも、同じく網目構造を作り、縦に長いペプチド結合をつなぎとめています。これうの側鎖の切断と再結合も、シスチン結合に次いでパーマ剤の働きに大切な働きをします。

■塩結合

　ポリペプチド主鎖が接近し、それぞれの主鎖のアミノ基の窒素が＋（プラス）に、また、カルボキシ基の酸素が－（マイナス）に分かれます。アミノ基 NH_2 が NH_3^+ に、カルボキシ基 $COOH$ が COO^- になり、この＋と－がイオン的に引きあって結合するのが塩結合です。この結合力は毛髪が等電点(pH4.5～pH5.5)にあるとき最大となり、ケラチンは最も安定した丈夫な状態になります。

　パーマ剤第1剤には通常アンモニア等のアルカリ剤が含まれています。アルカリ剤の目的はこの塩結合を切断し、毛髪を膨潤させ、還元剤の働きを助けることにあります。その後、中間水洗やアフター酸リンスによって、残存したアルカリが除去あるいは中和されることにより、ゆるんだ塩結合が再結合し、再び固定されます。

■水素結合

　ポリペプチド主鎖間のカルボキシ基の酸素（O）と水素（H）の引っ張り合う力が水素結合です。この結合は水で容易にゆるみ、乾燥することにより、元の結合に戻ります。

　パーマ剤の成分の1つには、溶剤として水が使われ、多くの原料を溶かし込んでいます。また、ワインディングの前には霧吹き等で髪に水分を補給したあとパーマ操作を開始することもあります。

　水素結合は、側鎖結合の中では弱い結合ですが、乾燥して仕上げるときは再結合し、ヘアスタイルを固定する役割の一端を担います。

　衣服にアイロンをかけるときに使う霧吹きの水には繊維中の水素結合をゆるめ、加熱乾燥後に再固定して、しわを伸ばす役割がありますが、これも毛髪に対する理論と共通しています。こうした反応とパーマ剤の各成分の役割をまとめて図表6に示しました。

図表6　ウェーブ剤の各成分の側鎖結合に対する役割

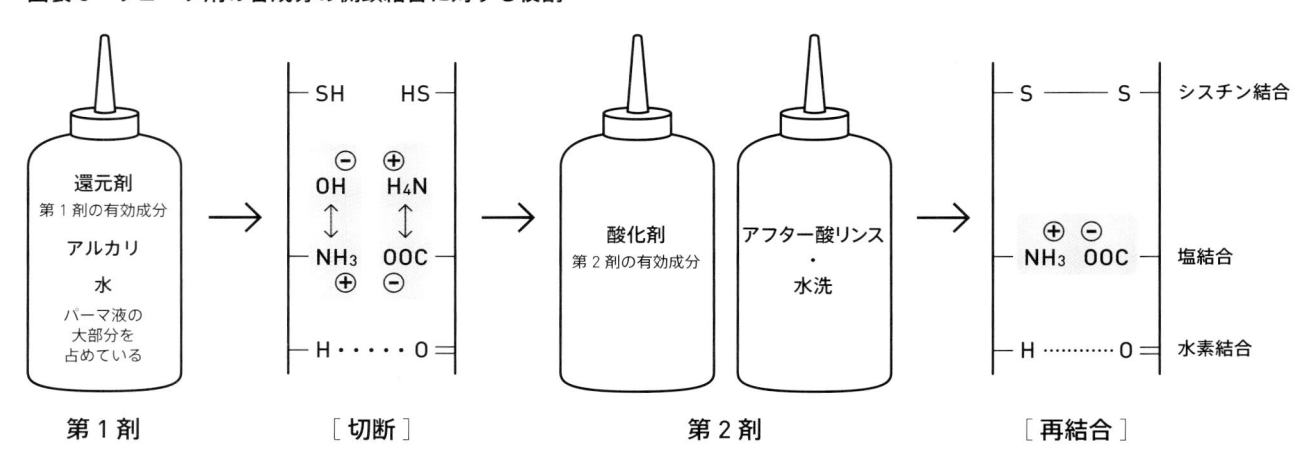

②毛髪の微細構造への作用

ウェーブヘアあるいはストレートヘアは、薬剤だけでは作れません。パーマ剤の毛髪への作用が側鎖結合の切断と再結合であることに触れましたが、この反応は、ロッド等により曲げられた状態、またはコームにより伸ばされた状態で新たな位置に再結合されることが必要とされます。ウェーブを付与したりストレートにさせたりするには、形づけるためのロッドやコーミング等の技術が必要条件となります。

ウェーブが作られる様子のイメージを**図表7**に示しましたが、毛髪の主鎖に沿った側鎖結合の切断と再結合が模式化され、分かりやすく表現されています。しかし、毛髪の微細構造が明らかにされるに伴って、毛髪ケラチンは均質なものではなく、結晶領域と非結晶領域より成り立ち、複雑な組成と構造を持っていることが分かってきました。

結晶領域は、ポリペプチド鎖が毛髪の縦の方向に並列し、微細繊維を形成している硬い部分で、かなり強い力で処理しない限り反応しにくいことが見出されました。

一方、非結晶領域はポリペプチド鎖がランダムコイル構造（糸屑を手で丸めたような状態）になっており、前記の微細繊維を固定するセメントのような働きをしていて、毛髪の皮質中の間充物質（マトリックス）といわれるやわらかい部分です。この部分はきわめて反応性に富んでおり、パーマ剤や染毛剤が作用する場所であることが明らかにされました（「**第4章（3）②毛髪の微細構造**」参照）。

毛髪中のシスチン結合のうち、パーマ剤第1剤が作用する量はシスチン結合全体の約20％との報告がありますが、その反応のほとんどがこの非結晶領域で起きていると考えられます。

この理論は、海外では1961年、米国のハーフェルとブルゲにより唱えられたのが最初ですが、日本でも1955年、京大の平林博士が発表しています。その本質はハーフェル説と同様ですが、電子顕微鏡でスケールを観察した所見が加味されています。

こうした間充物質におけるウェーブ形成の理論を次にまとめます（**図表8**）。

1. **シスチン結合の還元切断によって、フィブリルを結合している間充物質（マトリックス）が軟化し、フィブリルがカールの形に並び変わる。**

図表7　ウェーブの形成

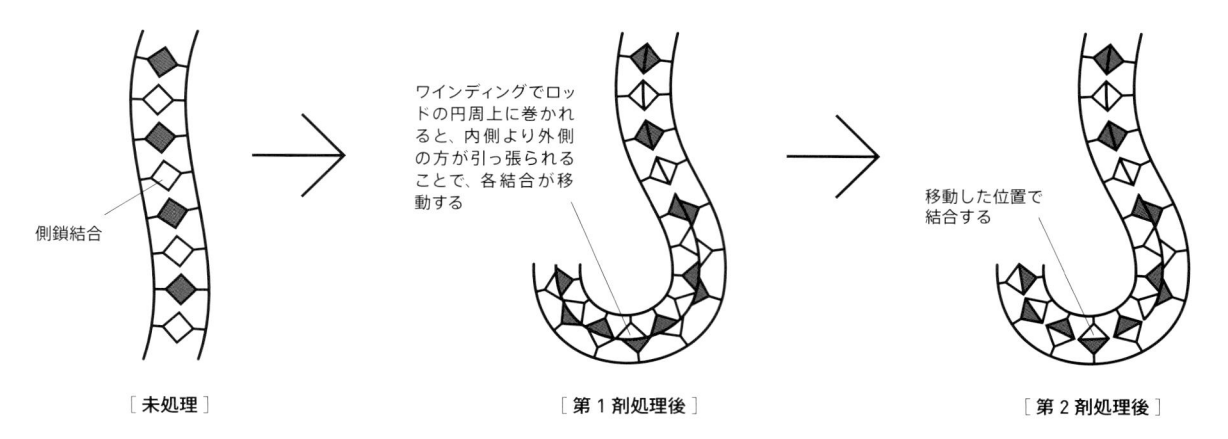

図表8　間充物質（マトリックス）に対するパーマ剤の作用

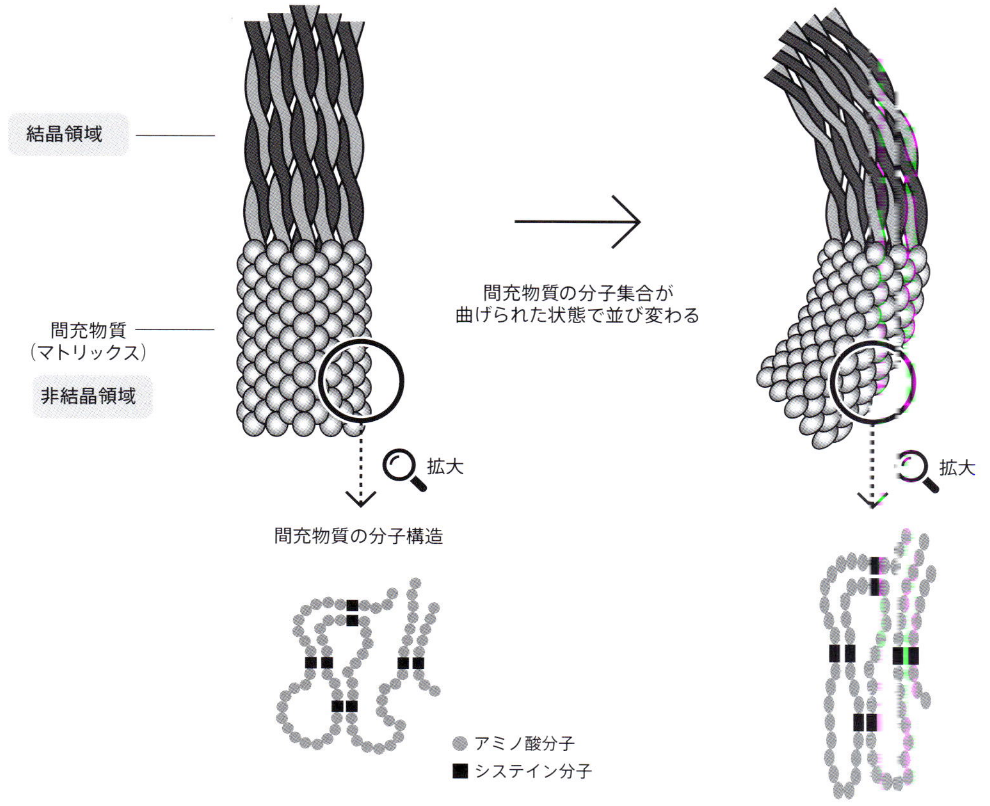

結晶領域

間充物質
（マトリックス）

非結晶領域

間充物質の分子集合が
曲げられた状態で並び変わる

拡大

拡大

間充物質の分子構造

● アミノ酸分子
■ システイン分子

2. **この状態で酸化すると、間充物質は再びシスチン結合に戻り硬化するので、フィブリルは固定され、毛髪は新しくカールされた状態となる。**

いずれにしても、第1剤中の還元剤やアルカリ剤が毛髪組織中の側鎖結合を切断し、第2剤の酸化剤で再結合する考え方に変わりはありません。なおこの考え方は、チオグリコール酸及びシステインのパーマ剤のみならず、コールド式、加温式のパーマ剤あるいは縮毛矯正剤のいずれにも共通しています。

③ 反応調整剤としての ジチオジグリコール酸

ジチオジグリコール酸（DTDG）は、以前はチオグリコール酸（TG）が空気酸化を受けてできる不純物として扱われていました。しかし昭和60年（1985年）のパーマ剤基準改正時、用時調製発熱二浴式パーマ剤の規格中に、反応を調整する有用物質であるとの考え方が生まれ、配合量が4.0％まで引き上げられました。

次いで平成5年（1993年）のパーマ剤承認基準改正時には、この反応を調整する役割を持つDTDGの添加を条件に、TGの増量が認められることとなりました。

DTDGはTGが還元剤としての働きを終えると生成する成分です。シスチン結合を切断する第1剤の反応式を図表9に示しました。

始め左辺のTG濃度が高いときは、右に反応は進みますが、やがてTG濃度が低下し右辺のDTDG濃度が高まると平衡に達し、反応は停止したような状態になります。DTDGを反応調整剤としてはじめから第1剤に添加しておくことは、右辺の濃度を高め、右に進む反応にブレーキをかけることができます。TGの役割が髪のシスチン結合を切断することだけでよかったところにDTDGが共存することになり、その切断にも力を注がなければならなくなります。その結果、髪に対す

図表9　ジチオジグリコール酸（DTDG）共存時の第1剤の反応式

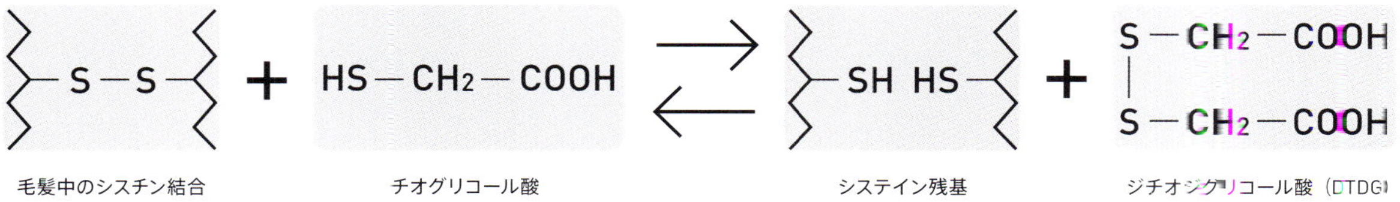

$$\text{S-S} + \text{HS-CH}_2\text{-COOH} \rightleftharpoons \text{SH HS} + \begin{array}{c}\text{S-CH}_2\text{-COOH}\\|\\\text{S-CH}_2\text{-COOH}\end{array}$$

毛髪中のシスチン結合　　チオグリコール酸　　　　　　　システイン残基　　　ジチオジグリコール酸（DTDG）

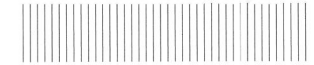

第2章 パーマの理論

る作用が穏やかになり反応調整型の製品として、パーマのかかり過ぎを抑えることが、可能になりました。

DTDGを添加した場合の、毛髪の強度変化を**図表10**に示しました。毛髪の強度が低下することを、毛髪への作用が進行していることと置き換えてみると、**図表10**中の実線（DTDGを加えたとき）は、一定時間経過後は、進行が止まることが分かります。一方、点線が示すように、DTDGを配合しない場合には図表中の時間の範囲内においては、毛髪強度は下がり続け作用が進行し続けていると考えられます。

TGを増量し、DTDGを配合した強くて穏やかな製品が市場に登場し、現在に至っています。

図表10
DTDG共存下の第1剤処理時間と毛髪強度の関係

④ パーマ剤で起こりうる毛髪の損傷につながる異常反応

これまでに述べたように、パーマ剤の作用が予期した通りに進めばよいのですが、毛髪診断やパーマ剤の操作を誤ると、毛髪を損傷させたり、予期せぬ副生成物を生成させる原因となります。

■ペプチド結合の加水分解による切断

毛髪のペプチド結合は、タンパク質の骨格をなすしっかりした結合ですが、アルカリ（あるいは酸）により加水分解されます。

強いアルカリを使用したパーマ剤第1剤に操作ミスが重なると起こる毛髪の損傷ですが、その結果、ペプチド結合は切断され、極端な場合は髪が溶解してしまいます（**図表11**）。

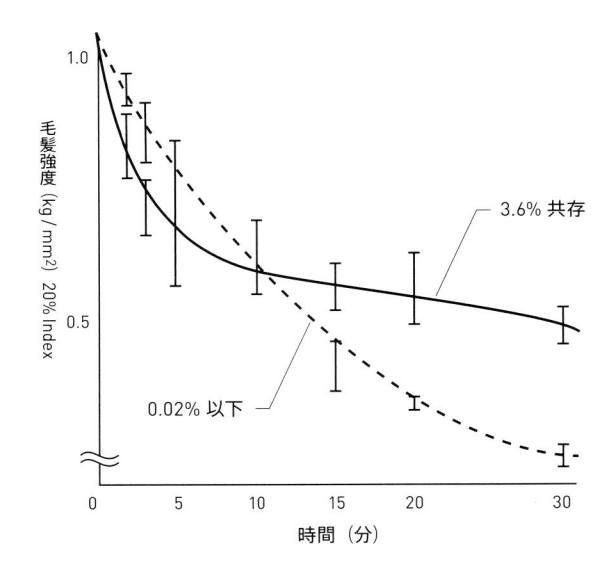

図表11　ペプチド結合の加水分解

■混合二硫化物（ミックスドジスルフィド）の生成

シスチン結合の切断は2段階の反応で進みます（**図表5参照**）が、反応が完結しない場合には、**図表12**のように毛髪中のシステイン残基にチオグリコール酸が異種の二硫化物として固定されます。毛髪中に異種の成分が入り込むことで、毛髪の強度が低下したり、感触が悪化したりします。

図表12　混合二硫化物（ミックスドジスルフィド）の生成

■ランチオニンの生成

ケラチンを強いアルカリのパーマ剤や脱毛剤で処理するとランチオニンが生成します。

パーマ剤の正常な反応は可逆的で、何度でもパーマをかけることができますが、このランチオニンが生成する反応は不可逆的なため、一度生成すると、もとのシスチン結合には戻らず、パーマのかかりにくい損傷した髪となります（**図表13**）。

図表13　ランチオニンの生成

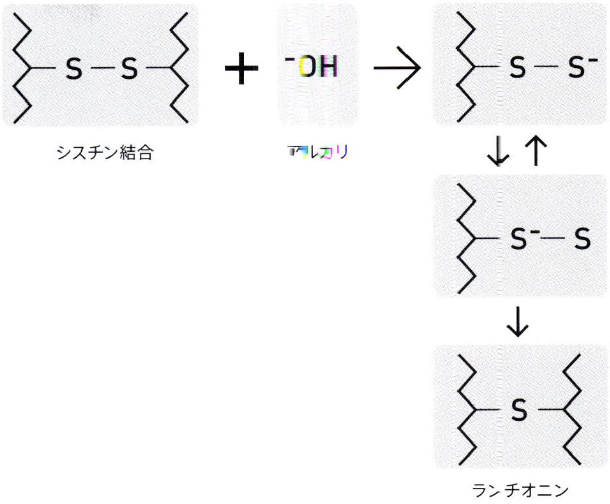

$$\}\!-\!S\!-\!S\!-\!\{ + {}^-OH \rightarrow \}\!-\!S\!-\!S^-$$

シスチン結合　　　アルカリ

$$\downarrow\uparrow$$

$$\}\!-\!S^-\!-\!S\!\{$$

$$\downarrow$$

$$\}\!-\!S\!\{$$

ランチオニン

■システイン酸の生成

第2剤の酸化反応において、放置時間や塗布量が不足すると再結合が十分に行われないことがあり、毛髪の強度低下をきたし損傷につながります。一方、第2剤塗布後不必要に長時間放置し、過剰に酸化された時にはシステイン酸と呼ばれる異常酸化物が生成します。これは過酸化水素のみならず、臭素酸塩の場合にも起こり、感触低下や脱色をする場合もあるので注意が必要です（**図表14**）。

図表14　システイン酸の生成

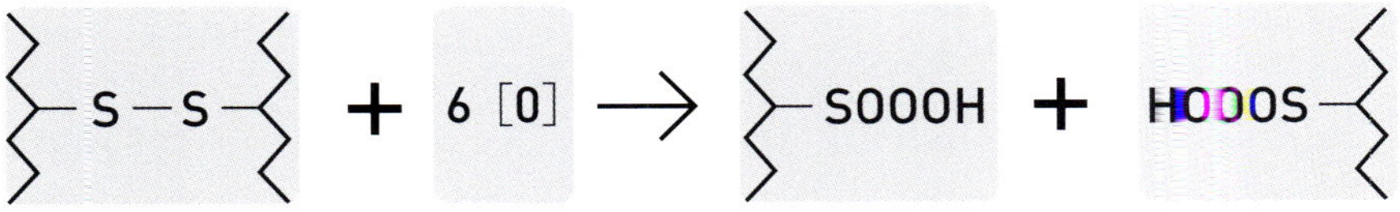

$$\}\!-\!S\!-\!S\!-\!\{ + 6[O] \rightarrow \}\!-\!SOOOH + HOOOS\!-\!\{$$

■臭素酸塩と過酸化水素の混合による臭素の発生

第2剤には有効成分として臭素酸塩や過酸化水素が使われていますが、これらを混合すると**図表15**にあるように臭素（Br_2）を発生することがあります。臭素は有毒な物質ですので、臭素酸塩の第2剤と過酸化水素の第2剤を混合使用することはもちろん、誤って混ぜてしまうことがないよう注意が必要です。

こうした異常反応を起こさないためにも、使用量、放置時間、温度管理、中間及び終了時の水洗や、損傷毛に対する保護等に十分に注意を払い、指定された使用方法と使用上の注意をよく守って操作することが大切です。

図表15　臭素酸塩と過酸化水素の反応

［臭化物イオンの生成］

$$BrO_3^- + 3H_2O_2 \rightarrow Br^- + 3O_2 + 3H_2O$$

臭素酸イオン　　過酸化水素　　　臭化物イオン

［臭素の生成］

$$BrO_3^- + 6H^+ + 5Br^- \rightarrow 3Br_2 + 3H_2O$$

臭素酸イオン　　　　臭化物イオン　　臭素

(3) パーマ剤の成分

① パーマ剤に使用される成分

パーマ剤に使用される成分は、大部分がパーマ剤承認基準に収載されているもので、品質及び安全性に関して厳しく規制されています。パーマ剤承認基準には、有効成分が16成分規定され、添加剤成分は「パーマネント・ウェーブ用剤添加物リスト」（以下、パーマ剤添加物リストと略します）に1836成分がリストアップされています。

また、パーマ剤承認基準に収載されていなくても、パーマ剤に使用することが認められている成分もあります。例えば、各社のノウハウ成分がそれですが、これらの成分は、ノウハウ成分も含めて厳しい規格が設けられており、安全性と有効性が確認されています。

② パーマ剤の基本構成

パーマ剤の基本的な構成成分は有効成分（第1剤は還元剤、第2剤は酸化剤）、助剤（アルカリ剤）、添加剤に溶剤である水を加え、図表1の上段の通りで、次の4つに大別できます。パーマ剤の目的や対象によって、配合成分やその割合が選択されています。

A　有効成分（第1剤は還元剤、第2剤は酸化剤）
B　助剤（アルカリ剤）
C　添加剤
D　溶媒（水）

これらの構成成分のうちの有効成分と水があればパーマ剤を作ることはできます。しかし、いろいろな髪質に対応させてパーマをかけるためには、有効成分の濃度を加減するだけでは不十分です。

パーマ剤の開発にあたって処方設計者は一般に、開発の目的は何か、どのような髪質の毛髪を対象とするか、対象とする毛髪に対してどの有効成分を選択し、また有効成分の濃度をどのように調整するか、パーマ剤の操作性や仕上がりをどのように調整するか等を念頭に検討していきます。

このように、対象とする毛髪に対して、いかに損傷を少なくし、美しい仕上がりが得られるかを検討し、その過程で配合に必要な成分を取捨選択していきます。

目的によっては、毛髪保護剤、油脂剤、保湿剤等のトリートメント成分の配合も必要になってきますし、水に溶けない成分を水の中に均一に混合するために、界面活性剤が配合されることもあります。

また、パーマ剤が持つ独特なメルカプタン臭や油臭さをマスキングするために香料を配合したり、製品自体の安定性を保つために安定剤を配合したり、あるいは、製品の見映えを改善したり、第1剤と第2剤の区別をつけるために着色剤を配合することもあります。

③ パーマ剤の成分

A　有効成分

≪第1剤の有効成分（還元剤）≫

毛髪のシスチン結合を還元・切断するために必要な成分です。

● チオグリコール酸またはその塩類

チオグリコール酸系のパーマ剤の有効成分としては、チオグリコール酸、チオグリコール酸アンモニウム、チオグリコール酸モノエタノールアミンが使用されます。いずれも無色透明の液体で、独特の臭気（メルカプタン臭）があります。

チオグリコール酸は、通常は適当なアルカリ剤で中和して使用されます。最も汎用されるのがチオグリコール酸アンモニウムで、チオグリコール酸モノエタノールアミンは、臭いの少ないタイプのパーマ剤に使用されることが多いようです。

これら3種類の有効成分をチオグリコール酸としての濃度及びpHを同じにして比較した場合、毛髪の膨潤度、毛髪への親和性、浸透性等に若干の差はあるものの、三者間の効果に大きな差はありません。

● システイン、システインの塩類、アセチルシステイン

システイン系のパーマ剤の有効成分としては、L-システイン、塩酸L-システイン、DL-システイン、塩酸DL-システイン、N-アセチル-L-システインの5種類が使用されます。

いずれも無色～白色の結晶または結晶性の粉末で、わずかな刺激臭があります。L-システインは、人毛を加水分解して得られるシスチンをさらに還元・精製して得られるものと、発酵法により合成されたものがあります。塩酸L-システインはL-システインを塩酸で中和し、塩酸塩の形にしたものです。塩酸L-システインはL-システインと比較して、水に対する溶解性が若干よく、また、原料の状態での保存安定性も優れていると言われています。

DL-システインは合成によって得られるもので、塩酸DL-システインは同じくその塩酸塩です。

L-システインとDL-システインは物理的な性質の一部、すなわち、水に対する溶解性（DL-システインの方が溶解性が若干よい）とか、光学的な性質（旋光性）が異なるだけで、反応性等の化学的な性質は変わりません。

図表1　パーマ剤の基本構成

A 有効成分	B 助剤（アルカリ剤）	C 添加剤	D 溶媒（水）
≪第1剤還元剤≫ 毛髪のシスチン結合を還元・切断する ● チオグリコール酸 ● チオグリコール酸アンモニウム ● チオグリコール酸モノエタノールアミン ● L-システイン ● 塩酸 L-システイン ● DL-システイン ● 塩酸 DL-システイン ● N-アセチル-L-システイン ≪第2剤酸化剤≫ 還元剤により切断されたシスチン結合を酸化して再結合する ● 臭素酸カリウム ● 臭素酸ナトリウム ● 過酸化水素水 ● 過ホウ酸ナトリウム	≪第1剤アルカリ剤≫ 還元剤の還元力を高める 毛髪を膨潤させる ● アンモニア ● アミノアルコール 　モノエタノールアミン 　トリエタノールアミン 　イソプロパノールアミン 　2-アミノ-2-メチル-1-プロパノール 　2-アミノ-2-メチル-1,3-プロパンジオール ● 塩基性アミノ酸 　アルギニン ● 炭酸塩 　炭酸アンモニウム 　炭酸水素アンモニウム 　炭酸ナトリウム 　炭酸水素ナトリウム ● リン酸塩 　リン酸一水素アンモニウム 　リン酸一水素ナトリウム ● 水酸化アルカリ（苛性アルカリ） 　水酸化カリウム 　水酸化ナトリウム	≪チオグリコール酸系第1剤≫ ● 反応調整剤（ジチオジグリコール酸） ● 湿潤剤（システイン等） ≪システイン系第1剤≫ ● 安定剤（チオグリコール酸） ≪第1剤・第2剤共通≫ ● 安定剤（キレート剤） 　エデト酸（EDTA）またはその塩類 　ジエチレントリアミン五酢酸（DTPA） 　　またはその塩類 　クエン酸・リン酸系の化合物 等 ● pH調整剤 ● 界面活性剤 　浸透剤 　乳化剤 　可溶化剤 ● トリートメント成分 　油脂剤 　保湿剤 　毛髪保護剤 　毛髪柔軟剤 ※P52～53 図表2参照 ● その他の添加剤 　紫外線吸収剤 　着色剤 　増粘剤 　防腐剤 　香料 　その他	水

　前記4種類のシステイン類を、システインとしての濃度及びpHを同じにして比較した場合、ウェーブ形成力の差はほとんどありません。

　しかし、L-システインとDL-システインのそれぞれの酸化生成物であるL-シスチンと混合シスチン（DL-システインが酸化された場合、D-シスチン、L-シスチン、メソシスチン、DL-シスチンの4種類のシスチンができます）では、水に対する溶解性は混合シスチンの方が若干よいため、"フレーキング現象"（システイン系パーマ剤を使用した後、手指等にシスチンの白い粉体が残留する現象）に対しては、DL-システインを使用した方が若干有利であると言われています。

　また、N-アセチル-L-システインは、システインとしての濃度及びpHを同じにして、前記4種類のシステイン類と比較した場合、分子量が大きい分、ウェーブ形成力はやや劣りますが、その差はそれほど大きなものではありません。

　しかし、N-アセチル-L-システインの酸化生成物であるN,N-ジアセチル-L-シスチンは、他のシスチン類が水にほとんど不溶であるのに対し、水によく溶けるため、N-アセチル-L-システインを有効成分とした場合は、フレーキング現象がまったく起こらないという大きな特徴があります。

　システイン系パーマ剤のフレーキング現象については、安定剤としてチオグリコール酸を配合したり、有効成分としてDL-システインを使用したり、N-アセチル-L-システインを併用したりと、様々な処方上の工夫がされ、現在ではフレーキング現象はほぼ解消されています。

● 過酸化水素水

　特殊なケースとして、上記有効成分以外に、用時調製発熱式パーマ剤の第1剤の（2）の有効成分として過酸化水素水があります。このときの過酸化水素水は還元剤として配合されているのではなく、次の2つの役割を果たすために配合されます。

（Ⅰ）第1剤の（1）中に配合されているチオグリコール酸の一部と反応して発熱する

（Ⅱ）チオグリコール酸との反応により、反応調整剤として働くジチオジグリコール酸を生成する

反応調整剤としてのジチオジグリコール酸については後述します。

≪第2剤の有効成分（酸化剤）≫

還元剤により切断されたシスチン結合を、酸化して再結合するために必要な成分です。

● 臭素酸塩

臭素酸塩第2剤の有効成分としては、臭素酸カリウムまたは臭素酸ナトリウムが使用されます。いずれも無色～白色の結晶性の粉末で、臭いはありません。臭素酸カリウムは粉末状の第2剤に使用されていますが、臭素酸ナトリウムよりも水に対する溶解性が悪く、現在は液状の第2剤が主流のため、そのほとんどに臭素酸ナトリウムが使用されています。

臭素酸カリウムと臭素酸ナトリウムを同じモル濃度（ここでは、分子の数が同じという意味になります）で比較した場合、両者の反応性及び酸化力に差はありません。

臭素酸塩はアルカリ性側では安定ですが、酸性側では不安定で分解しやすいという性質を持っています。従って、臭素酸塩を配合した液状の第2剤のpHは、一般に、6～8の中性領域に調整されます。

臭素酸塩の純品は、可燃性物質と混合されたとき、火気や熱等によって分解し、多量の酸素を発生するため、きわめて激しい燃焼を起こします。そのため、消防法で第1類（酸化性固体）の危険物に指定されています。

可燃性の危険があるため、粉末状の第2剤は火のそばに近づけたり、燃えやすいものと一緒にしないよう、注意が必要です。また、液状の第2剤についても、第1剤と混合したとき、酸化還元反応により発熱し、条件によっては発火することもありますので、絶対に混合しないでください。

● 過酸化水素

過酸化水素水は無色透明の液体で、臭いはほとんどないか、またはオゾンのような臭いがあります。

切断されたシスチン結合に対する過酸化水素と臭素酸塩の酸化の機構はまったく同じですが、過酸化水素は臭素酸塩よりも酸化速度が速いという特徴があります。臭素酸塩の第2剤の放置時間は、一般に、10～15分間ですが、過酸化水素を含有する第2剤では5分間程度です。また、感触面において両者の毛髪に及ぼす作用には若干の違いがあるようです。

臭素酸塩の第2剤を使用した場合には、毛髪は堅く締まった感じになる傾向があります。臭素酸塩が酸化の役目を終えて分解した後は臭化物となりますが、臭化物や臭素酸塩は、毛髪のタンパク質を凝固する傾向にあります。この現象を塩析効果といいます。

これに対して、過酸化水素の場合には、分解後には水しか残らないため、臭素酸塩のような塩析効果は起こりません。そのため、臭素酸塩の第2剤を使用した場合と比較すると、しなやかに感じられる傾向があります。

ただし、このような両者の感触面における違いは、処方上の工夫によって、比較的容易に改善することができます。

過酸化水素には、酸化作用のほか、強い殺菌作用と漂白作用があり、また、強い酸化剤に対しては還元剤として作用します。

医薬品分野においては、過酸化水素2.5～3.5％を含有するオキシドールが消毒剤として使用されています。また、食品分野では、最終食品の完成前に過酸化水素を分解し、または除去しなければならないという条件付きで漂白剤としてその使用が許可されていますが、現在では、ごく一部のケースを除き、ほとんど使用されていないようです。

過酸化水素は、昭和63年（1988年）のパーマ剤の基準改正時に、第2剤の有効成分として使用が認められることになったものです。

過酸化水素は、酸性側で安定であり、アルカリ性側では不安定で分解しやすく、酸化作用も強くなります。この性質を利用したのが脱色剤です。脱色剤は、アルカリ剤を有効成分とする第1剤と過酸化水素を有効成分とする第2剤からなり、これを使用時に混合し、アルカリ性の混合液中で活発に分解する過酸化水素から発生する酸素により、毛髪中のメラニン色素を酸化して分解し、髪色を明るくする（脱色）ものです。

パーマ剤の第2剤中に配合される過酸化水素は、脱色剤と比較して低濃度であり、また、第2剤の液性も酸性であるため、脱色剤に比べて酸化作用はずっと穏やかです。過酸化水素第2剤は、通常の状態で使用する限りは毛髪の脱色作用を起こしにくいことが多くの実験及び実施例で確認されています。

しかし、毛髪中に残留するアルカリや還元剤の影響で、時には脱色作用を起こすこともありますので、第1剤処理後の中間水洗は必ず実施することが大切です。

● 過ホウ酸ナトリウム

過ホウ酸ナトリウムは、白色の結晶または結晶性の粉末で、臭いはありません。

水溶液中はアルカリ性を示し不安定で、徐々に分解し過酸化水素を放出するため、粉末状で使用されますが、現在では、パーマ剤第2剤にはほとんど使用されていません。

$$4NaBO_3 + 5H_2O \rightarrow 4H_2O_2 + Na_2B_4O_7 + 2NaOH$$

B 助剤（アルカリ剤）

有効成分以外の成分の中で、アルカリ剤をパーマ剤第1剤の助剤として別扱いで分類したのは、アルカリ剤によってパーマ剤の作用の強弱が大きく左右されるからです。

パーマ剤第2剤（酸化剤）の助剤的な成分は、今のところ特にないため、ここでは、パーマ剤第1剤の助剤としてのアルカリ剤についてのみ説明します。

アルカリ剤でパーマ剤第1剤の液性をアルカリ性にすることによって、還元剤の還元力は高められ、また、毛髪の膨潤度も、より大きくなります。そして、毛髪の膨潤度が大きいほど第1剤は浸透しやすく、還元剤の毛髪への作用は大きくなり、その結果、ウェーブ形成力（または縮毛矯正効果）は高まります。毛髪の膨潤度はアルカリ剤の種類や量にも大きく左右されます。液の浸透性は、他の添加剤、例えば浸透剤

や油脂剤等によって左右されることもありますが、それらの与える影響よりもアルカリ剤による影響の方がはるかに大きなものです。

以下に、パーマ剤第1剤に汎用されるアルカリ剤について説明します。

●アンモニア

アンモニアは古くから現在に至るまで、最も汎用されているアルカリ剤の1つです。

原料としては、10％、25％及び28％の濃度のものがアンモニア水として供給されています。アンモニア水は無色透明の揮発性の液体で、強い刺激臭があり、強い塩基性（簡単にいえばpHが高いということです）を示します。

アンモニアタイプのパーマ剤は刺激臭が強いという欠点がありますが、反面、思い通りのウェーブをつくりやすく、失敗が少ないという特徴があります。これは、時間の経過とともにアンモニアが徐々に揮発していくため、第1剤のpHが下がり、その結果、還元力が低下するので、オーバータイムになることが少なくなるからです。（P.30参照）

●モノエタノールアミン及びその他のアミノアルコール類

モノエタノールアミンもアンモニアと同様にパーマ剤に汎用されているアルカリ剤の1つです。

モノエタノールアミンは無色～微黄色のやや粘性のある液体で、わずかにアンモニアのような臭いがあり、水溶液は強い塩基性を示します。

モノエタノールアミンは代表的な有機アルカリの1つで、分子中にアミノ基とアルコール性ヒドロキシ基（直鎖または環状の炭素についてるヒドロキシ基）を持ち、アミンとアルコールの両方の性質を備えているため、アミノアルコール類として分類されることもあります。モノエタノールアミンは主として、臭いの少ないタイプのパーマ剤のアルカリ剤として使用されますが、臭いが少ない反面、分子中にアミノ基を持つため、毛髪に対する親和力が強く、毛髪に残留して損傷の原因となることもあります。しかし、これも、十分に水洗を行うとか、アフター酸リンスで中和する等、操作をきちんと行えば、対処できる問題です。（P.31参照）

モノエタノールアミンと同様に、アミノアルコール類に属し、よく使用されるアルカリ剤として、トリエタノールアミン、イソプロパノールアミン、2-アミノ-2-メチル-1-プロパノール、2-アミノ-2-メチル-1,3-プロパンジオールがあります。

それぞれ特徴は少しずつ異なりますが、いずれもモノエタノールアミンと類似した性能を持ちます。

●塩基性アミノ酸

塩基性アミノ酸も汎用される有機アルカリの1つです。塩基性アミノ酸とは、水に溶解したときの液性がアルカリ性を示すアミノ酸のことをいいます。

パーマ剤第1剤に使用される代表的な塩基性アミノ酸としてはL-アルギニンがあります。

L-アルギニンは白色の結晶または結晶性の粉末で、わずかに特異臭があります。水溶液は強い塩基性を示します。

塩基性アミノ酸も毛髪に対して強い親和力を持ちますが、アミノアルコール類よりも作用が緩和なアルカリ剤と言われています。

●炭酸塩

炭酸塩のアルカリ剤としては、炭酸アンモニウム、炭酸水素アンモニウム、炭酸ナトリウム、炭酸水素ナトリウム等があります。このうち、炭酸アンモニウムと炭酸ナトリウムの水溶液は比較的強い塩基性を示しますが、炭酸水素アンモニウムと炭酸水素ナトリウムは弱い塩基性を示します。

いずれも無色～白色の結晶または結晶性の粉末で、ナトリウム塩は臭いがありませんが、アンモニウム塩は若干の刺激臭があります。

このタイプのアルカリ剤は、例えば、炭酸アンモニウムと炭酸水素アンモニウムを組み合わせて使用したり、あるいは、他のアルカリ剤と併用してpHを調整し、幅広いpH範囲で使用されることが多いようです。

さらに、よく中性タイプと呼ばれるパーマ剤には、この炭酸水素アンモニウムや炭酸水素ナトリウムが主に使用される場合が多いようです。（P.31参照）

●リン酸塩

リン酸塩のアルカリ剤としては、リン酸一水素アンモニウム、リン酸一水素ナトリウム等があります。

このうち、リン酸一水素ナトリウムの水溶液は比較的強い塩基性を示しますが、リン酸一水素アンモニウムは弱い塩基性を示します。いずれも無色～白色の結晶または結晶性の粉末で、ナトリウム塩は臭いがありませんが、アンモニウム塩は若干の刺激臭があります。

リン酸塩のアルカリ剤は炭酸塩のアルカリ剤と組み合わせたり、他のアルカリ剤と併用して使用されます。

アルカリ剤として炭酸塩やリン酸塩を使った場合は、第2剤の過酸化水素水の項で説明した塩析効果により、毛髪が堅く締まった感じに仕上がる傾向にありますが、これも処方上の工夫により、しなやかにすることは比較的容易です。

●水酸化アルカリ（苛性アルカリ）

苛性アルカリとも呼ばれますが、これは水酸化ナトリウムまたは水酸化カリウムの俗称です。

水酸化アルカリとしては、水酸化カリウム、水酸化ナトリウム等があります。いずれも白色の小球状、薄片状または棒状の塊で、潮解性（空気中の水分を吸収して溶ける現象をいいます）があり、臭いはありません。

水溶液はともに強い塩基性を示します。水酸化アルカリは、アルカリ剤として使用されるよりも、酸性原料の中和剤として使用されることが多いようです。

各製造メーカーでは、上記のアルカリ剤を単独で配合するよりも、複数のアルカリ剤を組み合わせて配合し、個性のあるアルカリ処方のパーマ剤第1剤としているものが多いようです。

C 添加剤

パーマ剤には様々な目的で添加剤が配合されます。添加剤には1つの機能だけではなく、複数の機能を併せ持つものも

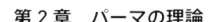

数多くあります。

また、第 1 剤に配合される添加剤と第 2 剤に配合される添加剤の種類は、安定剤及び pH 調整剤の一部と反応調整剤を除いて、基本的には同じですが、添加剤によっては、第 1 剤に配合した方が効果が得られる場合と、逆に第 2 剤に配合した方が効果が得られる場合とがあります。また、第 1 剤に配合した方が安定である場合とその逆の場合等、様々です。

従って、製品の開発に際しては、目的とする効果と安定性の両面から検討がなされ、実際に配合する添加剤が選択されます。

添加剤の必要性や配合目的については、冒頭で簡単に触れましたが、ここではもう少し具体的に説明します。

● 反応調整剤（チオグリコール酸系第 1 剤）

チオグリコール酸系のパーマ剤には、反応調整剤としてジチオジグリコール酸またはジチオジグリコール酸ジアンモニウムが配合されることがあります。

チオグリコール酸によって毛髪のシスチン結合が還元・切断され、還元の役目を終えたチオグリコール酸自身は酸化されてジチオジグリコール酸になることは説明済みです（P.40 図表 3 参照）。

ここで、第 1 剤中にあらかじめジチオジグリコール酸が配合されている場合には、チオグリコール酸と毛髪との反応がある程度進行した時点で、その反応が進行するのを止めようとする働きが生じます。要するに、第 1 剤中にジチオジグリコール酸が配合されている場合には、過剰に反応が起こりにくいということです。

用時調製発熱式パーマ剤は、あらかじめジチオジグリコール酸が配合されているものではありませんが、第 1 剤の（1）と第 1 剤の（2）を混合することによって、混合時にジチオジグリコール酸がつくられます。従って、用時調製発熱式パーマ剤にも同様の機能があります。（P.37 参照）

● 第 1 剤の添加剤（湿潤剤・安定剤）

チオグリコール酸系のパーマ剤において、有効成分であるシステイン類は、仕上がり感や使用感の向上のための湿潤剤として使用されます。

また、システイン系のパーマ剤においては、有効成分であるシステイン類はチオグリコール酸と比較して酸化されやすいため、システイン類の酸化を抑制するための安定剤として、通常、チオグリコール酸またはその塩類が使用されます。このほかにアスコルビン酸やトコフェロールも同様の目的で使用されることがあります。

● 安定剤（キレート剤）

第 1 剤の有効成分であるチオグリコール酸やシステインは、金属イオンが存在すると、酸化が促進されます。特に、鉄イオンが存在するとチオグリコール酸は紫色に呈色します。

従って、通常はこれらの金属イオンを封鎖するためのキレート剤を安定剤として配合します。キレート剤は、化学的には配位結合と呼ばれる結合によって金属イオンと錯イオンを形成して金属を封鎖し、イメージとしては金属イオンを包み込むように取り込んで金属を封鎖します。

キレート剤としては、エデト酸（EDTA）またはその塩類や、エデト酸と類似した構造のジエチレントリアミン五酢酸（DTPA）またはその塩類の他、クエン酸、リン酸系の化合物が使用されます。

第 2 剤の有効成分である臭素酸塩や過酸化水素も、金属イオンが存在すると分解が促進されるため、通常はキレート剤を安定剤として配合します。キレート剤としては、第 1 剤と同様のものが使用されます。

臭素酸塩がアルカリ性側で安定であり、過酸化水素が酸性側で安定であることは前にも触れましたが、第 2 剤の場合は、pH の調整によっても安定化がはかられます。pH 調整剤については後述します。

過酸化水素は、光や熱、外部からの刺激等によっても分解しやすく、上記以外にアセトアニリド、硫酸オキシキノリン、スズ酸ナトリウム等、種々の特殊な安定剤が使用されています。

● pH 調整剤

第 1 剤の pH 調整には、主としてアルカリ剤が使用されます。単独で配合したり、あるいは、複数を組み合わせて配合する等、広い pH 範囲にわたって調整されます。アルカリ剤にさらに塩酸やクエン酸、リン酸等の酸またはその酸性塩を加えて調整することもあります。

第 2 剤の pH 調整には、臭素酸塩第 2 剤の場合も過酸化水素第 2 剤の場合も、クエン酸またはその塩類、リン酸またはその塩類またはリン酸誘導体等を単独ないしは複数組み合わせて使用します。臭素酸塩や過酸化水素は特定の領域に pH を維持しておかないと安定性が保てないため、通常は、pH に緩衝性を持たせるような調整をします。クエン酸やリン酸系の化合物は pH を調整する働きのほかに、キレート作用も兼ね備えています。

● 界面活性剤

油剤や香料等の水に溶けない成分を製品中に均一に混合するために、界面活性剤が用いられます。そして、油成分の分散の状態によって乳化と可溶化に分けられます。

乳化とは、乳液状またはクリーム状に外観が白く分散することをいい、可溶化とは、透明な状態に分散することをいいます。いずれも被分散物質の周りを界面活性剤が取り囲んで（これをミセルといいます）、水溶液中にミセルが微細な粒子となって分散した状態になっています。

また、界面活性剤には、表面張力を下げて接触面の濡れをよくし、浸透力を高めるという働きがあり、パーマ剤の浸透剤として使用されることもあります。

界面活性剤はイオン性により、ノニオン界面活性剤、アニオン界面活性剤、カチオン界面活性剤、両性界面活性剤の 4 つに大別されます。さらに、ノニオン界面活性剤は構造によって、エーテル型、エステル型等に分類されたり、親水性、親油性の程度によって分類されたり、タイプも様々で、非常に多くの種類があります。

● トリートメント成分

パーマ剤の添加剤のうち、毛髪の損傷部分を保護・補修したり、毛髪を外部の刺激から保護したり、あるいは、毛髪につや、しなやかさ、弾力を与え、くし通りをよくする等、毛髪のコンディションを整える目的で使用されるものを、トリー

トメント成分として分類します。これらは、油剤、保湿剤、毛髪保護剤、毛髪柔軟剤に大別され、それぞれの代表的な成分を**図表2**で説明します。

油剤は毛髪表面に油性の被膜をつくり、外部の刺激から毛髪を保護したり、毛髪をしなやかにし、つやを与える等の効果があります。

さらに油性の被膜により、毛髪中の水分の蒸発を防ぎ、毛髪をパサつかないようにするエモリエント効果（保湿効果）もあります。

油剤は、常温で液体のものからワックス状、ロウ状のものまで多種多様にあり、また、延展性（のびやすさ）やべたつき感等の使用感も油剤によって様々です。油剤は動物由来、植物由来、鉱物由来、合成品の4種類に大別できます。

シリコーンは、ケイ素原子と酸素原子が特殊な結合（シロキサン結合）をした無機構造の部分と、有機構造を持つ特定の基を結合させた化合物で、化学的に不活性で、安全性も高く、他の有機化合物や無機化合物にない特徴を持っています。

その他として、油剤として使用される原料の1つに、高級アルコールがあります。

高級アルコールは油剤として使用されるほか、乳化安定の助剤や粘性を与える目的としても汎用されています。

保湿剤は、毛髪に適度な水分を保ち、毛髪にしなやかさとしっとりとした感触を与えることを目的として配合される添加剤です。

パーマ剤や化粧品に使用される加水分解他タンパク質（ポリペプチド、PPT）は、タンパク質を酸、アルカリまたは酵素により、加水分解し、分子量を数百〜1万位の大きさにしたものです。

タンパク質加水分解物もアミノ酸と同様の効果がありますが、分子量が大きいため、アミノ酸単体よりも保護被膜をつくりやすく、また、毛髪内部に吸着されたものは洗い流されにくく、落ちにくいという特徴があります。

● その他の添加剤

パーマ剤には前記以外の配合目的で使用される添加剤も数多くあります。そのうちの代表的なものを挙げます。

抗炎症剤

パーマ剤は還元酸化反応を伴い、また、第1剤はアルカリ性となっていることが多く、他の一般化粧品に比べて皮膚に対する影響は少なくありません。人によって、あるいは、その人の健康状態によっては、皮膚が赤くなったり、炎症を起こしたりすることもあります。そこで、炎症を抑制する目的で抗炎症剤が配合されます。

グリチルリチン酸は甘草から得られる化合物で、グリチルレチン酸はグリチルリチン酸を加水分解して得られます。これらは抗炎症、抗アレルギー作用を持ちます。

アラントインは無色〜白色の結晶性の粉末で、臭いはありません。抗炎症、抗アレルギー作用のほか、細胞増殖作用もあります。

消臭剤

添加剤の中には消臭作用を持つものがあり、消臭剤として配合されるものもあります。消臭機構はマスキング作用、相殺作用、化学反応、吸着反応等によります。

マスキング作用とは、臭気成分よりも強い香りによって、臭いを感覚的に被覆してしまうことです。

相殺作用とは、臭気成分に、異なる香りをもつ物質を混合することによって、臭いを感じなくしてしまうことです。

化学反応は、臭気成分に、ある物質を反応させることによって、不揮発性の物質にしたり、無臭の物質に変えるものです。

吸着反応は、ある物質の分子内に臭気成分を取り込んだり、分子に吸着させることによって、臭いを感じなくするものです。

銅クロロフィル、没食子酸、タンニン酸、アビエチン酸、シクロデキストリン等に消臭作用があることが知られています。このほか、植物抽出液の中には消臭作用を持つものがあります。

紫外線吸収剤

毛髪を紫外線ダメージから守ったり、紫外線の製品への影響（製品の色の変色や退色、乳化の破壊、有効成分や添加剤の分解等）を防ぐ目的で紫外線吸収剤が配合される場合もあります。

紫外線吸収剤には、ベンゾフェノン誘導体、パラアミノ安息香酸誘導体、パラメトキシケイ皮酸誘導体、サリチル酸誘導体等があります。

着色剤

着色剤には主として、"厚生労働省令で定められた医薬品等に使用することができるタール色素"が使用されます。この色素のことを法定色素と呼びます。パーマ剤には酸化剤、還元剤、アルカリ剤等が使用されるため、パーマ剤に配合し安定な色素は限られます。

法定色素以外で使用可能な色素として、銅クロロフィル、カラメル、β-カロチン、クチナシ黄、ベニバナ黄、ベニバナ赤等の天然系の色素があります。

増粘剤

増粘剤にはアルギン酸ナトリウム、カラギーナン、キサンタンガム、グァーガム、カルボキシビニルポリマー、カルボキシメチルセルロースナトリウム、ヒドロキシエチルセルロース等の水溶性ポリマーが主として使用されます。

防腐剤

防腐剤は、微生物の増殖・汚染による製品の劣化を防止する目的で配合されます。防腐剤には、パラオキシ安息香酸のエステル類（パラベン）、ソルビン酸及びその塩類、デヒドロ酢酸及びその塩類、サリチル酸及びその塩類等があります。

第2章 パーマの理論

図表2 パーマ剤に添加される主なトリートメント成分

油剤	動物油	馬油	馬の皮下脂肪から得られる油で、タテガミ部、腹部等脂肪の多い部位から得られる油脂です。タテガミ部だけから取った高額な馬油（「こうね」等と称されています）が皮膚に対する浸透性が優れているとされています。
		スクワラン	深海ザメの肝油から精製して、水素添加されて得られる炭素数30の飽和炭化水素を主成分とする無色透明の液体で、臭いはほとんどありません。皮膚に対する刺激が極めて少なく、化学的にも安定であり、延展性に優れ、べたつき感の少ない油性成分として広く使用されています。
	植物油	アボカド油	アボカドの実から搾取・精製される淡黄色〜暗緑色の液体で、わずかに特異な臭いがあります。皮膚や毛髪に対する親和性がよく、安全生と安定性が高い油性原料の1つです。他の植物油に比べてビタミン類を多く含有し、延展性に優れ粘度の温度依存性が低いことが特長です。
		サフラワー油	ベニバナの種子から搾取・精製される淡黄色の液体で、わずかに特異な臭いがあります。リノール酸を多く含有し、リノール酸は人体に不可欠の必須脂肪酸として知られています。
		ホホバ油	ホホバ（メキシコ北部から米国西南部にかけて生息している灌木）の種子から得られる無色〜淡黄色の液体で、臭いはないかまたはわずかに特異臭があります。主にロウエステルからなる液状油であり、酸化されにくく、温度耐性に優れています。さらっとした感触で、古くから薬用として使用され、頭皮になじみやすく、毛髪をしなやかにするコンディショニング効果があります。天然の植物油としては安全性と安定性が非常に高く、べたつき感の少ない油性原料として汎用されています。皮膚の治療や毛髪の成長促進にも効果があるといわれています。
		植物性スクワラン	オリブ油、コメヌカ油、ゴマ油等から抽出されたスクワレンに水素添加して得られる植物性スクワランがあります。炭化水素であるため、熱、酸化に強く安定で、他の多くの植物油とは違った、さらっとした感触が特徴です。また、サトウキビを圧搾した搾りかすを発酵して得られるファルネセンを前駆体として合成されるシュガースクワランが、環境配慮の原料として注目されています。
	鉱物油	流動パラフィン	炭素数が15〜20の直鎖型の飽和炭化水素の混合物からなり、常温で無色透明の粘性のある液体で、臭いはほとんどありません。
		パラフィン	主として、炭素数が16〜40の直鎖型の飽和炭化水素の混合物からなり、常温で無色〜白色のやや透明感のある結晶性の塊で、固形パラフィンとも呼ばれ、わずかに特異な臭いがあります。
		ワセリン	流動パラフィンとパラフィンの中間に位置する飽和炭化水素の混合物です。常温で白色〜微黄色の軟膏状の物質で、臭いはほとんどありません。
	合成油	脂肪酸エステル	高級脂肪酸と低級アルコールまたは高級アルコール（炭素鎖数の多いものを高級…、少ないものを低級…と呼びます）から合成される油剤で、ミリスチン酸イソプロピルは代表的な脂肪酸エステルの1つです。ミリスチン酸イソプロピルは、ミリスチン酸とイソプロパノールから合成される無色透明の液体で、臭いはほとんどありません。油性感が少なく使用感がよいこと、及び他の油性原料との相溶性がよいことから、幅広く化粧品類に使用されています。
		合成スクワラン	石油から得られるイソプレンから合成されて得られるスクワランです。純度を高く精製できるという特徴がありますが、前述のサメの肝油や植物から得られるスクワランと比較して感触等の面で、若干の違いがあります。
		イソパラフィン	石油から得られるイソブテンとN-ブテンを重合して合成される、分岐型の飽和炭化水素の混合物です。重合度により、流動イソパラフィン、軽質流動イソパラフィンに分けられます。 流動イソパラフィンは、無色透明の粘性のある液体で、揮発しにくく、臭いはほとんどありません。スクワランに似た性能を持ち、安全性、安定性も高いため、広く使用されています。 軽質流動イソパラフィンは、無色透明の液体で、揮発性があり、臭いはほとんどありません。高分子シリコーンの希釈剤として、環状シリコーンの代わりに使用されることがあります。
	シリコーン	メチルポリシロキサン	毛髪表面に撥水性の被膜を形成し、光沢を与え、くし通り性を向上させるという優れた効果を発揮しますが、他の油性原料との相溶性が悪いという一面もあります。分子量の大きなものは高重合シリコーンと呼ばれます。また、メチルポリシロキサンに親水基を導入したポリエーテル変性シリコーンは、界面活性剤としての機能を持ち、特に、シリコーンの乳化剤として有用です。
		メチルフェニルポリシロキサン	他の油性原料との相溶性がよく、性能はメチルポリシロキサンと同様ですが、特に光沢性に優れています。
		シクロペンタシロキサン	シリコーンの中でも最もべたつき感が少なく、他の油性原料との相溶性にも優れ、高重合シリコーンの希釈剤としても使用されています。揮発性のオイルで、仕上げ用の化粧品や制汗剤等にも使用されます。
	その他	高級アルコール等	油脂剤として使用される原料の1つに、高級アルコールがあります。高級アルコールは、動植物油をけん化して得られる高級脂肪族一価アルコールの混合物の分留・精製によるか、または合成法によって得られます。代表的なものとして、セチルアルコール（セタノール）、ステアリルアルコール、セトステアリルアルコール、オレイルアルコール、ベヘニルアルコール、オクチルドデカノール等があります。なお、アルコールの名称はついていますが、これらはエチルアルコール（エタノール）とは異なり、不揮発性の物質です。

		アミノ酸誘導体	構造の一部にアミノ酸（グルタミン酸、アルギニン等）を含むエステル構造を持った油剤です。毛髪を構成するアミノ酸を含むため、優れた親和性と保湿性を持っています。中には、細胞間脂質（CMC）と同様の作用があるものもあり、毛髪内部の強化と修復の働きをする性質があります。
保湿剤	プロピレングリコール		無色透明のやや粘性のある液体で、臭いはほとんどありません。水にもエチルアルコール（エタノール）にも任意の割合で混和し、また、多くの油性原料や水溶性原料との相溶性もよく、化粧品一般に広く使用されている原料です。保湿剤のほか、溶解助剤、乳化助剤としても使用されます。また、若干の抗菌作用もあります。
	ソルビット（ソルビトール）		ブドウ糖を還元して得られる、毒性・刺激性が極めて少ない6価の糖アルコールです。白色の粒、粉末、または結晶性の粉末で、臭いはありません。ソルビットは、プロピレングリコールやグリセリンに比べると保湿力は緩和です。
	ピロリドンカルボン酸（PCA）		PCAは皮脂中の天然保湿因子（NMF）の主要成分として知られています。DL-ピロリドンカルボン酸ナトリウム、DL-ピロリドンカルボン酸トリエタノールアミン等があります。
	ムコ多糖類	ヒアルロン酸ナトリウム	哺乳動物の結合組織中に広く分布する、ムコ多糖類と呼ばれる化合物に属する高分子物質の1つにヒアルロン酸があります。原料としては、ヒアルロン酸ナトリウムが使用されており、白色～淡黄色の粉末で、わずかに特異な臭いがあります。ヒアルロン酸ナトリウムは保水性に優れ、他の保湿剤と比べて周りの湿度の影響を受けにくく、乾燥時でも高湿度下でも同じような保湿作用を発揮します。ヒアルロン酸は医療分野においても、熱傷や創傷、関節症の治療等に使用されます。
		コンドロイチン硫酸	結合組織中に存在するコンドロイチン硫酸も、同じムコ多糖類に属する保湿剤として、ヒアルロン酸と同様に使用されています。
		その他	乳酸やタンパク質加水分解物（PPT）、植物抽出液等も保湿剤として使用されます。
	各種アミノ酸		アミノ酸は、分子中にアミノ基（電気的にプラスの部分）とカルボキシ基（電気的にマイナスの部分）を持つ両性の化合物です。アミノ酸はタンパク質の構成成分であり、毛髪に対する親和力が高く、毛髪に弾力を与える効果があります。また、アミノ酸は分子中に水を取り込みやすく、保湿効果もあります。さらに、アミノ酸にはpHの緩衝作用もあり、酸やアルカリに対して刺激を緩和するバリヤーの働きをします。このほか、キレート作用もあります
毛髪保護剤	タンパク質加水分解物（ポリペプチド、PPT）	加水分解コラーゲン	主として、牛や豚の骨や皮を酸、アルカリまたは酵素により、加水分解して得られるコラーゲンのポリペプチドです。コラーゲンは人体において、総蛋白質の約30%を占めます。
		加水分解ケラチン	ケラチンタンパク質を加水分解して得られるポリペプチドです。ケラチンは毛、爪、羽、角、うろこ等のように、体の最外部に存在するものの主要構成タンパク質で、ジスルフィド結合（シスチン結合）を多く含有することが特徴です。
		加水分解シルク	絹繊維を酸またはアルカリで加水分解して得られる、絹タンパク質のポリペプチドです。
		加水分解エラスチン	牛の項靭帯（こうじんたい：首の部分にある靭帯）を酸、アルカリまたは酵素で加水分解して得られるエラスチンのポリペプチドです。エラスチンは、動脈や肺、皮膚等の弾力性に富んだ組織に見られる構造タンパク質で、組織の柔軟性、伸縮性に関与しています。
		加水分解ダイズタンパク	大豆中に含まれるタンパク質を加水分解した植物性のポリペプチドです。構成されているアミノ酸も酸性、塩基性、中性とバランス良く構成され、皮膚や毛髪に保湿保護作用を与えます。
		その他	牛乳タンパク質から得られる加水分解カゼインナトリウムや真珠を作るアコヤ貝から得られる真珠タンパク分解物（コンキオリン）等もあります。
	高分子化合物（ポリマー）	カチオン性ポリマー	毛髪保護剤としてのポリマーは、主として毛髪表面に被膜を形成することを目的として配合されます。パーマ剤では、通常、毛髪の感触やくし通り性を向上させることも兼ねて、カチオン性ポリマーが比較的多用されます。カチオン性ポリマーとしては、カチオン化セルロースのほか、4級アンモニウム塩タイプのポリマーが数多くあります。また、天然に存在する唯一のカチオン性ポリマーとしてキトサンがあります。キトサンは、カニの甲羅や甲殻類の殻から得られるキチンを脱アセチル化して得られるもので、安全性も高く、被膜強度及び毛髪の感触を改善するという特徴を持ちます。キトサンには、保護作用のほか、保湿作用、キレート作用、乳化安定作用等もあり医療分野においても種々の利用が検討されています。
		アミノ変性シリコーン	シリコーンにアミノ基を導入し、カチオン化したアミノ変性シリコーンも、広く使用されている原料の1つです。アミノ変性シリコーンは、シリコーンオイルに特有の性質（撥水性及びサラっとした使用感）とカチオン性ポリマーの性質（感触、くし通り性向上）をあわせ持つポリマーです。このほか、メチルポリシロキサンの項で説明した高分子シリコーンも毛髪保護剤として、特異な性能を発揮します。
毛髪柔軟剤	その他	カチオン界面活性剤、カチオン化ラノリン等	毛髪のくし通り性を向上し、柔軟にするものとして、カチオン界面活性剤、両性界面活性剤、カチオン性ポリマー等があります。タンパク質加水分解物をカチオン化したものやカチオン化ラノリンも同様の効果があります。また、油性の被膜により、毛髪が柔軟になるものも多く、これらの油剤も柔軟剤としての機能を持ちます。さらに、各種保湿剤も水分により毛髪がしなやかになるため、柔軟剤に分類されるものもあります。

(4) カーリング料

① カーリング料の法的位置づけ

ヘアセット料自主基準制定の背景

■化粧品の規制緩和：化粧品基準の制定

　昭和42年（1967年）、化粧品原料基準として114品目の成分が制定されました。当時、化粧品は、現在の医薬部外品と同様に、製品を販売する前に国の承認許可を得る必要があったため、書類作成や審査に多大な労力と時間を要するものでした。

　その後、平成5年（1993年）に、「化粧品種別許可基準」制度と呼ばれる規制が導入され、シャンプー等の洗い流す化粧品、スタイリング等の洗い流さない化粧品等、11の種別ごとに配合できる成分の種類や配合量の上限が、使用前例（国が安全と認めて、配合を認めていること）を元に定められ、ここに収載された成分は承認許可を得ずとも使用できることとなり、事務手続きの効率化が図られました。しかし、この「化粧品種別許可基準」制度は、特に海外メーカーにとっては分かりにくく、日本市場参入の制約となっていました。

　このような状況の中、政府の規制緩和推進の流れを受けて、一部の成分に限定して規制する「化粧品基準」が平成13年（2001年）4月に新たに定められました。これがいわゆる、化粧品の規制緩和です（**図表1参照**）。

　「化粧品基準」は、成分に対する具体的な規制で、主に配合禁止成分（ネガティブリスト）と配合制限成分（ポジティブリスト）からなります。このリストに抵触しない成分であれば、

図表1　化粧品制度の変遷

- ■〜平成5年（1993年）3月　製品を販売する前には承認許可が必要

- ■平成5年（1993年）4月〜平成13年（2001年）3月
  化粧品種別許可基準（昭和61年（1986年）7月より一部実施）

  化粧品の11の種別（※）について、それぞれ「配合出来る成分の種類」「配合量の上限」が規定。
  この範囲であれば販売名・配合成分・配合量を届出

  - ※（1）清浄用化粧品：洗い流す用法で使用（ex. シャンプー）
  - （2）頭髪化粧品：毛髪・頭皮に使用（ex. スタイリング剤）
  - （3）基礎化粧品：皮膚を健やかに保つ等の目的で使用（ex. 化粧水）
  - （4）メークアップ化粧品：メークアップの目的で使用（ex. ファンデーション）
  - （5）芳香化粧品：着香の目的で使用（ex. 香水）
  - （6）日焼け・日焼け止め化粧品：日焼け又は日焼け止めの目的で使用
  - （7）爪化粧品：爪の保護・メークアップ・その除去の目的で使用（ex. マニキュア）
  - （8）アイライナー化粧品：メークアップのためにまつ毛の生え際に使用（ex. アイライナー）
  - （9）口唇化粧品：口唇の保護・メークアップの目的で使用（ex. 口紅）
  - （10）口腔化粧品：口腔内の清掃・口臭防止の目的で使用
  - （11）入浴用化粧品：身体の清浄等のために浴槽に投入され使用

- ■平成13年（2001年）4月〜　化粧品基準
  化粧品全般について、一部の成分だけ規制し、その他の成分については、企業責任で安全性を確認する。
  製品を販売する前に販売名の届出のみ。

ネガティブリスト		ポジティブリスト			<その他の成分>
配合禁止成分 （過酸化水素等）	配合制限成分 （トウガラシチンキ等）	防腐剤 （パラベン等）	紫外線吸収剤	タール色素 （赤色2号等）	企業責任において、安全性を確認すれば、自由に配合可能

企業の自己責任で安全性を確認することで、従来配合が認められていなかった成分でも、新たに配合することができるようになりました。これは、安全性の確認は企業の自己責任で行うという、欧米諸国の考え方を取り入れたものです。

■ ヘアセット料（化粧品）と
パーマ剤（医薬部外品）の線引き

平成13年（2001年）4月の化粧品の規制緩和以前は、亜硫酸塩を配合したサルファイト系のカーリング料が市場に流通していましたが、得られるカールが弱い等の理由から広く普及はしていませんでした。

しかし、化粧品の規制緩和に伴い、企業の自己責任で配合成分・配合量を自由に設定できることになったため、企業の判断によっては、医薬部外品のパーマ剤と同様の使用法で、パーマ剤と同等以上の作用力（カール形成力またはストレート効果）があるヘアセット料（化粧品）が販売される可能性が懸念されました。このようなヘアセット料が市場に出回るとパーマ剤と誤認され、市場が混乱する可能性が懸念されました。そのため、平成13年（2001年）12月に消費者の安全確保を目的として、パーマ剤メーカーが加盟する日本パーマネントウェーブ液工業組合は「還元剤を配合した化粧品のヘアセット料に関する自主基準及びQ&A」（以下、「旧自主基準」と略します）を制定し、ヘアセット料の作用力をパーマ剤よりも弱く抑えることとしました。

なお、ここでいうヘアセット料とは、法的な呼称も考慮した名称であり、市場ではカーリング料と一般的に呼ばれていることから、以下製品を指す場合はカーリング料と記述します。

ヘアセット料自主基準の変遷

平成13年（2001年）12月の旧自主基準制定以降、様々なカーリング料が市場に投入されました。多くの化粧品メーカーは旧自主基準を順守していましたが、一部の化粧品メーカーからは、旧自主基準に抵触するカーリング料も上市され、その際には日本パーマネントウェーブ液工業組合による是正の努力もあり、市場に大きな混乱を引き起こすことなく順調に市場に浸透しました。

その背景として、お客様の大多数がヘアカラー毛のため、ダメージのない柔らかな仕上がりを求めるという要求に、化粧品カテゴリーに対する安心感や医薬部外品では配合が認められていなかった新たな還元成分の配合による自然なカール感が受け入れられたためと考えられます。

その後、理美容技術者がカーリング料の持つこのような特性を認知するにつれ、さらなる汎用性や利便性の向上が求められるようになったことを受け、平成21年（2009年）10月、日本パーマネントウェーブ液工業組合は旧自主基準の還元成

図表2　ヘアセット料自主基準の変遷

制定年月日	平成13年（2001年）12月	平成21年（2009年）10月	平成25年（2013年）12月
自主基準の名称	還元剤を配合した化粧品のヘアセット料に関する自主基準	洗い流すヘアセット料に関する自主基準	洗い流すヘアセット料に関する自主基準
制定の目的及び改正の背景	医薬部外品（パーマ剤）と化粧品（ヘアセット料）の線引きを明確にし、化粧品の規制緩和による市場混乱を未然に防ぐため	ヘアセット料の有用性が市場に認知され、市場活性化のために更なる汎用性が求められたことへの対応	システアミンの安全性が確認された経緯を踏まえ、留意事項に記載されていた還元成分の配合上限を自主基準に統合することで明確化
還元成分の上限／チオール基を有する成分（チオグリコール酸として）／パーマ剤の有効成分（チオグリコール酸・システイン等）	総計2.0%（チオグリコール酸として）	2.0%｝総計7.0%（チオグリコール酸として）（自主基準とは別の「チオール基を有する成分を配合した洗い流すヘアセット料の安全性の確認に関する留意事項」による）	2.0%｝総計7.0%（チオグリコール酸として）（自主基準による）
パーマ剤の有効成分以外（システアミン・チオグリセリン等)			
チオール基を有さない成分（亜硫酸塩（サルファイト）等）	ヘアセット料自主基準の範疇外であり、配合上限は定められていない。		

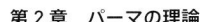

分の範囲を見直すと同時に、カーリング料に配合するチオール基を有する成分（還元成分）の総量の上限を引き上げてパーマ剤と同等以下とする留意事項を制定し、市場の要望に応えました。

さらに、平成25年（2013年）12月、厚生労働省薬事・食品衛生審議会医薬品等安全対策部会安全対策調査会においてシステアミンの安全性が評価・確認された経緯を受け、厚生労働省から「洗い流すヘアセット料に関する自主基準」（以下、「ヘアセット料自主基準」と略します）が通知として発出（P.68「第3章（2）カーリング料の使用上の注意」参照）され、チオール基を有する成分の総量の上限が明記されました（図表2）。

ヘアセット料自主基準の概要

「洗い流すヘアセット料に関する自主基準」本文については、第9章／資料編 に示します。ここでは、ヘアセット料自主基準で規定する内容について説明します。

≪ 適用範囲 ≫

セット、カール及びストレートを得ることを目的として、パーマ剤と同様の操作を行うものが適用範囲です。つまり、単に毛髪に塗布して洗い流すようなヘアトリートメント類には適用されません。

≪ チオール基を有する成分の種類 ≫

化粧品ですから、製造販売業者が安全性を確認した上で、自由に選定できます。

≪ チオール基を有する成分の濃度（図表3）≫

チオール基（SH基）の構造を持つ還元成分（チオグリコール酸、システイン、システアミン、チオグリセリン等）は、総量で7.0%以下（チオグリコール酸として）です。このうち、医薬部外品であるパーマ剤の有効成分である還元成分（チオグリコール酸、システイン等）については、チオグリコール酸換算で合計2.0%未満です。

これらの規定は、チオール基を有する還元成分の総量については、化粧品であるカーリング料が医薬部外品のパーマ剤よりも強い作用を持たないように考えられています。つまり、カーリング料に配合可能な還元成分の総量上限は、チオグリコール酸系コールド二浴式パーマ剤に配合されるチオグリコール酸の上限（7.0%：ジチオジグリコール酸を配合しなくても良い場合）以下と規定しています。

また、還元成分のうち、パーマ剤の有効成分であるチオグリコール酸とシステインの配合量については、パーマ剤としての有効性を示す量を化粧品に配合しないように考えられています。つまり、チオグリコール酸系コールド二浴式パーマ剤の有効成分の下限（2.0%）未満と規定しています。

≪ 販売名や広告等の留意点 ≫

カーリング料では、「パーマ」「ウェーブ」「縮毛矯正」「パーマ剤」といった、医薬部外品のパーマ剤と誤認されるような表現は使用できません。

医薬部外品のパーマ剤と明確に区別できるように、「ヘアセット料」「カーリング料」「ストレート」といった化粧品の効能の範囲の表現が用いられます。

カーリング料の一般的な使用法

一般的な使用法はパーマ剤と同じプロセスで、洗い流す用法の頭髪用化粧品として、カールやストレートのヘアデザインを作るために使用されます。ここで、パーマ剤では第1剤終了後の中間水洗は、必ず行うものと定められていますが、カーリング料では必須とはされていません。これは、カーリング料の使用方法については、製造販売業者の責任に委ねられているためです。

しかし、美容技術者が独自の用法で使用すると、思いがけ

図表3　チオール基を有する成分の濃度：「チオグリコール酸として」の考え方

チオール基を有する還元成分はそれぞれ分子量が異なるため、同じ濃度（配合量%）を配合しても、含まれるチオール基の数が異なります。
還元成分の配合量%をチオグリコール酸に換算することで、分子量の違いを打ち消すことができます（化学的にはモル濃度を揃えることになります）。

還元成分名 分子量	チオグリコール酸 92	システイン 121	システアミン 77
分子の大きさ	● - SH	● - SH チオグリコール酸よりも 分子量が大きい還元成分の例	● - SH チオグリコール酸よりも 分子量が小さい還元成分の例
例えば、 「チオグリコール酸として1%」に相当する還元成分の配合量	1%	1.3% 配合量は1%より多くなる。 1 % ×（121÷92）≒ 1.3 % システインの場合、1.3%が「チオグリコール酸として1%」に相当する。	0.8% 配合量は1%より少なくなる。 1 % ×（77÷92）≒ 0.8 % システアミンの場合、0.8%が「チオグリコール酸として1%」に相当する。

図表4　サルファイトカーリング料と毛髪の反応

$$\}S-S\{ + 2[Na_2SO_3] \rightarrow \}S-SO_3^-Na^+ + Na^+\ ^-S\{$$

シスチン結合　　　亜硫酸ナトリウム　　　　　ブンテ塩

ない事故等を引き起こすこともありますので、必ず製品ごとに指定された用法・用量を使用前に確認し、適切に使用することが大切です。

カーリング料と過酸化水素水を含有する製品を組み合わせて使用できない理由

カーリング料と過酸化水素水を含有する製品を組み合わせて使用することはできません。なぜならば、過酸化水素は「化粧品基準」で配合禁止成分に指定、つまりネガティブリストに収載されており、化粧品に配合できないためです。

過酸化水素水を配合することが認められているのは、医薬部外品のパーマ剤第2剤、及び染毛剤第2剤だけで、これらは各々パーマ剤第1剤、及び染毛剤第1剤と組み合わせて使用することが義務づけられているため、化粧品のカーリング料と組み合わせて使用することはできないのです。

② カーリング料に配合されるチオール基を有する成分

2001年の化粧品規制緩和

平成13年（2001年）4月に化粧品の規制緩和が実施され、企業が安全性を確認することで様々な成分を使用できるようになりましたが、それ以前は国が認めた成分だけが使用できる状況でした。そして、化粧品として毛髪にカールを付与する成分として、主に使用されたのが亜硫酸ナトリウムや亜硫酸カリウム等のサルファイトと呼ばれる亜硫酸塩です。当時は、その配合量等に国の規制がなかったため、昭和63年（1988年）8月に日本パーマネントウェーブ液工業組合、日本化粧品工業連合会の連名で消費者の安全性確保を目的として使用可能な亜硫酸塩の種類と配合量、そして使用上の注意を定めた自主基準が制定されました。

ここで、塩（えん）とは、プラスイオンとマイナスイオンがイオン結合して結びついた物質を指します。つまり、亜硫酸塩とは、マイナスイオンの亜硫酸イオン（SO_3^{2-}）とプラスイオンが結合した物質の総称です。このプラスイオンには、ナトリウム（Na^+）やカリウム（K^+）、アンモニウム（NH_4^+）等があり、化粧品のカーリング料には（無水）亜硫酸ナトリウム（Na_2SO_3）が使用されていることが多いようです。

亜硫酸塩を用いたカーリング料はサルファイト系カーリング料等と呼ばれますが、一般的に高いpH（9〜10程度）に設定され、カール形成力の弱さを補うため加温（60℃以下）して用いられます。

また、亜硫酸塩はチオール基を持たないので、カールを形成するメカニズムが、チオール基を持つ他の成分とは異なります。チオグリコール酸やシステイン等チオール基（-SH）を有する成分は、シスチン結合（S-S）にチオール基（-SH）が水素を与えて結合を切断しますが、サルファイトはサルファイト自体がシスチン結合（S-S）とイオン結合して結合を切断します（図表4）。

サルファイト系カーリング料は、パーマ剤では得られ難いパリッとした弾力のあるカールが得られるという特徴がありますが、カール形成力が弱い等の理由から、そのシェアはあまり大きくはありません。

化粧品に配合されるチオール基を有する成分の特徴

■システアミン

欧米では古くから化粧品原料として使用され、2001年の化粧品規制緩和以降、最初にカーリング料に配合された成分です。弱酸性〜アルカリ性まで幅広いpH領域で強いカール形成力を持つのが特徴で、そのため、多くのカーリング料に使用されています。しかし、チオグリコール酸とに異なる独特の臭いがありますので、各メーカー共にその対応に工夫がなされています。

■チオグリセリン

チオグリセリンは、1-チオグリセロールとも呼ばれ、欧米では古くからパーマ剤に使用されています。

チオグリセリンの構造は、保湿剤としてよく用いられる「グリセリン」と類似しています。グリセリンは3つのヒドロキシ基（-OH）を持っていますが、チオグリセリンはそのうちの1つがチオール基に置き換わった構造となっています。このように親水性が高いヒドロキシ基を複数持つことで、チオグリセリンは水やアルコールに対する溶解性が向上します。

また、グリセリン等のヒドロキシ基を多く持つ多価アルコー

ルは、毛髪内の親水性の部分への親和性がよいとされ、チオグリセリンを用いたカーリング料はグリセリンのように毛髪に潤いがあると感じる人もいます。なお、臭いはチオグリコール酸と類似しています。

グリセリン
HO-CH₂-CH-CH₂-OH
      |
      OH

チオグリセリン
HO-CH₂-CH-CH₂-SH （チオール基）
      |
      OH

■ブチロラクトンチオール

2006年に市場に登場した新しい成分です。チオグリコール酸やシステイン、システアミンはよく水に溶けますが、ブチロラクトンチオールは水に溶けにくい成分で、水100gに約10gしか溶けません。この特徴から、質感を含め、他の成分とは異なった挙動を示します。最大の特徴は酸性域で、カール形成力が強いことです。後述するチオグリコール酸グリセリルと同様に、用時混合して使用する製品が主流で、独特の臭いがあります。

また、スピエラ®と呼ばれる場合もありますが、これは昭和電工の登録商標です。

■チオグリコール酸グリセリル

チオグリコール酸とグリセリンのモノエステルであり、欧米では酸性パーマに使用されてきました。グリセリルモノチオグリコレート等の呼び名がありますが、それは成分の開発当初、チオグリコール酸が1つ結合した「モノ」体の純品と考えられていたためです。実際にはグリセリンにチオグリコール酸が1つ結合した「モノ」体が50～60％、2つ結合した「ジ」体が10％程度、3つ結合した「トリ」体が微量含まれる混合成分です。チオグリコール酸よりもやや疎水性が強いため、キューティクルを避けて毛髪内部に浸透するとされます。水溶液中では加水分解しやすいため、非水系の製剤と水溶液系の製剤を用時混合して使用するのが一般的です。酸性から中性領域に特化してカール形成力の強い還元成分で、毛髪に対し低膨潤で刺激臭が少ないという特徴を持ちます。

また、GMT®と一般的に知られていますが、これは株式会社ブライの登録商標です。

医薬部外品のパーマ剤にも配合されるチオール基を有する成分

■チオグリコール酸

チオグリコール酸塩類と呼ばれる成分として、カーリング料にはチオグリコール酸、チオグリコール酸アンモニウムが主に使用されています。いずれも無色透明の液体で、独特の臭気があります。チオグリコール酸アンモニウムは、チオグリコール酸をアンモニアで中和したもので、最も汎用されています。パーマ剤の有効成分として使用され、日本パーマネントウェーブ液工業組合が平成25年12月に制定したヘアセット料自主基準の規定で、カーリング料にはチオグリコール酸として2.0％未満という配合上限が設けられています。

■システイン

システイン類と呼ばれる成分として、カーリング料にはL-システイン、塩酸L-システイン、DL-システイン、塩酸DL-システイン、N-アセチル-L-システインの5種類が主に使用されます。いずれも無色～白色の結晶または結晶性の粉末で、わずかに刺激臭があります。

L-システインは、通常は人毛を加水分解して得られるシスチンをさらに還元・精製して得られますが、最近では羽毛からも得られています。また、発酵法により合成されたものも流通しています。

塩酸L-システインは、L-システインを塩酸で中和し、塩酸塩の形にしたものです。塩酸L-システインはL-システインと比較して、水に対する溶解性が若干よく、また、原料の状態での保存安定性も優れるといわれています。なお、DL-システインは合成によって得られるもので、塩酸DL-システインは同じくその塩酸塩です。

システインを単独で使用したカーリング料は現時点では市場にありませんが、これはシステインが酸化して析出するシスチンの問題（フレーキング現象）も、1つの要因と推察されます。今後は、酸化されても発粉しないN-アセチル-L-システインの活用も考えられますが、その際も他の還元成分との併用が主体になると思われます。なお、システイン類も前述のチオグリコール酸と同様に、パーマ剤の有効成分として使用されるものですので、ヘアセット料自主基準によりカーリング料にはチオグリコール酸として2.0％未満という配合上限が設けられています。

還元作用を有する成分の併用の目的

チオール基を有する成分には、前述したとおりそれぞれ特徴があります。そのため、長所を生かし短所を補うため、そして、カーリング料の開発意図や使用目的に合わせて、複数の成分を併用している製品もあります。どの成分をどのように調合していくのかは、各化粧品メーカーの腕の見せ所になります。

また、カーリング料に配合される還元作用を有する成分は、当該製造販売メーカーが安全性と共に、特徴を独自に研究し

ています。そのため、メーカーや商品によって同じ成分でも様々な考え方が取り入れられ、併用の目的として公に認められたものはないというのが現状です。

カーリング料に配合される還元作用を有する成分の毛髪への薬理作用は、現在も研究され解明されつつある段階であり、日々進化しています。理美容技術者の方は、各メーカーの様々な理論にとまどうかもしれませんが、日々の解明の中から少しずつ整理されていくのではないでしょうか。

還元成分の毛髪への作用に関わる数値

カーリング料の出現に伴って、各メーカーから還元成分に関する様々な数値を根拠として、毛髪への作用の仕方等に係る理論が展開されています。

ここでは、代表的な数値に関して、現時点でよく言われる内容を取りまとめてみました。

分子量

分子の大きさを表す数値で、一般的に値の小さい方が分子の大きさが小さいことを示します。そのため、分子量の小さい方が毛髪内部に浸透しやすく、カール形成に有効といわれます。

酸解離定数（pKa値）

還元成分は、pHによってチオール基からの水素の外れやすさが違います。また、その種類によって水素が外れるpHも異なります。この指標として酸解離定数があり、この値が小さいほど低いpHでチオレートアニオンが生成することを意味します。つまり、酸解離定数（pKa値）が低い還元成分ほど、低いpHでも作用を発揮すると考えられています。

疎水性（logP）

水とオクタノール（疎水性溶媒）相に分配されるチオール濃度の対数の逆数で、値が小さい方が疎水性が高いことを示します。疎水性が高いほど、カール形成力が強い傾向があるという報告があります。

毛髪へのチオール基を有する成分の作用は複合的な作用が関わり、単純な数値のみですべてを説明するのは困難です。そのため、このような数値は各成分の特徴を示す一例という考えに留め、実際に使用した際の製品特性を比較検討し、見極めることが大切だと思います。

図表5に一般的なカーリング料のpH領域を、図表6に還元成分に係る数値と特徴をまとめました。

図表5　一般的なカーリング料のpH領域

配合される還元成分	pH 3	pH 4	pH 5	pH6	pH 7	pH 8	pH 9	pH 10	pH 11	pH 12
サルファイト（亜硫酸塩）									←→	→
システアミン				←—	—	—	—→			
チオグリセリン					←—	—	—→			
ブチロラクトンチオール		←—	—	—→						
チオグリコール酸グリセリル			←—	—	—→					
チオグリコール酸					←—	—	—→			
システイン（コールド式）						←→				

第2章（4）カーリング料　59

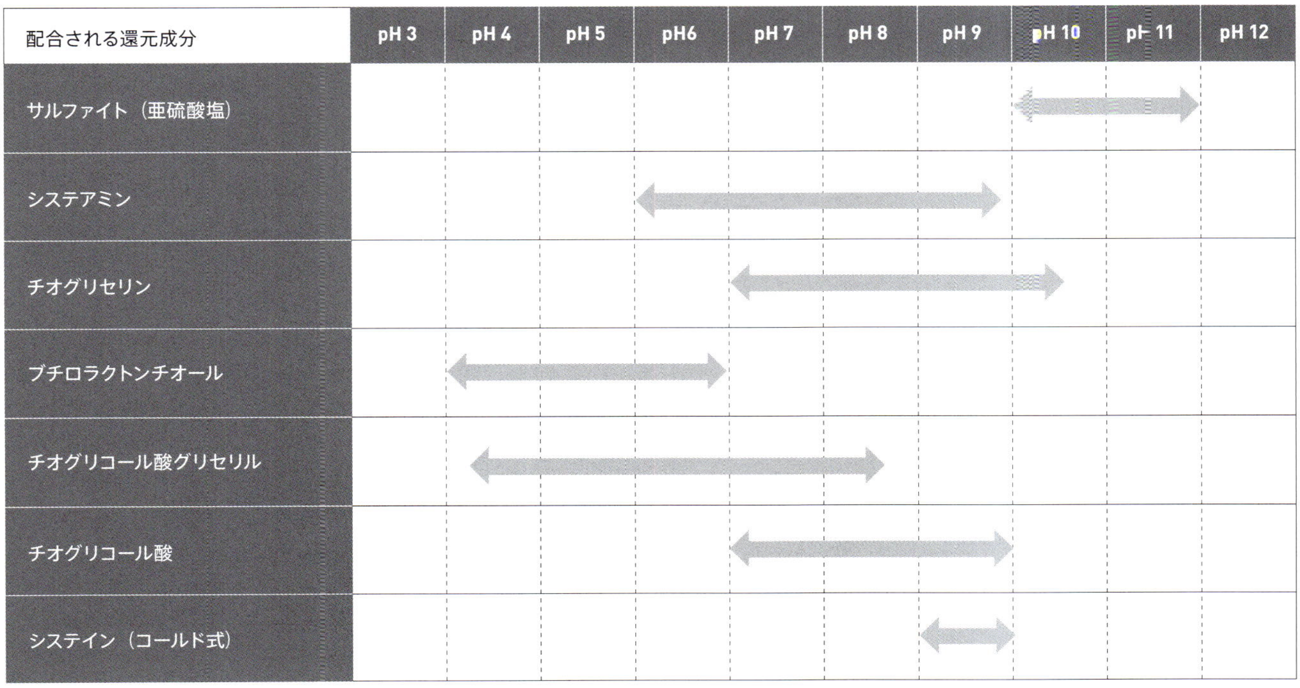

第2章 パーマの理論

図表6 種々のチオール化合物のチオレートアニオン濃度と疎水性

チオール化合物	化学式	チオレートアニオン濃度 -log%[RS⁻] [a] pH 7.0	pH 9.0	疎水性 -logP [b] pH 7.0	pH 9.0
チオグリコール酸	HS−CH₂−COOH	3.40	1.42	2.6	2.62
メルカプトプロピオン酸	HS−CH₂CH₂−COOH	3.33	1.33	2.13	2.39
チオ乳酸	HS−CH(CH₃)−COOH	3.52	1.51	2.39	2.44
L‐システイン	HS−CH₂−CH(NH₂)−COOH	1.55	0.26	3.24	3.46
システアミン	HS−CH₂−CH₂−NH₂	1.29	0.10	2.47	1.36
チオグリセリン	HS−CH₂−CH(OH)−CH₂OH	2.70	0.80	0.63	0.71
L‐システインメチルエステル	HS−CH₂−CH(NH₂)−COOCH₃	0.17	0.04	0.67	0.54
L‐システインエチルエステル	HS−CH₂−CH(NH₂)−COOC₂H₅	0.17	0.04	0.03	0.03
チオリンゴ酸	HS−CH(CH₂COOH)−COOH	3.98	2.05	3.89	4.66
チオグリコール酸グリセリル	HS−CH₂COOCH₂−CH(OH)−CH₂OH	1.78	0.04	−0.10	2.00
N‐アセチル‐L‐システイン	HS−CH₂−CH(COOH)−NHCOCH₃	2.76	0.84	3.07	3.02
ブチロラクトンチオール	(SH-substituted γ-butyrolactone)			6.9	6.9

a：%[RS⁻] = 100[10^(pH+pKa)/10^(pH+pKa)+1]　　b：logP = log([Thiol]_octanol = [Thiol]_water)

3

(1) パーマ剤の使用上の注意
(2) カーリング料の使用上の注意
(3) 安全な使用方法

パーマ施術の安全性の確保

パーマの科学　第3章

第3章 パーマ施術の安全性の確保

（1）パーマ剤の使用上の注意

　パーマ剤は定められた用法、用量、使用及び取扱い上の注意事項を守って使用することが法的に義務づけられています。しかし、これらの事項を守ることは法的義務だけでなく、実際に施術の際の事故からお客様を守り、同時に、理美容室のリスクを回避するための有効な方法でもあります。

　一度、断毛等の毛髪障害やかぶれ等の皮膚障害が起きると、顧客対応等の時間的損失や補償等の経済的損失のみでなく、回復しがたい信用失墜をも招く危険があります。定められた用法、用量、使用及び取扱い上の注意事項を守る限り、パーマ施術によるほとんどの事故は防げます。不幸にして事故が起きた場合でも、その程度は非常に軽微で済ますことができ、問題の拡大を避けることができます。

　従って、ぜひこれらの事項を熟知し、必要な項目については顧客カルテ等に取り込んで、全従業員が一律に実践することをお勧めします。

　また、「パーマネント・ウェーブ用剤の分離申請の取扱いについて」（平成26年12月10日薬食審査発1210第1号）に基づき、パーマ剤の第1剤及び第2剤を分けて、個別の品目として申請することができることとなりました。そのため、従来通りのパーマ剤第1剤と第2剤のセットでの購入に加えて、パーマ剤第1剤及び第2剤を別々にも購入できるので、誤使用がないよう取扱いには十分注意することが大切です。

　パーマ剤の使用上の注意については、厚生省薬務局長通知「コールドパーマネント・ウェーブ用剤の使用上の注意について」（昭和41年10月5日　薬発第727号）で基本的な事項が示されていますが、その後のパーマ剤の多様化に対応し、より一層の安全性を確保するために日本パーマネントウェーブ液工業組合により使用上の注意自主基準が制定されています（この自主基準は数度の改正を経て、平成12年7月13日付の自主基準が最新のものです）。

　この使用上の注意自主基準はパーマ剤を使用する前の注意事項、操作中の注意事項、製品の保管及び取扱い上の注意事項、その他の注意事項から構成されます。また、注意事項は全てのパーマ剤に共通で適用されるものと特定のパーマ剤にのみ適用されるものとがあり、内容的には事故の防止策と事故が起きた場合の処置からなります。使用上の注意の内容に補足説明を加えて次に示します。

使用上の注意自主基準

パーマネント・ウェーブ用剤使用上の注意自主基準
日本パーマネントウェーブ液工業組合（平成12年7月13日改正）

（注）各注意事項は、注意事項の最後にかっこ書きで示したアルファベット記号に従い、それぞれのパーマネント・ウェーブ用剤の分類に応じて適用されます。各アルファベット記号とパーマネント・ウェーブ用剤の分類との対応は次に示すとおりです。

医薬部外品パーマネント・ウェーブ剤
　A：コールド二浴式パーマネント・ウェーブ用剤
　B：加温二浴式パーマネント・ウェーブ用剤
　C：コールド一浴式パーマネント・ウェーブ用剤
　D：第1剤用時調製発熱二浴式パーマネント・ウェーブ用剤
　E：コールド二浴式縮毛矯正剤
　F：加温二浴式縮毛矯正剤
　G：高温整髪用アイロンを使用するコールド二浴式縮毛矯正剤
　H：高温整髪用アイロンを使用する加温二浴式縮毛矯正剤

● 左欄に自主基準を、右欄に補足説明を示します。

ご使用の前に「使用上の注意事項」と「使用方法」を必ず最後までお読みください。	この一文は、使用上の注意事項の文頭に必ず記載します
使用前の注意事項	**補足説明**
	問診、毛髪診断等により、お客さまの健康状態、パーマ、ヘアカラー、縮毛矯正等の経歴、毛髪の状態、頭皮の状態を事前に確認してください。
第1項 次に該当する方は、皮膚や身体が過敏な状態になっています。パーマ剤が皮膚や傷口に付着した場合激しい皮膚障害等を起こしたり、症状が悪化することがありますので、使用しないでください。 ①頭皮、顔、首筋、手等にはれもの、傷、皮膚病がある方。 ②生理時、生理日の前後および産前産後の方。 ③病中、病後の回復期にある方、その他身体に異常がある方。 ④脱毛症にかかっている方。 ⑤特異体質の方または過去にパーマ剤でかぶれ等のアレルギー症状を起こしたことがある方。 （記載対象：A、B、C、D、E、F、G、H）	①～⑤に該当する方は、健康時と比較して身体の抵抗力が低下していたり、ホルモンのバランスがくずれたりしているケースが多く、外部の刺激に対して皮膚や身体が過敏な状態になっています。このような状態のときには、健康時には何ともなくても、パーマ剤が皮膚や傷口に付着した場合、激しい皮膚障害を起こしたり、症状が悪化することがあります。従って、これらに該当するお客さまには、パーマ施術を行わないでください。
第2項 次に該当する方は、毛髪や皮膚を傷めますので、使用しないでください。 ①毛髪が著しく傷んでいる方。 ②染毛（酸性染毛料を除く）してから一週間以内の方。 ③前回のパーマ施術から一週間以内の方。 （記載対象：A、B、C、D、E、F、G、H）	①～③に該当する方は、毛髪の損傷をさらに大きくしたり、求めるウェーブ効果または縮毛矯正効果が得られないことがあります。また、頭皮がデリケートになっていることもあるため、かぶれ等の皮膚障害を起こすおそれもあります。従って、これらに該当するお客さまには、パーマ施術を行わないでください。
第3項 使用方法を誤ると毛髪を傷めたり、かかりぐあいにも悪影響を与えます。また、皮膚障害やその他思わぬ事故を起こすこともありますので、使用法、使用量を必ず守ってください。 （記載対象：A、B、C、D、E、F、G、H）	（1）パーマ剤は、個々の製品の「使用方法」に従って、正しくご使用ください。使用方法を誤ると、毛髪に対して次のような影響を与えます。 ①毛髪を傷めたり、断毛を起こすおそれがある。 ②求めるウェーブ効果または縮毛矯正効果が得られない。 ③ウェーブ効果または縮毛矯正効果の持ちが悪くなる。 また、不必要な加熱やプロセスタイムの延長等は、やけど、かぶれ、その他の皮膚障害を生じたり、思わぬ事故を起こすもとになります。 （2）パーマ剤は、個々の製品の第1剤と第2剤の使用量の組合せによって、最もよい結果が得られるように処方されています。この使用量のバランスがくずれると、次のような影響を生じるおそれがありますので、パーマ剤の使用量は、正しく守ってください。 ①第1剤の使用量が多すぎる場合…毛髪を傷める。皮膚障害等を起こす。 ②第1剤の使用量が少なすぎる場合…求める効果が得られない。持ちが悪い。 ③第2剤の使用量が多すぎる場合…毛髪を傷める。毛髪の感触が悪くなる。 ④第2剤の使用量が少なすぎる場合…求める効果が得られない。持ちが悪い。毛髪を傷める。パーマ臭が残る。
第4項 かかりぐあいを確認するために、できればあらかじめ毛髪の一部で試験的に本品を使用してみてください。 （記載対象：A、B、C、D、E、F、G、H）	初めてのお客さまであって、どの程度のウェーブ効果または縮毛矯正効果が得られるか予測がつかない場合や、毛髪の損傷が大きい等の理由により、パーマ施術を行ってもよいかどうか判断しにくい場合は、パーマ施術を行う前に、あらかじめ毛髪の一部で、かかりぐあいについて試験を行ってください。試験は、実際の「使用方法」と同じ要領で行ってください。なお、試験の結果、毛髪の損傷が著しい場合は、パーマ施術を行わないでください。その場合は、ヘアトリートメント等をおすすめして、毛髪がパーマ施術に適した状態に回復してから行うようにしてください。
第5項 頭髪以外には使用しないでください。眉毛、まつ毛等に使用するとパーマ剤が目に入るおそれがあり、危険です。 （記載対象：A、B、C、D、E、F、G、H）	パーマ剤に限らず、パーマ剤と類似の使用法で用いられる化粧品分類の製品も、まつ毛への使用が正式に認められている製品はありません。
第6項 本品は、毛髪の安全性を保つために、使用に際しては高度の理美容技術を必要とします。美容室、理容室以外では使用しないでください。一般の方（理美容師以外の方）が使用した場合、毛髪を傷めたり、断毛を起こすおそれがあります。 （記載対象：G、H）	高温整髪用アイロンを使用するパーマ剤は、理美容室のみで使用が可能です。

第3章　パーマ施術の安全性の確保

第7項 ヘアピン、ピアス等の金属加工品、ネックレス、ブローチ等のアクセサリー類、メガネ等は、パーマ剤が付着すると変色や変形をすることがありますので、使用前に必ず取りはずしてください。 (記載対象：A、B、C、D、E、F、G、H)	パーマ剤には還元性物質、酸化性物質、アルカリ成分、界面活性剤等が配合されています。これらの成分が金属製品、プラスチック製品、宝飾品等と接触した場合、変色や変形を起こすことがあります。また、金属性の物質が触媒的な作用をして、パーマ剤と接触した部分がかぶれ等の皮膚障害を起こすことがあります。お客さまがメガネ、ヘアピン、ピアスやアクセサリー類を身につけている場合には、施術前に必ず取りはずしてください。施術を行う方も、指輪、ブレスレット、腕時計等を事前に取りはずしてください。

操作中の注意事項

操作中の注意事項	補足説明
第1項 パーマ剤やすすぎ液が目や耳に入らないようにしてください。目に入ったときは、すぐに水またはぬるま湯でよく洗い流し、直ちに眼科専門医の診察を受けてください。耳に入ったときは、綿棒等で取り除いてください。もし、異常を生じた場合は、耳鼻科専門医の診察を受けてください。そのまま放置すると目や耳に障害が生じるおそれがあります。また、自分の判断で目薬等を使用しないでください。 (記載対象：A、B、C、D、E、F、G、H)	パーマ剤やすすぎ液が目や耳に入らないよう、細心の注意を払って操作を行ってください。パーマ剤には還元性物質、酸化性物質、アルカリ成分、界面活性剤等が配合されています。パーマ剤が目に入ると、激しい痛みを生じたり、場合によっては目に障害（角膜の炎症等）を生じることがあります。パーマ剤が目に入った場合には、決して自分の判断で処置せずに、よく洗眼した後、すぐに眼科医の診察を受けるようにしてください。また、耳に入った場合には、次の要領でパーマ剤を取り除いてください。 ①綿棒等でパーマ剤を吸い取る。 ②綿棒等に軽く水を含ませ、数回洗う。 ③乾いた綿棒等で水分を取り除く。 なお、パーマ剤が耳に入って、もし異常を生じた場合には、耳鼻科医の診察を受けるようにしてください。そのまま放置すると炎症等を起こすおそれがあります。
第2項 パーマ剤が皮膚につきますと、かぶれなどの皮膚障害等を起こすことがありますので、顔面、首筋等にパーマ剤がつかないように注意し、タオルターバン、保護クリーム等で保護してください。なお、パーマ剤が皮膚についた場合は、直ちに水またはぬるま湯で洗い落とし、ぬれたタオル等でふき取ってください。このとき、こすらずに軽くたたくようにしてください。 (記載対象：A、B、C、D、E、F、G、H)	皮膚が過敏な方の中には、パーマ剤が皮膚についてそのままにしておくと、皮膚障害等を起こすことがあります。タオルターバン、保護クリーム、保護オイル等を使用して、顔や首筋等にパーマ剤がつかないように保護してください。なお、タオルターバンは、こまめに交換してください。交換を怠りますと、タオルターバンにしみ込んだパーマ剤によって、皮膚障害等を起こすことがあります。
第3項 パーマ剤が衣服や床、壁、家具、カーテン等につきますと、シミになったり変色することがありますので、使用の際にパーマ剤をこぼしたり、飛び散ることがないようにじゅうぶん注意をしてください。パーマ剤を誤ってつけてしまった場合は、直ちにその箇所を水またはぬるま湯等でじゅうぶんに落とした後、クリーニング等を行ってください。 (記載対象：A、B、C、D、E、F、G、H)	
第4項 第1剤を毛髪に塗布後、ドライヤー、ウォーマー、スチーマー、赤外線等により加熱して使用しないでください。毛髪を著しく傷めたり、断毛や皮膚障害等を起こすおそれがあります。 (記載対象：A、C、D、E、G)	「コールド二浴式」の製品は、室温で使用して適切な効果が得られるように処方されています。第1剤を毛髪に塗布後、加熱機器を使用することは絶対にしないでください。加熱によって反応が過剰にすすみ、毛髪を著しく損傷したり、断毛を起こすことがあります。また、やけど、かぶれ等の皮膚障害を起こすおそれもあります。 注）コールド一浴式パーマネント・ウェーブ用剤の場合は、次のとおりとすること。 (1) 第4項中の"第1剤"を"パーマ剤"に置き換えて記載すること。
第5項 第1剤の加温温度と作用時間にじゅうぶん注意をし、用法および用量に従って正しく施術を行ってください。 (記載対象：B、F、H)	「加温二浴式」の製品は、加温温度と作用時間の間に密接な関係があります。加温温度と作用時間の設定を誤った場合は、求める効果が得られなかったり、毛髪を著しく損傷したり、断毛を起こすことがあります。また、やけど、かぶれ等の皮膚障害を起こすおそれもあります。従って、加温温度と作用時間の設定を誤らないよう、製品の「使用方法」をよく読み、その指示を正しく守ってください。
第6項 パネル等に毛髪を貼りつけて使用しないでください。また、第1剤を毛髪の根元部分につけないでください。断毛を起こすおそれがあります。 (記載対象：E、F、G、H)	「縮毛矯正剤」は、断毛等の事故を防ぐために、次の事項を必ず守ってください。 ①パネル等に毛髪を貼りつけて使用しないこと。 ②コームスルーのときに、必要以上のテンションをかけないこと。 ③毛髪の根元部分に第1剤をつけないこと。 ④酸化不良とならないように、第2剤はじゅうぶんに注意して塗布すること。

第7項 指定されたパーマ剤以外では高温整髪用アイロンを使用しないでください。 （記載対象：A、B、C、D、E、F、G）	
第8項 本品の使用にあたっては、特に次の事項に注意してください。 ①毛髪の安全のために、使用する高温整髪用アイロンの温度は180℃以下に設定してください。 ②本品は高温の整髪用アイロンを使用しますので、整髪用アイロンの取扱いおよび操作にはじゅうぶん習熟し、かつ注意してください。 ③本品は高温の整髪用アイロンを使用するため、事前に正しく毛髪診断を行い、傷んだ毛髪、傷みかかった毛髪などには使用しないでください。 ④第1剤操作終了後は水またはぬるま湯で必ず中間水洗を行い、第1剤をよく洗い流した後、高温整髪用アイロンを使用してください。第1剤をじゅうぶんに洗い流さずに高温整髪用アイロンを使用しますと、毛髪を傷めるおそれがあります。 ⑤第1剤を洗い流した後、毛髪を乾燥させてから高温整髪用アイロンを使用してください。このときに乾燥が不じゅうぶんな場合は、高温整髪用アイロンの熱で水蒸気が発生し、やけどをするおそれがあり、また、乾燥しすぎると、毛髪を傷めたり、断毛を起こすおそれがありますので、毛髪の乾燥状態にはじゅうぶん注意を払ってください。 ⑥高温整髪用アイロンで加温する時間は、一箇所で約2秒間としてください。また、高温整髪用アイロンを移動させる際には、過度の圧力をかけないでください。操作を誤ると、毛髪を傷めたり、断毛を起こすおそれがあります。 ⑦毛髪保護のために、既に縮毛矯正処理を施した部分への連続使用はさけてください。 ⑧やけどをするおそれがありますので、高温整髪用アイロンを頭皮に近づけすぎないように注意してください。 （記載対象：G、H）	「高温整髪用アイロンを使用する二浴式縮毛矯正剤」は、他のパーマ剤と異なり、高温の整髪用アイロンを使用して、特殊な技法で施術を行います。従って、その操作法にはじゅうぶん習熟しておく必要があり、『理美容師以外の一般の方が取り扱わないよう』別に注意事項が設けられています。 ①高温整髪用アイロンは、必ず180℃以下の設定温度で使用してください。180℃以上の高温では、毛髪を著しく損傷したり、断毛を起こすおそれがあります。また、温度が低すぎる場合には、じゅうぶん効果が得られないことがあります。 ②第1剤のプロセス終了後は、必ず中間水洗を行い、第1剤をじゅうぶんに洗い流してください。水洗が不じゅうぶんな場合には、毛髪に残った第1剤がアイロンの熱で過剰に反応し、毛髪を著しく損傷したり、断毛を起こすおそれがあります。 ③高温整髪用アイロンを毛髪に当てる時間は、必ず一箇所で約2秒間としてください。これよりも時間を長くすると、毛髪を著しく損傷したり、断毛を起こすおそれがあります。また、時間が短すぎる場合は、じゅうぶんな効果が得られないことがあります。 ④毛髪の同じ箇所に繰り返し高温整髪用アイロン当てることは、避けてください。毛髪を著しく損傷したり、断毛を起こすおそれがあります。 ⑤高温整髪用アイロンは、製品に適したものを使用してください。一般用のストレートアイロン等の市販品等は、本製品に使用しないでください。
第9項 第1剤操作終了後は水またはぬるま湯で必ず中間水洗を行い、第1剤をよく洗い流してください。第1剤を洗い流さずにそのまま第2剤操作に移りますと、毛髪を傷めたり、第2剤の作用が妨げられます。また、第2剤操作終了後もじゅうぶんに水洗を行って第2剤を洗い流してください。水洗が不じゅうぶんな場合は、毛髪を傷めたり、かかりぐあいに影響があります。 （記載対象：A、B、C、D、E、F、G、H）	中間水洗は必ず行ってください。中間水洗を行わずに第2剤の操作に移った場合には、次の理由により、毛髪を傷める、求めるウェーブ効果または縮毛矯正効果が得られない、持ちが悪くなる、効果にむらが出る、毛髪を退色させる等の悪影響を生じます。 ①毛髪に残っている第1剤が反応し続けるため、過剰反応となる。 ②毛髪に残っている第1剤によって、第2剤の作用が妨げられ、酸化不良となる。 ③毛髪において第1剤と第2剤が反応して発熱し、部分的に過剰反応となる。 ④第2剤が過酸化水素系の場合は、毛髪に残っているアルカリ成分により、過酸化水素の酸化作用が強まり、毛髪を退色させることがある。 注）コールド一浴式パーマネント・ウェーブ用剤の場合は、次のとおりとすること。 （2）第8項を次の文章に置き換えて記載すること。 "操作終了後は水またはぬるま湯で必ず水洗を行い、パーマ剤をよく洗い流してください。水洗が不じゅうぶんな場合は、毛髪を傷めたり、かかりぐあいに影響があります。"
第10項 操作中や操作後には、手指の保護のために、手についたパーマ剤をよく洗い流してください。また、かぶれ、手荒れ等のある場合は、パーマ剤と直接接触しないようにしてください。必要に応じて適当な手袋を着用してください。 （記載対象：A、B、C、D、E、F）	パーマ剤には還元性物質、酸化性物質、アルカリ成分、界面活性剤等が配合されているため、パーマ剤を皮膚につけたまま放置しておくと、皮脂が失われたり、皮膚の保護機能が弱まったりすることがあります。施術を行う方は、操作中や操作後に手指の保護のために、こまめに手洗い、手についたパーマ剤はよく洗い落としてください。また、操作後は、保護クリーム等を塗布して、失われた皮脂分を補ってください。なお、必要に応じてビニール手袋、ゴム手袋等を着用し、パーマ剤に直接触れないようにしてください。
	その他注意すべき事項 （1）過酸化水素水第2剤は、臭素酸塩第2剤と比較して酸化速度が速いので、使用する製品の使用方法に必ずしたがい、操作時間にはじゅうぶん注意してください。操作時間を長くとりすぎると、毛髪を傷めたり、毛髪を退色させることがあります。 （2）パーマ剤は、その製品の第1剤と第2剤という特定の組合せによって、かつ、

第3章 パーマ施術の安全性の確保

	その製品の設定した条件下において、最も適切な効果が得られるように処方されています。従って、各製品には、薬事法上定められた用法・用量がありますので、使用説明書に従って、正しくお使い下さい。次に挙げることは、予期しない反応が生じて事故を起こしたり、毛髪を傷めるおそれがありますので、絶対に行わないでください。 ① パーマ剤に他の化粧品や医薬部外品を混合して使用する。 ② 異なる製品のパーマ剤を組み合わせて使用する。 ③ パーマ剤を薄めて使用する。 ④ パーマ剤を異なる目的のために使用する。 例：コールド式の製品を加温して使用する。／パーマ剤で縮毛矯正を行う。／縮毛矯正剤でパーマをかける。

保管及び取扱い上の注意事項

保管及び取扱い上の注意事項	補足説明
第1項 幼小児の手の届かない所に保管してください。 （記載対象：A、B、C、D、E、F、G、H）	小さなお子さまがパーマ剤を誤って飲んだり、食べたりすると危険です。また、保管に際してはきちんと密栓し、誤ってパーマ剤をこぼすことのないように、保管には細心の注意を払ってください。
第2項 パーマ剤を誤って飲んだ場合には、直ちに医師の診察と適切な処置を受けてください。 （記載対象：A、B、C、D、E、F、G、H）	(1) 第1剤、第2剤ともに少量でも飲んだ場合には、すぐに医師の診察を受けてください。 ① 第1剤を誤飲した場合は、決して吐かせないでください。吐かせると、口、のど、食道等の粘膜がただれるおそれがあります。できれば、受診の前に牛乳を飲ませて、胃の中のパーマ剤を希釈しておくとよいでしょう。 ② 第2剤を誤飲した場合は、水または牛乳飲ませて、できれば吐かせた後受診させてください。 ③ 受診の際に、誤飲したパーマ剤の容器を一緒に持参するようにしてください。 (2) パーマ剤を誤飲した場合には、通常、次の症状が現れます。 ① 第1剤…口、のどの痛み、悪心、嘔吐、腹痛、下痢等 ② 第2剤…めまい、悪心、嘔吐、腹痛、下痢等。大量に摂取された場合には腎障害や聴覚障害を起こすおそれもあります。
第3項 本品は密栓して、高温の場所をさけ、直射日光の当たらない場所に保管してください。保管中に変色や沈殿等の異常が認められたものは使用しないでください。 （記載対象：A、B、C、D、E、F、G、H）	パーマ剤は直射日光にさらされると、配合成分が分解したり、製品の安定性が悪くなります。その結果、求めるウェーブ効果または縮毛矯正効果が得られないこともあります。従って、パーマ剤を保管する場合は、しっかりとふたをして、高温の場所避け、なるべく温度変化が少なくて直射日光の当たらない場所を選んでください。なお、保管中に異常が認められたものは、絶対に使用しないでください。
第4項 本品の第1剤は(1)と(2)があります。使用直前に必ず全量を混合してください。(1)も(2)も単独では使用しないでください。混合した第1剤の使い残りは効果が下がりますので、使用しないでください。 （記載対象：D）	「第1剤用時調製発熱二浴式」の製品は、第1剤の(1)と第1剤の(2)をそれぞれ全量混合して初めて、適切な効果が得られるように処方されています。第1剤の(1)と第1剤の(2)は単独では使用せずに、使用直前に必ず全量を混合してください。使い残りの混合液は、液温の低下や酸化の進行等により、求める効果が得られませんので、使用しないでくだい。
第5項 本品の第1剤の(1)はチオグリコール酸の含有量が高いので、取扱いにはじゅうぶん注意してください。もし、誤って手指等についた場合には、すぐによく洗い流してください。 （記載対象：D）	
第6項 一度開封したパーマ剤は、空気に触れると効果が下がりますので、早めに使いきってください。また、アプリケーター等には用時必要量をとり、使い残りはもとの容器に戻さないでください。 （記載対象：A、B、C、D、E、F、G、H）	(1) 特に第1剤は、一度開封すると、空気中の酸素によって酸化されやすくなります。また、第2剤も、配合成分によっては、空気の影響で製品の安定性が低下するものもあります。開封後、長期にわたって保管されたものは、求めるウェーブ効果または縮毛矯正効果が得られないこともありますので、一度開封したパーマ剤は、早めに使い切ってください。 (2) アプリケーター等に移したパーマ液の使い残りは、戻し間違えたり、戻すときに異物が混入するおそれがありますので、絶対にもとの容器に戻さないでください。なお、アプリケーター等に移すときは、必要量だけを取るように、普段から習慣づけをしておくとよいでしょう。 (3) アプリケーター等は、できるだけ専用のものを用意してください。兼用にするとパーマ剤を移し間違えたり、異物が混入するおそれがあります。やむを得ず兼用とする場合は、毎回よく洗い、じゅうぶんに水気を切って使用してください。

第7項 第1剤と第2剤を混合しないでください。発熱して危険です。 （記載対象：A、B、C、D、E、F、G、H）	第1剤と第2剤を混合すると、第1剤中の還元性物質と第2剤中の酸化性物質が反応して発熱し、場合によってはかなりの高温となり、危険です。第2剤が粉末状の場合に、液状の第2剤の場合よりもさらに高温となることがあり、条件によっては発火するおそれもあります。
第8項 臭素酸塩第2剤と過酸化水素水第2剤を混合しないでください。有害な臭素ガスを発生して危険です。 （記載対象：A、B、C、D、E、F、G、H）	臭素酸塩第2剤と過酸化水素水第2剤を混合すると、臭素酸塩と過酸化水素が反応し、臭素酸塩が分解して有害な臭素ガスを発生します。
第9項 粉末状の第2剤を第1剤と接触しないように特に注意して保管してください。発火の危険があります。 （記載対象：A、B、C、D、E、F、G、H）	第1剤と第2剤を混合すると、第1剤中の還元性物質と第2剤中の酸化性物質が反応して発熱し、場合によってはかなりの高温となり、危険です。第2剤が粉末状の場合に、液状の第2剤の場合よりもさらに高温となることがあり、条件によっては発火するおそれもあります。

その他の注意事項

その他の注意事項	補足説明
第1項 操作中または操作後に頭皮、顔、首筋、手等に発疹、発赤、かぶれ、刺激等の異常を生じた場合には、直ちに皮膚科専門医の診察を受けてください。かぶれ部位等を手等でこすらないでください。操作中にこのような症状が現れた場合には、すぐに操作を中止し、パーマ剤を良く洗い流してください。なお、第1剤操作の途中で異常を生じた場合には、直ちに水またはぬるま湯で第1剤を洗い流した後、第2剤を異常部位につかないように注意して毛髪に塗布し、数分間放置後よく洗い流してください。その後皮膚科専門医の診察を受けてください。 （記載対象：A、B、C、D、E、F、G、H）	操作中または操作後に、頭皮、顔、首筋、手等に異常がないかどうかじゅうぶんに確認をしてください。もし異常が認められたら、すぐに皮膚科医の診察を受けてください。なお、操作中に異常が認められた場合には、必ず操作を中止してください。
第2項 パーマ施術の前後一週間は染毛（酸性染毛料を除く）しないでください。毛髪を著しく傷めたり、かかりぐあいに影響があります。 （記載対象：A、B、C、D、E、F、G、H）	パーマや染毛の施術後は、毛髪や皮膚がデリケートな状態にあり、一週間以内という短い期間では、その状態から通常の状態に戻るまで、じゅうぶんに回復できません。その期間内に引き続いて施術を行うと、毛髪を著しく傷めたり、皮膚障害等を起こすおそれがあります。
	その他注意すべき事項 (1) 使用する器具や用具（アプリケーター、ハケ、カップ等）は、できるだけ「パーマ（第1剤）」、「ヘアカラー用」等、用途別にしてください。かぶれ等の皮膚障害の原因となったり、汚染のためにそれぞれの効能・効果に影響を与えることがあります。 (2) 使用したタオルターバン等はそのまま放置せずに、早めに洗ってください。第1剤、第2剤それぞれが付着したタオルターバン等を一緒に放置しておくと、反応を起こすおそれがあります。

(2) カーリング料の使用上の注意

　2001年の化粧品の規制緩和以降、化粧品のカーリング料（洗い流すヘアセット料）が市場に出回っていますが、化粧品であっても毛髪に作用し、髪形を整え、保持する等の効能があります。

　カーリング料に配合されるチオール基を有する成分には、システアミン／チオグリセリン／ブチロラクトンチオール／チオグリコール酸グリセリル／サルファイト／チオグリコール酸／システイン等があります。

　厚生労働省の所管する独立行政法人労働者健康福祉機構では、現在または過去に皮膚炎を起こしたことのある理・美容師にパッチテストを実施した結果を公表しています。平成25年（2013年）3月の発表によりますと、酸化染毛剤第1剤の陽性率が最も高く、次いでパーマ剤第1剤、シャンプー、ヘアマニキュア、パーマ剤第2剤となっています。

　さらに、理美容室の現場でよく使用される成分では、酸化染毛剤第1剤に汎用されるパラフェニレンジアミンが最も陽性率が高く、次いでシャンプーに汎用されるコカミドプロピルベタイン、その次にシステアミン塩酸塩、香料ミックスと続き、チオグリコール酸アンモニウム、チオグリコール酸グリセリルが次いでほぼ同頻度となっています。

　カーリング料には、パーマ剤と同様の還元成分が配合されているため、毛髪への作用もパーマ剤と類似すると考えられると共に、人によってはアレルギーを引き起こしてしまう可能性を持つことから、パーマ剤と同様に、用法、用量、使用及び取扱い上の注意事項を守って使用することが大切です。

　また、カーリング料の使用上の注意については、平成25年12月の厚生労働省通知「システアミンを配合した化粧品の使用上の注意等について」を受けた日本パーマネントウェーブ液工業組合の制定する「洗い流すヘアセット料に関する自主基準」（平成25年12月）（以下、ヘアセット料自主基準と略します）の規定があり、システアミンを配合した場合と、配合していない場合で使用上の注意が異なります。

　厚生労働省からの通知を**図表1**に、ヘアセット料自主基準の表示事項に解説を加えて**図表2**に示します。

図表1　厚生労働省の通知

薬食審査発1218第1号
薬食安発1218第1号
平成25年12月18日

（各都道府県・各政令市・各特別区衛生主管部（局）長あて厚生労働省医薬食品局審査管理課長、安全対策課長通知）

システアミンを配合した化粧品の使用上の注意等について

　化粧品の洗い流すヘアセット料（以下「化粧品パーマ液」という。）に配合されているシステアミンの安全性について、平成25年12月11日に開催された薬事・食品衛生審議会医薬品等安全対策部会調査会において審議した結果、現在流通が確認されている、日本パーマネントウェーブ液工業組合（以下「パーマ組合」という。）が作成している平成21年9月7日付［洗い流すヘアセット剤に関する自主基準］及び同日付「チオール基を有する成分を配合した洗い流すヘアセット料の安全性の確認に関する留意事項」（以下［自主基準等］という。）で定められている濃度以下のシステアミンを含有する製剤であれば、通常の使用方法において安全性は確保されているとされ、パーマ組合の自主基準等のシステアミン配合上限を周知し、遵守されるように指導すること及び暴露量をできるだけ少なくすることが望ましいため使用上の注意に下記2.1)及び2)を追加することが妥当とされました。

　つきましては、下記事項について、貴管下の化粧品製造販売業者及び関係団体等に対して周知及び指導いただくと共に、本方針に基づき改訂されたパーマ組合の自主基準等についても併せて周知をお願いします。

記

1. 化粧品中のシステアミン又はその塩類の配合量は、チオグリコール酸換算で 7.0%（システアミンとして 5.85%）以下とすること。
2. システアミン又はその塩類を配合する化粧品パーマ液について、既に記載がされている場合を除きできるだけ速やかに、その容器又は外箱等に以下の事項を記載すること。
   1) 顔面、首筋等に本品がつかないように注意し、タオル、保護クリーム等で保護してください。なお、本品が皮膚についた場合は、直ちに水又はぬるま湯で洗い落とし、ぬれたタオル等でこすらずに軽くたたくようにふき取ってください。
   2) 操作中や操作後には手指の保護のために、本品が手についた場合はよく洗い落としてください。また、かぶれ、手荒れのある場合は手袋をするなど、本品が直接接触しないようにしてください。

図表2　ヘアセット料自主基準の表示事項

●左欄に自主基準で定める表示事項を、右欄にその解説を示します。

表示事項	解説
洗い流すヘアセット料には、製品の容器若しくは被包又はこれに添付する文書に「化粧品の使用上の注意事項の表示自主基準」（日本化粧品工業連合会申し合わせ 昭和50年10月1日及び昭和52年12月22日改正）による他、次の事項を表示しなければならない。	「化粧品の使用上の注意事項の表示自主基準」は平成26年5月30日に改正されました。その内容は以下の通りです。 ◆使用上の注意事項 1-1. お肌に異常が生じていないかよく注意して使用してください。化粧品がお肌に合わないとき即ち次のような場合には、使用を中止してください。そのまま化粧品類の使用を続けますと、症状を悪化させることがありますので、皮膚科専門医等にご相談されることをおすすめします。 　(1) 使用中、赤味、はれ、かゆみ、刺激、色抜け（白斑等）や黒ずみ等の異常が現れた場合 　(2) 使用したお肌に、直射日光があたって上記のような異常があらわれた場合 1-2. 化粧品がお肌に合わないとき即ち次のような場合には、使用を中止してください。そのまま化粧品類の使用を続けますと、症状を悪化させることがありますので、皮膚科専門医等にご相談されることをおすすめします。 　(1) 使用中、赤味、はれ、かゆみ、刺激等の異常が現れた場合 　(2) 使用したお肌に、直射日光があたって上記のような異常があらわれた場合 2. 傷やはれもの、しっしん等、異常のある部位にはお使いにならないでください。 3. 爪に異常があるときは、お使いにならないでください。 4. (1) 目に入ったときは、直ちに洗い流してください。 　(2) 目の周囲を避けてお使いください。 　(3) 直射日光のあたるお肌につけますと、まれにかぶれたり、シミになることがありますので、ご注意ください。 5. 保管および取扱い上の注意 　(1) 使用後は必ずしっかり蓋を閉めてください。 　(2) 乳幼児の手の届かないところに保管してください。 　(3) 極端に高温又は低温の場所、直射日光のあたる場所には保管しないでください。 　(4) 可燃性であるので、保管及び取扱いにあたっては火気に十分注意してください。 表示スペース等の関係で記載できない場合で最低限必要な表示は以下の通り。 　(1)-1 お肌に異常が生じていないかよく注意して使用してください。 　お肌に合わないときは、ご使用をおやめください。

第 3 章　パーマ施術の安全性の確保

表示事項	解　説
ア　『必ず「使用上の注意事項」、「使用方法」をよく読んで正しくお使いください。』	カーリング料は、個々の製品の「使用方法」に従って、正しくご使用ください。使用方法を誤ると、毛髪を傷めたりかぶれを起こすことがあります。
イ　「目に入ったときは、直ちに洗い流してください。」	カーリング料やすすぎ液が目や耳に入らないよう、細心の注意を払って操作を行ってください。カーリング料には還元性物質、アルカリ成分、界面活性剤等が配合されています。カーリング料が目に入ると、激しい痛みを生じたり、場合によっては目に障害（角膜の炎症等）を生じることがあります。カーリング料が目に入った場合には、決して自分の判断で処置せずに、よく洗眼した後、すぐに眼科医の診察を受けるようにしてください。また、自分の判断で目薬等を使用しないでください。
ウ　「頭髪以外には使用しないでください。」	カーリング料は頭髪に使用される製品です。頭髪以外の眉毛、まつ毛への使用は目に入る危険性が高く、かぶれや視力障害の恐れがありますので絶対に使用しないでください。
エ　「本品とパーマ剤を組み合わせて又は混合して使用しないでください。」	カーリング料とパーマ剤を組み合わせて使用することは法的に認められていません。また、別のパーマ剤やカーリング料と混合すると、成分が作用し合って思わぬ事故を引き起こす危険があります。
オ　「加温して使用しないでください。」（室温で用いる製品の場合）	室温で用いるカーリング料は、毛髪に塗布後、加熱機器を使用することは絶対にしないでください。加熱によって反応が過剰にすすみ、毛髪を著しく損傷したり、断毛を起こすことがあります。また、やけど、かぶれ等の皮膚障害を起こすおそれもあります。
カ　「使用後は、必ず洗い流してください。」	操作終了後は水またはぬるま湯で、必ずよく洗い流してください。カーリング料を洗い流さずにそのまま次の操作に移りますと、毛髪を傷めたり、組み合わせて使用する酸化成分を含む化粧品類の作用が妨げられます。
キ　「幼小児の手の届かないところに保管してください。」	小さなお子さまがカーリング料を誤って飲んだり、食べたりすると危険です。また、保管に際してはきちんと密栓し、誤ってカーリング料をこぼすことのないように、保管には細心の注意を払ってください。
ク　「業務用」（業務用の製品の場合）	理美容室で用いる場合は、「業務用」（プロフェッショナル専用や理美容室専用品等の名称の場合もあります）であることを確認してください。
ただし、システアミン又はその塩類を配合の場合は、以下の事項を追加して表示しなければならない。	以下は、システアミンを配合したカーリング料に独自の注意事項です。
ケ　「顔面、首筋等に本品がつかないように注意し、タオル、保護クリーム等で保護してください。なお、本品が皮膚についた場合は、直ちに水又はぬるま湯で洗い落とし、ぬれたタオル等でこすらずに軽くたたくようにふき取ってください。」	皮膚が過敏な方の中には、カーリング料が皮膚についてそのままにしておくと、皮膚障害等を起こすことがあります。タオルターバン、保護クリーム、保護オイル等を使用して、顔や首筋等に洗い流すセット料がつかないように保護してください。タオルターバンは、こまめに交換してください交換を怠りますと、タオルターバンにしみ込んだカーリング料によって、皮膚障害等を起こすことがあります。操作中または操作後に、頭皮、顔、首筋、手等に異常がないかどうかじゅうぶんに確認をしてください。もし異常が認められたら、すぐに皮膚科医の診察を受けてください。
コ　「操作中や操作後には手指の保護のために、本品が手についた場合はよく洗い落としてください。また、かぶれ、手荒れのある場合は手袋をするなど、本品が直接接触しないようにしてください。」	カーリング料には還元性物質、アルカリ成分、界面活性剤等が配合されているため、カーリング料を皮膚につけたまま放置しておくと、皮脂が失われたり、皮膚の保護機能が弱まったりすることがあります。施術を行う方は、操作中や操作後に手指の保護のために、こまめに手洗い、手についたカーリング料はよく洗い落としてください。また、操作後は、保護クリーム等を塗布して、失われた皮脂分を補ってください。なお、必要に応じてビニール手袋、ゴム手袋等を着用し、カーリング料に直接触れないようにしてください。

このヘアセット料自主基準は、厚生労働省からの通知に則ったものですので、自主基準ではありますが、カーリング料を製造販売する全てのメーカーはこの自主基準を順守する必要があります。

(3) 安全な使用方法

　理美容室におけるパーマ剤（医薬部外品）、カーリング料（化粧品）の施術は、お客様に似合ったスタイルを提供するために、欠くことのできないサロンメニューのひとつです。そして、ウェーブ形成や縮毛矯正（カーリング料の場合は、カール形成やストレート効果）、スタイリングの補助等、いろいろな目的に応じた製品が各メーカーから数多く発売されています。いずれの製品も、その正しい使用方法に従って、慎重にかつ丁寧に作業していただければ、十分満足のいく結果が得られるように検討されたものですが、もし、その使用方法を誤れば、思いもよらない事故を起こすことがあります。

　例えば、あるサロンでは、ちょっとした不注意から、お客様の額が赤く腫れてしまったり、衣服を汚してしまい、お客様に不快な思いをさせてしまいました。一方、別のサロンでは、事前に保護クリームを塗ったり、丁寧に薬剤を塗布することで、このような事故を防止し、お客様も満足して帰っていただきました。比較するまでもなく、お客様の支持を得た理美容室は繁盛し、そうでない場合は衰退してしまいます。

　この事例のように、パーマ剤、カーリング料による事故の多くは、理美容技術者側の知識不足や不注意、製品の誤用によって発生するものと考えられ、皮膚の炎症、あるいは断毛等の毛髪損傷に関連するものであると推測されます。一度事故を引き起こすと、お客様との信頼関係も失うことになりかねません。最近の製品は、多様化するお客様のスタイルに対しても十分対応できるように、ますます高性能・高機能になり、その種類も増えています。その反面、施術工程が複雑になり、正しく理解していないと思わぬトラブルを招くことも予想されます。従って、サロンワークに従事する方は、お客様との信頼関係を保つためにも、正しい製品知識と使用方法を再認識し、事故を未然に防ぐよう心がけなければいけません。

　また、平成26年（2014年）4月より医薬部外品、化粧品の使用により発生した重篤な副作用等についても、医薬品と同様に個別症例ごとに製造販売業者（メーカー）から国に報告を行うことが義務付けられ、パーマ剤、カーリング料もその対象になっています。それだけ、安全性に関する社会的な意識が高まっています。

　では、パーマ剤、カーリング料による事故を未然に防ぐためには、施術中にどのような点に留意すればよいのか、毛髪や皮膚に対する影響、誤用性及び目的外使用の危険性等、医薬部外品のパーマ剤を中心に説明します。

① パーマ施術プロセス中の留意点

　パーマ剤の原理は、第1剤の還元作用によって毛髪中に存在するケラチンタンパク質のシスチン結合を切断し、第2剤の酸化作用によってウェーブをつけた（あるいは縮毛を伸ばした）状態で再結合させるという、化学反応によるものです。これは毛髪にとってみれば、大きな負担となります。ですから、手術を行う医師と同じような心構えを持ち、正しい施術をしていくことが大切です。前章にも述べられていますが、復習のつもりでポイントを整理してみましょう。

毛髪診断と頭皮の状態確認

　まず、お客様に満足していただくためには、お客様がどのようなウェーブやスタイルを希望しているのか、あるいはどのような目的でパーマ（あるいは縮毛矯正）を行うのかを、よく確認しなければなりません。そのためには、施術前に十分コミュニケーションを取りながら、カウンセリングと毛髪診断や頭皮の状態確認を行います。これは、薬剤を的確に作用させ、求めるウェーブを出したり（縮毛矯正したり）するためにも、毛髪の状態や性質を知ることが大切だからです。

　具体的には、毛髪の太さや弾力、くせの有無、撥水性の程度といった髪質、あるいは損傷の程度や箇所といった毛髪の状態を判断したり、いつパーマやヘアカラーをしたのか、どんなタイプのヘアカラー製品やパーマ剤を使用したのか等、お客様にカウンセリングしながら診断を行います。特にお客様のカルテがない場合は、念入りにカウンセリングと診断を行うことが大切になります。

　また、毛髪診断と同時に、頭皮の状態についてもよくチェックします。頭皮に傷や炎症を見つけたときには、パーマ施術を行うべきではありません。なぜなら、事故につながる危険を伴うからです。さらに、以前にパーマで炎症を起こしたことがないかを事前に確認することも必要です。

　なお、「パーマをかけたら毛が抜けた。」とのクレームを受ける場合もありますが、これは脱毛症にかかっていることを見落としたことによるものです。パーマ施術で脱毛するには、相当ひどい炎症が起こらない限り起こりません。そのため、小さくても脱毛症（ハゲ）のような症状を見つけたらお客様に説明し、パーマ施術は避けることが大切です

　このように、施術前のカウンセリングや毛髪診断は、以後の処理方法を判断する重要なポイントになりますし、これを誤れば断毛や皮膚の炎症といった大きな事故を招くこともあ

第3章 (3) 安全な使用方法　71

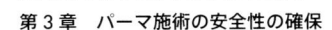

シャンプーと前処理

　パーマ操作前に行うシャンプーは、毛髪の汚れや油分を取り去り、パーマ剤を均一に作用させるのが目的です。ですから、頭皮を保護している皮脂を取り除くようなマッサージや頭皮に傷を付けてしまうような洗い方は、頭皮の刺激や炎症を引き起こす要因になりかねません。なるべくマイルドなシャンプーで軽く洗髪することが大切です。

　前処理は、損傷のある部分やウェーブを強く出したくない部分を保護し、パーマ剤の作用を減力するのが目的です。これによって、毛髪の損傷を抑え、かかり過ぎによるウェーブの不均一さを防止することができます。一般的には、種々のポリペプチド（PPT）を主体としたものやカチオン界面活性剤を配合したトリートメントタイプのものがあり、成分の組み合わせによって効果や質感が異なってきます。

　その他、カットの仕方によっても毛髪の損傷が異なってきます。ロングテーパーカットは、毛髪の断面積が大きくなり、それだけパーマ剤が切断面から浸透しやすくなり、枝毛や裂け毛の原因ともなることがあります。

パーマ剤の選択

　お客様の髪質や損傷の状態によって、どのパーマ剤が適しているかを判断するのはなかなか難しいものです。まずは、各メーカーから発売されているパーマ剤の特性を理解し、使用するタイプを決めることが重要です。パーマ剤がチオグリコール酸系かシステイン系か、そのpHや還元剤の濃度はどの程度か、どのようなアルカリ剤を使用しているか等が判断の基準となります。しかし、「傷んでいるからシステイン系のパーマ剤を使用する」という薬剤だけの選択が効果的であるとは限りません。チオグリコール酸系でも正しい施術により損傷を抑えられたり、逆にシステイン系でもオーバータイムになれば、損傷が大きくなることがあるからです。いずれにしても、お客様の要望に応えていくためには、毛髪の状態を正しく診断し、十分コミュニケーションを取りながら適切なものを選択していくことが大切です。

ワインディングと第1剤塗布

　ワインディングで、必要以上にテンションをかけると、毛髪は部分的に頭皮より半ば浮き上がった状態になってしまいます。ここに第1剤を作用させると、薬液は毛根と皮膚の隙間に浸透しやすくなり、毛根の弱い部分に薬液が作用して断毛等の原因となることがあります。

　また、ワインディングした毛髪は輪ゴムで止めますが、この場合、輪ゴムのかける位置が悪かったり、強くかけすぎたりすると、毛髪がその部分で「く」の字に曲がってしまいます。そこに薬剤を作用させると、その部分は折れ曲がり、断毛や枝毛の発生する原因ともなります。あるいは、ピンパーマの時でも同様に、ピンで強くはさんだ所に薬剤が溜まり、折れ曲がることがあるので注意しましょう。

　皮膚の保護としては、額や生え際、襟足等に油性のクリームを塗布し、薬剤の付着による炎症を防止します。特に肌の弱い方は十分に注意し、タオルターバンもこまめに取り替えるようにします。また、第1剤を塗布するときは、ゆっくり少しずつ、ロッド1本1本に丁寧に塗布し、頭皮に流れ落ちたり、直接かけないように注意します。

　その他、サロンではチオグリコール酸系パーマ剤第1剤とシステイン系パーマ剤第1剤を混合して使用するような場合があるようです。これは、それぞれチオグルコール酸とシステイン系の良い効果を期待して混合していると考えられますが、実際は思ったようなウェーブが出なかったり、感触が悪くなったりして、期待した効果が得られないこともあります。各メーカーの薬剤は、それぞれ単独で使用して最適な効果が得られるように設計されていますから、たとえ同一メーカーの薬剤であっても混合して使用することはやめてください。

　また、第1剤にヘアトリートメント等の化粧品類を混合する場合もあるようですが、これもパーマ剤同士の混合と同様の理由から、やめてください。

第1剤の放置時間と温度管理

　パーマ施術では、薬液の種類や強さ、液温、毛髪の状態によって放置時間が変わってきますから、第1剤の放置時間には十分注意します。ウェーブが出ないからといって、必要以上に長い時間放置したり、毛髪診断や薬液選定を誤って強い薬剤を使ったり、あるいは施術時間短縮のためにコールド式パーマ剤第1剤を加温したりする操作は、思った以上に反応が進みオーバータイムとなって毛髪を著しく損傷させてしまうことがあります。特にコールド式の薬剤を加温すると、反応は極端に進み、毛髪を損傷させるだけでなく、皮膚への異常さえ生じさせることもありますので避けなければなりません。加温式かコールド式かの区別は、容器の裏面にも記載されていますから、正しい用法を確認し、使用するようにしてください。また、テストカールも必ず何か所かで十分軟化しているかをチェックし、最適な状態で第1剤の作用を止めることが大切です。

　極端な損傷毛の場合、パーマをかけてもウェーブがきれいに出なかったり、たとえウェーブが出ていても、すぐにとれてしまったりします。これは、毛髪中のケラチンタンパク質のシスチン結合が、正常な毛髪に比べて大幅に減少しているからです。従ってウェーブがかからないからといって、強い薬剤を使用するのは禁物です。一般に損傷毛は、吸水性が増しており、薬剤を吸収しやすいため、薬剤が予想以上に強く作用し、断毛の原因にもなることがあります。

縮毛矯正剤の留意点

縮毛矯正剤（ストレートパーマ剤）は、縮毛やくせ毛、ウェーブ毛を伸ばす目的で使用されます。縮毛矯正剤の多くは、クリーム状やジェル状等の粘性を有する剤型で、コーミングして毛髪を伸張し、ストレート状に固着させます。そのため、無理にテンションをかけてコーミングすると、毛髪が引っ張られ毛先がチリついたり、ひどい場合には断毛を生じる場合があります。また、縮毛矯正剤の断毛事故の多くは、根元部分が「く」の字に折れ曲がり、断毛してしまうというものです。これは、薬剤が根元付近に付着して、根元から折れ曲がってしまったことが原因ですから、第1剤を塗布する際は、必ず根元から1〜2cm空けて塗布します。また、一般的に縮毛矯正剤は粘性があるため、塗布に時間がかかったり、塗布ムラを生じたりする場合がありますので、毛髪全体が均一に軟化するように時間差も考慮しながら、丁寧に塗布します。

高温整髪用アイロンを用いた縮毛矯正剤の留意点

この用法は最高設定温度が180℃という高温アイロンを使用するため、使用方法を誤れば、大きな事故や毛髪損傷を引き起こしかねません。以下、プロセスの中で留意すべき点について説明します。

(1) **第1剤処理後、水洗した毛髪を適度に乾燥させ、アイロン操作を行う。**

　　乾燥が不十分だと、濡れた毛髪から蒸気が上がり、頭皮や手指をやけどする可能性があります。逆に、過度に乾燥させると、アイロンの熱がすぐに伝わり、毛髪を著しく損傷させることがあります。

(2) **アイロンを使用する時間は、1か所2秒以内とし、軽くプレスする。**

　　アイロンを使用する時間が長すぎると、毛髪の温度が上昇し、著しく損傷させる可能性があります。また、毛髪が損傷しているような箇所は、アイロンの温度を下げて施術することも必要です。

(3) **著しく傷んでいる毛髪には施術しない。**

　　毛髪が著しく傷んでいるような場合は、決して満足のいくような結果は得られません。お客様に十分説明し、後日あらためて施術するようにしましょう。

以上のように、高温整髪用アイロンを用いた縮毛矯正施術は、高温整髪用アイロンを使用することもあって、使用に際しては高度な理美容技術を必要とします。事故を起こさないためにも、高温整髪用アイロンの取り扱い及び操作に関しては、十分に技術を習熟し、細心の注意を払うことが大切です。

中間水洗

パーマ剤の用法では、第1剤処理後、水または微温湯でしっ

図表1　第2剤塗布によるシスチン結合の再結合の様子

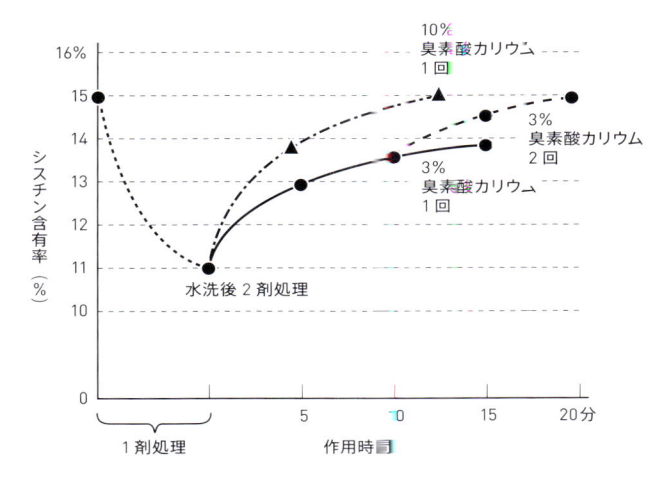

シスチン含有率約15％の毛髪が、第1剤処理による還元で約11％に低下。15％ − 11％ = 4％のシスチンがシステインに還元されたということです。この還元毛を水洗した後、3％臭素酸カリウム、10％臭素酸カリウムを塗布して、酸化によるシスチンの再結合の割合を調べたもの。

かり中間水洗を行うように定められていますが、サロンでの実情はその中間水洗が省かれるケースが多いようです。中間水洗をせずに第2剤を塗布すれば、第2剤の作用が弱まってパーマのかかりが悪くなったり、残臭の原因となる場合があります。特に、過酸化水素を使用したパーマ剤第2剤を使用する場合、過酸化水素はアルカリ性で酸化作用が強く働くため、場合によっては脱色し、毛髪を損傷することがありますので注意が必要です。

また、この中間水洗の代わりに酸リンスだけで済ませることもあるようです。しっかり酸リンスをした場合、残留アルカリを中和したり、第1剤を洗い流したり、第2剤の定着を促進する等の効果が期待されますが、霧吹きで少量の酸リンスを塗布しただけでは、本来の中間水洗の効果は得られませんので、必ず中間水洗が必要です。なお、酸リンスはパーマ剤毎に個別に許可された製品に限って使用することができます。

第2剤塗布と放置時間

毛髪を傷めないためには、第2剤の処理をしっかり確実に行うことが、成功の秘訣ともいえます。第2剤は臭素酸塩や過酸化水素水等が有効成分として用いられていますが、第2剤を正しく使用することにより、第1剤の還元作用で切断されたシスチン結合の80〜95％、平均的には85％程度が再結合すると言われています。その後は空気中の酸素によって徐々に酸化され再結合しますが、シスチン結合を完全に再結合させることは困難です。シスチン結合の再結合が不十分な毛髪は、パーマの持ちが悪くなるばかりか、毛髪の物理的強度の低下や損傷も大きくなるので、第2剤の処理は使用方法に従って確実に行うことが必要です。その際、使用量は第1剤と同量を目安としますが、毛髪は第1剤で膨潤し、多くの水分を含んでいるので、第2剤を一度に塗布しても、流れ落ちる量が多くなって、十分反応しきれません。2剤塗布によるシス

チン結合の再結合の様子を図表1に示しました。このように、一度に塗布して時間を置くよりは、2～3回に分けて塗布する方が、シスチン結合の再結合の割合が高くなることが分かります。

また、第2剤の有効成分の種類によって、放置時間にも注意します。臭素酸塩は、比較的酸化力が穏やかなため、一般的には10～15分放置します。放置時間が短い場合は、酸化不十分となり毛髪損傷の原因となりますし、逆に長すぎた場合は、施術後の毛髪の感触低下を招くこともあります。

一方、過酸化水素は、臭素酸塩に比べ、酸化力が強いため、長く放置すると毛髪の脱色や損傷の原因となります。また、臭素酸塩の第2剤と過酸化水素の第2剤を混合すると有毒なガスが発生することがありますから、誤って混合しないように注意が必要です。

このように、第2剤といえども、酸化がしっかり行われているかチェックしながら、放置時間や塗布回数を判断し、確実に処理を行うことが大切です。

後処理

先に述べたように、パーマ施術は毛髪内部に作用するものですから、当然、施術後の十分な手当が必要となります。施術により毛髪は脱脂されて、パサつきやすい状態になっていたり、アルカリ性側に傾いたりしています。ヘアトリートメント等を用いて毛髪に油分を補給しながら、毛髪内のpHを等電点付近に戻してあげましょう。また、頭皮もパーマ剤で軟化膨潤し、非常にデリケートな状態になっています。無理なブラッシングやマッサージ等は避けてください。

パーマ施術後のホームケア

いつまでも美しいウェーブやストレートを保つためには、施術後のホームケアも大切です。ウェーブやストレートを長持ちさせるためにも、理美容技術者はお客様に対して自宅で注意すべきことをお客様にアドバイスしてあげることが必要です。

日常行うシャンプーやヘアトリートメント等のヘアケアの方法、ブラッシングやスタイリング等、毛髪の手入れの方法等をアドバイスすることで、ウェーブの持ちや毛髪のコンディションは大きく違ってきます。

特殊な使用法

■ホット系パーマ

パーマ剤第1剤を塗布し、水洗した後に専用のロッドに巻いて毛髪を乾燥させる工程技術が普及しています。このような技術は「ホット系パーマ」等と呼称されています。この技法が認められたのは2004年10月のシステムキュール（資生堂プロフェショナル）が最初です。当初は、この技法を用いてパーマ施術を行うためには、パーマ剤と器具も含めて国の承認を得る必要がありました。しかし、「第1剤を水洗いした後、第2剤との間でヘアドライヤー等を用いて乾燥させる行為については、パーマ剤の使用方法の範疇に入らないと考えられることから基準内と判断されている。」（化粧品・医薬部外品製造販売ガイドブック2008）ことが示されたことから、既存のパーマ剤でもこの技術を用いることが可能となっています。

このように、法の解釈としてはパーマ剤とホット系と呼ばれる乾燥器具は切り離されましたが、全てのパーマ剤がこの技法に適するとは限りません。施術前にパーマ剤メーカーに乾燥器具の使用について確認した上で、十分なテストを行った後、施術することが大切です。

なお、この技法はカーリング料にも応用されますが、カーリング料は操作後に洗い流すことで使用法としては完了していると解釈されるため、その後に様々な機器を用いることに法的な問題はありません。しかし、パーマ剤と同様に細心の注意を払って施術することが大切です。

■クリープパーマ

パーマ施術で第1剤を塗布・放置し、中間水洗を行った後、第2剤を塗布するまでに時間を置く技法は、クリープパーマと呼ばれてます。

クリープ（creep）とは、本来材料工学に用いられる用語で、物体に持続的に力が作用すると、時間の経過と共に歪みが増大する現象という意味で、同じような意味合いの言葉として応力緩和があります。これは、物体に一定の歪みを与えてそのまま保持するとき、物体の応力（元に戻ろうとする力）が経過時間と共に次第に低下する現象のことです。

クリープパーマは、パーマ施術の技法でロッド等に巻かれた状態（毛髪に力が持続的にかかった状態）を長く保つということで、歪みを継続的に与える操作であることと、この技法で得られたウェーブの持続性が良いとされるのは、毛髪の応力が低下したためとの解釈の両面の意味合いから命名されたと考えられます。

その他の留意点

■パーマ剤が衣服に付いた場合

パーマ剤には弱い漂白作用があるため、衣服に付いたままにすると、生地の色素が脱色されたり、生地を傷めたりすることがあります。万一、パーマ剤が衣服に付いた場合は、速やかにタオルに水を含ませて、その部分の薬剤を水で薄め、乾いたタオルで拭き取ったり、石けんで軽くもみ洗いしてから、よく水洗します。いずれにせよ、お客様の衣服に付かないように事前に保護しておくことが大切です。

■ヘアカラーとの同時施術

お客様がパーマ以外に染毛も希望されているときは、時として、パーマ施術のすぐ後に染毛施術を行ったり、逆に、染毛の直後にパーマをかけたりすることがあるかと思います。しかし、このような同日施術は、ウェーブが早くとれてしまったり、染毛に影響があるばかりでなく、思わぬ毛髪損傷や皮膚トラブルを招くことがあります。

医薬部外品の染毛剤は、毛髪中のメラニン色素を酸化脱色し、毛髪内で酸化染料を酸化重合するという化学反応を伴いますから、染毛施術とパーマ施術を同時に行えば毛髪は二重の負担を受けて、損傷の程度は大きなものとなります。ですから、パーマ剤と染毛剤の施術は、必ず最低1週間以上の間隔を空け、その間はしっかりトリートメント等で毛髪をケアすることに心がけます。また、染毛した毛髪は膨潤しやすく、薬剤が過剰に作用しやすくなっていますから、前処理や薬剤選定、放置時間の判断等には慎重を期すことが必要です。

　また、染毛料（ヘアマニキュア）、カーリング料が化粧品に該当するとはいえ、染毛料（ヘアマニキュア）とパーマ剤、カーリング料と染毛剤との同日施術が問題なく施術できるというわけではありません。前述の染毛剤、パーマ施術同様に十分注意して施術を行ってください。

②パーマ剤と皮膚障害

　パーマ剤が原因による皮膚障害の多くは、一次刺激性接触皮膚炎と言われているものです。一次刺激性接触皮膚炎の症状は、薬剤の接触している部分に現れます。皮膚が弱ければ、薬剤が付いた部分にかゆみやチクチクした刺激、熱感を感じることに始まり、発赤やむくみを生じ、激しい場合には、水疱、びらん等が起こり、炎症の後に色素沈着を残すこともあります。また、理美容技術者も、繰り返し薬剤を扱うことにより、手指に皮膚炎や水疱のようなものができ、皮がむけたり、ザラザラしてくることがあります。

　パーマ剤が原因となる皮膚炎は、一次刺激性接触皮膚炎が主体であり、アレルギー性接触皮膚炎はほとんど発生しません。

　ここではサロンの現場で理美容技術者にみられる手荒れについて説明します。

一次刺激性接触皮膚炎

　一次刺激性接触皮膚炎は、皮膚に対する刺激物質によって起こる皮膚炎であり、その物質が直接皮膚に作用して表皮細胞や真皮に障害を与え、その一次刺激が、接触した部分の皮膚抵抗力を上回った場合に発生します。発生の条件としては、刺激物質の濃度、皮膚との接触時間、そして皮膚の抵抗力との関係等があります。その特徴は、

・発生する場所は、その物質が接触した場所に限られ、接触していない場所には発生しない。
・同じ条件でその物質と接触した場合、誰にでも皮膚炎が起こる可能性が高い。

等があげられます。

　パーマ剤第1剤による皮膚炎の大部分は、一次刺激性接触皮膚炎であると言われており、パーマ剤による皮膚炎の発生場所の大半は、額の生え際、耳の後ろ、前頭部に集中しています。ですから、施術前に頭部や生え際、そしてネープ部分等、薬剤が溜まりやすい箇所にはあらかじめスキャルプトリートメントやコールドクリーム等を塗布し、薬剤が皮膚と直接接触するのを少なくしたり、また、タオルで薬剤が垂れ落ちるのを防ぐ等の配慮が必要です。

　そして、施術中はまめにタオルターバンを取り替えることも皮膚炎の発生防止に大変効果的です。また、薬剤を塗布した後も、お客様に刺激感等がないことを時々確認し、強い刺激感を訴えられたときには、施術途中であっても操作を中止し、直ちに洗い流すことが大切です。第1剤放置後は微温湯で薬剤を十分洗い流しますが、その場合でも、第1剤処理後は、毛髪ばかりでなく頭皮も膨潤軟化していますから、頭皮を強く摩擦することは避けなければいけません。

アレルギー性接触皮膚炎

　一次刺激性接触皮膚炎との違いは、その薬剤の使用を始めてすぐに発症するわけではなく、誰にでも起こる現象ではないという点があげられます。その特徴として、

・反応は、その人に特異的であって、体質的な原因を持つ、つまり、感作が成立している人だけに発生する。一度感作が成立すると、ほとんどの場合その特異的体質は生涯持続する。
・炎症の発生は通常遅延型で、原因物質と接触した部分だけに限られるのではなく、その周囲や、場合によっては全く接触していないところにも症状が発生する。

等があげられます。染毛剤等で実施されるパッチテスト（皮膚アレルギー試験）は、その製品に対してアレルギー反応が起こるかどうかを確認する試験です

理美容技術者の手荒れ
■原因

　手荒れは、理美容技術者になって1年以内に経験することが多く、その原因の1つとして毎日のシャンプー施術があります。シャンプー施術によって手指に機械的摩擦を受け、界面活性剤によって手指の皮脂が脱脂されることで皮膚のバリア機能が低下し、表面が乾燥して亀裂が発生してきます。さらに、毛髪に対して化学的な作用を持つパーマ剤や界面活性剤が作用し、刺激を与えることで手荒れが発生するものと考えられています。

　特に冬場の乾燥や、長期の連続使用による刺激の蓄積（累積刺激性接触皮膚炎）も、手荒れの引き金になることがあります。また、アトピー性皮膚炎等を経験したことのある人は、手荒れに悩む人が多いとも言われています。極力、手荒れに避けたいものですが、ワインディング操作（つけ巻き法）によっても、手指の皮膚損傷はある程度避けられないものと考えられます。特に、1人の技術者が1日何人ものお客様のパーマをかけるようなときには、手荒れも起きやすい傾向にあります。

■対応策

　手荒れを最小限にとどめるためには、パーマ施術時に手袋を

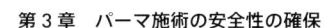

することや、こまめに手入れをすることが有効です。

ワインディングを水巻き法で行えば問題ないのですが、髪質やデザインの関係でつけ巻き法で行うような場合には、ワインディング操作が終了したら直ちに手を洗い、付着した薬剤をよく洗い流します。洗った手は濡れたまま放置せず、乾燥したタオルでよく拭き、早く乾燥させます。そして、油分の多い良質のハンドクリーム等をこまめに塗っておきます。特に手荒れのひどい方はこまめに手入れすることが必要です。「忙しいときにいちいち手を洗ったり、ハンドクリームを付けていられない。第一、ハンドクリーム等を付けていたら仕事にならない。」と理美容技術者からはよく聞かされる言葉です。しかし、いくらパーマ剤の品質がよくなり、手荒れの心配が少なくなったとはいえ、残念ながらそうした問題が完全に解決された製品がまだない以上、「自分の手は自分で守る」という心構えを持って、手入れを怠らないことが必要です。

そして、万一手荒れが発生してしまった場合には、早めに医師の診断を受け、適切な治療をすることが大切です。

その他の対応策としては、特定の人だけがシャンプーに従事しないように、作業の分散や平均化等、サロンワークにおける作業環境を見直す取り組みも必要と思います。

また、パーマ剤を提供するメーカー側も、手荒れや皮膚刺激を低減するために、刺激性の少ない界面活性剤やアルカリ剤の組み合わせ、刺激緩和効果の高い成分の配合検討等、より安全性の高い製品を提供できるよう努力しています。

③パーマ剤の危険性

パーマ剤は、通常の使用方法を良く守り、正しい使用をする限り、人体に悪影響を及ぼすようなことはありません。しかし、誤って、あるいは故意に飲んでしまったような場合は、重篤な中毒に至ることがあります。

日本中毒情報センターへのパーマ剤による急性中毒の問い合わせは、2013年で11件あり、そのうち、1件が医療機関からの問い合わせでした。ここ数年では、毎年約10件前後の問い合わせがあり、その多くは幼小児の誤飲や使用時の吸入、眼や皮膚暴露によるものと推察されます。パーマ剤を誤って飲んでしまうと、パーマ剤第1剤の場合は、口やのどの痛み、嘔吐、腹痛、下痢を引き起こします。一方、第2剤の場合は、服用後1～2時間で嘔吐、腹痛、下痢を引き起こします。ですから、もし、誤って飲んでしまった場合は、速やかに適切な処置を施すことが必要です。図表2にパーマ剤の毒性、症状、処置方法をまとめました。

幼小児の誤飲は、パーマ剤の保管に問題があります。「使用上の注意事項」に記載されているように「幼小児の手の届かない所に保管する」ことが大切です。

④パーマ剤の目的外使用

パーマ剤は、医薬品医療機器等法によって医薬部外品としての品質、有効性及び安全性の確保が厳しく求められており、成分、分量、用法及び用量、効能または効果について、厳密な審査を受けて、初めて製造販売が許可されています。

通常のパーマ剤の効能・効果は、「毛髪にウェーブをもたせ、保つ。」ことにあり、縮毛矯正剤では「くせ毛、ちぢれ毛又はウェーブ毛髪を伸ばし、保つ。」となっています。この効果・効能を得る目的以外の目的でパーマ剤を使用することは、医薬品医療機器等法の主旨に反するばかりでなく、安全性の確保の面において、非常に重大な問題が生じてきます。

図表2　パーマ剤の毒性、症状、処置方法

1. 症状

    第1剤はアルカリ性による刺激作用があり、口の中からのどの痛み、嘔吐、腹痛、下痢を起こす。また、眼に入った場合は角膜の刺激や損傷を起こしたり、皮膚についた場合は紅斑、かゆみ、皮疹、水疱等を生じることがある。
    第2剤（臭素酸塩）は、嘔吐、腹痛、下痢を起こす。

2. 処置方法

    第1剤、第2剤とも少量でも飲んだ場合は、すぐに受診します。
    第1剤の場合は、吐かせずに、牛乳をコップ半分くらい飲ませて受診します。
    第2剤の場合は、水か牛乳を飲ませて、できれば吐かせて受診します。
    眼に入った場合は、流水で15分以上洗眼しすぐに受診します。皮膚についた場合は、石鹸でよく洗った後、痛みや赤みなどの症状があれば受診します。

3. その他

    受診の際は、誤飲したパーマ剤の種類や商品名、摂取量、患者の状態を説明し、内容成分や種類を確認し易いようパーマ剤の容器を持参します。

目的外使用の例

■ 身体・皮膚への塗布

これまで問題となったパーマ剤の目的外使用の例として、次のようなものがあります。

酸性パーマ剤を身体に塗布することにより、体質改善ができ、肝臓病に効果がある、水虫や湿疹が治る、PCB（ポリ塩化ビフェニル）が体外に排出される等の効果があると称して、ある理美容技術者のグループが施術方法の普及を図ったことがあります。

その結果、昭和57年（1982年）5月、埼玉県内において、手のトリートメントと称してパーマ剤で手を処理された女性の全身に急性薬物性皮膚炎が発症するという事故が起こりました。そこで、この件について埼玉県衛生部長からの照会に対し、厚生省環境衛生局指導課長より、**図表3**のような厳しい回答が出されました。

また、パーマ剤を生後6か月の乳児の皮膚に塗布し、乳児が死亡するという事件も起こりました。

さらに美顔パーマで顔のシミ・ソバカス・ニキビが治る、背中にパーマ剤を塗布すると、ウエストが引き締まったり、肩こり、リューマチやアレルギー体質が治ったり、果てはガンまで治るといった無責任極まりない目的外使用を勧めるような出版物が出されたという問題もありました。

■ まつ毛パーマ

まつげパーマについては、くり返し行政からの通知が出されていますので、目的外使用されることがないよう注意が必要です。

「エステティックサロンで、まつげパーマをかけてもらったところ、目やまぶたに炎症を起こした。」、こんな相談が独立行政法人国民生活センター（以下、国民生活センターと略します）に寄せられました。まつげパーマは、昭和59年（1984年）から60年ごろに流行し、各地で技法の講習会が行われ、美容

図表3　美容所における医薬部外品の目的外使用による事故発生事例について

昭和57年5月25日
環指第63号

（埼玉県衛生部長あて厚生省環境衛生局指導課長回答）

美容所における医薬部外品の目的外使用による事故発生事例について

昭和五十七年五月六日付食環第二二〇号をもつて照会のあつた標記について、左記のとおり回答する。

記

照会に係る事例は、本来パーマネントウエーブ用剤として製造された医薬部外品を使用して、美容師が顧客の手に「トリートメント」を行つた結果、全身に発疹が広がり、医師の診察を受けたところ「急性薬物性皮膚炎」と診断されたというものである。

医薬部外品は、その品質、有効性及び安全性を確保する観点から、薬事法により使用目的、使用方法等を定めて製造、販売が認められているものであり、認められた使用目的、使用方法に従い、正しく使用されて始めてその安全、有効な効果が期待できるものである。これを美容師が顧客に対し目的外使用し、その結果として何らかの事故を生ぜしめるなどは、国民の日常生活に欠くことのできない美容行為について専門的知識、技術を有する者として、顧客の信頼を受けて業を行う美容師の社会的責務にも背くもので、厳に慎まねばならないものである。

また、今回の事例においては、美容師によつて手の「トリートメント」が行われたとのことであるが、このような行為も、その態様によつては医師法第十七条の「医師でない者の医業の禁止」規定に抵触するおそれがあることに十分配慮すべきである。

いずれにしても、今回のような事故発生は誠に遺憾というべきものであり、貴職におかれては、管下の美容所において今後このような事故の生ずることのないよう、美容所への立入検査、巡回指導等を行う際には前記の薬事法、医師法との関連を含め営業者等を十分に指導する等により美容所における美容業務の適正な実施の確保を図られたい。

なお、本回答については、医務局及び薬務局と協議済みであるので念のため申し添える。

雑誌等にも技法の紹介記事が載りました。相談者は、タウン誌の広告を見て、まつげパーマを知ったようです。

パーマ剤の効能・効果は、前にも述べたとおり、「毛髪にウェーブをもたせ、保つ。」というものであって、ここでいう「毛髪」とは「頭髪」を意味するとの厚生労働省の見解があり、また、万一目に入った場合、国民生活センターに寄せられた相談のとおり、重大な目の障害を引き起こす可能性が大きいことから、日本パーマネントウェーブ液工業組合では、昭和60年4月、このような使用をメーカーとして示唆し、暗示して製品を販売することは、医薬品医療機器等法違反となるので慎むよう、組合員に対して理事長名の通知を出しました。

また、この件に関しては、昭和60年（1985年）7月1日厚生省生活衛生局指導課長から各都道府県衛生主管部（局）長あて通知が出されています。その通知文の中には「美容師が顧客に対し、目的外使用し、その結果として何らかの事故を生ぜしめることは、美容師の社会的責務に背くものであり、厳に慎まねばならない。」とあります。また、都道府県衛生主管部（局）長には、「美容室等への立入検査、巡回指導」を指示しています（**図表4**）。

さらに平成16年（2004年）9月厚生労働省健康局生活衛生課長から、国民生活センターの実施したまつ毛パーマに関する調査からの同センターの要望により、まつげパーマによる事故等の起こることのないよう周知徹底を図る旨の通知が出されています（**図表5、図表6**）。

なお、通常のパーマ操作中に、万一薬液が目に入ってしまったときは、直ちに流水で十分に洗ったあと、必ず眼科専門医の治療を受けるようにします。素人判断で目薬等を使ってすませることは危険です。パーマ剤の目に対する刺激作用は、第2剤より第1剤の方が強く現れます。

⑤まとめ

この章では、安全な使用方法について医薬部外品のパーマ剤を中心に施術時における留意点、毛髪や皮膚に対する影響、誤用性及び目的外使用の危険性等を中心に説明してきました。カーリング料についても、化粧品に該当するとはいえパーマ剤同様の扱いをしていただき、使用上の注意を守り、安全な使用方法に配慮することが重要です。

理美容室におけるパーマ剤、カーリング料の施術には、製品、お客様そして理美容技術者の三者が関わっています。

パーマ剤は、毛髪のケラチンタンパク質に作用してウェーブを形成するものであり、毛髪や皮膚に対して作用します。しかし、パーマ剤承認基準や品質規格によってパーマ剤のpH、アルカリ度、還元剤や酸化剤の濃度は厳しく規定されているため、適切に使用すれば毛髪や皮膚を著しく損傷させること

図表4　パーマネント・ウエーブ用剤の目的外使用について（昭和60年）

昭和60年7月1日
衛指第117号

パーマネント・ウエーブ用剤の目的外使用について

（各都道府県・各政令市・各特別区衛生主管部（局）長あて厚生省生活衛生局指導課長通知）

最近、マツ毛パーマと称して医薬部外品であるパーマネント・ウエーブ用剤を使用し、マツ毛に施術を行う技法が現われ、流行の兆しを見せているが、この施術を行う個所が目に非常に近いところからパーマネント・ウエーブ用剤が容易に目に入る可能性があり、薬剤の成分による視力障害等の被害が懸念されるところである。

また、医薬部外品であるパーマネント・ウエーブ用剤は頭髪にウエーブをもたせ、保つために使用する目的で製造承認がなされているものであり、かかる施術に使用することは、薬事法に基づく承認内容を逸脱した目的外使用となる。

医薬部外品であるパーマネント・ウエーブ用剤は、その定められた方法に従い、正しく使用されてはじめて、その安全、有効な効果が期待できるものである。しかるに、これを美容師が顧客に対し目的外使用し、その結果として何らかの事故を生ぜしめるなどは美容師の社会的責務に背くものであり、厳に慎まねばならないものである。

貴職におかれては、管下の美容所等においてかかる行為により事故等の起ることのないよう、美容所等への立入検査、巡回指導を行い営業者等を十分に指導する等により美容所における美容業務の適正な実施の確保を図られたい。

なお、本通知については、当省薬務局と打合せ済みであるので念のため申し添える。

はありません。

　また、お客様の立場からすれば、料金を支払っているために、それなりに満足のいくサービスを期待していますし、万一、製品欠陥に基づく事故があった場合には、製造物責任法（PL法：Product Liability）の適用も考えられます。

　一方、理美容技術者の立場は、お客様の希望や毛髪の状態を確認し、それに適したパーマ剤、カーリング料や施術方法を的確に判断しなければいけませんし、当然のことながら、皮膚障害や毛髪損傷等の事故も起こさないように細心の注意を払って施術しなければなりません。このように考えると、理美容技術者がいかに重要な立場にいるか理解できると思います。

　理美容室で発生するパーマ剤、カーリング料による事故の大半は、断毛といった毛髪損傷や皮膚障害に関わるものですが、その原因の多くは、理美容技術者の未熟さとミスによるものと言われています。言い換えれば、理美容技術者が、薬剤の性質をしっかり理解し、正しい使用方法や毛髪に関する知識、美容技術を身につけていけば、このような事故はほとんど無くなるといっても過言ではありません。

　しかし、このように注意していても完全に事故を防ぐことは困難です。このような場合は、まずはお客様に対して誠心誠意対応することが肝心です。お客様に状況をしっかり説明し、納得していただいた上で、解決策を立てるようにします。また、理美容室側は、なぜこのような事故が起きたのかということを検証し、再発防止のための再教育や指導を徹底させなければいけません。

　様々なスタイルテクニック（カットやロッドの巻き方）にばかり目がいってしまうと、往々にして基本（製品知識や正しい施術方法）を軽くみてしまうことがあります。忙しいサロンワークの中では、1人のお客様に十分な時間をかけられない場合もあり、どうしても施術がおろそかになってしまうことがありがちです。しかし、理美容技術者に、お客様に最善のサービスを提供する立場ですから、少なくとも製品に添付された「使用上の注意事項」や「製品の使用方法」を理解し、毛髪に余分な負担を与えたり、皮膚障害を起こしたりしないように注意しなければいけません。パーマ剤、カーリング料自体は決して危険なものではありませんが、使い方を誤れば事故を起こす可能性があります。今後、お客様の毛髪の状態が複合・複雑化し、スタイルの要望が多様化するにつれて、ますます状況を判断することが難しくなっていくと思います。このような時こそ、もう一度、初心に戻って基礎を再認識し、あたりまえのことをきっちり行う姿勢がこれらの事故を未然に防ぐ最善の手段となります。

図表5　パーマネント・ウェーブ用剤の目的外使用について（平成16年）

健衛発第0908001号
平成16年9月8日

各都道府県、各政令市、各特別区　衛生主管部（局）長殿

厚生労働省健康局生活衛生課長

パーマネント・ウェーブ用剤の目的外使用について

　標記については、「パーマネント・ウエーブ用剤の目的外使用について」（昭和60年7月1日付衛指第117号生活衛生局指導課長通知）（以下「本職通知」という。）により、美容所等においていわゆるまつ毛パーマと称する施術（以下「まつ毛パーマ」という。）により事故等の起こることのないよう、貴職に対し美容業務の適正な実施の確保をお願いしているところである。

　今般、独立行政法人国民生活センターの実施したまつ毛パーマに関する調査に基づき、エステサロン、美容所等において、まぶたや目に対する健康被害の発生が見られ、同センターより行政に対し、パーマネント・ウエーブ用剤がまつ毛に使用されることのないよう、周知及び指導の徹底が要望されたところである。

　貴職におかれては、管下のエステサロン、美容所等において、かかる行為により事故等の起こることのないよう営業者等に対し周知徹底を図るとともに、再度、本職通知の趣旨に基づき、美容業務の適正な実施の確保を図られるよう、特段の御配慮をお願いする。

　なお、本通知は、地方自治法（昭和22年法律第67号）第245条の4第1項の規定に基づく技術的助言として通知するものであり、当省医薬食品局と予め打合せ済みであるので念のため申し添える。

図表 6　いわゆる「まつ毛パーマ液」の取り扱いについて

薬食監麻発第 0916001 号
薬食審査発第 0916003 号
平成 16 年 9 月 16 日

各都道府県衛生主管部（局）長　殿

厚生労働省医薬食品局監視指導・麻薬対策課長
厚生労働省医薬食品局審査管理課長

いわゆる「まつ毛パーマ液」の取り扱いについて

　今般、独立行政法人国民生活センターから、いわゆる「まつ毛パーマ」に関する商品テスト結果が別紙のとおり公表され、この中で、いわゆる「まつ毛パーマ」に使用されている 2 種類の専用液を調べたところ、その有効成分は、頭髪用パーマネントウェーブ用剤と同種のものと思われる旨が示されております。これまで、頭髪用以外の用途でパーマネント・ウェーブ用剤として医薬部外品の承認を得ているものはなく、頭髪用以外の用途を謳ったパーマネント・ウェーブ用剤は、無承認無許可の医薬部外品であるため、当該製品の製造者等に対する監視指導の徹底が図られるようお願いしたい。
　なお、承認・許可を受けたパーマネント・ウェーブ用剤についても、承認された用法以外の使用について宣伝・広告がなされている場合についても、同様に指導されたい。
　本件については、平成 16 年 9 月 8 日付け健衛発第 0908001 号健康局生活衛生課長通知により、パーマネント・ウェーブ用剤の目的外使用について別途通知されていることを申し添えます。

毛髪の構造と性質

パーマの科学 第4章

(1) 毛髪の役割 …………………………………
(2) 毛髪の発生機構 ………………………………
(3) 毛髪の構造 ……………………………………
(4) 毛髪の成分と組成 ……………………………
(5) 毛髪の化学的性質 ……………………………
(6) 毛髪の物理的性質 ……………………………
(7) 毛髪の力学的性質 ……………………………
(8) 毛髪の損傷 ……………………………………
(9) パーマ剤のウェーブ効率 ……………………

(1) 毛髪の役割

① 毛髪の役割

「毛」の役割は、大きく分けると2つあると言われています。

1つ目の役割は、身体の保護、保温、触覚等の機能が考えられます。ヒトも太古の原始人には、これら諸機能を持った体毛が全身に密生していたのですが、進化とともに不必要な部分は退化してしまいました。退化したとはいえ、今でも全身に生毛（うぶげ）としてその姿を残しています。毛髪は今でも、外部から何らかの衝撃を受けた時のクッションにもなり、直射日光や、暑さ寒さから頭部を守ってくれています。

また、毛髪は、頭部を守るだけではなく、体内に入った身体に必要のない水銀、ヒ素、鉛等の重金属を、毛髪中に取り込み、体外に排泄する機能を持っています。

さらに、眉毛・まつ毛・鼻毛・外耳毛等、生えている部分によっては、汗・ほこり・虫の侵入を防ぐ等、本来の機能を果たしています。

2つ目として、毛髪は、装飾面で男性・女性の特徴を表す等の大きな役割を持っています。同じヒトでも、ヘアスタイルや毛髪の色を変えることで、まったく違った印象を与えることができます。古代エジプトの時代より、毛髪は美のシンボルとされ、その時代に最も美しいとされる流行のスタイル、毛髪の色が存在していました。このように毛髪は、頭部の保護ばかりでなく、装飾の面での役割も重要です。

私たち理美容関係者は、パーマをかける対象でもある毛髪について、特によく理解しておかなければならないと思います。そのためには、毛髪がどういう仕組みで生えるのか、直接目で見ることのできない皮膚内部にまで分け入って知る必要があります。

② 毛髪の形状

毛髪には、真っ直ぐなものから、櫛も通らないほど縮れたものまで色々な形状のものがあります。

その形状を大きく分けると、直毛・波状毛・縮毛の3種に分類することができます。それらの間に明確な区別があるわけではありませんが、人種的な相違はかなり認められます。

日本人の毛髪は、黒くて真っ直ぐというイメージが昔からありますが、本当に真っ直ぐな毛髪の人は5割程度と言われ、実際は直毛の中に波状毛が混ざっているくせ毛混じりの人や、全体がくせ毛の人もかなりいます。

毛髪が直毛であっても、陰毛・腋毛は波状毛〜縮毛であるというように、毛の発生部位によっても形状の差異が認められます。くせ毛の表面を顕微鏡で観察すると、湾曲していて太さが一定ではありません。

また、毛髪の断面を見ると、楕円形やおむすび形をしている等様々です（**写真1**）。直毛は表面が滑らかな曲面で、断面が真円形をしています（**写真2**）。毛髪の形状は、毛髪が毛球部で生成され、角化しながら上へ上へと押し上げられている過程で毛髪の成長をサポートしている内毛根鞘・外毛根鞘の

写真1 縮毛の表面と断面

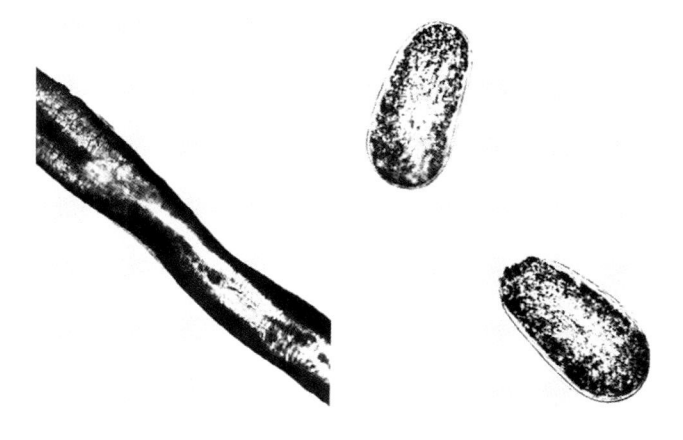

写真2 直毛の断面

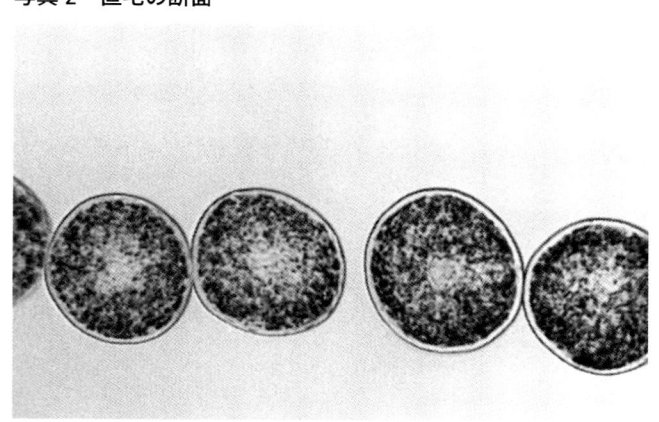

図表1　毛根の形状（イメージ）

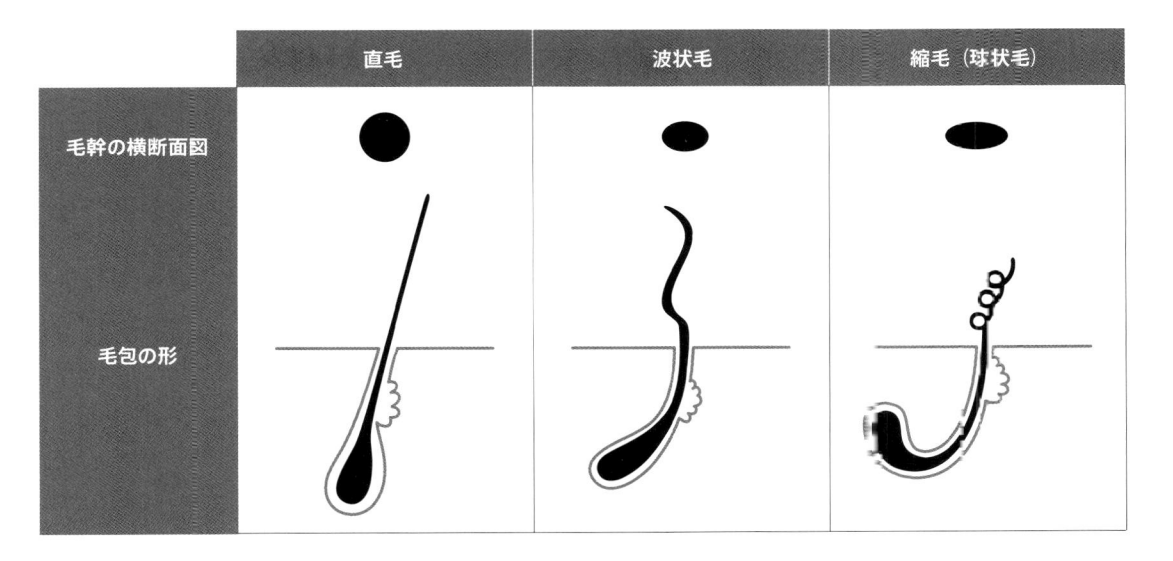

	直毛	波状毛	縮毛（球状毛）
毛幹の横断面図			
毛包の形			

形によって決まると考えられています（図表1）。

くせ毛は遺伝的なものです。「子供の頃は直毛だったのに、大人になってからくせ毛に変わった」という人もいますが、子供の毛は細くて柔らかいために、くせ毛の性質がまだ表面化していなかったと考えられます。大人になるに従い、毛髪が太く硬く成長し、その成長速度等も変化することによって、本来のくせ毛の特徴が現れてきます。

毛髪の横断面の最小直径（短径）を最大直径（長径）で割って100倍した数値を、毛径指数（トロッター係数）といい、この指数が100であれば完全に円であり、小さくなるほど楕円から偏平になります。

毛径指数 ＝ 毛髪の短径／毛髪の長径 × 100

日本人の場合の毛径指数は75〜85で円形に近く、黒人は50〜60で偏平となっています。つまり、毛径指数が100に近いほど直毛となり、小さいほど縮れの度合いは大きくなる傾向にあります（図表2）。

図表2　人種による毛径指数

毛髪	毛髪指数
黒人	50〜60
エスキモー	77
チベット	83
欧米人	62〜72
日本人	75〜85

③毛髪の色

毛髪の色には、黒、ブラウン、赤、ブロンド、白等のように、様々な色がありますが、この色は肌の色と同様に、メラニン色素によって決まります。

メラニン色素は、アミノ酸の一種であるチロシンを出発として酸化・重合により形成されます。形成されたメラニン色素は、毛髪の成長と共に上方へ移行します。

白髪は、特に黒色系の毛髪色を持つ人種で目立つようになりますが、メラノサイトにおいてメラニンの生成が停止することにより起こる現象です。一種の老化現象と思われますが、一般的に毛髪の白髪化は側頭部より始まり、頭頂部に進行し、後頭部は最後に白髪化する傾向があります。

毛髪の色の説明は、次の項で行います。

(2) 毛髪の発生機構

① 頭皮と毛根

図表1に毛包の周辺を図解で示します。この図からも分かるとおり、毛髪は毛包から生えています。もちろん、頭皮以外の他の部位の皮膚と同様の基本構造や生理機能を持っています。

頭皮の特徴は、毛包が他の部位より密集していることと、皮脂腺が多いことです。

毛包周辺の構造

毛包は、表皮が皮下組織まで落ち込んだように埋まった管状になっており、毛根部を保護する袋の役割をしています。

毛包の下端はふくらみ、毛球部を包みこんでいます。この毛包の上部には皮脂腺が接触しており、ここから分泌された皮脂は毛包内から毛孔に出て、毛幹部を伝わり、毛先まで達して毛髪を潤し、保護します。

毛包の、表皮から3分の2のところに一種の筋肉が接合して、他端は斜め上方の表皮に接合しています。これは平滑筋の一種で、自分の意思によって動かすことはできません。しかし、寒さや恐怖を感じたときは自律的に収縮して、皮膚を鳥肌立てます。そのため起毛筋（立毛筋）と呼ばれています（**図表2**）。図で分かるように毛髪は頭皮に対して斜めに生えていますが、鳥肌が立つと垂直に立ち、同時に毛孔が隆起することを経験したことがあると思います。

さらに、頭皮には汗腺があり、表皮で汗孔を開いています。

皮膚の角化

頭皮等の皮膚は、表面から表皮・真皮・皮下組織の3つの部位により構成され、表皮はさらに、表面から角質層、顆粒層、有棘層、基底層の4層から成っています（**図表3**）。

基底層で細胞が分裂してできた皮膚は、上に押し上げられ、有棘層・顆粒層・角質層へと移動していきます。この基底層から角質層に至り、フケとなりはがれ落ちるまでの過程を角化といいます。

通常、基底層から角質層に達するまでに約14日間、角質層となってはがれ落ちるまでに約14日間かかり、このことから、皮膚は約28日間で生まれ変わると言われています。

この細胞周期が狂うと、皮膚の角化が異常をきたし、フケが多発する等の原因になります。

毛根部の構造

図表1に示したように、毛髪は表皮から外部に出ている「毛幹部」と、毛包に包まれている「毛根部」に大別されます。各々の部位の働き等について説明します。

■ 毛球部

毛根部の下端は球根状の膨らみをもっていることから「毛球」と呼ばれ、毛髪を発生させるのに大切な部分です。毛球部の底の部分は凹んでおり、この凹んだ部分には、真皮細胞層からできた「毛乳頭」が入り込んでいます。毛乳頭の名前の由来は、乳首のような形をしているため、こういう名前がつけられています。この中には、毛乳頭細胞がぎっしりと詰まり、毛細血管が張りめぐらされています。

毛細血管からは、毛髪を成長させる栄養分や酸素が運ばれてきており、その栄養分を受けて分裂している細胞が「毛母細胞」で、毛母細胞は毛乳頭と接している部分を取り巻くように存在しています。ここで分裂した細胞が、角化しながら上へ上へと押し上げられて、毛髪を作り出していきます。

■ 内毛根鞘と外毛根鞘

毛根部は、毛包に包まれているだけではなく、さらに毛髪に接している層の「内毛根鞘」と、その外の層の「外毛根鞘」とで覆われています（**図表4**）。これらは、毛球部で発生した毛髪を、完全に角化が終わるまで保護し、表皮まで送り届ける役目をしています。

この内毛根鞘と外毛根鞘も、毛球部付近で細胞分裂して作られ、毛髪の育成と共に上へ上へと押し上げられていきます。

無事に毛髪を表皮まで送り届け、役目を果たした後は、フケとなって頭皮から排泄されます。

■ 毛母細胞

毛球部を拡大してみると、毛球部の凹んだ部分と毛乳頭が接した部分に、毛母細胞が毛乳頭を取り巻くように存在しています（**図表5**）。この細胞は、身体を作っている細胞の中でも、特に細胞分裂が盛んで、絶えず分裂・増殖を繰り返しています。この毛母細胞が、毛乳頭から栄養をもらい分裂して毛髪となって成長していくのです。

毛母細胞は、毛乳頭に接している部分で、細胞分裂をする前から毛髪を構成する役割が決まっています。つまり、毛乳頭の頂点部分からはメデュラになる細胞が分裂し、その下の

図表1　毛包の周辺図

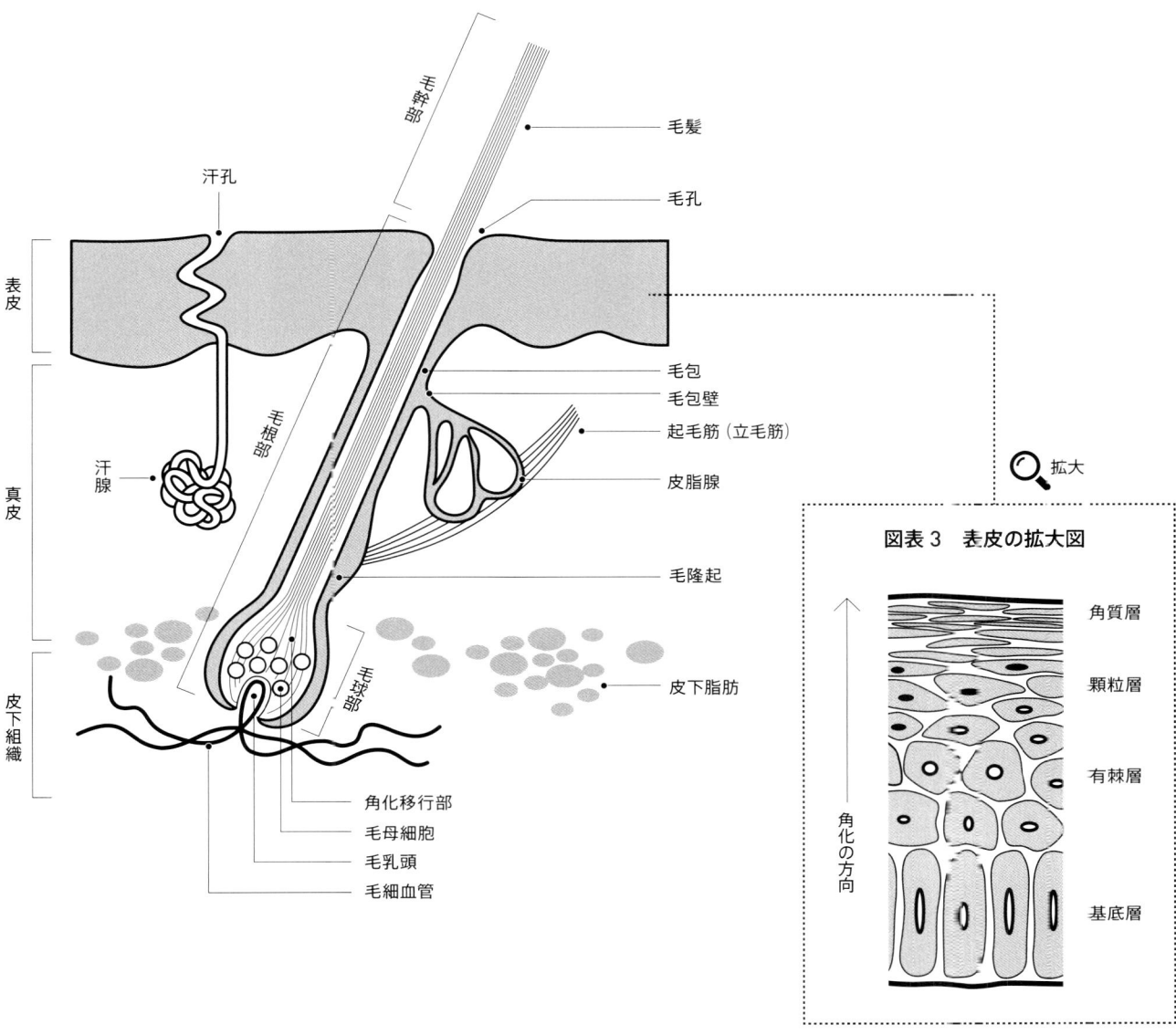

- 毛髪
- 毛孔
- 汗孔
- 毛幹部
- 表皮
- 真皮
- 皮下組織
- 汗腺
- 毛根部
- 毛包
- 毛包壁
- 起毛筋（立毛筋）
- 皮脂腺
- 毛隆起
- 皮下脂肪
- 毛球部
- 角化移行部
- 毛母細胞
- 毛乳頭
- 毛細血管

拡大

図表3　表皮の拡大図

- 角質層
- 顆粒層
- 有棘層
- 基底層

角化の方向 →

※表皮の厚い手の平と足の裏には、角質層と顆粒層の間に透明層が存在する。

図表2　起毛筋と鳥肌現象

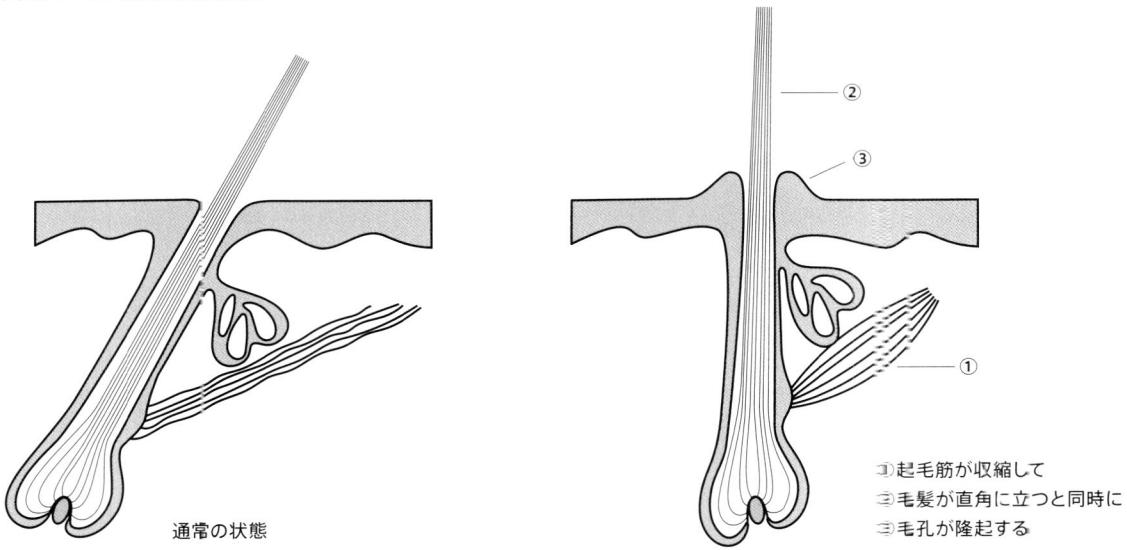

通常の状態

① 起毛筋が収縮して
② 毛髪が直角に立つと同時に
③ 毛孔が隆起する

第4章〔2〕毛髪の発生機構　85

第4章　毛髪の構造と性質

図表4　毛包下部の立体図

図表5　毛球部における細胞分裂と角化移動の模式図

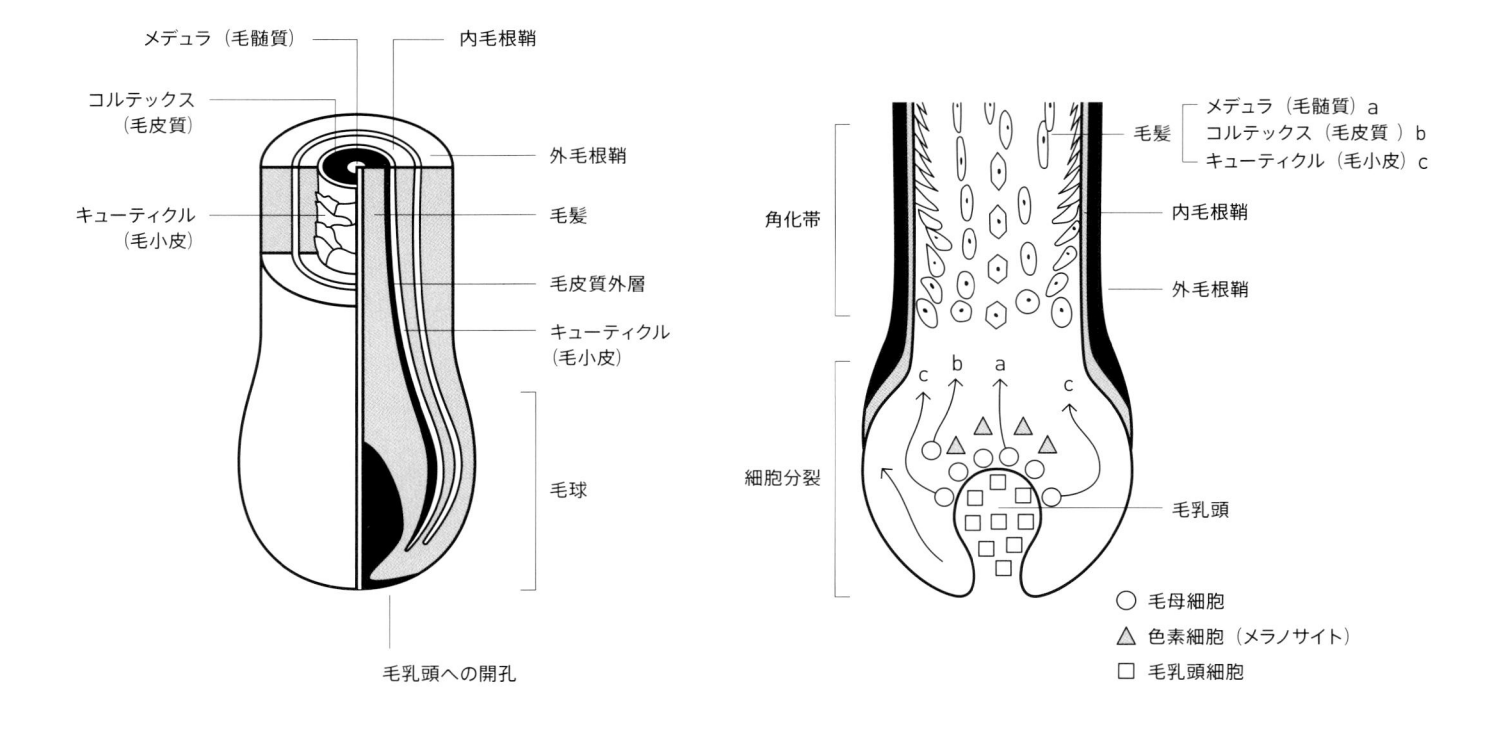

部分からはコルテックスになる細胞が、いちばん下の外側の方からはキューティクルになる細胞が分裂して、上へ上へと押し上げられて、1本の毛髪となります。

毛髪の色を決めるメラニン色素は、コルテックスを作る毛母細胞のあたりから、別の色素細胞のメラノサイトによって生成され、コルテックスまたはメデュラになる細胞に取り込まれます。

②毛髪の発生

ヒトの毛髪は、母親の胎内にいる4～5か月までにほぼ全身に発毛がみられることが分かっています。この段階の毛を「毳毛（ぜいもう）」といい、毳毛は誕生が近づくにつれて徐々に抜けて「軟毛」という毛に生え変わり、ヒトはこの軟毛の状態で誕生します。この軟毛にはメデュラがなく、柔らかで、メラニン色素も少ない茶色をしています。また、伸びても2cmくらいまでで、俗に「うぶ毛」（生毛／産毛）と呼ばれています。この軟毛も生後5～6か月で「硬毛」に生え変わり、私たちの頭に生えている毛髪はこの硬毛と呼ばれている毛のことです。ただし、毛髪診断で用いる硬毛や軟毛とは意味合いが異なります。

毛髪の生えてくる毛包の数は、誕生したときからすでに決まっており、成長に伴って毛包が増加することはありません。大人より幼児の方が毛髪は少なく見えるでしょうが、これは、幼児期には、硬毛になったとはいえまだ毛も細く、毛包から生成していない毛もあるため、成人より毛髪の量は少なく見えているだけです。

思春期を迎えるころから、全ての毛包から硬毛が成長し、ヒトの一生で最も毛髪の多い時期に入ります。ですがこの硬毛も、毛周期を繰り返すことで、加齢とともに軟毛に逆戻りする現象が見られます。特に、男性にはこの現象が顕著で、一般的に男性型脱毛症と言われています。

細胞分裂 → 増殖 → 角化

図表5で示したように、毛根部に存在する細胞がそれぞれ細胞分裂し、増殖した細胞は、徐々に角化しながら上に押し上げられていきます。

コルテックスになる細胞は、細胞内のリボソームの働きでケラチン繊維を合成し、だんだん縦長の細胞になっていきます。そして、縦長になった細胞同士は、互いに接着剤になるタンパク質を合成し、強く結合します。

一方、キューティクルになる細胞は、縦に並び、筍（タケノコ）の皮のようになって角化していきます。

このように、各細胞が各々分裂し、ケラチン繊維等の各種のタンパク質を合成しながら縦長になり、この角化している部分は「角化帯」と呼ばれ、この段階ではまだ各細胞は生きています。

内毛根鞘や外毛根鞘は、キューティクルの外側にある毛球部の上の方の細胞が分裂して作られます。これらも、毛包の中を上へ上へと押し上げられ、まだ角化の途中にある毛髪をガードしながら表皮へと向かいます。

③毛周期

毛髪は、毛乳頭がなければ生えてきません。この毛乳頭の数は生まれたときから決まっており、一度失ってしまうと決

図表6 毛周期（ヘアサイクル）

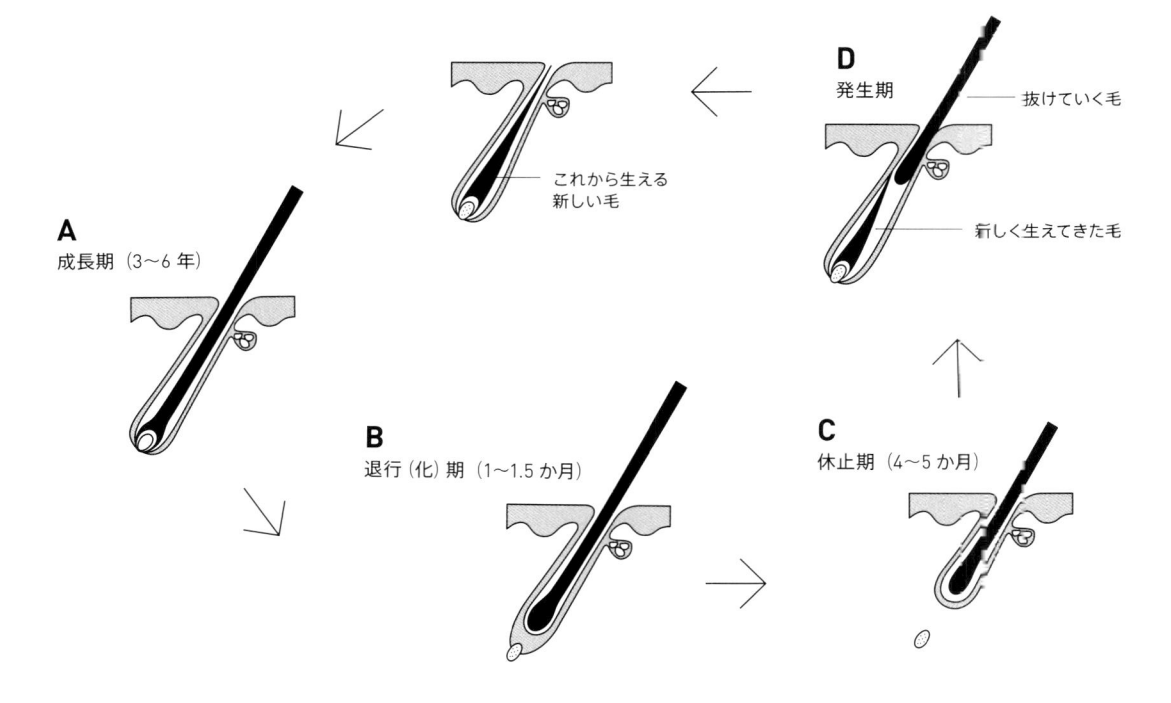

A 成長期（3〜6年）
B 退行（化）期（1〜1.5か月）
C 休止期（4〜5か月）
D 発生期　抜けていく毛／新しく生えてきた毛
これから生える新しい毛

して新しい毛乳頭ができることはない組織です。つまり、毛乳頭が衰えて、活発な毛乳頭の数が減れば減るほど毛髪の数も減ることになります。

いつまでも毛髪を生やしておくためには、毛乳頭を大切にすることが重要です。

そんな重要な毛乳頭も一生涯活動を続け、毛髪を作り出すわけではありません。ある程度活動を続けると、一時期活動を休止してしまいます。つまり、毛髪を成長させる時期（成長期）、成長を終えた毛球部が縮小を始める時期（退行期・退化期）、毛乳頭が活動を休止して、毛髪は頭皮にとどまっているだけの時期（休止期）、毛乳頭が活動を始めてまた新しい毛髪を発生させ、古い毛髪を脱毛させる時期（発生期）とがあります。これが毛周期と呼ばれるもので、ヘアサイクルともいいます（図表6）。

毛髪の成長期は男性で3〜5年、女性で4〜6年ほどで、その後、退行期が1〜1.5か月、休止期が4〜5か月続き、やがて自然に脱毛してゆきます。

そして、休止期の終わりごろになると、新しい毛髪の発生期が始まります。

毛周期の特性と基本過程

■成長期 （図表6-A）

・毛髪全体（10〜15万本）の約85〜90％が成長期。
・毛髪の一生で、成長期がそのほとんどの時間を占めている。
・退行期（退化期）まで盛んに成長を続ける。

■退行期（退化期） （図表6-B）

・毛髪全体の1％程度が退行期。
・毛球部が収縮し、毛乳頭と離れ、毛包に包まれて上の方に上っていく。
・細胞分裂は停止している。

■休止期 （図表6-C）

・毛髪全体の10〜15％が休止期。
・休止期の毛球部は上の方に押し上げられ、毛包の深さは約3分の1になっている。

■発生期 （図表6-D）

・成長期の始まりは、まず起毛筋のあたりまで上がっていた毛包が、真皮内にある毛乳頭のところまで下がってくる。
・毛包に包まれていた毛球部が毛乳頭と結合し、新しい毛髪を成長させる。
・次に、新しい毛髪は、休止期に入っていた古い毛髪を押し上げ、自然脱毛させる。

以上が毛周期の基本的な過程ですが、いつでもこのような同じサイクルを繰り返しているとは限りません。病気や遺伝、体質、加齢等諸々の状況によって異なってきます。

例えば、休止期に入ったままで発生期を迎えないもの、成長期を抑えたがもとの硬毛までには至らず、柔らかい軟毛のままで退行期になるもの等、様々な場合があります。

図表7　発生部位と毛周期

毛髪	男性　3～5年 女性　4～6年
ひげ	2～3年
脇毛	1～2年
陰毛	1～2年
眉毛	4～5か月
まつ毛	3～4か月
うぶ毛	2～4か月

図表8　発生部位と成長速度

	1日に伸びる長さ(mm)	1か月に伸びる長さ(mm)
毛髪	0.35～0.40	10.5～12.0
ひげ	0.38	11.4
腋毛	0.23	6.9
陰毛	0.20	6.0
眉毛・まつ毛	0.18	5.4

毛周期の種類

ヒトの場合の毛周期は、毛髪1本1本が独立していますので、他の毛髪に関係なく、独自に生え変わっていきます。そのため、ヒトの毛髪は正常な場合、発生している本数も脱毛本数も年中一定ということになります。

猿や豚等はヒトと同じ1本1本が独立した毛周期を持っていますが、動物の種類により、季節がくると一度に換毛するもの、頭部から尾の方へ順番に生えかわっていくもの、またアンゴラ兎、メリノ羊やプードル犬のように毛周期がなく、刈り取らない限り伸び続ける動物もいます。

毛の成長速度

さまざまな部位の毛周期を**図表7**に、成長速度を**図表8**に示しましたが、これらから次のことが分かります。
仮に毛周期を5年とし、毛髪が10万本あるとしますと、

$$10万本 \div (5年 \times 365日) = 55本$$

つまり、1日に55本前後の自然脱毛があり、そして同数程度の新しい毛髪が発生していることになります。
また、ヒトの場合、いくら毛髪を伸ばそうとしても、1か月で1.2cm伸びるとすると、成長期が5年では、

$$(1.2cm \times 12か月) \times 5年 = 72cm$$

つまり、72cm程度しか伸びない計算となります。
また、10万本の毛髪が1日に伸びる長さを、試しに1本分に換算しますと、

$$10万本 \times 0.4mm = 40m$$

つまり、頭皮全体では毛髪を1日で40mもの長さに成長させている計算になります。
このように毛母細胞では、激しく細胞分裂を繰り返しており、この働きは身体の細胞の中で一番の活躍とも言えます。そして、その分、常に多くのエネルギーと栄養分を必要としていることになります。
ギネスブックには、55メートル以上の毛髪を持つ方も紹介されていますが、このような方はヘアサイクルが通常のヒトよりも異常に長いことが考えられます。

④毛髪の色

毛髪の色には、黒、ブラウン、赤、ブロンド、白等のように、様々な色がありますが、この色は肌の色と同様に、メラニン色素によって決まります。このメラニン色素は、毛髪を着色することで光線を遮り、頭皮を過剰な紫外線から守る重要な役目をしています。

メラニン色素

毛髪の場合は、黒褐色の「ユーメラニン」と、赤色または黄色の「フェオメラニン」の大きさの違う顆粒状の2種類のメラニン色素が存在しています。これら2つのメラニン色素の量と割合によって毛髪の色が決定しています。
メラニン色素が大きく、たくさんあれば、光を多く吸収するので黒く見え（**写真1-A**）、メラニン色素がほとんどなければ、光を散乱して白く見えます（**写真1-B**）。
また、メラニン色素の量の多い順に毛髪の色は、黒 → ブラウン → 赤 → ブロンド → 白となり、顆粒状のメラニン色素の大きさも、大きい方は黒く、小さければ赤やブロンドになります。
これらのメラニン色素は、毛球部の毛母細胞付近に存在するメラノサイトと呼ばれる色素細胞で（**図表5**）、アミノ酸の一種であるチロシンからチロシン酸化酵素によって、酸化重合により合成されます。
形成されたメラニン色素の大きさは、長径0.8～1.8μm、短径0.3～0.4μmで紡錘形をしています。

白髪

■発生原因

白髪になる原因は、メラニン色素が作られなくなることにあります。なぜそういう現象が起きるのかは、まだ十分には

写真1 白髪と黒髪の断面比較

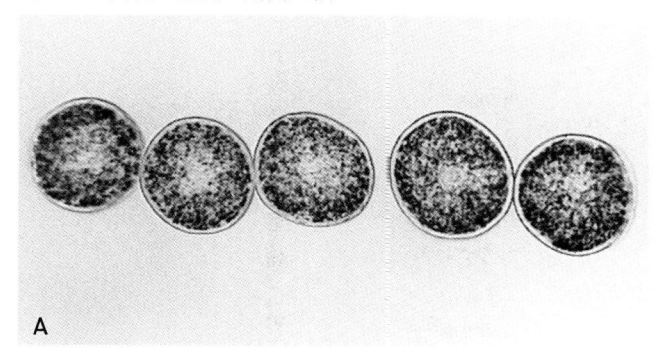

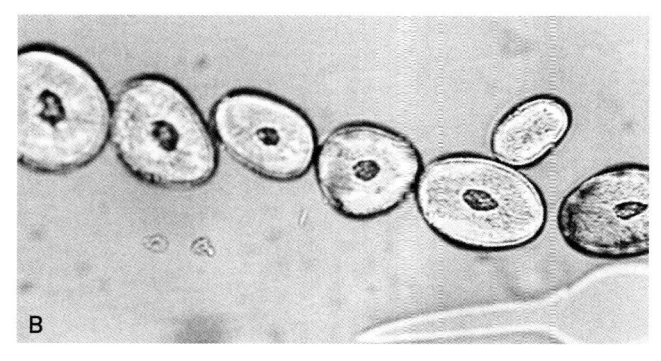

解明されていませんが、発生原因については、次のような毛球部の色素細胞系の変化が指摘されています。

・メラノサイトの数の減少または消失
・メラノサイトの数は変わらないが、メラノサイト内のメラニン形成酵素の減少または消失
・メラノサイトから角化細胞への、メラニン顆粒の移動の阻害

はっきりしていることは、白髪は老化現象の1つであるということです。

毛髪の白髪化は、大体側頭部等に始まり、少しずつ頭頂部に進行して、後頭部は最後に白髪化します。まつ毛、眉毛、腋毛や陰毛は頭髪より遅れて白髪化しますが、この部分の毛だけ白髪化しないこともあります。一夜にして白髪になったという話がありますが、仮に恐怖やショックが原因で白髪化が起こっても、短期間で白髪化するとは科学的には考えられず、少なくとも数か月は要します。メラニン色素は化学的にも非常に安定な物質であり、短期間に消失することは理論的には信じがたいものです。

平均的な白髪の発生年齢は、日本人の場合、男性34歳、女性35歳と言われ、頭髪の半分が白くなるのは、平均で男性が55歳、女性54歳で、男女ともほぼ同じ年齢です。

一方、遺伝的な影響もあり、親が若白髪ならばその子供にも若白髪のヒトが多いようです。一般的な年齢よりも早く白髪が出始める、いわゆる若白髪の場合は、ビタミンAや鉄分が不足したり、精神的にいらいらすると出やすくなると言われています。

従って、栄養に気をつけ、精神の安定を保つようにすれば、白髪化の進行をある程度抑制することができると考えられます。

■対策

白髪に対する薬物療法は一般に行われていません。局所療法としての局部のマッサージは、血流を改善するので有効とされていますが、確実なものではありません。

また、白髪に油性ヘアローション、ヘアクリーム等を塗布すると、光の反射で白髪を黒く見えるようにする効果がありますが、結局、隠したければ白髪染め（ヘアカラー）をするしかないのが現状です。

なお、最近ではメラニン色素の生成に重要な遺伝子（MIFT遺伝子：Microphthalmia-associated transcription factor）を活性化し、白髪を黒髪へと変える効果の研究も行われています。

⑤毛髪の脱毛

毛髪は、生まれたときからずっと伸び続けているのではなく、ある期間成長を続けた後、自然脱毛し、またしばらくすると生えてきます。これを毛周期（ヘアサイクル）と呼ぶことは前述しました。

毛髪の成長期は3～6年くらいですが、たえず成長期毛が毛髪全体の85～90％を占めていると言われています。一方、退行期と休止期は3～4か月で、この期間が毛髪全体を占める割合は、10～15％と言われています。

つまり、この10～15％の毛髪が絶えず自然脱毛していることになり、毛髪本数を10万本とすると3～4か月で約1万本の休止期毛が抜けることになり、1日だと約100本脱毛することになります。

一方、毛周期を5年として、10万本がこの期間に全部生え替わると計算すると、「毛の成長速度」で紹介したように、1日に約55本抜けることになります。

従って、生理的に自然に起きる脱毛は、1日あたり50～100本程度と考えられます。

季節の変化や体調、生活環境の変化により、多少左右されますが、この範囲であれば心配ないわけです。

脱毛には、生理的に起こる自然脱毛以外にも、病的に起こる異常脱毛があります。

毛髪を引っ張ると、抵抗なく簡単に抜けるものがありますが、これらの中には、退行期や休止期に入っている自然脱毛や、何らかの原因で異常脱毛しているものもあります。

写真2　自然脱毛の毛根　　写真3　抜去毛の毛根

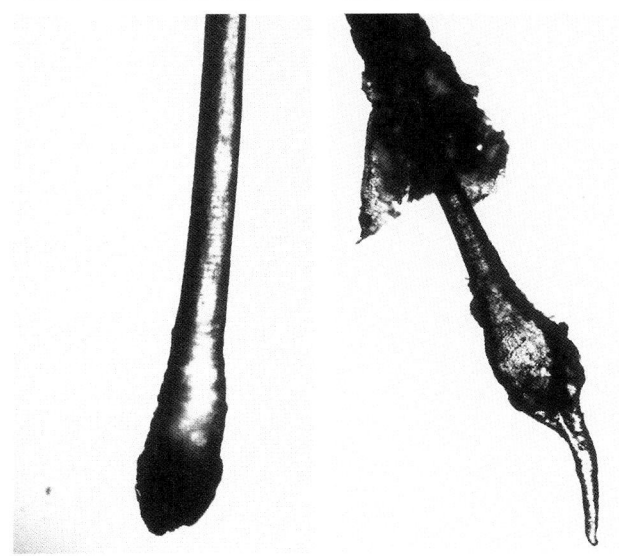

自然脱毛と異常脱毛の判別

　自然脱毛は、毛根の形がマッチ棒（棍棒状）のようになっています（写真2）。成長期にある健康な毛髪を無理に引き抜くと、毛根部分が長くて大きく、毛根の周囲や毛球部の下部に白い付着物がついていることがあります（写真3）。
　一方、異常脱毛の毛球は棍棒状ではなく、委縮していたり変形していたりしていることで判別できます。

病的な脱毛の原因

　病的な脱毛の原因には、様々なタイプがあります。
　一般に分類されているのは、「休止期毛」の異常脱毛として男性型脱毛症、産後の抜け毛やダイエットによる脱毛等があり、「成長期毛」の委縮による異常脱毛には、円形脱毛症や圧迫による脱毛、薬剤（抗がん剤等）の副作用としての脱毛等があります。

男性型脱毛症

　男性型脱毛症は、いわゆる若はげといわれ男性が大半です。
　症状は、前頭部から後頭部にかけて脱毛したり、前頭部が後退していくのが特徴です。早い場合は10代後半から脱毛が始まり、30代からは急激に増加します。
　メカニズムとしては、何らかの原因によって徐々に毛髪の成長期が短くなり、長く伸びなくなります。その短い毛が休止期に入り、脱毛していきます。しかし、これは毛周期が短くなっただけなので、毛根の形は、自然脱毛の毛根と同じ棍棒状をしています。
　原因は、遺伝的要因や、男性ホルモンの影響等色々と考えられています。

円形脱毛症

　円形脱毛症は、突然、円形または楕円形に脱毛するもので、重い場合は頭髪全体、あるいは全身の毛が脱毛することもあります。原因としては、自己免疫説や自律神経失調症説、アレルギー説等がありますが、ホルモンの異常やストレス、神経系統の異常等、精神的な要因も深く関与していると考えられています。
　脱毛した毛根の形態（写真3）は、異常に委縮して変形しているので、すぐに見分けがつきます。
　円形または楕円形の脱毛部分の毛髪を引っ張って簡単に抜けるようなら、病状が進行中ですので、少しでも早く皮膚科専門医に相談すべきです。病的な脱毛には、この他にも皮脂腺、汗腺の分泌が多いため頭皮が不潔になり、脂漏（しろう）性湿疹からくる脂漏性脱毛症や、フケに起因する粃糠（ひこう）性脱毛症等があります。

パーマ剤による脱毛

　「パーマ施術で毛髪が抜けた」ということを聞きますが、多くの場合、パーマ施術時に毛髪を引っ張りすぎたために、毛根部の一部が切れたことが原因のようです。つまり、脱毛というより断毛と表現したほうが適当ではないかと思います。
　この場合、毛球部は健在なので、時間が経てばまたすぐに生えてきます。
　パーマ剤が直接的な原因で異常脱毛を起こすということは、いまだに例がありません。
　しかし、体内的因子による円形脱毛症や脂漏性脱毛症等の症状が、パーマ剤を使用した時期と重なって生じたために、パーマ剤が原因ではないかとされる例がしばしばあります。
　これは円形脱毛症や脂漏性脱毛症等の症状に気付かず、パーマをかけたことが原因となり、脱毛してしまったことから、間接的な原因とされるわけです。ですから、パーマ施術の前には、毛髪や頭皮の診断をして、これらの症状が起きていないか、事前に観察することが大切です。少しでも異常を認めた場合は、パーマ剤の使用は避けてください。

(3) 毛髪の構造

① 3層構造

毛髪は、しばしばのり巻きに例えられるように3層構造をしており、外側から中心に向かって順に、キューティクル（毛小皮）、コルテックス（毛皮質）、メデュラ（毛髄質）の3層に分けられます。

キューティクル（毛小皮）

キューティクルは、毛小皮とも呼ばれるもので、毛髪の一番外側にあります。

キューティクルは、ウロコ状の硬い無色透明な細胞からなっており、その縁は毛先の方向に突出しており、根元から毛先に向かって筍（タケノコ）の皮のように重なった構造をしています。このことにより、毛髪内部のコルテックスを取り巻いて保護しています。

1枚のウロコは毛幹の外周の1/2～1/3を包み、外から見える部分は20%前後で、残りの80%前後は順次重なり合っています。重なっている枚数は毛髪によって異なりますが、通常、4～8枚が密着しています。それぞれのウロコの間には細胞膜複合体（CMC：Cell Membrane Complex）というサンドイッチのような構造部分が存在し、CMCがお互いのウロコ同士を接着していると考えられています。このキューティクルの重なりによってできた模様を紋理と呼んでいます（写真1）。

紋理はキューティクルの形、重なり、発生部位によって異なり、個人差もあります。また、動物の種類によっても異なるため、犯罪捜査や毛皮の真偽の鑑定等に応用されています。

健康なキューティクルは、親油性で油となじみやすく、水や薬剤の浸透や作用に対する抵抗力があり、外的な影響から毛髪内部を保護しています。

従って、ブラッシング、コーミング、カッティング等の物理的な刺激でキューティクルの損傷、剥離、脱落等が起きると、毛髪内部のコルテックスの損傷まで引き起こすことになります。このため毛髪の状態が良いか、悪いかを紋理の状態によって判断することができるわけです。

また、キューティクルの毛髪に占める割合は10～15%であり、この量が多いほど、硬くコシのある毛髪になります。

コルテックス（毛皮質）

コルテックスは、毛皮質とも呼ばれており、葉巻状の角化したケラチン質の皮質細胞（コルテックス細胞）が、毛髪の長さの方向に比較的規則正しく並んだ細胞集団で、毛髪の大部分（85～90%）を占めています。皮質細胞は、中央に死滅した核の残骸があり、繊維の束が集まって、全体が少しよじれていて、細胞膜はほとんど消失し、細胞同士は繊維状ケラチンや細胞膜複合体（CMC）を介して互いに強く連結されています。

一方、繊維の横方向は、柔らかいケラチン（間充物質）で接着されているので、バラバラになりにくくなっています。このような構造になっているため、毛髪は横には切れにくく、縦には比較的裂けやすくなっているのです。

また、コルテックスは、顆粒状のメラニン色素を含み、親水性で水となじみやすく、薬剤の作用を受けやすいので、パーマ剤や染毛剤・染毛料等と最も関連性のある部分であり、毛髪の性質を左右している重要な構造部分です（写真2）。

写真1　キューティクルの紋理

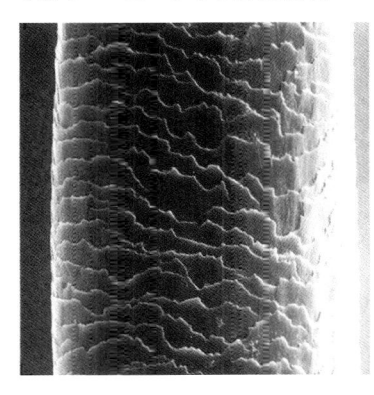

写真2　コルテックスの縦断面

図表1　キューティクルの構造

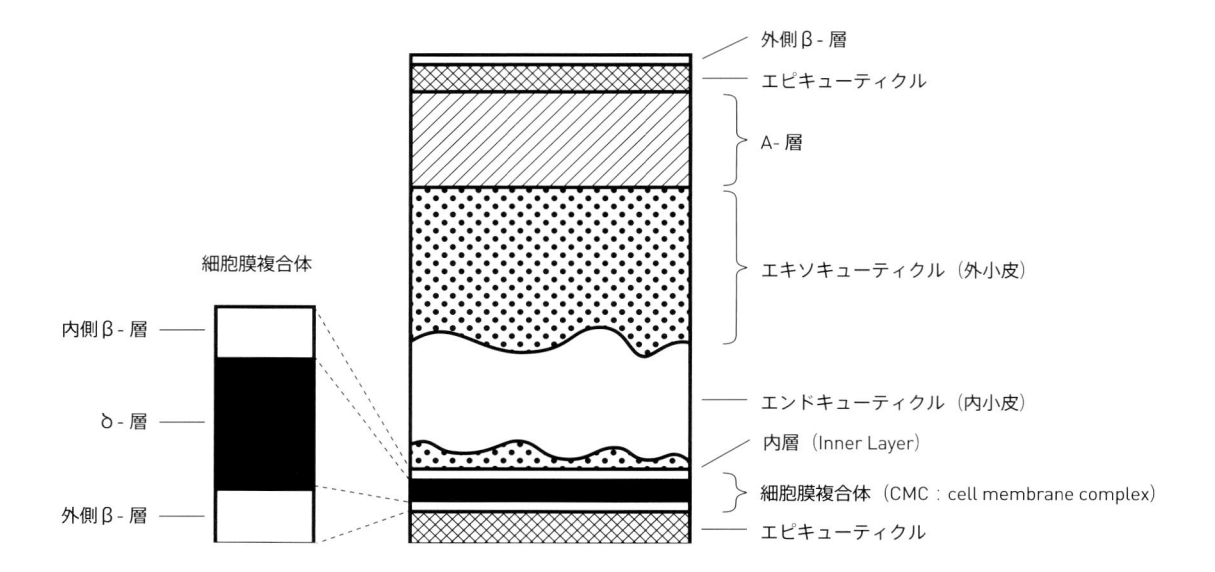

（外側から）
- 外側β-層
- エピキューティクル
- A-層
- エキソキューティクル（外小皮）
- エンドキューティクル（内小皮）
- 内層（Inner Layer）
- 細胞膜複合体（CMC：cell membrane complex）
- エピキューティクル

細胞膜複合体
- 内側β-層
- δ-層
- 外側β-層

メデュラ（毛髄質）

　メデュラは、毛髄質とも呼ばれるもので、毛髪の中心部にあり、断面積の5％程度を占めています。

　メデュラの構造は、空洞に富んだ蜂の巣状の多角形の細胞が、長さの方向に幾段にも積み重なった梯子のような形で、耐アルカリ性の柔らかいケラチンからできていますが、産毛や細い毛には無く、正常毛でも途中で途切れていることがあります。

　毛根に近い部分は液体で満たされていますが、毛髪の上部では、脱水し、収縮して、空洞化し、空気が入り込むことが多いようです。この部分では光が乱反射され、光沢が失われるため、毛髪のくすみの原因の1つと言われています。

　メデュラは毛髄質細胞に由来し、シスチンがほとんど含まれない代わりに、グルタミン酸が多く存在し、化学組成は他の毛髪組織とは大きく異なっています。

　その働きはよく分かっていませんが、毛髪が膨潤や収縮する際の緩衝スペースとして働く他、毛髪の軽量化、断熱効果の増加等に役立っているものと考えられています。

②毛髪の微細構造

キューティクルの微細構造

　毛髪の表面は、幅約500 nm（※注）、長さ約5 μm、厚さが約0.5 μmという非常に薄く扁平なキューティクル細胞が、うろこ状に数層重なることで構成されています。1枚のキューティクル細胞は、外側からA-層、エキソキューティクル（外小皮）及びエンドキューティクル（内小皮）の3層から成ります。A-層はシスチン結合（後述）の量が最も多い部分であり、この3層の中では最も硬い組織です。逆に、エンドキューティクルはシスチン結合の量が最も少ないため、柔らかく吸水により膨潤しやすい組織であり、そのため染毛剤やパーマ剤等の薬剤の影響を最も受けやすい部分でもあります。

　また、各キューティクル細胞の間には、細胞膜複合体（CMC）と呼ばれるサンドイッチ構造の組織が存在します。CMCは、脂質層であるβ-層とそれらに挟まれたタンパク質層であるδ-層から成り、細胞同士を接着したり薬液中の成分や水分の輸送ルートとしての機能を果たしています。各β-層は、1枚のキューティクル細胞に対してその上部（inner）にあるか下部（outer）にあるかによって、内側β-層、外側β-層と呼び分けられています。そして、隣り合うキューティクル細胞が存在せず毛髪表面に露出しているキューティクル細胞の最表面は、外側β-層がむき出しの状態で存在しています（図表1）。

　健常な毛髪では、十分な水が与えられると吸水して濡れますが、ミストのような少量の水滴は毛髪表面で弾いてしまい、なかなか吸水しません。これは、18-メチルエイコサン酸（18-MEA：18-methyleicothsanoic acid）という親油性の成分が、約2.5nm（25Å）の厚さで毛髪表面を油性膜のように覆っているためです。18-MEAはキューティクルCMCの外部β-層に存在する成分であり、毛髪の撥水性だけでなく、表面の潤滑性にも関係していると考えられています（図表2）。

※注／nm　ナノメートル。10億分の1m＝100万分の1mm。

コルテックスの微細構造

　コルテックスは皮質細胞（コルテックス細胞）が規則正しく配列して構成されています。皮質細胞は、マクロフィブリルという繊維状組織が多数集合して作られています。マクロフィブリルというのは、ミクロフィブリルというさらに小さい繊維状タンパク質が、マトリックスという球状タンパク質の集合体の中に規則的に埋め込まれた構造を持つものです（図表3）。

図表2　外側β-層

(18-MEA)
d=2.5nm

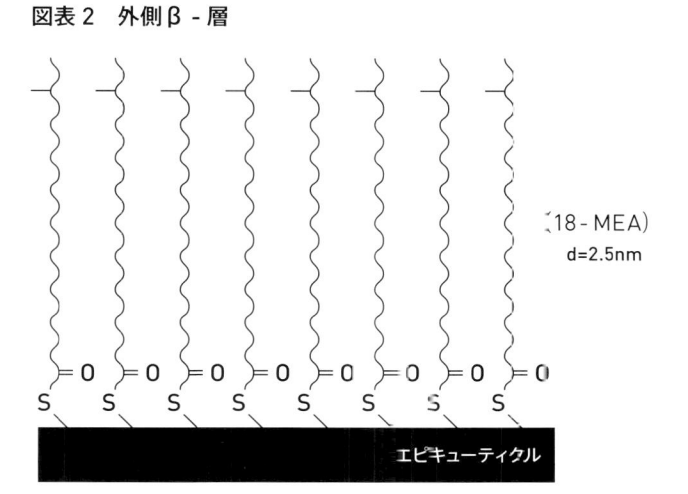

エピキューティクル

図表3　毛髪の微細構造

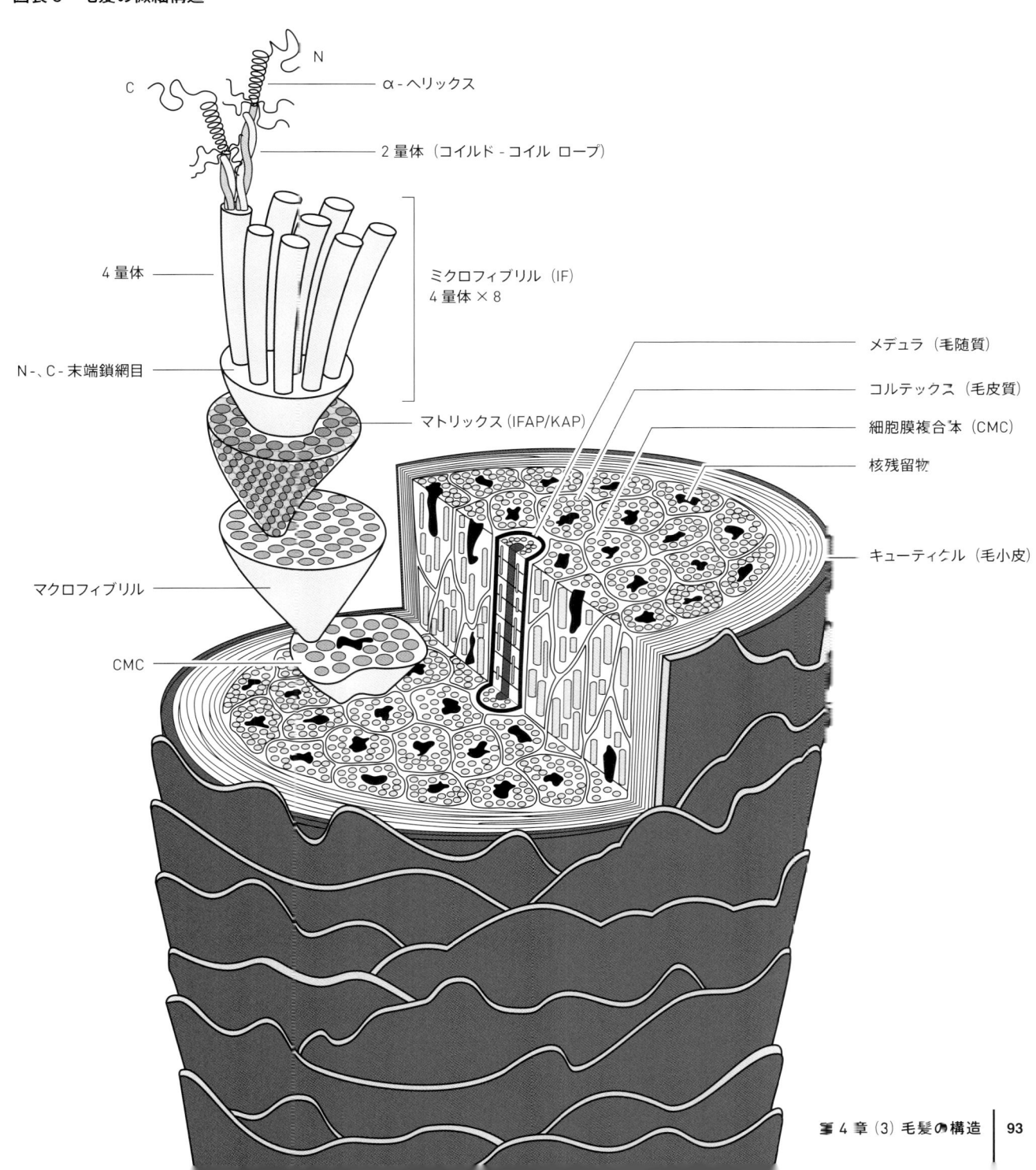

- α-ヘリックス
- 2量体（コイルド-コイル ロープ）
- 4量体
- ミクロフィブリル（IF）4量体×8
- N-、C-末端鎖網目
- マトリックス（IFAP/KAP）
- マクロフィブリル
- CMC
- メデュラ（毛髄質）
- コルテックス（毛皮質）
- 細胞膜複合体（CMC）
- 核残留物
- キューティクル（毛小皮）

第4章（3）毛髪の構造

第4章　毛髪の構造と性質

　ミクロフィブリルは、分子量が約5万程度の繊維状タンパク質が集合したもので、それらのタンパク質はIF（Intermediate Filament）タンパク質（中間径フィラメント）と呼ばれます。IFタンパク質は、一部が螺旋状に巻いた形（α-ヘリックス構造）をとっており、この分子2本が互いに巻いてロープを形成し（コイルド-コイルロープ）、さらに一対のロープが集まることで4つの分子が集合した構造をとります（**図表4**）。

　この集合体を1単位として、円筒状に8単位集合することでIFタンパク質を形成します（**図表5**）。

　また、2つの4量体が会合して8量体を形成し、それが4つ集合してIFタンパク質を形成しているという説もあります（**図表6**）。

図表4　α-ヘリックス構造とコイルド-コイルロープ（Coiled-Coil Rope）構造（2量体）

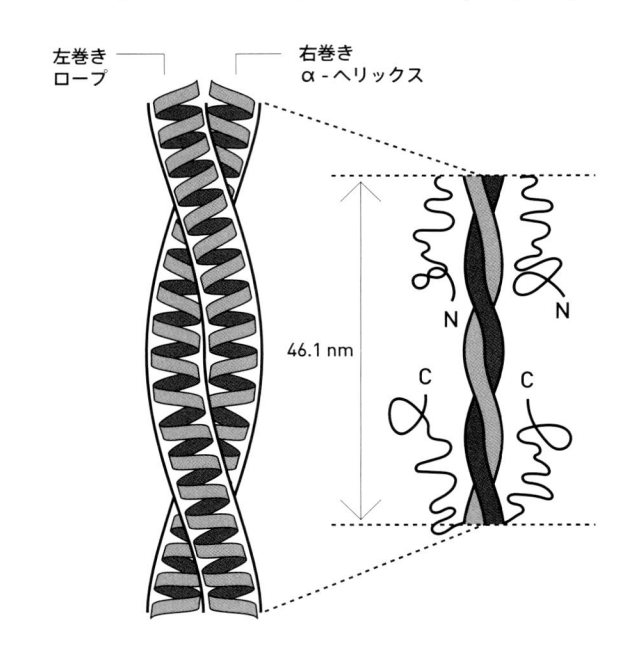

図表5　微細構造（1）

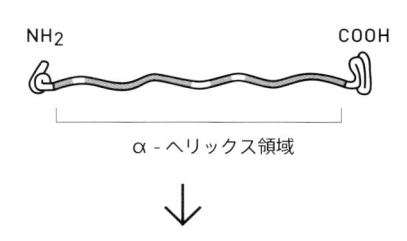

α-ヘリックス領域

↓

[コイルド-コイル（2量体）]

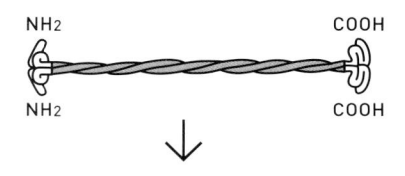

↓

[ずれた2量体からなる4量体／プロトフィブリル]

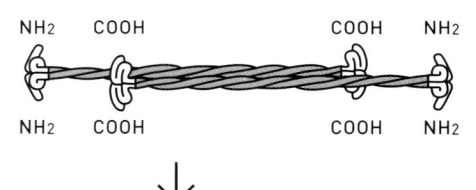

↓

[2個の4量体が連結して伸張]

↓

[IFタンパク質（ミクロフィブリル）の模式図]

8個の4量体が捻られてロープを形成

図表6　微細構造（2）

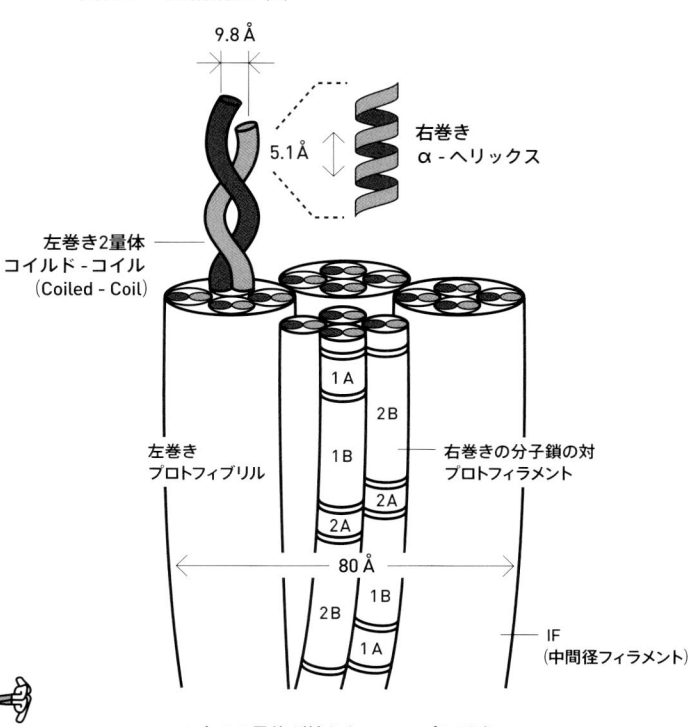

4本の8量体が捻られてロープを形成

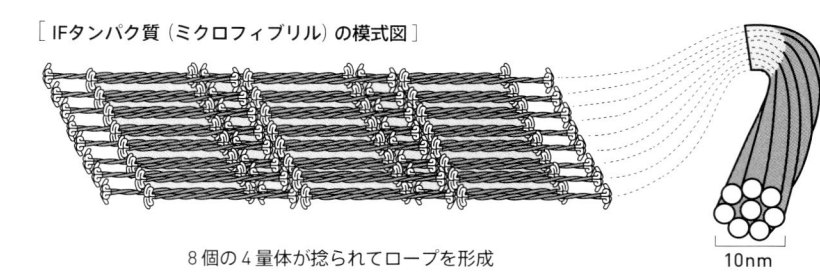

図表7　オルソ様コルテックスとパラ様コルテックスのアミノ酸組成

		オルソ様コルテックス			パラ様コルテックス		
		Ito	Kulkami	Nagase	Ito	Kulkami	Nagase
アラニン	(Ala)	5.9	5.2	5.8	5.9	5.2	5.6
アルギニン	(Arg)	6.1	6.7	6.9	6.0	6.0	6.4
アスパラギン酸	(Asp)	6.6	6.4	6.7	5.9	5.0	6.2
シスチン	(Cys)	10.3	12.1	9.8	11.8	15.2	11.4
グルタミン酸	(Gle)	13.5	11.3	13.1	13.0	10.8	12.7
グリシン	(Gly)	8.2	8.8	8.2	7.6	8.3	7.4
ヒスチジン	(His)	0.5	0.6	0.6	0.6	0.7	0.5
イソロイシン	(Ile)	3.5	3.1	3.4	3.4	2.7	3.5
ロイシン	(leu)	7.3	8.2	7.8	6.6	6.6	7.1
リジン	(Lye)	2.4	2.5	2.7	2.3	2.3	2.4
メチオニン	(Met)	0.2	0.4	0.4	0.2	0.3	0.3
フェニルアラニン	(Phe)	2.8	2.8	2.8	2.3	2.2	2.5
プロリン	(Pro)	7.2	5.7	6.8	8.3	6.8	7.7
セリン	(Ser)	10.5	9.9	10.3	10.6	11.6	10.6
トレオニン	(Thr)	6.8	6.4	6.4	7.7	6.5	7.2
チロシン	(Tyr)	2.4	4.3	2.8	2.3	2.9	2.5
バリン	(Val)	5.8	5.6	5.7	5.7	6.2	6.0

いずれにしても繊維組織であるIFタンパク質は32分子のIFタンパク質分子の集合体であることが知られています。

このように、ミクロフィブリルを形成するタンパク質は規則正しく配列しており、結晶構造を形成しています。

マトリックス（IFAP：Intermediate Filament Associated Protein）は分子量が約1〜2万程度の球状タンパク質の集合体から成り、KAPタンパク質（Keratin Associated Protein）と呼ばれます。マトリックスはミクロフィブリルの周囲を取り囲み、ミクロフィブリル間の領域を埋めるように存在しています。マトリックスを構成するKAPタンパク質の配列には規則性がほとんどなく、非結晶構造です。

ミクロフィブリルとマトリックスでは、含まれるシスチン結合量も異なっており、ミクロフィブリルはシスチン結合量が少なく、マトリックスはシスチン結合量が多い構造を持っています。このような観点から、ミクロフィブリルを構成するIFタンパク質はLSタンパク質（Low-Sulfur Protein）と、マトリックスを構成するKAPタンパク質はHSタンパク質（High-Sulfur Protein）とも呼ばれています。

また、コルテックス細胞には、構成アミノ酸組成の違いに基づいて、オルソコルテックスとパラコルテックスの2つのタイプに分けることができます。

オルソコルテックスは含まれるシスチン結合量がパラコルテックスよりも少なく、また酸性の性質を持つ残基を多く含むことから、B（Base-phile）コルテックスとも呼ばれます。

パラコルテックスは含まれるシスチン結合量が多く、塩基性の性質を持つ残基を多く含むことから、A（Acid-phile）コルテックスとも呼ばれます。

オルソコルテックス及びパラコルテックスにおけるシスチン結合量の違いは、フィブリルとマトリックスの相対量の違いとして考えられており、即ちオルソコルテックスはフィブリルの多い構造を持ち、パラコルテックスはマトリックスの多い構造を持つとされています（**図表7**）。このような2つのタイプのコルテックス細胞が毛髪の中で不均一に存在することで、外観上は縮毛やくせ毛のような形状を持つ毛髪になると考えられています。

キューティクルの構造と同様に、コルテックス細胞間にも脂質層であるβ-層とそれらに挟まれたタンパク質層であるδ-層からなる、サンドイッチ構造の細胞膜複合体（CMC）が存在します（**図表1参照**）。コルテックスのCMCにおける構造や機能はキューティクルCMCのそれに類似しており、コルテックス細胞同士を接着したり薬液中の成分や水分の輸送ルートとしての機能を果たしています。しかし、コルテックスCMCのβ-層には上部及び下部といったような区別はされていません。また、コルテックスCMCには18-MEAは含まれていません。

メデュラの微細構造

毛髄質細胞に由来し、シスチンをほとんど含まない代わりに、グルタミン酸やシトルリン、オルニチンを多く含み、他の毛髪組織とは大きく異なっています。

図表8 ケラチンの構造

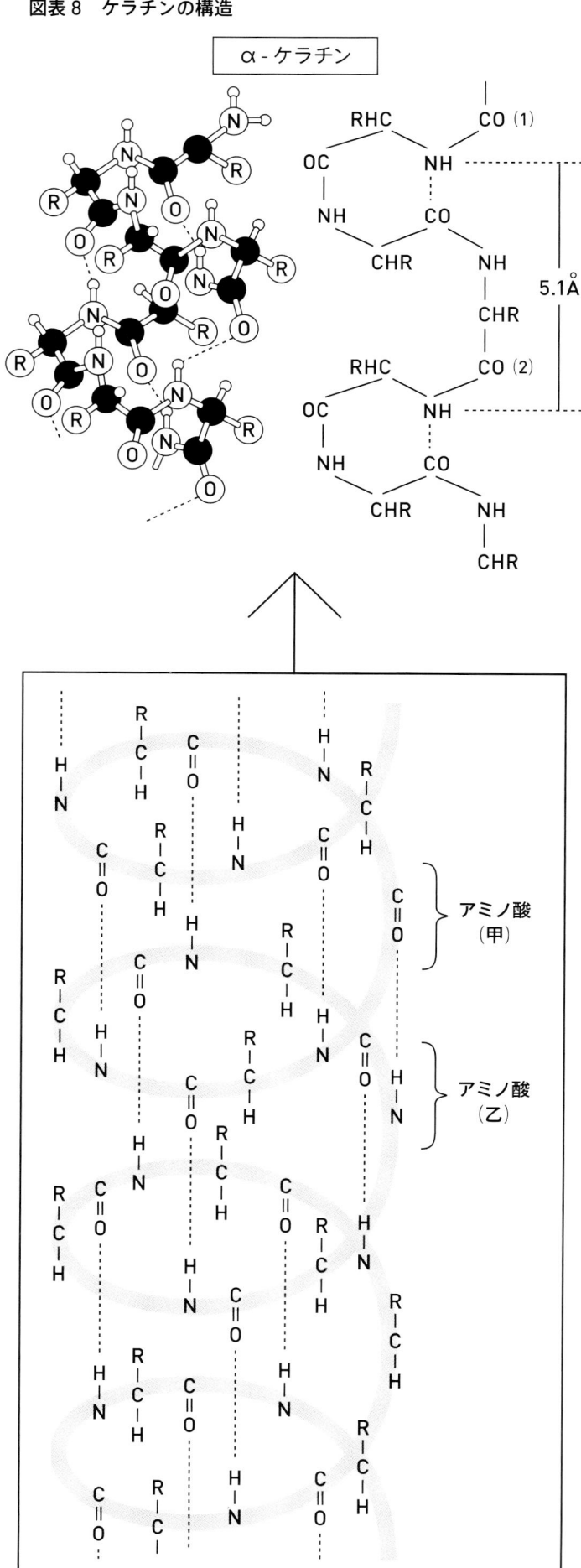

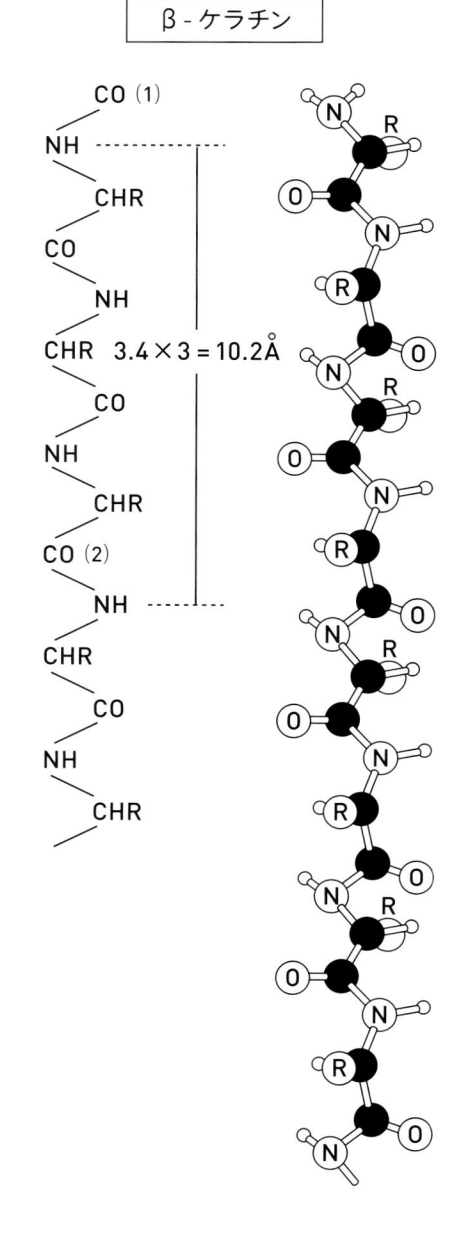

α-ケラチン　　　　　　　　　　　　　β-ケラチン

引張 →
← 弛緩

5.1Å　　　　3.4×3 = 10.2Å

アミノ酸（甲）
アミノ酸（乙）

③毛髪内の結合

主鎖結合

　主鎖結合とは、ペプチド結合のことで、このペプチド結合によって長い鎖状に結合したものをポリペプチドまたはポリペプタイドと呼んでいます。

　ケラチンは、約20種類のアミノ酸がペプチド結合を順次繰り返して、長い鎖状になったポリペプチドによって構成されています。

　アミノ酸は**図表8**のように、アミノ酸（甲）の-COOHと、別のアミノ酸（乙）のNH₂からそれぞれOHとHが取れて水（H₂O）となり、-CO-NH-で連結されます。この-CO-NH-の結合が、ペプチド結合と呼ばれるものです。この仕組みを**図表9**に示します。

　この結合が次々に繰り返され、鎖状に長くなったものをポリペプチドといい、通常、アミノ酸が100個以下で、分子量が1万以下のものをいいます。

図表9　ポリペプチドの仕組み

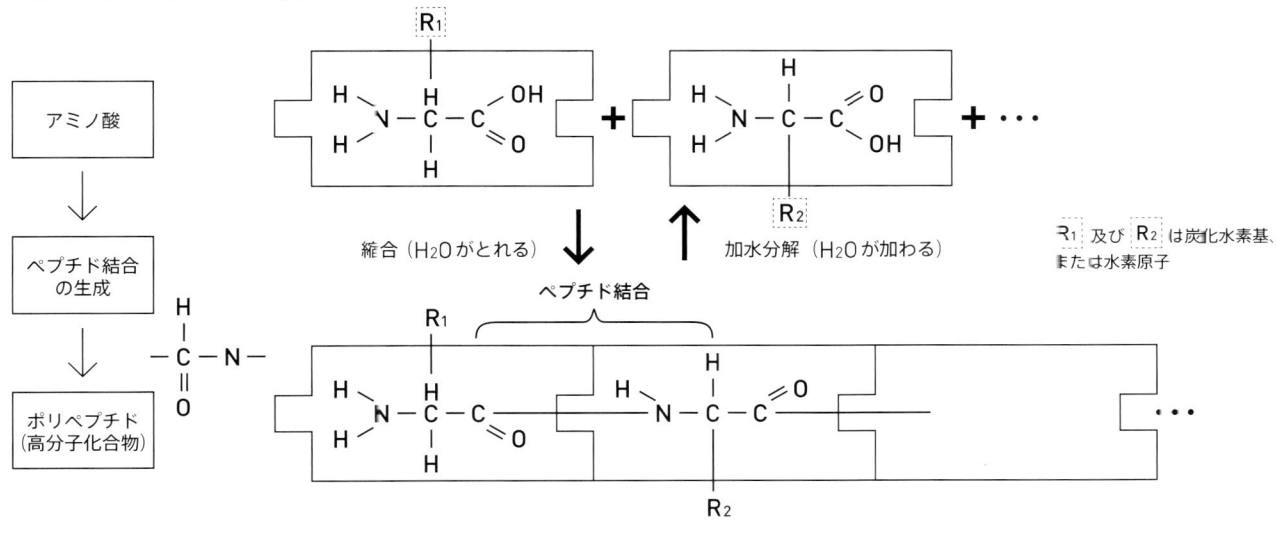

縮合（H₂Oがとれる）　加水分解（H₂Oが加わる）

R₁及びR₂は炭化水素基、または水素原子

ペプチド結合

そして、分子量が1万以上から数百万の高分子化合物がタンパク質です。

ケラチンのポリペプチドは、糸を張ったように一直線になっているのではなく、ジグザグもしくは螺旋状に巻かれた構造をしています。ジグザグ型（平面型）の方をβ-ケラチン、螺旋状（立体型）の方をα-ケラチンと呼んでいます（**図表8**）。

螺旋状のα-ケラチンを引っ張るとジグザグ型のβ-ケラチンになり、その長さは2倍になります。引っ張る力を抜くと、再び元の長さのα-ケラチンに戻ります。なお、α-ケラチンが螺旋状に巻かれた状態をα-ヘリックス構造と呼んでいます。

側鎖結合

前記のα-ケラチンのポリペプチド主鎖は、隣接した主鎖との間で、お互いが持っている側鎖同士が側鎖結合と呼ばれる結合で結びついています（**図表10**）。

この横のつながりがケラチン分子を固定し、強度や弾力等様々な特性をケラチンに与えています。

側鎖結合の主なものとしては、シスチン結合・塩結合・水素結合の3種類ですが、このほか、疎水結合・ペプチド結合の2種類と、ファンデスワールス力という分子間の弱い引力があげられます。

図表10　側鎖結合模式図

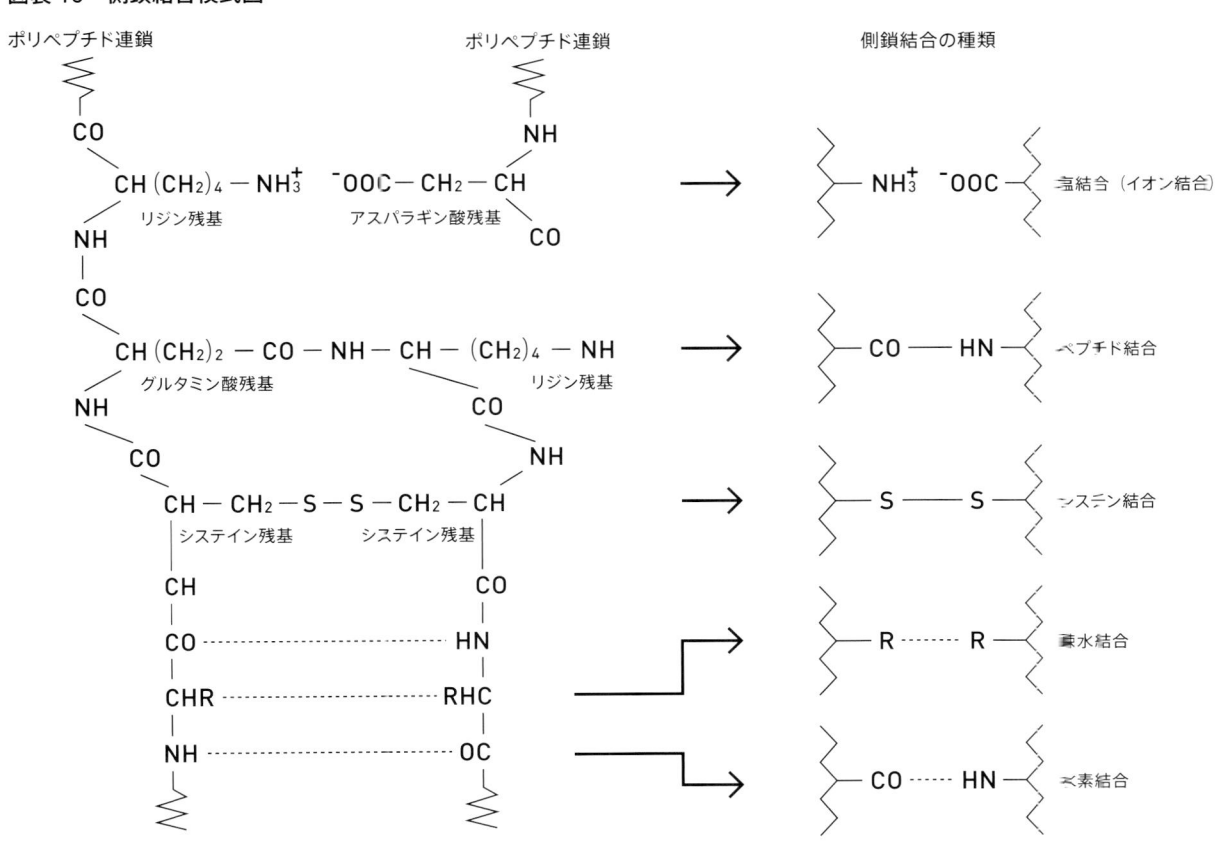

ポリペプチド連鎖　　ポリペプチド連鎖　　　　　　側鎖結合の種類

リジン残基　アスパラギン酸残基　　→　　-NH₃⁺ ⁻OOC-　塩結合（イオン結合）

グルタミン酸残基　リジン残基　　→　　-CO — HN-　ペプチド結合

システイン残基　システイン残基　　→　　-S — S-　シスチン結合

→　-R······R-　疎水結合

→　-CO······HN-　水素結合

図表11　シスチン結合

```
 |              還元＋2H      |    |
-S－S-      ⇌           -SH  HS-
 |              酸化         |    |
シスチン                    システイン システイン
```

図表12　塩結合（イオン結合）

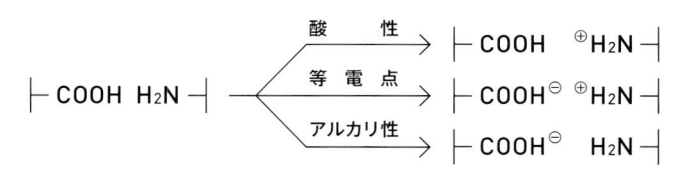

```
                     酸性     ├COOH  ⊕H₂N┤
├COOH  H₂N┤   →   等電点    ├COOH⊖ ⊕H₂N┤
                   アルカリ性  ├COOH⊖  H₂N┤
```

■シスチン結合

　シスチン結合は、ジスルフィド結合とも呼ばれており、硫黄（S）を含んだタンパク質に特有なものです。絹や木綿等の他の天然繊維や合成繊維には見られない側鎖結合で、ケラチンを特徴づけている重要な結合となっています。

　機械的には非常に強固な結合ですが、化学的には反応を受けると切断されやすく、また再び結合させることもできます。

　パーマ剤や縮毛矯正剤は、この化学的性質を利用したものです。

　シスチンとは、2分子のシステインが酸化されて水素（H）が水（H₂O）となって取れ、お互いが結合したものです。このシスチンを還元すると、元の2分子のシステインに戻ります。この還元と酸化の反応を模型的に表すと、**図表11**のようになります。

　この-S-S-の結合をシスチン結合、ジスルフィド結合、あるいは単にSS結合と呼んでいます。

　また、ポリペプチド主鎖を構成しているシステインは、側鎖残基として-CH₂-SHが残っています。近接した主鎖間のシステイン残基同士が酸化されて水素が取れると、主鎖の間は-S-S-の結合で横に結ばれます（**図表11**）。

■塩結合（イオン結合）

　毛髪を構成するアミノ酸には、アミノ基（-NH₂）1個とカルボキシ基（-COOH）1個を持つ中性アミノ酸と、アミノ基2個とカルボキシ基1個を持つ塩基性アミノ酸と、アミノ基1個とカルボキシ基2個を持つ酸性アミノ酸の3種類があります。

　アミノ酸がペプチド結合を作るとき、カルボキシ基とアミノ基が1個ずつ使われるため、塩基性アミノ酸ではアミノ基が1個あまり、酸性アミノ酸ではカルボキシ基が1個あまり、それぞれ残基として残ります。

　このような側鎖を持ったポリペプチド主鎖が接近すると、お互いのアミノ基のプラス（＋）とカルボキシ基のマイナス（－）とがイオン的に結合します。これが塩結合です。また、イオン的に結合するため、イオン結合とも呼ばれています。

　このようにアミノ酸には、プラスとマイナスの両イオンが混在し、プラスとマイナスの電荷の絶対値が等しくなるpHが存在します。これが等電点です。各種のアミノ酸は固有の等電点を持ち、このpHで結合は最も強くなり、等電点よりもアルカリ性側ではマイナスに、酸性側ではプラスに帯電します（**図表12**）。例えば、酸性アミノ酸であるグルタミン酸の等電点はpH約3.2で、中性アミノ酸のプロリンはpH約6.3、システインはpH約5.1で、塩基性アミノ酸のアルギニンはpH約10.7です。毛髪は各種アミノ酸の混合物であり、塩結合は等電点と呼ばれるpH4.5～5.5の範囲のときに結合力が最大となり、ケラチンは最も安定した丈夫な状態になります。そして、酸やアルカリによって、pHが等電点より酸性側もしくはアルカリ側に傾くほど、結合は弱くなります。

　一般的なパーマ剤がアルカリ性に調整されている理由の1つは、この結合を切断することにあります。

■水素結合

　水素結合とは、**図表8**や**図表10**のOとHの間の点線で示した箇所のように、主鎖の中あるいは隣接した主鎖の間の酸素（O）と水素（H）の間にできる弱い静電気的な結合のことです。毛髪中で最も多い結合で、酸素と水素の間の距離が遠い場合は結合が弱く、毛髪中の非結晶領域では水で容易に切断されますが、乾燥することによって再結合します。これの代表的な例が寝ぐせです。

　水素結合は、酸素と水素の間の距離が近いほど結合力は強くなり、特に毛髪中の結晶領域にある水素結合は、水や通常の薬品では切断できないほど強固です。

■その他の結合

疎水結合

　アルコールや樹脂類等は、時間をかければ多少吸収されることから、ケラチン内には疎水基同士の間に働く力があるとされています。この力が疎水結合と呼ばれるもので、結合力は弱く、まだ十分には解明されていないようです。

ペプチド結合

　ペプチド結合とは、**図表10**のようにグルタミン酸とリジンが側鎖として結合したものです。ペプチド結合は、主鎖と同じ結合方式で、その数は少ないのですが、他の側鎖結合よりも結合力は強く強靭です。

　ただし、アルカリ性の過酸化水素水のような強い酸化剤や強酸、あるいは強アルカリ等で切断されます。

ファンデルワールス力

　ファンデスワールス力とは、分子間の引力によって総合的に働く凝集力のことで、結合とまではいえない弱いものです。一般に、結合の強さは水素結合の10分の1程度といわれています。

(4) 毛髪の成分と組成

毛髪は、キューティクル（毛小皮）、コルテックス（毛皮質）、そしてメデュラ（毛髄質）の3層から構成されています。これらはいずれもその大部分（80～90%）がケラチンタンパク質からできており、残りはメラニン色素・脂質・微量元素・水分からなっています。

ケラチンタンパク質は、通常のタンパク質とは異なり、腐敗しにくく、いろいろな化学薬品に対して抵抗力があり、物理的にも強く、弾力も大きいという特徴を持ちます。そのため、強くて丈夫な毛髪は、容易には損傷を受けにくくなっています。

①ケラチンタンパク質

毛髪の主成分であるタンパク質は、シスチンを14～18%含むケラチンという物質です。ケラチンは、人毛、羊毛、爪等の硬いケラチン（オイケラチンといいます）と皮膚等の柔らかいケラチン（プソイドケラチンといいます）の2つに分けられます。

毛髪や爪を燃やすと異様な臭気が出ますが、これはシスチンが分解して生じる硫黄（イオウ）化合物の臭いです。

一般に、タンパク質は約20種類のアミノ酸から成り立っていますが、アミノ酸の種類やそれぞれの含有量の違いによって、その形状や性質が大きく異なります。例えば、卵白を構成するタンパク質である卵アルブミンは、水溶性及び熱凝固性という特徴を持ちます。

タンパク質の一種であるケラチンは、約18種類のアミノ酸からできています。なお、このような組成は主にアミノ酸分析という方法で測定しますが、分析する検体や加水分解の方法の差、分析中の化学変化等により、得られる値は多少異なります。

人毛と羊毛の組成はほとんど同一のように思われがちですが、シスチンの含有量は人毛のほうが約1.5倍と多くなっています（**図表1の網掛け部**）。また、遺伝、生活環境、食事、化学処理等の影響で、アミノ酸組成、特にシスチンの含有量は異なります。なかでも食事による影響は大きく、少し古い例ですが、「栗と少量の動物性タンパク質で育てられた日本人の子供

図表1　タンパク質繊維のアミノ酸組成（%）

	アミノ酸	毛髪ケラチン	羊毛ケラチン	人の表皮	絹フィブロイン	コラーゲン（ゼラチンBタイプ：アルカリ処理ゼラチン）
酸性アミノ酸	アスパラギン酸	4.9	5.9	7.5	1.3	4.6
	グルタミン酸	11.4	11.1	13.7	1	7.2
塩基性アミノ酸	ヒスチジン	0.9	0.8	1.4	0.2	0.4
	リジン	2.7	2.7	5.9	1.3	2.7
	アルギニン	5.8	6.2	10.1	0.5	4.9
中性アミノ酸	チロシン	2.0	3.8	3.4	5.2	0.3
	シスチン	17.8	13.1	3.4	0.2	—
	セリン	11.7	10.8	16.5	12.1	3.5
	スレオニン	6.0	6.5	—	0.9	1.8
	アラニン	4.6	5.2	—	29.3	11.2
	ロイシン	5.8	7.2	8.3	0.5	2.4
	フェニルアラニン	2.2	2.5	2.8	0.6	1.4
	バリン	5.8	5.7	4.2	2.2	2.6
	イソロイシン	2.6	3.0	6.8	0.7	1
	グリシン	6.4	8.6	6	44.5	33
	プロリン	8.4	6.6	3.2	0.3	13.2
	ヒドロキシプロリン	—	—	—	—	0.9
	メチオニン	0.6	0.5	2.1	0.1	0.4
	トリプトファン	—	—	1.3	—	—

—：未測定または含有率0

毛髪ケラチン、羊毛ケラチン：F.J.Woetmann. G.Wortmann and H.Zahan. Tsxt.Res.J,65,669（1995）
絹フィブロイン：高橋真哉 "21世紀の天然・生体高分子材料" 宮本武明、赤池宏、西成勝成 編 シーエムシー ,1巨（1998）
コラーゲン：M.S.Otteburn,in Chemistry of Natural Fibers. Rd.R.S.Asquith（天然タンパク質繊維の科学）P4（199*）

図表2　メラニン色素の合成

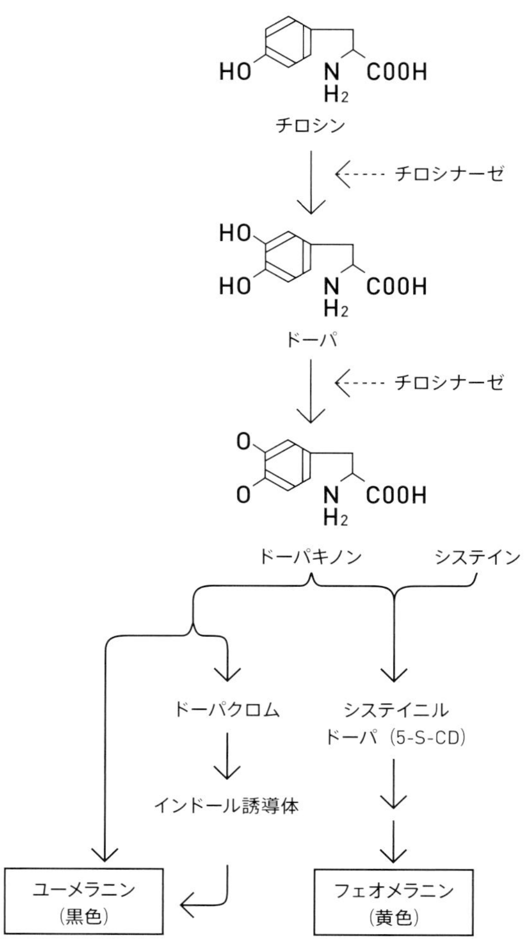

チロシン
↓ ←---- チロシナーゼ
ドーパ
↓ ←---- チロシナーゼ
ドーパキノン　　システイン
↓　　　　　　　↓
ドーパクロム　　システイニルドーパ (5-S-CD)
↓　　　　　　　↓
インドール誘導体
↓　　　　　　　↓
ユーメラニン（黒色）　　フェオメラニン（黄色）

（8〜9歳）の毛髪のシスチン含有量は8.1％と低かったが、サメ肝油を与えるとその含有量は著しく増加し、また、食事と共に脱脂粉乳を6か月間与えると、シスチン量はさらに増加した」という栄養バランスの重要性を示すデータがあります。

このような、食事によるタンパク質のアミノ酸組成のアンバランスの影響は、単に毛髪だけに限られるものではなく、身体全体にも言えることです。現在では、このデータに示される栄養失調のような状態は考えにくいと思われるかもしれませんが、ダイエットフーズの献立や、ジャンクフードの摂りすぎには注意が必要です。

くせ毛については、羊毛を対象に研究が行われ、オルソコルテックスとパラコルテックスという2種類のコルテックスが存在することが知られ、人毛の場合でもオルソ様とパラ様のコルテックスの存在が報告されています。また、羊毛はカールの内側にパラコルテックス、外側にオルソコルテックスがはっきりと分かれて局在していますが、人毛の場合は羊毛のようにはっきりと分かれているのではなく、カールの内側にはパラ様コルテックスが多く偏在し、外側にはオルソ様コルテックスが多く偏在する傾向のあることが報告されています。

なお、パラ様コルテックスにはシスチンが多く、オルソ様コルテックスにはアスパラギン酸やグルタミン酸が多く存在しています。

さらに、メデュラのアミノ酸組成は、動物を用いて調べられており、グルタミン酸やシトルリン（哺乳類の動物に広く存在するアミノ酸）、オルニチンの多いことが特徴的です。

このように、毛髪の主成分であるケラチンタンパク質には、他のタンパク質には存在しない、あるいは少量しか存在しないシスチンが多量に含まれていることは間違いない事実で、このことがケラチンタンパク質に特有な特徴づけに寄与しているといえます。

②メラニン色素

メラニンとは、フェノール類物質が高分子化して色素となったものの総称です。

メラニンはメラノサイト（色素細胞）に含まれるメラノソーム（細胞内小器官）の中でチロシン（アミノ酸の一種）から生合成され、これにはチロシナーゼ（酸化酵素）が重要な役割を担っています（**図表2**）。

メラニンの合成が進み、成熟したメラノソームは直径500〜700nmとなり隣接する角化細胞に渡されメラニン色素となり、主に皮膚の基底層や毛母細胞周辺に分布しています。

毛髪では、毛母細胞に取り込まれ、毛髪組織の分化とともに上へ上へと押し上げられていきます。

ヒトにおけるメラニン色素の種類は2つで、黒色の真正メラニン（ユーメラニン：eumelanin）と黄色メラニン（フェオメラニン：pheomelanin）があります。

ヒト皮膚や毛髪に存在するメラニン色素はこれらの複合体であるため、その比率や顆粒の大きさと量により皮膚や毛髪の色に影響します。黒、茶、赤、ブロンド、白等、毛髪の色に違いが出るのはそのためです。白髪化現象については、メラノサイト（色素細胞）の活性が弱まることによっても引き起こされるとの報告があります。

毛髪の色は紫外線や加齢、薬剤の使用等、様々な影響を受けて変化します。

メラニン色素は紫外線防御に重要な役割を果たしていますが、紫外線はメラニン色素の一部をフリーラジカルにし、酸素を活性酸素にしてメラニン色素を酸化分解するため、ブリーチをしたように頭髪に変色を起こすことがあります。

③脂質

毛髪の脂質には、皮脂腺から分泌された皮脂と、皮質細胞自身が持っている脂質とが含まれます。ここで、皮脂腺由来の脂質は、毛髪が生長した後から毛髪に付着（一部は毛髪内部に浸透）したものなので、毛髪本来の成分とは言えないかもしれません。

しかし、これらの脂質の区別は難しいので、両者を合わせて「毛髪の脂質」として扱っています。量的には、皮脂がそ

の大部分を占めます。

■皮脂

皮脂の分泌量や組成は、内部要因（年齢・性別・人種・食事・ホルモンバランス等）と外部要因（温度・摩擦等）によって影響を受けますので、個人差が大きく一概には言えません。しかし、一般的には、皮脂の分泌量は全身で1日当たり1〜2g程度です。組成を図表3に示します。

皮脂腺の数は、額や頬と比較して頭部に最も多く分布しており、1cm^{2}当たり400〜900個で、毛髪の皮脂は毛髪全体の1〜9％といわれています。ちなみに、頭皮の皮脂腺の数は144〜192個/cm^2、額は52〜77個/cm^2、頬は42〜78個/cm^{2}で、分泌される皮脂量は頭皮では1日576μg/cm^2、額では288μg/cm^{2}との報告もあります。

頭皮のべたつきは、この皮脂腺から分泌される皮脂量が多くなると起こりますが、皮脂腺由来の皮脂の組成はトリグリセリドを中心にワックス、遊離脂肪酸等からなります。

皮脂から分泌された皮脂は、皮膚・毛包に存在している微生物（常在細菌）の酵素リパーゼの作用によって、中性脂肪（トリグリセリド等）の一部が加水分解されて、脂肪酸とグリセリンになります。

そして、汗や毛包中の成分と混じり合って、W/O型の乳液状（水滴が油に分散する油中水滴型）となり、皮膚や毛髪の表面に広がって薄い脂肪膜（皮脂膜）となります。

皮脂膜は、皮脂中の遊離脂肪酸や汗の中の乳酸・アミノ酸等によって、微酸性（pH 4.5〜5.5）となっています。通常、皮膚のpHは皮膚自体のpHではなく、この皮脂膜のpHを指しています。

■油性毛と乾性毛

油性毛と乾性毛の大きな違いは、皮脂腺から分泌される皮脂量が多いか少ないかによります。これは、油性毛と乾性毛をシャンプーでよく洗い、表面の皮脂を取り除いた後、毛髪内の油成分をアルコールで4時間ずつ3回抽出した実験によると、両毛髪とも油成分量はほとんど同じであったという結果から裏付けられています。

つまり、皮脂量が多いほど毛髪に付着する量も多くなり、油っぽくなり、油性毛となります。

■皮脂分泌の特徴

様々な特徴をまとめると以下の通りです。

- 乳児期で多く、幼児・少年期に減少して、思春期に向かって再び多くなる。
- 成人女性では年齢と共に減少するが、男性では極端には減少しない（図表4）。
- 月経前には多くなる（黄体ホルモンの影響）。
- 黒人は白人よりも多い。
- 気温が高くなると多くなる。
- 糖分・脂肪分の多い飲食物は、皮脂量を増加させる。
- 皮脂中のコレステロールとスクワレンの量は、成人では小児の約4倍。
- 皮脂中のパラフィン系炭化水素の量は、成人女性より成人男性のほうが、また成人男性よりも男児のほうが多い。
- 摩擦によって分泌量は多くなる。

図表3　皮脂の組成

成分名	皮脂腺由来皮脂組織（％）
スクアレン	12
ワックス	25
トリグリセリド	43
遊離脂肪酸	16
コレステロールエステル	2
コレステロール	1

図表4　年齢・性別による皮脂量

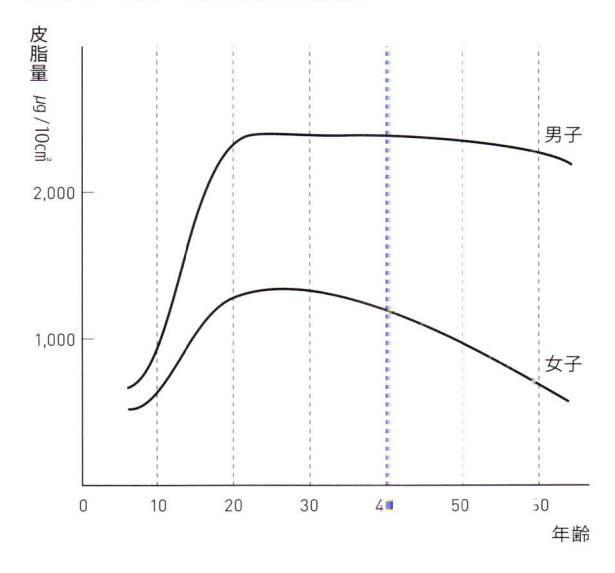

④微量元素

毛髪の色は、メラニン色素の種類と量の他に、微量に含まれる金属の種類によっても異なると言われています。例えば、白髪にはニッケル、帯黄色毛にはチタン、赤色毛には鉄・モリブデン、黒髪には銅・コバルト・鉄が多く含まれていると言われています。微量元素としては、これらの金属の他にリン、ケイ素等の非金属を含めて約30種類の無機成分が報告されています。

毛髪のケラチンタンパク質は、金属と結合しやすい酸性基（カルボキシ基、メルカプト基等）を持っているので、頭髪用・洗髪用化粧品、シャワー等の洗浄水、汗や環境からくるチリ、ホコリ等に含まれる金属イオンを吸収します。特に、パーマ処理や染毛処理等の化学的処理を受けた毛髪は、金属と結合

しやすい酸性基が増えていますので、金属を吸収しやすくなっています。

　毛髪の微量元素のうち、頭髪用化粧品類や水道水等に含まれるカルシウム・マグネシウム・ナトリウム・カリウム等は、外部からの蓄積が多い成分と考えられます。

　従って、微量金属の種類と量は、外部からの吸収によるものか、あるいは毛母細胞の分裂増殖の不可欠成分として、必然的に存在するものかを厳密に区別することは不可能だと思います。

　毛髪は、特定の元素を蓄積する機能を持ちます。例えば、ナポレオンの死に不信を抱き、遺髪を分析したところ、ヒ素が通常の100倍以上検出されたので「ナポレオンは、彼の側近に微量のヒ素化合物を長期間飲まされて毒殺された」との説もあります。また、水銀やカドミウム、鉛等、公害問題として大きく取り上げられた金属は、有害とされる金属の体内蓄積量を調べる方法として毛髪の分析が利用されています。さらに、メチル化水銀を投与した動物実験では、水銀は他の器官にはあまり蓄積しないで、毛母細胞へと集中的に送られ、分裂する細胞内に取り込まれていくという報告もあります。

　このようなことから、毛髪は、積極的に身体に有害な金属を体外に排泄する役割があると言われ、毛髪中の微量金属の測定で、（血液や尿の検査のように）身体の物質代謝異常を察知し、病気を予見することができるとも言われています。

⑤水分

　毛髪中の水分は、しなやかさや光沢、風合い、引っ張ったときの強度、静電気量等、機械的性質や美容上の特性に大きく影響するため、大変重要です。

　毛髪は、水分を吸収する性質を持ち、その時の湿度が高ければ、あるいは同じ湿度でも温度が高ければ、水分吸収量は多くなります。そのため、水分の測定は、一定の温度・湿度の下で行わなければ正確な結果は得られません。

　毛髪は、普通の状態の空気中では10〜15%の水分を含み、洗髪した直後では30〜35%、ドライヤーで乾燥しても10%前後の水分を残しています。

　また、毛髪は損傷度が大きいほど水分の保持力が弱くなるため、水分の量は毛髪損傷度の1つの目安になります。一般に、水分量が10%以下になると乾燥毛といわれ、この乾燥毛を水に浸した場合は、正常な毛髪よりも吸水量は多くなります。つまり、乾燥した損傷毛は健康毛よりも水分を吸収しやすく、放出もしやすいということです。

(5) 毛髪の化学的性質

① タンパク質とアミノ酸

　私たちの身体は、数十兆個の細胞から成り立っています。細胞の成分で最も多いのは水で、約70％を占めますが、その他の固形分は有機化合物、無機化合物から成り立ちます。特にタンパク質はその半分を占めるとされ、脂肪、炭化水素と共に生命を維持する上で、必要不可欠な物質です。タンパク質は、プロティン（protein）と呼ばれますが、これはギリシア語の「プロティオス」（最も大切なという意味）が語源で、動物の栄養にとって最も大切な物質ということを意味しています。

　タンパク質は、約20種類のアミノ酸からなる高分子化合物です。筋肉や内臓を構成する細胞の主体であり、生体内の物質の分解・合成やエネルギー生成を行う酵素類、生理を調整するホルモンの大部分、免疫抗体、酸素を運ぶ赤血球のヘモグロビン、生体の構造を維持する細胞膜やコラーゲン等がよく知られています。

　タンパク質は大きく生体の構造を形づくるもの、生体内の化学反応にかかわるもの、情報を認識したり伝達したりするものに分けられますが、このようにタンパク質がそれぞれ異なった性質を持ち、特異な機能や役割を果たしているのは、構成するアミノ酸の種類と組み合わせの順序の違いと、複雑な立体構造によるものです。

　また、タンパク質は、その組成から単純タンパク質・複合タンパク質に分けられ、そして単純タンパク質は構造・形態上から可溶性タンパク質（球状タンパク質）・不溶性タンパク質（繊維状タンパク質・硬タンパク質）に分類されます（図表1）。皮膚の表皮もケラチンタンパク質ですが、毛髪や爪のように硬くはないので、軟ケラチンといって区別しています。

　生体のタンパク質は、常にその一部が分解し、新しいものと置き換わっており、その寿命は短いものでは数分、長いものでも数十日と言われています。アミノ酸やタンパク質を毎日のように摂取しなければならないのはこのためです。また、古くなったタンパク質のアミノ酸や余ったアミノ酸は、肝臓や骨格筋でグリコーゲンに変えられ、エネルギー源として蓄えられます。

　タンパク質を構成している約20種類のアミノ酸は、人体内で合成できるものとできないものがあり、合成できないものは食物として摂取する必要があることから、これらのアミノ酸は「必須アミノ酸」（不可欠アミノ酸とも言います）と呼ばれています（図表2）。

　健康な成人が1日の食事から摂取するタンパク質の推奨量は、男性が60g、女性では50gとされます（厚生労働省：

図表1　タンパク質の分類

分類		名称	性質	所在
単純タンパク質	可溶性タンパク質	アルブミン	水に可溶、熱により凝固	卵白、血清、牛乳、植物種子等
		グロブリン	水に不溶、塩類水溶液に可溶	卵黄、筋肉等
		グルテン	希酸・希アルカリに可溶	小麦、米等
		プロラミン	80％アルコールに可溶	小麦、大麦、トウモロコシ等
		ヒストン	水、希酸に可溶	動物細胞（特に染色体）、血液（ヘモグロビン）等
		プロタミン	水、希酸に可溶	成熟した生殖細胞、サケの白子等
	不溶性可溶性タンパク質	ケラチン	水に不溶、濃アルカリに可溶	毛髪、爪、羽毛、角等
		コラーゲン	水と煮沸するとゼラチンを生じる	真皮、軟骨、魚の鱗等
		フィブロイン	水・希酸に不溶、強酸に可溶	絹糸、クモの糸等
複合タンパク質		核タンパク質	核酸と結合	核細胞内等
		リンタンパク質	リン酸と結合	乳、卵黄等
		糖タンパク質	糖と結合	唾液、卵白等
		色素タンパク質	色素と結合	血色素（ヘモグロビン）、フラビン酵素等
		リポタンパク質	リポイドと結合	動植物細胞等

第4章　毛髪の構造と性質

図表2　必須アミノ酸とその働き

イソロイシン	ロイシン、バリン、イソロイシンの3つのうち、どれかが多すぎると体重減少等を引き起こす。
スレオニン（トレオニンともいう）	必須アミノ酸の中で最後に発見されたアミノ酸。肝臓に脂肪が蓄積するのを防ぐ。
トリプトファン	エネルギーやビタミンの一種であるナイアシンの原料になったり、ビタミンB6等と共にセロトニンを生産する。
バリン	筋肉組織で代謝され、通常の食生活で不足することはないが、他の分岐鎖アミノ酸が不足すると働きが弱まる。
ヒスチジン	大人になると体内で合成できるが、子どもの間は合成できないので、必須アミノ酸に分類される。
フェニルアラニン	神経伝達物質として働き、過剰摂取すると血圧上昇の可能性がある。
メチオニン	かゆみ等のアレルギー症状を引き起こすヒスタミンの血中濃度を下げる効果があり、不足すると動脈硬化や抜け毛の原因となる。
リジン	動物性タンパク質に多く含まれ、炭水化物中心の食生活では不足しやすい。
ロイシン	通常の食生活で不足することはない。

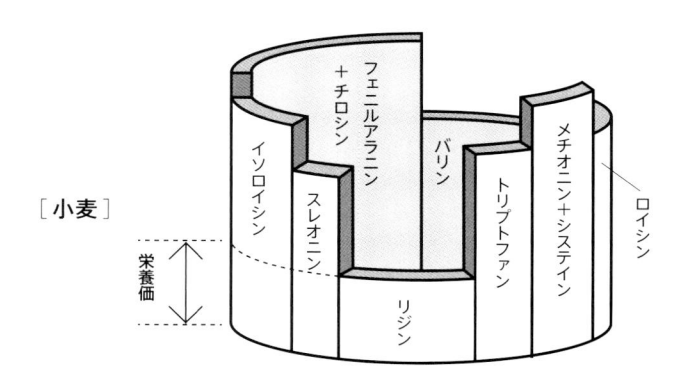

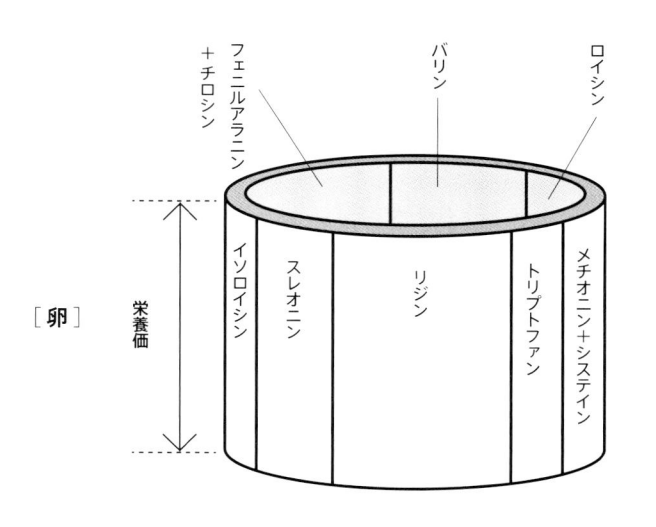

日本人の食事摂取基準2010年版より）。タンパク質は、動物性タンパク質と植物性タンパク質に分けられますが、動物性タンパク質の方が良質とされます。これは、一般に植物性タンパク質は必須アミノ酸の含有バランスが悪く、含量も少ないからです。

栄養学では、「桶の理論」が有名です。これは、必須アミノ酸の一つが桶の横板を構成しているとした場合、1枚でも短いと水が最も短いところまでしか入らないように、必須アミノ酸の栄養価は含量の最も低いアミノ酸量で決定してしまうということです（図表3）。

図表3　桶の理論

［小麦］

［卵］

②ケラチンタンパクとアミノ酸

毛髪は、その大部分（80～90%）がシスチンを14%～18%含んだケラチンタンパク質からなりますが、シスチンの含有量は遺伝・生活環境・食事・美容処理等の違いにより、次のような違いがあります。

　　　　頭毛　＞　体毛
　　　　男性　＞　女性
　　　　青年　＞　老人
　　　　根元　＞　毛先
　　　　黒髪　＞　白髪

また、ケラチンタンパク質は18種類のアミノ酸からできています。では、これらのアミノ酸はどのようなものか、そして、どのような仕組みで結合してケラチンタンパク質を構成しているのかについて説明します。

ほとんどのタンパク質は、炭素（C）、水素（H）、酸素（O）、窒素（N）の4つの元素からできていますが、シスチン、メチオニン等は4つの元素に加えて硫黄（S）を含んだ5つの元素からなります。

　アミノ酸は、次の一般式で表されます。

アミノ酸の一般式

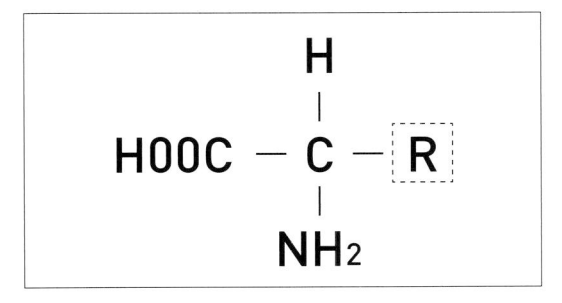

$$HOOC - \underset{\underset{NH_2}{|}}{\overset{\overset{H}{|}}{C}} - R$$

または

$$R - \underset{\underset{H}{|}}{\overset{\overset{NH_2}{|}}{C}} - COOH$$

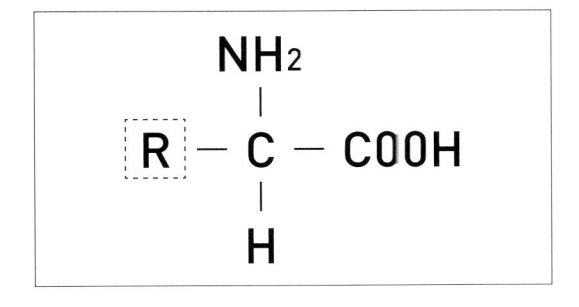

　この側鎖を表すRの部分（左図の点線枠内）が置き変わることで、いろいろなアミノ酸になります。例えば、RがHならば「グリシン」で、RがCHならば「アラニン」になります（**図表4**）。

　多くのアミノ酸は、1個のアミノ基と1個のカルボキシ基を持ちますが、アミノ酸の一般式のRにアミノ基（-NH₂）やカルボキシ基（-COOH）を持つものもあります。アミノ基とカルボキシ基の数が1個ずつの場合に、双方が打ち消し合って中性の性質を持ちます。

　しかし、アミノ酸の一般式のRが、酸性のカルボキシ基1個を持った原子団のときは、そのアミノ酸はアミノ基1個とカルボキシ基2個を持ったアミノ酸となり、酸性が強くなります。

　反対に、Rに塩基性のアミノ基を持った原子団のときは、アミノ基2個に対してカルボキシ基は1個になりますので、塩基性が強くなります。このように、アミノ酸は酸性アミノ酸、中性アミノ酸、塩基性アミノ酸の3つに分類されます。

　また、アミノ酸はあるpHを境にして、酸性の状態では正電荷を帯び、アルカリ性の状態では負電荷を帯びます。この境となるpHでは正電荷と負電荷が等しくなり、このpHを等電点といいます（**図表5**）。

　図表6に示したように、酸性アミノ酸の等電点のpHは酸性で、中性アミノ酸の等電点は中性付近、塩基性アミノ酸の等電点はアルカリ性になっています。

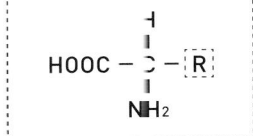

図表4　ケラチンを構成しているアミノ酸

■ 脂肪族側鎖

グリシン	アラニン	バリン	ロイシン	イソロイシン
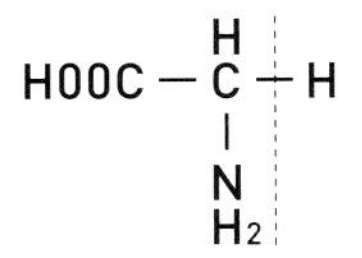 $HOOC-\underset{NH_2}{\overset{H}{C}}-H$	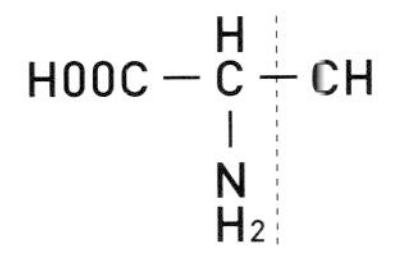 $HOOC-\underset{NH_2}{\overset{H}{C}}-CH$	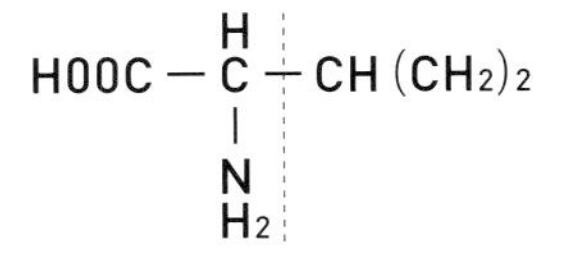 $HOOC-\underset{NH_2}{\overset{H}{C}}-CH(CH_2)_2$	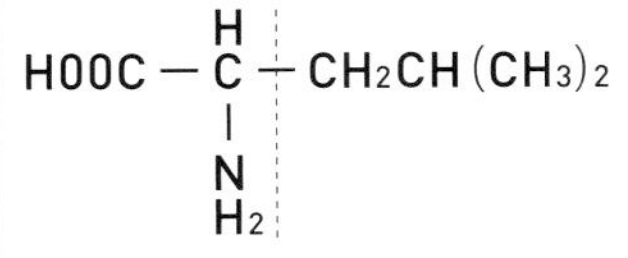 $HOOC-\underset{NH_2}{\overset{H}{C}}-CH_2CH(CH_3)_2$	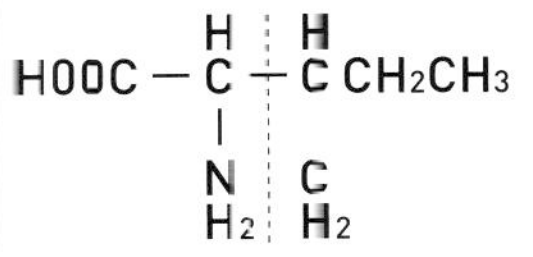 $HOOC-\underset{NH_2}{\overset{H}{C}}-\underset{CH_2}{\overset{H}{C}}CH_2CH_3$

■ 芳香族側鎖

フェニルアラニン	トリプトファン	チロシン
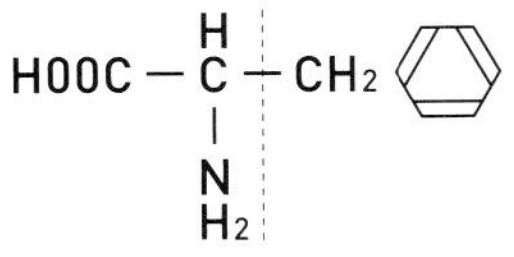 $HOOC-\underset{NH_2}{\overset{H}{C}}-CH_2-\bigcirc$	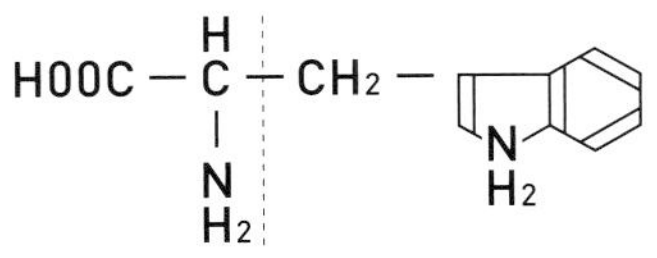 $HOOC-\underset{NH_2}{\overset{H}{C}}-CH_2-$インドール環	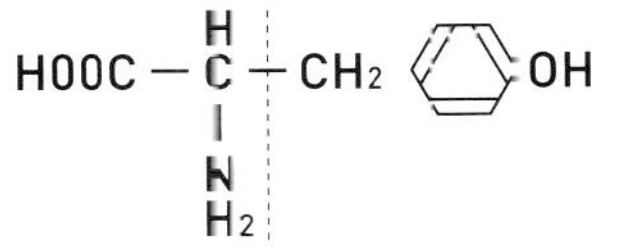 $HOOC-\underset{NH_2}{\overset{H}{C}}-CH_2-\bigcirc-OH$

■ 硫黄（S）を含む側鎖

シスチン	メチオニン
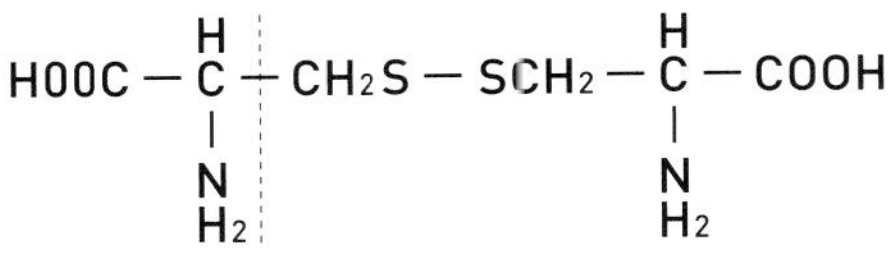 $HOOC-\underset{NH_2}{\overset{H}{C}}-CH_2S-SCH_2-\underset{NH_2}{\overset{H}{C}}-COOH$	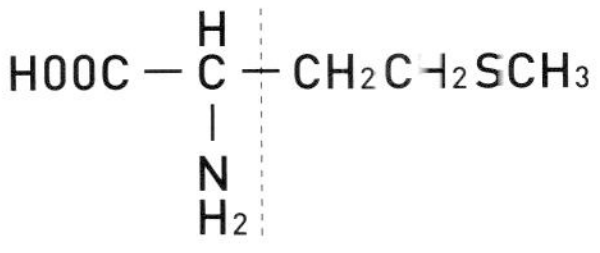 $HOOC-\underset{NH_2}{\overset{H}{C}}-CH_2CH_2SCH_3$

第4章 毛髪の構造と性質

■ 脂肪族ヒドロキシ基を有する側鎖

セリン	スレオニン
HOOC−CH(NH₂)−CH₂OH	HOOC−CH(NH₂)−CH(OH)CH₃

■ 塩基性側鎖

リジン	アルギニン	ヒスチジン
HOOC−CH(NH₂)−(CH₂)₄NH₂	HOOC−CH(NH₂)−CH₂CH₂CH₂NHC(=NH)NH₂	HOOC−CH(NH₂)−CH₂−C(=CH−N=)NH−CH

■ 酸性側鎖

アスパラギン酸	グルタミン酸
HOOC−CH(NH₂)−CH₂COOH	HOOC−CH(NH₂)−CH₂CH₂COOH

■ その他

プロリン
HOOC−CH−CH₂−CH₂−CH₂−NH (環状)

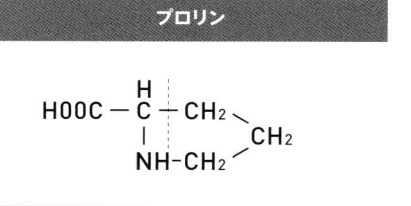

図表5 アミノ酸の等電点

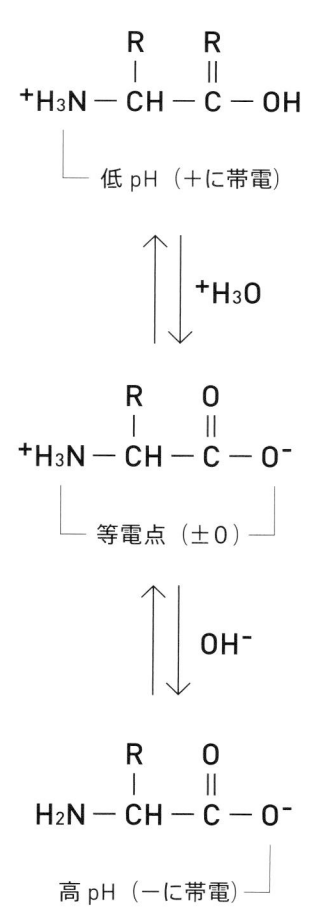

$$^+H_3N-CH(R)-C(=O)-OH$$
└ 低pH（＋に帯電）

↑↓ +H₃O

$$^+H_3N-CH(R)-C(=O)-O^-$$
└ 等電点（±0）

↑↓ OH⁻

$$H_2N-CH(R)-C(=O)-O^-$$
└ 高pH（−に帯電）

図表6 ケラチンタンパクを構成するアミノ酸の等電点

	種類	等電点（pH）
酸性アミノ酸	アスパラギン酸	2.77
	グルタミン酸	3.22
中性アミノ酸	システイン	5.07
	フェニルアラニン	5.48
	チロシン	5.66
	セリン	5.68
	メチオニン	5.74
	トリプトファン	5.89
	バリン	5.96
	グリシン	5.97
	ロイシン	5.98
	アラニン	6.00
	イソロイシン	6.02
	トレオニン	6.16
	プロリン	6.30
塩基性アミノ酸	ヒスチジン	7.59
	リシン	9.74
	アルギニン	10.76

③ L体とD体（DL体）

システイン系パーマ剤の表示には、L-システインやDL-システインという化学名が記載されていますが、この違いについて説明します。
システインの構造式は以下のように表されます。

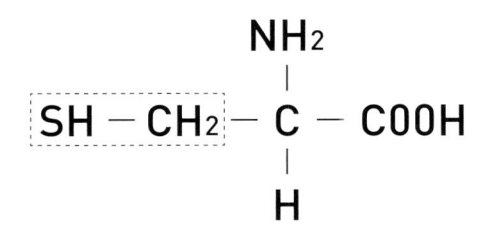

$$SH-CH_2-\underset{\underset{H}{|}}{\overset{\overset{NH_2}{|}}{C}}-COOH$$

これを立体的な構造で表すと**図表7**のようになり、炭素原子に4つの異なった原子や官能基が結合している（4つの異なる置換基を持つ炭素原子を不斉炭素といいます）ことが分かると思いますが、2種類の異なったタイプが存在しています。よく見ると、-NH₂と-Hの位置が逆になっていて、ちょうど右手と左手、あるいは鏡に写したときの像のように、対面的で重ね合わすことができない構造になっています。これに特殊な光（偏光）を当てたとき、左の構造では左回り（反時計回り）に光を曲げ、右の構造では右周り（時計回り）に光を曲げる性質（旋光性）があります。そして、右周りに曲げる性質を持つ物質をL体、左回りに曲げる性質を持つ物質をD体と呼びます。また、アミノ酸を化学合成するとL体とD体の等量混合物（ラセミ体といいます）が得られます。このようなDL体は、右回りと左回りが打ち消し合って光学的には不活性となり、旋光性はなくなります。

自然界には、様々なアミノ酸が存在しますが、動植物を構成する天然アミノ酸のほとんどがL体のアミノ酸です（水生無脊椎動物やタコやイカの脳神経系、様々な甲殻類や二枚貝の組織からD体が見出されています）。

システインのL体とD体の違いには、旋光性の他に栄養学的・生理学的な作用があり、L体の方が優位に優れています。そのため、自然界にはL体のアミノ酸が多いと考えられます。

また、化学的性質はほとんど同じですが、水に対する溶解度はL体よりもDL体のほうが若干大きく、酸化されてシスチンになったときも、DL体のほうが水に溶けやすいという実験結果があります。

図表7　システインの立体異性体

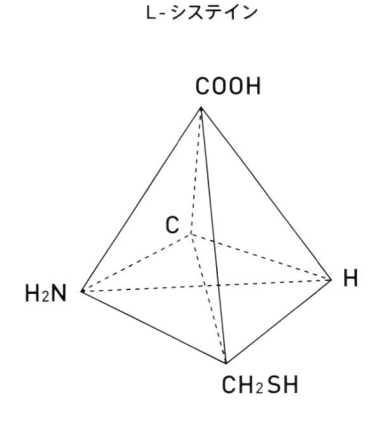

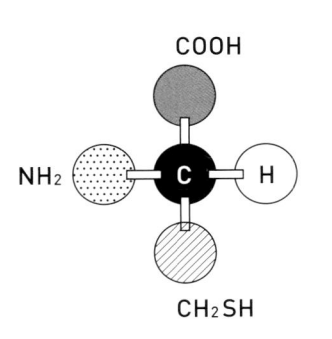

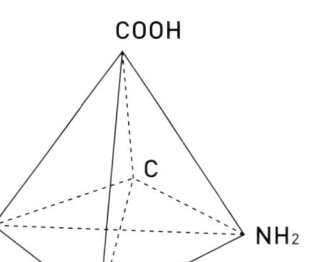

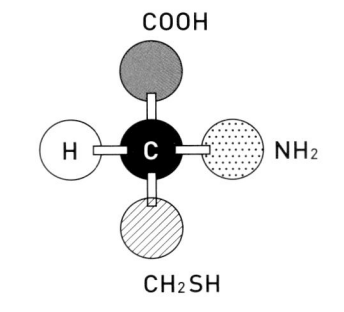

(6) 毛髪の物理的性質

① 吸湿性と膨潤性

毛髪は、普通の状態の空気中では、10～15%の水分を含んでいます。そして、洗髪した直後は30～35%、ドライヤーで乾燥しても10%前後の水分を吸着しています。

水分の吸着量は、湿度や温度の影響を受けて変動しますし、毛髪が損傷していれば、吸着量も多くなります。また、吸着量が多くなるに従って、体積と重量が大きくなります。この体積の増大をともなう吸着現象を「膨潤」と呼んでいます。

吸着と膨潤の定義

毛髪が水分を吸着すれば膨潤しますが、どこまでが吸着で、どこから膨潤というのか、はっきりしていません。この両者は、同一現象を違った観点から見たもので、本質的には同じもので、変わりはありません。

一般に、膨潤が目立ち始めるのは湿度60%以上で、水分率の10～15%あたりの吸着後期から、完全に水で濡らしたところまでが、膨潤の対象として考えられています。私たちが通常、膨潤という場合は、狭い意味の膨潤、すなわち、水に完全に浸漬したとき（湿度100%以上のとき）の体積や重量の増加現象を指しています。

吸収・吸着・収着の定義

吸収・吸着・収着は、似かよった用語で、区別することなく使われることもありますが、厳密にはそれぞれ異なる現象を表わしています。

- 吸収：液体に気体が溶け込む現象
- 吸着：固体や液体の表面に他の物質が吸いついて、高濃度になる現象
- 収着：固体や液体の表面に吸着された物質が、さらに内部へ浸透拡散する現象

例えば、染料溶液に繊維を浸漬したとき、染料溶液の色が薄くなり、繊維の色が濃くなれば、繊維が染料を「吸着した」といいます。さらに、染料が多量に吸着されて、繊維の内部に浸透拡散すれば「収着した」といいます。

毛髪の吸湿の場合は、吸水量の少ない初期の段階は吸着であり、多くなった段階（水分率10%以上）では収着と言われています。

ここでは、それぞれの意味にとらわれることなく、「吸着」という用語を主として使用します。

② 吸湿性

水分率

■各種繊維の水分率

図表1・2は、各種繊維の水分率（リゲーンと呼ばれます）をまとめたものです。この図表によって、毛髪の吸湿性がいかに大きいかが分かります。

一般に、羊毛、絹、綿等の天然繊維は、ナイロン、カシミロン、サラン等の合成繊維よりも、非常によく水分を吸着します。

■温度と湿度の影響

毛髪を空気中に放置すると、水分を吸着もしくは放出して、遅かれ早かれ、その水蒸気と平衡を保つ状態に達します。図表3は、種々の湿度における毛髪の水分含量の一例です。この平衡は、温度によって影響を受けます。

気温が高く、空気が乾燥しているときに、洗濯物が早く乾くことや、濡れた毛髪にドライヤーで温風を吹き付けると早く乾くこと等は、よく知られているところです。

図表4は羊毛の例ですが、吸水量は、同じ温度でも湿度が高くなると増加し、同じ湿度でも温度が高くなると減少しています。

従って、毛髪や繊維の水分含量を比較して論じる場合は、温度と湿度を一定にしておかないと誤った情報となってしまいます。そこで、湿度65%、温度25℃を標準状態とし、この状態における水分率を示すことが慣例となっています。

■吸着のメカニズム

繊維の種類、温度、湿度等によって、吸水量が異なるのはなぜでしょうか。この疑問に対する説明には、吸湿の機構と繊維の構造との関係を明らかにしなければなりません。
ここでは、固体－気体（毛髪－水分子）間の吸着現象について考えることにします。

図表1　各種繊維の水分率（25℃）

繊維	RH 65%	RH 95%
サラン	0.0	0.1
ポリエチレン	0.0	0.2
カシミロン	0.4	1.0
テトロン	0.4	0.7
ナイロン	4.0	8.0
木綿	7.0	25.0
絹	11.0	24.0
羊毛	15.0	28.0
毛髪	13.0	30.0

図表2　各種繊維の吸湿曲線

図表3　相対湿度（RH）と人毛の水分含量

RH（%）	29.2	40.3	50.0	65.0	70.3
水分含量（%）	6.0	7.6	9.3	12.8	13.6

温度は 74°F（23.3℃）

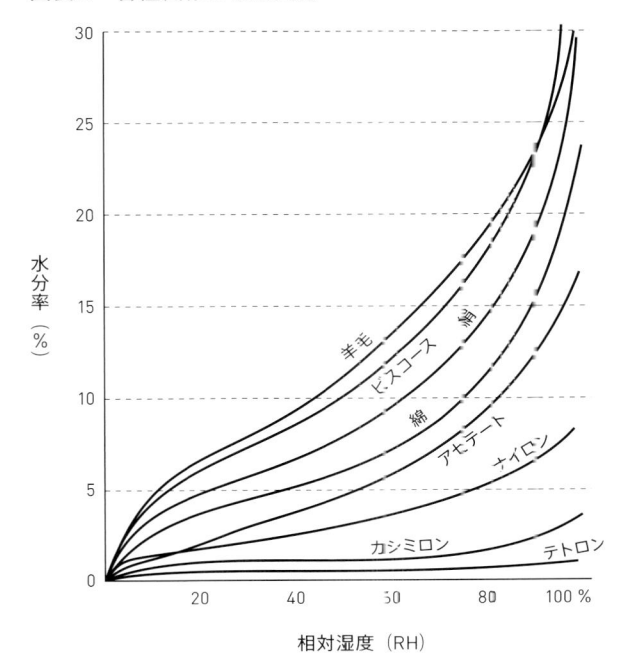

図表4　種々の温度、湿度における羊毛の水分率

相対湿度	水分率（%）									
	25℃	30℃	35℃	40℃	45℃	50℃	55℃	65℃	70℃	75℃
10.0	4.15	4.05	3.95	3.80	3.70	3.55	3.40	2.95	2.80	2.65
20.0	6.00	5.80	5.65	5.50	5.30	5.15	5.00	4.50	4.25	4.05
30.0	7.84	7.60	7.30	7.10	6.95	6.75	6.55	6.00	5.70	5.40
40.0	9.65	9.30	9.00	8.80	8.55	8.30	8.05	7.45	7.15	6.80
50.0	11.50	11.05	10.65	10.40	10.05	9.80	9.45	8.95	8.60	8.30
60.0	13.50	12.95	12.50	12.15	11.75	11.40	10.95	10.50	10.10	9.90
70.0	15.60	15.05	14.65	14.15	13.85	13.35	12.95	12.25	11.85	—*
80.0	18.30	17.60	17.25	16.85	16.50	16.15	16.75	14.90	—*	—*
90.0	22.25	21.30	21.10	20.50	20.15	20.10	19.80	19.80	—*	—*
95.0	25.60	24.35	24.20	23.70	23.20	23.30	23.20	21.50	—*	—*
97.0	27.95	26.60	26.40	26.10	25.90	26.30	26.90	—*	—*	—*

＊この範囲は、羊毛の分解が起こるため、数値が求められない

■一般論

　毛髪の中には、ケラチン分子がギッシリと詰まっており、互いに力が作用し合い、その釣り合った位置に縄張りを持って座り込んでいます。このケラチン分子の位置を乱そうとする変形・破壊には、大きな力が必要となります。
　固体の強さ、硬さ等は、これに起因しています。

　ケラチンタンパク質の表面は、カルボキシ基・アミノ基等の極性基（親水性基）や、水素結合を生じやすいペプチド結合等が露出している化学構造になっており、＋（プラス）イオンや－（マイナス）イオンに帯電している個所が無数に存在しています。

図表5　気体分子の運動

(常温)

気体分子		秒速（m/秒）	運動回数	運動距離
水素	H₂	約 2,000		
ヘリウム	He	約 1,000	1秒間に	1回に
酸素	O₂	約 500	約1億回	約 0.0001 mm
窒素	N₂	約 500		

図表6　吸着過程と等温吸着曲線との対比

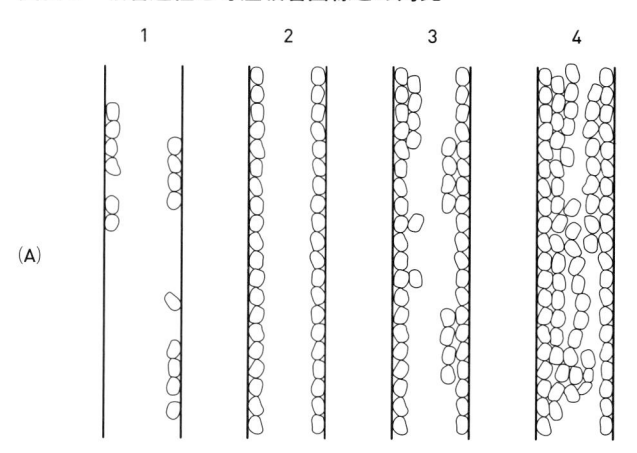

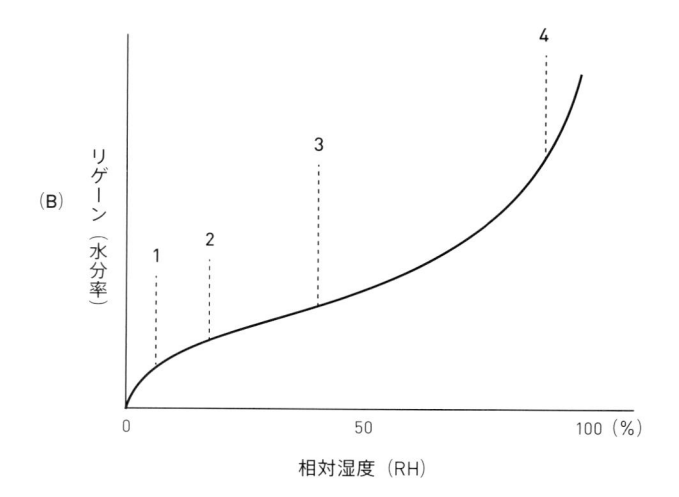

(A) 1～4の段階図、(B) 相対湿度（RH）に対するリゲーン（水分率）曲線

一方、水は極性分子で、その分子中の酸素原子はマイナスに、水素原子はプラスに帯電しています。そして、大気中の他の気体分子と同様に、熱運動によって四方八方に猛烈な速さ（数百 m /秒、**図表5**）で飛び回っており、水分子や他の気体分子と衝突し合っています。

この水分子はケラチンタンパク質の引力圏内に入ると、ケラチン分子と衝突して跳ね返り、また空気中に戻るのですが、わずかしかエネルギーを持っていない水分子は、ケラチンタンパク質の引力圏内から飛び出すことができなくなり、繊維との間の分子間力（ファンデルワールス力）や水素結合等によって、ケラチンタンパク質に吸着されます。なお、湿度が高く、空気中の水分子が多ければ、ケラチンタンパク質の引力圏内に飛来する水分子も多くなるので、吸着される量も多

くなります。

しかし、吸着された水分子は、その座席に定着することなく、他の座席に移動したり、再び空気中に戻ったり、他の分子が座り込んだりして平衡状態を保っています。

このとき、温度が高くなると、水分子の持つエネルギーも大きくなるので、熱運動も活発となり、ケラチンタンパク質の引力圏内にウロウロしていた水分子も遠く圏外に飛び立つようになります。また、座り込んでいた水分子もジッとしていることができなくなり、再び空気中に飛び出すようになります。これは脱着と呼んでいます。

以上を取りまとめますと、次のようになります。

［温度の影響］
吸着量は、温度が高くなれば少なくなり、温度が低くなれば多くなる
［湿度の影響］
湿度が高くなればなるほど、吸着量は多くなる
［極性基の影響］
極性基（親水性基）が多いほど、吸着量は多くなる

■毛髪構造による吸着

前項において、毛髪－水分子間の一般的な吸着現象を説明しましたが、ケラチン繊維の場合は、その特殊な内部構造を併せて考えなければなりません。

例えば、水で濡らした針金は、表面の水分をふき取ってしまえば、元の重さと同じ重さになります。毛髪の場合には、表面の水をふきとっても、内部に水を吸い込んでいるため、元の重さより重くなっています。

しかし、乾燥すれば内部の水分も外に出て、元の重さに戻るので、水分が化学的に毛髪を変化させたのではないことが分かります。

このような毛髪の吸着現象は、毛髪内部の空孔（毛細管状）と、その空孔壁に親水性の原子団（アミノ基、カルボキシ基、水酸基等）が、多く集まっていることによって起きるのです。

その吸着の過程は、**図表6（A）の1～4**の四段階に分けられます。

〈第1段階〉図表6（A）の1
孔壁の親水基と水分子が、水素結合によって吸着され始めた初期吸着の段階。

〈第2段階〉図表6（A）の2
内部表面がほぼ一重の水分子の膜で覆われた状態。このような膜を単分子膜と呼びます。

〈第3段階〉図表6（A）の3
単分子膜の上に、さらに水素結合によって水分子が重なっていく状態。

〈第4段階〉図表6（A）の4
空孔の中が、ほぼ水分子で満たされた状態。孔壁に近い水分子を除いて、それより内側の水分子は普通の液体の水と同じ状態にあると考えられ、実際には水に浸漬した状態に近いも

の。この状態では、毛髪自体は膨潤した状態にあり、毛管の直径も大きくなっています。

この4段階と吸着曲線（湿度－水分率）との関係を図で示したのが、**図表6（B）** です。

■吸着のヒステリシス

図表7・8 は、乾いた毛髪が湿っていく場合（収着）と、湿った毛髪が乾いていく場合（脱着）の水分率と湿度の関係を示したものですが、このように吸着曲線と脱着曲線とは重なり合わないことが分かります。

この現象を「吸着のヒステリシス」といっています。この**図表7・8** から分かるとおり、同じ湿度でも、湿った毛髪が乾いていった場合（脱着）の方が含水量は多くなっています。

この原因は、空孔の内部表面には親水性の原子団（アミノ基、カルボキシル基等）が多く集まっていて、強い力で水分子を引き付けているので、いったん吸着してこの座席に座ると、なかなか脱着し腰を上げなくなるからです。この腰の上げにくさと上げやすさとの差、あるいは座り心地の良さと悪さとの差が、**図表7** のA曲線とB曲線の差となって現れているわけです。

さらに、もう1つの原因として、「毛管凝縮」という現象を考えなければなりません。

毛管凝縮とは、**図表6（A）** の3のように、毛細管の奥に水分子が2層以上吸着された場合をいい、この状態では奥の水分子は出にくくなります。

図表9（A） のように孔が比較的広くても、孔の壁に吸着している水分子が孔を狭くしているので、外に出にくくなります。

また、**図表9（B）** のように途中に細くくびれた部分があると、奥の水分子は、なお一層出にくくなります。その結果、毛管中の水の含量は、同一湿度でも吸着して行くときよりも多くなり、ヒステリシスの現象が現れてくるわけです。

この現象は、混み合った電車でも乗るときは比較的容易に乗れますが、降りるときはなかなか降りられないのとよく似ています。

なお、この毛管凝縮という現象を理解することによって、中間水洗や一般的な洗浄の効果を上げるためには、水洗を念入りに行わなければその目的を達することができない、ということが理解できると思います。

■吸着熱

乾燥した繊維が水を吸着すると熱が発生します。これを吸着熱といいます。

この吸着熱は、天然繊維では大きく、化学繊維では小さくなっています。従って、吸着熱の大小は、繊維の親水性の大小を判定するのに役立ちます。

一般に、運動していた分子が静止すると、運動エネルギーを失い、このエネルギーが熱となって放出されます。逆に、吸着水を放出するときは、運動エネルギーとして熱を吸収します。

吸着熱は、吸着の初期に大きく、後期では小さくなります。**図表6** の4の段階では、毛管の中心部の水分子は普通の水と同じように、かなり動いているので、吸着熱はわずかしか発生しません。

図表10 は、乾燥した繊維1gを湿度65％の空気中におい

図表7　メリノ羊毛の吸着ヒステリシス

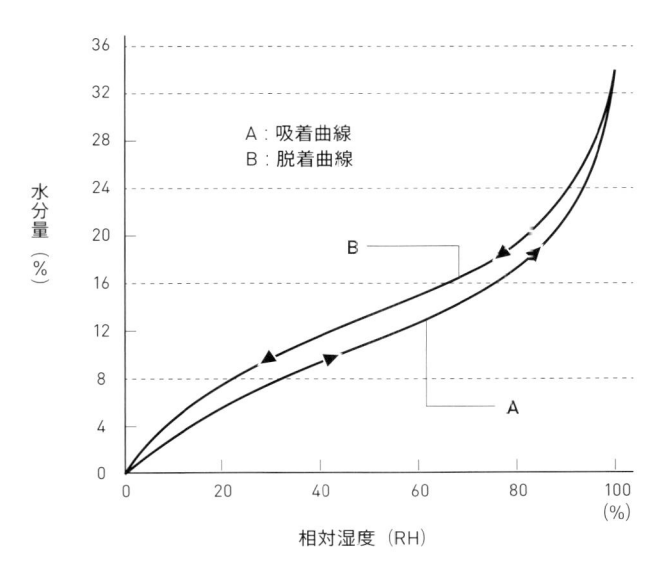

図表8　毛髪の水分の吸着と蒸散

RH（%）	人毛（獲得重量）	
	吸収（%）	蒸散（%）
0	0	0
8.5	3.9	5.1
35	—	—
40.4	10.2	12.0
63	14.8	16.7
86	22.6	23.3
100	31.2	31.2

図表9　毛管現象

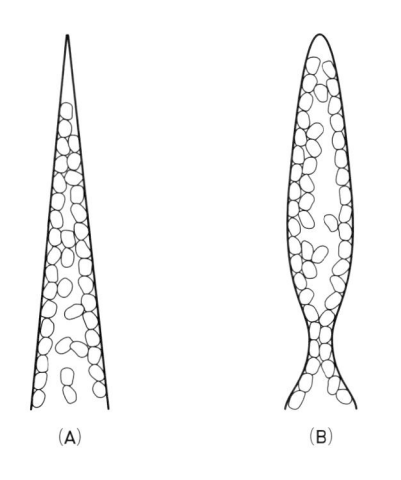

たとき、水分を吸着して発生する熱量と、そのときの水分率を示したものです。羊毛、絹、綿、ナイロンの順に吸水量が小さく、発熱量も小さくなっています。羊毛1gは、約20 calという大量の吸着熱を発生していることが分かります。

③膨潤性

ある物体が液体を吸収し、その本質を変化することなく、体積を増す現象を「膨潤」といいます。

液体としては、酸・アルカリ・塩類等の溶液、有機溶媒、水等がありますが、ここでは水の場合について説明することにします。

膨潤の形態

膨潤には、ある程度進むとそれ以上進まない場合（有限膨潤）と、際限なく進んで最後には溶液となってしまう場合、つまり溶解してしまう場合（無限膨潤）とがあります。毛髪は前者、ゼラチンは後者の例です。

毛髪が膨潤すると、直径はかなり大きくなりますが、長さの方向にはわずかしか変化が見られません。このように、方向によって膨潤性の異なることを、膨潤不等方性と呼んでいます（図表11）。

一般の繊維の場合は、全部が有限膨潤であり、不等方性です。そして、膨潤の方向性はほとんどが毛髪と同様に、直径方向の方が大きいのですが、ナイロンは逆に長さの方向の方が大きくなっています（図表12）。

膨潤度

毛髪を水に漬けておけば、長さは1～2%長くなり、太さは12～15%ぐらい太くなります。そして、重量は30～40%増加します。この重量の増加率は、前に述べた水分率（リゲーン）に相当するものであって、体積の増加率とは一致しません（体積収縮）。

従って、重量増加率を「膨潤度」というのは本来、適切でありません。しかし、重量増加が膨潤（体積増加）の一応の目安となることから重量増加率を一般に膨潤度とも呼んでいるので、本章でも便宜的に「膨潤度」ということで説明することにします。

■体積収縮

毛髪が水を吸着する際には、膨潤（重量・体積の増加）を伴いますが、「体積収縮」という現象が起きます。

A＝乾燥した毛髪の体積
B＝吸着された水の体積
C＝水を吸着した毛髪の体積

とすれば、常識的に考えて、A＋B＝Cとなるはずですが、

図表10　吸湿による発熱

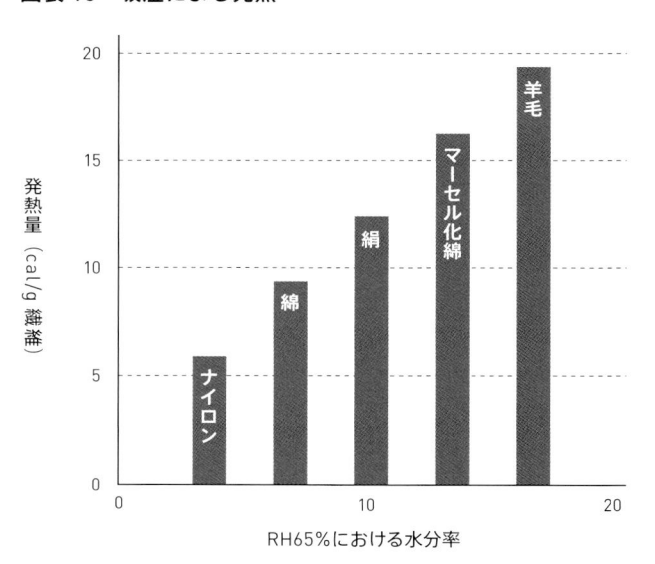

図表11　人毛の体積変化と相対湿度（RH）

RH (%)	吸収		
	直径の増加率 (%)	長さの増加率 (%)	体積の増加率 (%)
0	0	0	0
10	2.30	0.56	5.70
40	5.10	1.29	12.20
60	6.90	1.53	16.30
90	10.60	1.72	24.60
100	13.90	1.86	32.10

図表12　各種繊維の水による膨潤（%）

繊維	直径方向の膨潤	軸方向の膨潤
綿	20～30	
黄麻	20～21	0.1～0.2
羊毛	15～17	
絹	16～19	1.3～1.6
ナイロン	1.9～2.6	2.7～6.9
毛髪	12～15	1～2

実際には A ＋ B ＞ C となり、予想した体積より小さくなります。このような現象を「体積収縮」といっています。

例えば、小石 1 リットルに砂 1 リットルを混ぜても 2 リットルにならないのと同じ理屈です。つまり、毛髪の空孔（小石のすき間に相当）に水分子（砂に相当）が入ってしまって、全体としては予想された体積ほど大きくならないわけです。

■温度の影響

吸着（膨潤の初期）の場合は、温度の上昇と共に吸水量は少なくなりましたが、毛髪を水に浸漬した場合は、これとは逆の現象が見られます。

P.109 の図表 4 において、湿度が 97% のときの吸着量（水分率）の温度による差は、少なくなっています。これは、毛管中の水分が多くなったため、水分子同士の衝突が多くなるので、毛管の外の空気中に飛び出す割合が少なくなったことによると思われます。

一方、毛髪を水に浸漬した場合に、毛管の内外に水分子がギッシリと密集して障壁を築いているので、毛管の中の水分子は、飛び出すことが困難となります。また、水と熱によってケラチンタンパク質中の側鎖（水素結合、塩結合）の切断が、温度の上昇とともに進み、毛管が太くなるので、管内の水の量が多くなります。その結果、**図表 13** に示したように、温度の上昇とともに膨潤度が多くなるものと推測されます。

■水の pH による影響

ここでは、基本となる水の pH による影響について簡単に説明します。

毛髪が最も安定な状態のときの pH は、等電点（pH4.5 〜 5.5）であることは別章で説明したとおりです。この等電点よりも酸性側とアルカリ性側の水と膨潤度の関係は、**図表 14** のとおりです。

等電点より酸性になるに従って、膨潤度は徐々に大となりますが、pH2 以下では凝固して硬くなり、やがて溶解するようになります。また、アルカリ性の場合も pH の上昇と共に膨潤度は大となりますが、pH10 以上になると急激に膨潤し、溶解するようになります。

膨潤のメカニズム

前述のとおり、吸着と膨潤とは、その境界がはっきりしていませんが、吸着は水蒸気が吸収される初期の現象であり、膨潤は吸着の後期（湿度 60% 前後から完全に水で濡らしたとき）の現象と考えることができます。そのため、この両者を統合し、次のように単純化して説明されています。

つまり、毛髪に吸収された水には、毛髪と水和物を作り、動きにくくなっている水（固定水・結合水）と、毛髪中で自由に動き回れる水（自由水・溶解水）とがあり、両者の合計が吸着曲線に見られる水分率に相当します。

図表 15 では、A 曲線は結合水、B 曲線は自由水、C 曲線は吸水量（A ＋ B）を表しています。

湿度 50 〜 60%（水分率 10 〜 15%）付近から膨潤が目立っ

図表 13　毛髪の浸漬温度と膨潤度

温度（℃）	膨潤度（%）
20	30.5
30	30.7
60	31.0
80	31.6
100	32.1

図表 14　毛髪の膨潤と pH の関係

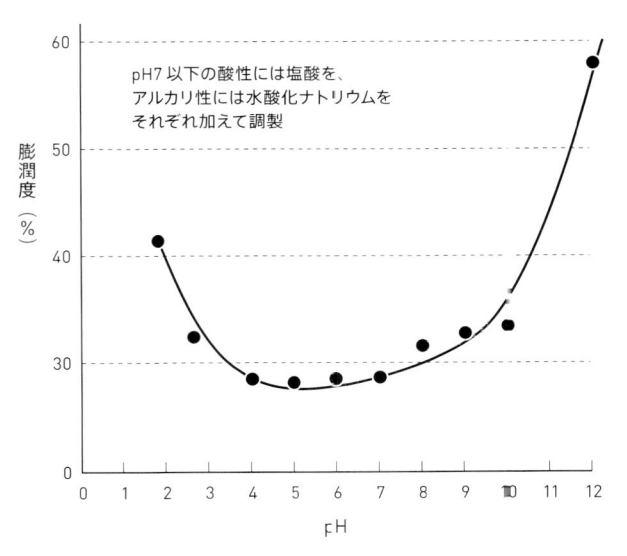

図表 15　ケラチン中の結合水と自由水

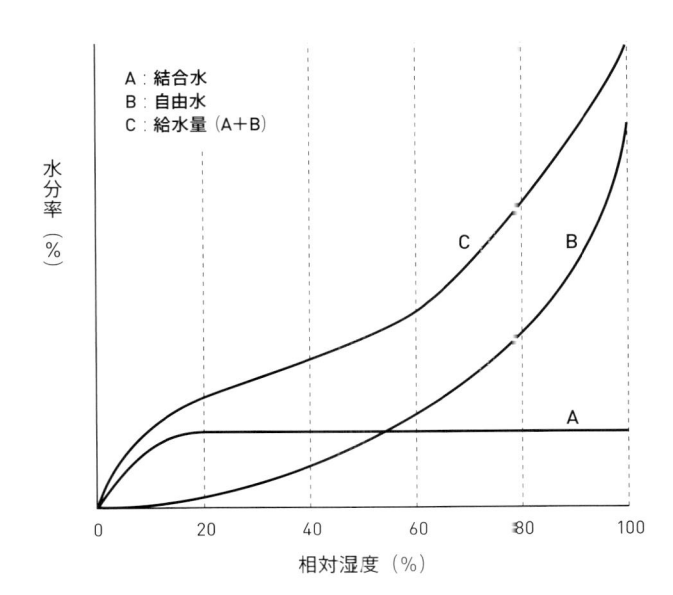

図表16　網状分子の膨潤の模型図

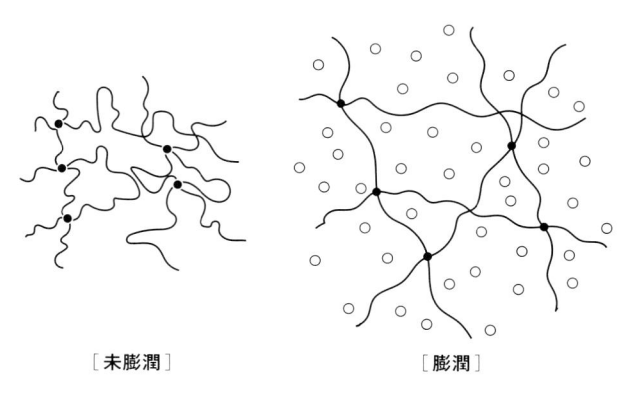

［未膨潤］　　　［膨潤］

○ は溶媒（水）分子

てくるので、膨潤では湿度60%付近から完全に水で濡らしたところまでが重要な問題となります。P.110 図表6（A）の3・4に見られるように、水が孔を満たすようになる段階です。

それは、この段階になると、空孔は自由水で押し広げられて行くからです。従って、膨潤の起こる場所は、空孔の多い非結晶領域ということになります。

細い毛管が水を吸収して太くなれば、体積が大きくなり、そして太くなった毛管や、当初から太かった毛管に水がたまるようになれば、重量の増加が著しくなります。従って、体積の増加率と重量の増加率は一致しないわけです。

次に、空孔の内壁に吸着された水が自由水となる過程を、もう少し詳しく見てみましょう。毛髪ケラチンの化学構造は、長いポリペプチド鎖が多数集まり、主鎖同士は側鎖結合によって、網目構造となっています。

この側鎖結合のうち、水素結合は水によって切断され、ヒドロキシ基・アミノ基・カルボキシ基・ペプチド結合等の水と親しみやすい部分に水の分子が吸着されて、主鎖と主鎖の間が押し広げられるので、網目構造が膨れていきます。そうなると、網状の結び目と結び目との間の側鎖は、引き伸ばされた形になります。ところが、引き伸ばされた側鎖は、機会あるごとに、元の短くまとまった形に戻ろうとしています。

水が入って押し広げようとする傾向と、側鎖が元の形に縮まろうとする傾向とが釣り合ったところが膨潤平衡に相当し、これ以上はいくら時間をかけても、膨潤は進まないようになります（図表16）。

ところで、フィブリルを構成している結晶領域の主鎖は、短い側鎖で強く結ばれているので、水による影響は少なく、ほとんど膨潤しません。

一方、非結晶領域の糸まり状の主鎖は、比較的長い側鎖で緩く結ばれており、水によって主鎖の間隔が広がりやすく、四方八方に膨れようとしています。しかし、縦の方向への膨潤は、フィブリルとの間の側鎖結合によって妨げられるので、横の方向に膨潤するようになるのです。

膨潤に影響を及ぼす構造上の要因は、ケラチン分子の分子量、結晶領域の量、側鎖結合の数等があり、これらの要因が多くなると膨潤度は低下し、少なくなると増加します。

損傷毛は、主鎖・側鎖結合等の切断が起こっており、しかも、毛髪成分の溶出により多孔性を増しているので、その膨潤度は正常毛より大きくなるはずです。従って、その膨潤度を比較することによって、損傷の有無・程度を推定することができるのです。

④毛髪の乾燥

タオルドライした毛髪は、毛髪表面に付着していた水の大部分が除かれていますが、膨潤平衡の状態で30%以上の水分を含んでいます。これを乾燥して行くと、始めは残存している付着水が除かれる段階で、乾燥速度は非常に速いのですが、水分率30%以下になると、乾燥が進むに従って、その速度は徐々に遅くなります。

これは、前に述べたように、空孔中心部に近い水分子が蒸発するのに必要とする熱エネルギーと比較して、空孔壁に近い水分子ほど熱エネルギーを多く必要とするからです。

乾燥にフード式ドライヤーを使用した場合、その内部の温度と湿度の測定例によると、かなり高温で頭頂直上で100℃以上、湿度95%以上になっています。測定した機種、経過時間、測定位置等によって、かなり相違があると思われますが、いずれにしても、乾燥時のフード式ドライヤー内は非常に高温多湿になっているので、乾燥に時間がかかります。高温多湿になる原因は、フード式ドライヤーの中で空気をかき回すだけで、空気の流通が悪いという（乾燥についていえば）構造上の欠点によるようです。この点については、ハンドドライヤーの方が効率がよいと思われます。

乾燥を速くする要因としては、高温の乾燥空気を多量に流通させることに尽きます。

①温度を高くする
　空孔内の水分子に熱エネルギーを付与して分子運動を活発にし、大気中に飛び出しやすくする。
②湿度を低くする
　水分子の飛び出しを妨害しないように、毛髪周辺の水分子の数を少なくする。
③風量を多くする
　毛髪表面に付着停滞している水分子を、多量の空気で吹き飛ばして除く。

毛髪を短時間に効率よく乾燥するのに必要な条件は、上記のとおりですが、効率だけでなく毛髪の受ける影響も考えなければなりません。

含水量の多い毛髪は、60℃前後から熱変性を起こすといわれています（次項参照）。毛髪にいろいろな化学物質が残留している場合には、さらに低い温度でも損傷を受けることは十分考えられます。従って、温度はあまり高くしないで、湿度をできるだけ低くした空気を多量に送ることが、望ましいことになります。

しかし、髪をセットする場合は、高温で乾燥した方が持ちがよくなります。低温乾燥で持ちのよいスタイリング剤が開発されれば別ですが、セット時の乾燥は、当初は低温でできるだけ

乾燥し、終りごろは高温で行うという折衷策が考えられます。

なお、ダメージヘアのお客様が増えたのは、ハンドドライヤー等の使用回数の増加や、乾燥時間を短縮するための高温送風が、その原因の1つと思われますので、お客様にドライヤーの使用方法についてもアドバイスをしてください。

⑤その他の物理的性質

熱変性

熱が毛髪に及ぼす影響は、乾熱と湿熱とでは異なります。

乾熱では、外観的には120℃前後から膨化が見られ130〜150℃で変色が始まり、270〜300℃になると焦げて分解し始めます。しかし、機械的な強度は80〜100℃で弱くなり始めます。

化学的には、150℃前後からシスチンの減少が見られ、180℃になるとα-ケラチンがβ-ケラチンに変わります。

一方、湿熱では、シスチンの減少は100℃前後から見られ、130℃では1分間でα-ケラチンがβ-ケラチンに変わります。

別なデータによれば、ケラチンタンパク質の変性は、湿度70%では70℃から始まりますが、湿度97%では60℃から始まっています。

理美容室等においてヘアドライヤー、ヘアアイロン等で加熱、または乾燥の処理を受ける毛髪は、たいてい濡れており、30%前後の水分を含んでいるので、湿度100%のときと同じ状態と見なければなりません。

従って、処理温度は60℃以下にすることが、毛髪の損傷を防止する上で必要となります。薬剤で濡らした毛髪や水洗が不十分な毛髪は、熱変性を一層強く受けるようになります。ヘアアイロンの温度は180℃前後、ハンドドライヤーの温度は、送風口からの距離によって違いますが90℃前後もあり、部分的には、さらに高温になりがちですから、注意しなければなりません。

光変性

太陽光線は、波長の長い方から順に、赤外線・可視光線・紫外線の3つに大別されます。この中で、毛髪に何らかの影響を与えるのは赤外線と紫外線です。

赤外線は、熱線ともいわれるとおり、物体に当たると熱を発生します。毛髪ケラチンタンパク質は、その熱によって幾分かは側鎖結合が破壊され、損傷（熱変性）を受けます。

最も影響を及ぼすのは紫外線です。羊毛についての報告によると、その光化学的反応によってシスチンが減少し、アルカリ溶解度が増加しています。

アルカリ溶解度は、毛髪ケラチンタンパク質の損傷度に比例して増加するので、この溶解度を測定することによって、毛髪の損傷の程度を知ることができます。

また、羊毛の毛先と根元の硫黄形態の分析例によれば、-S-S-型の硫黄は毛先が2.66%、根元が2.99%と、毛先の方が少なくなっています。これは、毛先の方が日光にさらされている時間が長いからです。

屋外勤労者や高原や海岸の居住者の方々にはパーマがかかりにくい、あるいは伸びやすい原因は、太陽光線、特に紫外線による毛髪ケラチンタンパク質の変性といえます。

帯電性

静電気の発生は、多くの物質にみられます。セーターを脱ぐときパチパチと音がする、ウールや化繊の衣類に塵埃が付きやすい、セルロイドの下敷をこすると紙屑がセルロイドに吸いつく。このような現象は、摩擦によって静電気が生じたために起きるのです。そして、冬季の低温で乾燥した時期に多く見られます。

毛髪をブラッシングあるいはコーミングするとき、ブラシやコームに毛髪がまつわり付いたり、毛髪同士が反発し合ってまとまりが悪く、セットしにくいことがあります。

この現象が起きるのは、摩擦によって毛髪はプラスに、ブラシはマイナスに帯電するので、プラスの電気を持った毛髪同士は反発しマイナスの電気を持った毛髪とプラスの電気を持ったブラシとは互いに引き合うためです。

摩擦を小さくしたり、湿り気を多くすれば、静電気は発生しにくくなります。そこで、静電気防止剤として、シリコーン・油脂・界面活性剤・湿潤剤等が用いられ、これらを配合した日用品・頭髪用化粧品等が市販されています。

⑥吸水性と膨潤の日常例

毛髪の物理的性質を理解して頂くために、各種図表を用いて解説しましたが、図表の読み取り方というのも、慣れないと難しく感じられるかもしれません。

そこで、ごく一部についてですが、日常的なわかりやすい例を挙げて、図表の見方の参考として頂きたいと思います。

吸湿性の見方

吸湿性という性質が、最も問われる場面は繊維であり、衣服に使用される際に最も重視されるといってよいでしょう。

ここでは、肌着を例にとって説明します。

■肌着の吸湿性

衣服を着用する場合、その繊維の吸湿性が着心地と密接な関係にあります。人体からは常に多量の水蒸気が汗として発散されていますが、この水蒸気が皮膚の表面から急速に取り除かれるかどうかが、着心地の良し悪しに関係するのです。

蒸し暑いとき等、汗の水蒸気がいつまでも皮膚の表面に留まっていたり、汗として皮膚表面を濡らすようになると、私たちは不快に感じるようになります。

合成繊維は、吸湿性が小さいため、皮膚の表面に、飽和に近い水蒸気の層をすぐに作ってしまいます。それで、汗として皮膚を濡らすことになるのです。

図表10　吸湿による発熱

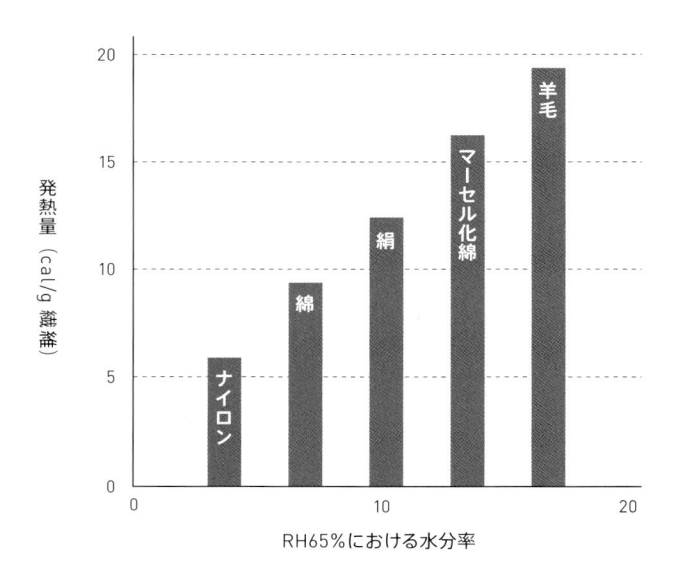

（グラフ：RH65%における水分率に対する発熱量（cal/g 繊維））
- ナイロン
- 綿
- 絹
- マーセル化綿
- 羊毛

図表11　各種繊維の水分率（25℃）

繊維	RH 65 %	RH 95 %
サラン	0.0	0.1
ポリエチレン	0.0	0.2
カシミロン	0.4	1.0
テトロン	0.4	0.7
ナイロン	4.0	8.0
木綿	7.0	25.0
絹	11.0	24.0
羊毛	15.0	28.0
毛髪	13.0	30.0

図表12　各種繊維の水による膨潤（%）

繊維	直径方向の膨潤	軸方向の膨潤
綿	20～30	
黄麻	20～21	0.1～0.2
羊毛	15～17	
絹	16～19	1.3～1.6
ナイロン	1.9～2.6	2.7～6.9
毛髪	12～15	1～2

　天然繊維は、吸湿性が大きいため、皮膚表面の水蒸気をよく吸着し、皮膚が濡れるのを遅らせます。また、天然繊維は、吸湿すると多量の吸着熱を放出するので、肌にヒンヤリとした感触を与えないことも、合成繊維より優れている点です。**図表10** の吸湿による発熱のグラフから、このようなことが分かります。

　図表11 の「RH 95%」は皮膚の表面の湿度に、「RH 65%」は外界の湿度に相当するとすれば、湿度95%と65%における水分の差の分だけ、汗を外界に発散させることになります。従って、この差の大きい綿が、吸湿性の面から見た場合、肌着として最も優れているわけです。また、耐洗濯性のよいこと、価格の安いことも肌着として適しています。

■ホースが水漏れしない理由

　消火用ホースは、麻か綿で作られています。消火の放水作業では、相当強い圧力で水を通しますが、「膨潤」の物理で説明できます。つまり繊維が水を吸収して膨潤し、その太さ（径）が20～30%も太くなって、布の目が詰まるからなのです。**図表12** の、直径方向の膨潤の数値を見較べると、消火用ホースが麻か綿で作られている理由が一目瞭然です。

　また、麻や綿がホースに使用される、その他の理由としては、次の点があげられます。

・乾燥時より濡れているときの方が、強度が大きい
・通常の合成繊維より、耐熱性に優れている
・安価である

※なお、本項では毛髪の特性を明らかにするため、毛髪を繊維として取り扱い、他の繊維と比較対照しました。また、毛髪と羊毛は、物物的・化学的性質が非常に酷似しているので、両者を同一に取り扱ったところもあります。

(7) 毛髪の力学的性質

①力学の基礎知識

　力学とは物理学の一分野で、物体に働く力と物体の運動との関係を研究する学問です。毛髪に引っ張ると伸び、さらに引っ張り続けると切れてしまいます。このように、毛髪に力が加わったときには、弾性、塑性、粘性、緩和、クリープ等の力学的な性質を総合的に考えなければならず、温度・時間・外力等の条件の違いによって複雑な変化をします。

　ここでは、よく耳にする抗張力、伸び率、弾力性、可塑性、粘度等について、その初歩的な概略を説明します。

　物体の変形を大きく分類すると、**図表1**のように分けられます。

弾性（弾力性）

　コンニャクやゼリーは、指で押すと凹みますが、指を離すと元の形に戻ります。また、スプリングやゴムは、引っ張れば伸びますが、力を除くと元の長さに戻ります。

　このように、元の形に戻ろうとする性質（反発力）を弾性（弾力性）といい、このような変形の仕方を「弾性変形」といいます。

　弾性変形を示すのに、バネの模型図が用いられています（**図表2**）。固い物でも柔らかいものでも、多かれ少なかれ弾性を持っており、外力によって変形を受けると、その物体の内部に外力に抵抗して元の状態に戻ろうとする力（応力）が生じるためです。

　そして、変形がある大きさ以下の場合、外力とそれに抵抗する力とは比例しており、その限界を「弾性限界」といいます。変形がさらに大きくなって弾性限界を超えると、急に伸びやすくなり、外力を取り除いても完全に元の状態に戻らないで、変形が残るようになります。

　その境目、つまり弾性がギブアップし始め、外力に変化がなくても変形が起こる位置を「降伏点」といいます。

　弾性は、その現れ方によって、次のように2つに大別されています。

■結晶弾性（エネルギー弾性）

　バネ秤のように比較的大きな力で少し伸び、力を除けば、瞬時に元の長さ（形態）に戻るような弾性を「結晶弾性」といいます。この弾性は、固体の中の原子や分子の間の引き合う力（結合エネルギー）によって生じるもので、固体の特徴となっています。

■ゴム弾性

　ゴムのように小さな力でよく伸び、力を除けば直ちに元の長さ（形態）に戻るような弾性を「ゴム弾性」といっています。この弾性は、分子間力の少ない、糸まり状に丸まった高分子鎖が引き伸ばされることによって生じます。丸まった高分子鎖が引き伸ばされるだけですので、少しの力でも大きく変形するのが特徴です。

塑性（可塑性）

　水で練った粘土や針金は、与える力が小さいうちは変形しませんが、ある大きさの力（降伏点）以上の力が加えられると、容易に変形し、力を除いても、そのままの形を保ちます。

図表1　物体の基本的変形

種類	種類	起こる所
弾性変形	一時的。ストレスを中止すると直ちに、完全に変形は消失。時間と関係なし	降伏点以前
塑性流動	永久的。変形は時間と直線的に関係する	降伏点以後
粘性流動	永久的。変形は時間と直線的に関係する	降伏値はゼロ

第4章　毛髪の構造と性質

図表2　バネ模型（弾性を表す）

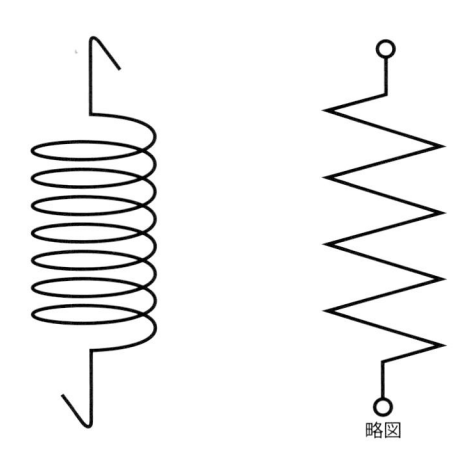

略図

図表3　ピストン模型（粘性を表す）

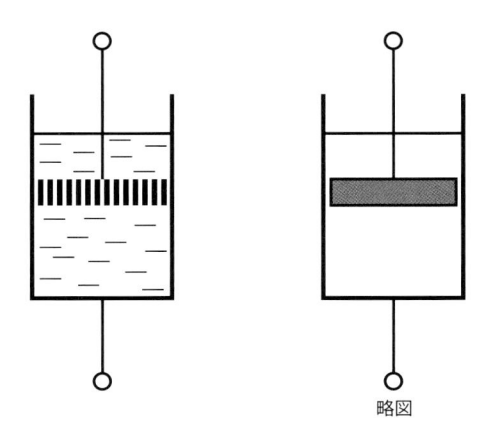

略図

図表4　3要素模型

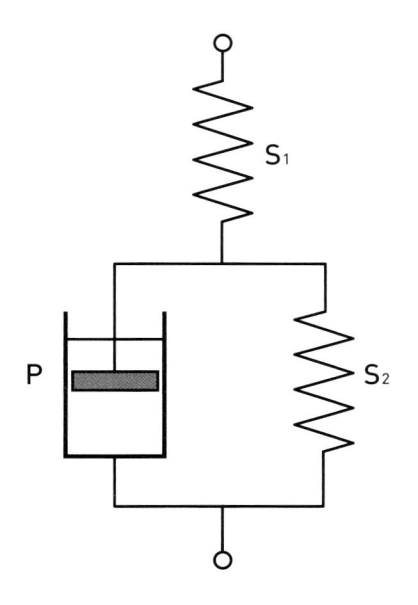

また、金属板に型を強く押し付ける（プレス）と、変形（貨幣の模様や鍋、皿等）が残ります。

このような変形の残る性質を塑性（可塑性）といい、一定限度をこえる応力を受けた物質に生じる不可逆的な変形を「塑性流動」といっています。

粘性（粘度）

一般に、粘性とは、水飴や天ぷら油等の「粘る性質」として理解されていますが、本来の意味は、物体に力を加えて変形させようとすると、それに抵抗して止めようとする力が生じる性質をいい、このような変形の仕方を「粘性流動」といいます。そして、その抵抗力の大小によって、粘度が高い、低いといいます。

例えば、水や天ぷら油等をかき混ぜると、抵抗を感じます。かき混ぜても放置しておけば、液体の分子の摩擦によって、時間が経つと止まってしまいます。ドロッとした油はすぐに止まります。また、床にこぼせば、どんどん広がっていき、元の形に戻りません。

この抵抗する性質は、弾性体も粘性体も同じですが、弾性体は力を除けば、すぐに元に戻ります（弾性変形）が、粘性体は、力を除いても、どんどん流れていき元の形に戻りません。また、粘性は、一般に温度が高いほど低下します。

この粘性流動を示すのにピストンの模型図が用いられています（図表3）。

弾性変形は固体の性質であるのに対し、粘性流動は液体の性質ということができます。

粘弾性

弾性、塑性、粘性のそれぞれの単独な理論だけでは、物体、特に、高分子化合物・乳化分散系・コロイド系等の力学的性質を十分に説明することはできず、レオロジー（日本語では流動学とも呼ばれ、この粘弾性を中心課題とする科学）の分野で研究されています。

粘弾性とは、「弾性」と「粘性」の2つの性質が混ざり合っている性質のことをいいます。

この粘弾性をわかりやすく説明するのに、バネ（弾性）とピストン（粘性）の模型を、いろいろに組み合わせた力学的模型が用いられています。しかし、この模型図は、あくまでも物体の力学的性質の外観を表すものであって、その内部の構造と厳密に対応するものではありません。

図表4は、乾燥毛の粘弾性を表す、最も単純で基本的な力学的模型図とされています。

この模型図は、3要素模型図で、バネ S1 と S2 はフィブリルの弾性を示しています（「第4章（3）毛髪の構造」を参照）。なお、パーマ剤第1剤に浸漬した毛髪は、荷重伸長曲線から推定すると、図表4の上部のバネ S1 を除いた要素模型（S2 と P）が妥当だと思われます。

粘弾性は非常に範囲が広く、また難解ですので、ここではいくつかの事例を示すだけにしました。

千歳飴

弾性限界以上の強い力で、急に曲げると、固体のように折れます。弱い力で長時間曲げていると、液体のように流れて弓形になり、元の形に戻りません。

卵白

箸で強くかき混ぜて、箸から手を離すと、卵白と箸は一瞬逆方向（元の状態）に戻ります。また、引き上げた箸から卵白が糸を引いて流れ落ち、糸が切れるとその先端が丸くふくらみ、箸の方に戻ります。液体でありながら、弾性を示します。

これと同じような現象は、トロロ、納豆、ナメコ、サトイモ、よだれ、ムコ多糖類（ヒアルロン酸・コンドロイチン硫酸・キトサン等）等の糸を引く液体（粘液）に見られます。

練り歯みがき

チューブから押し出すときは、液体のように流れますが、歯ブラシの上にのせると、固体のようにそのままの形を保ちます。マヨネーズ、バター、デコレーションケーキや化粧品のクリーム、水で練った粘土等も同じ性質の現象が認められます。

敷物（ジュウタン）

敷物の上に重い物を置くと、すぐ凹みますが、短時間ならば跡は残りません。長い時間そのままにしておいて重い物を除くと、凹んだ跡が付きます。この跡は、長時間そのままにして置くとやがて消えて、元に戻ります。

これと同じ現象は、畳んで置いた織物、長時間座ったときに衣服にできるシワ等に見られます。もし、繊維が完全な弾性体で、粘性がまったくないのならば、シワは残らないはずです。アイロンを掛けると、その温度によって粘性が下がり、シワも消えやすく、また、逆に折り目も付きやすくなります。

毛髪

寝ぐせ、セット等は、前述の敷物の場合と同じ現象です。

②毛髪の強さと伸び

毛髪を次第に大きな荷重（力）をかけて引っ張っていくと、伸びると共に太さも細くなっていき、ついには伸び切れなくなって切れてしまいます。毛髪の伸びた割合を「伸長率（%）」、切断時の荷重を「引っ張り荷重（g）」で表します。

引っ張り荷重は、毛髪の太さによって異なるので、切断時の荷重を切断時の毛髪の断面積で割って単位面積当たりの荷重としたものを、「抗張力」あるいは「強度」と呼び、通常kg/mm²で表しています。強さと伸びは、測定するときの温度や湿度によって数値が非常に違ってくるので、常に一定（一般には温度25℃、湿度65%が標準）にすることが大切です。

なお、毛髪の個人差、毛髪の受けた前歴、試料の長さ、引っ張り速度等によっても大きく違ってくるので、測定値は、測定者によってまちまちです。

毛髪の測定値の平均的な数値を挙げると、健康毛で伸び率40〜50%、引っ張り強さ140〜150g、水で濡らした毛では

図表5　毛髪の荷重伸張曲線

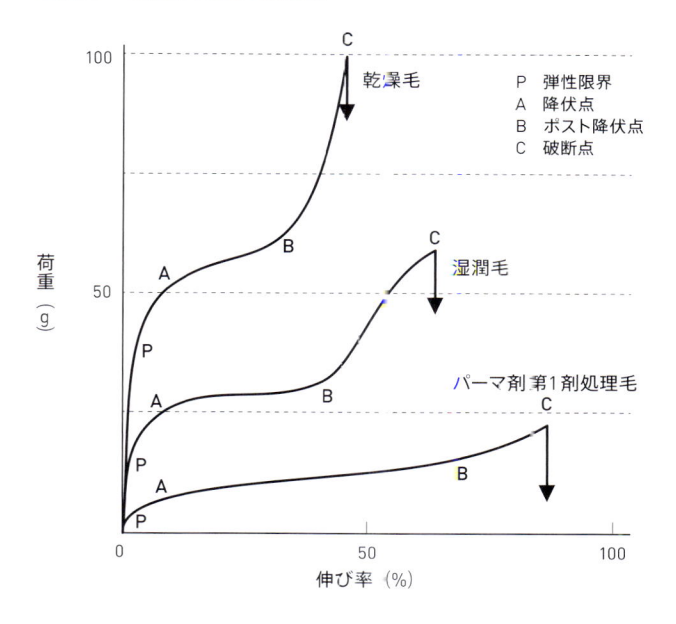

図表6　湿度と伸び率

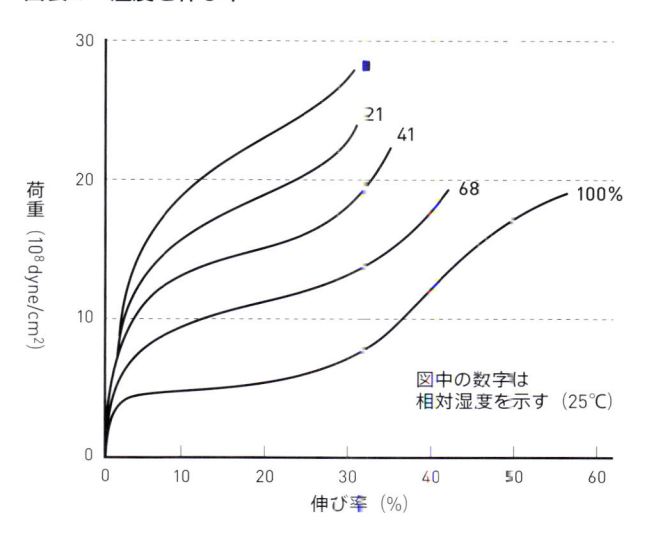

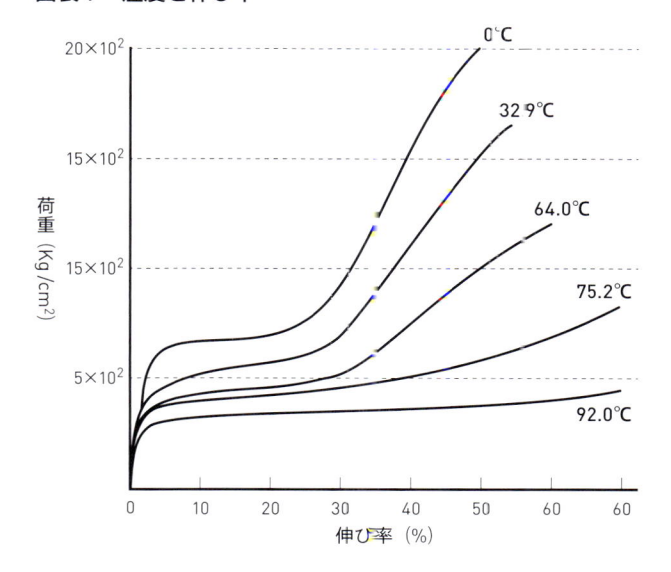

図表7　温度と伸び率

第4章（7）毛髪の力学的性質

第4章　毛髪の構造と性質

図表8　毛髪の弾性

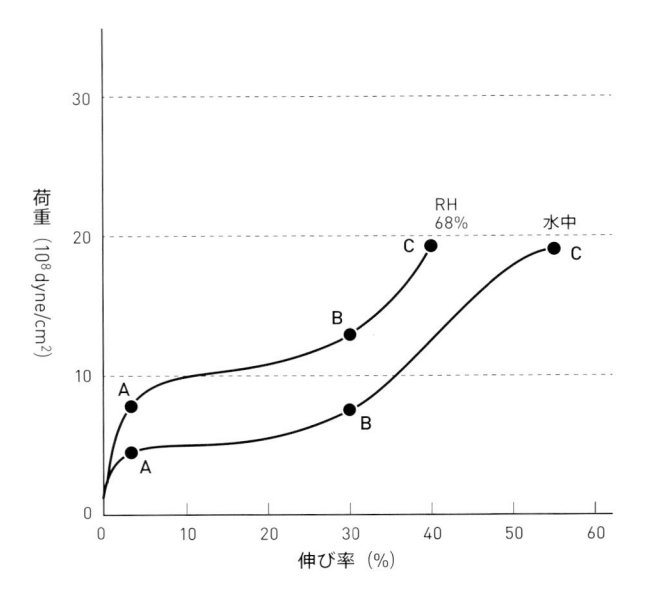

図表9　図表5の伸び始め部分の拡大図

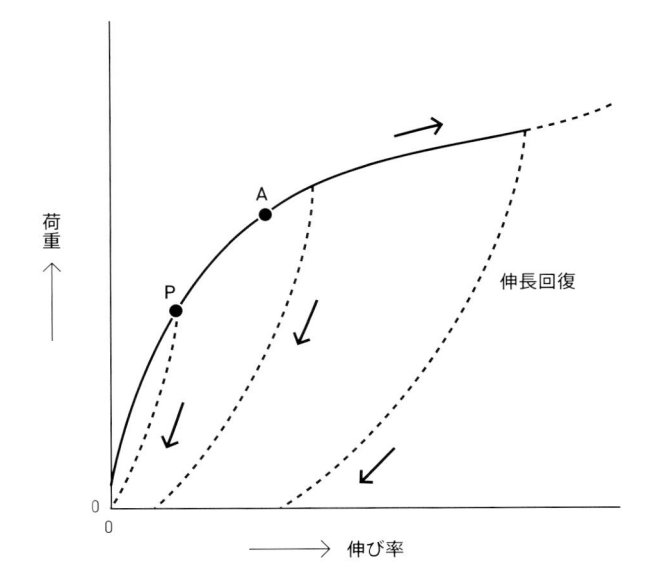

伸び率60～70％、引っ張り強さ90～100ｇとなっています。

また、毛髪の固着力（1本の毛髪を頭皮から引き抜くのに要する力）は、約50gといわれています。そのため、全頭髪（10万本）を一挙に引き抜くには、50ｇ×10万＝5,000kg＝5トンという大きな力が必要となります。

荷重伸長曲線

毛髪は、引っ張って切れる瞬間の伸びと強さと共に、引っ張り始めから切れる瞬間までの間の変化も重要です。どのような経路をたどって終点（切れる瞬間）に行き着くかによって、いろいろな性質が分かるからです。

縦軸に引っ張り荷重、横軸に伸度をとり、各伸度に対するそのときの荷重を順次グラフに記入し、それぞれの点を線で結び合わせると、P.119の図表5、図表6、図表7のような曲線図が得られます。

毛髪の弾性挙動

毛髪の荷重－伸長曲線は前述したとおり、3つの部分に分けることができます。

図表8、図表9において、Pは弾性限界、Aは降伏点、Bはポスト降伏点、Cは破断点を示しています。

最初の立ち上がりの部分（図表8／0̂ - A間）

「弾性領域」といいます。伸び率2.5％前後までの領域で、荷重と伸度が比例（直線的に増加）しており、荷重を徐けば元の長さに戻ります。このような性質を弾性といい、毛髪の場合には荷重の大きさに比べ、伸び率が小さいのが特徴です。この傾きが大きいほど伸ばしにくく、コシの強いことを表します。（弾性率大）。

水平に近い曲線の部分（図表8／ A - B間）

「降伏領域」といいます。伸び率2.5～30％の部分で、わずかな荷重でゴムのようによく伸びるのでゴム弾性的な伸長です（弾性率小）。

最後の上向きの曲線部分（図表8／ B - C間）

「ポスト降伏領域」といいます。伸び率約30％以上から破断点までの部分で、再び伸びにくくなっています（弾性率大）。

③ ケラチンタンパク質の分子構造と弾性挙動

以上の現象を分子構造上から見ると、次のように説明されます。

なお、**図表10**はβ-ケラチンの、**図表11**はα-ケラチンの模式図で、実線はポリペプチド主鎖を、点線は水素結合を、Ⓡはアルキル基を示しています。なお、分子間の側鎖結合は省略してあります。

最初の立ち上がりの部分（図表8／ 0̂ - A間）

コイル状に折り畳まれているα-ケラチン（図表11）の同一分子中に水素結合がありますが、この結合は弱いため、引っ張ることによって間隔が若干伸びます。この伸び率は2.5％ぐらいです。

水平に近い曲線の部分（図表8／ A - B間）

この段階では、水素結合の伸びが限界に達し、荷重に抵抗し切れなくなって、ついに水素結合が切断され、α-ケラチンはβ-ケラチンに転移しはじめ、わずかな荷重であっても伸長

図表10　β-ケラチン　　　　　　　　　　図表11　α-ケラチン

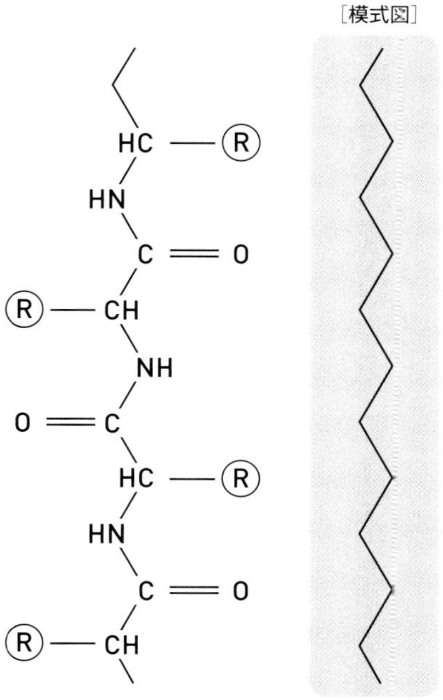

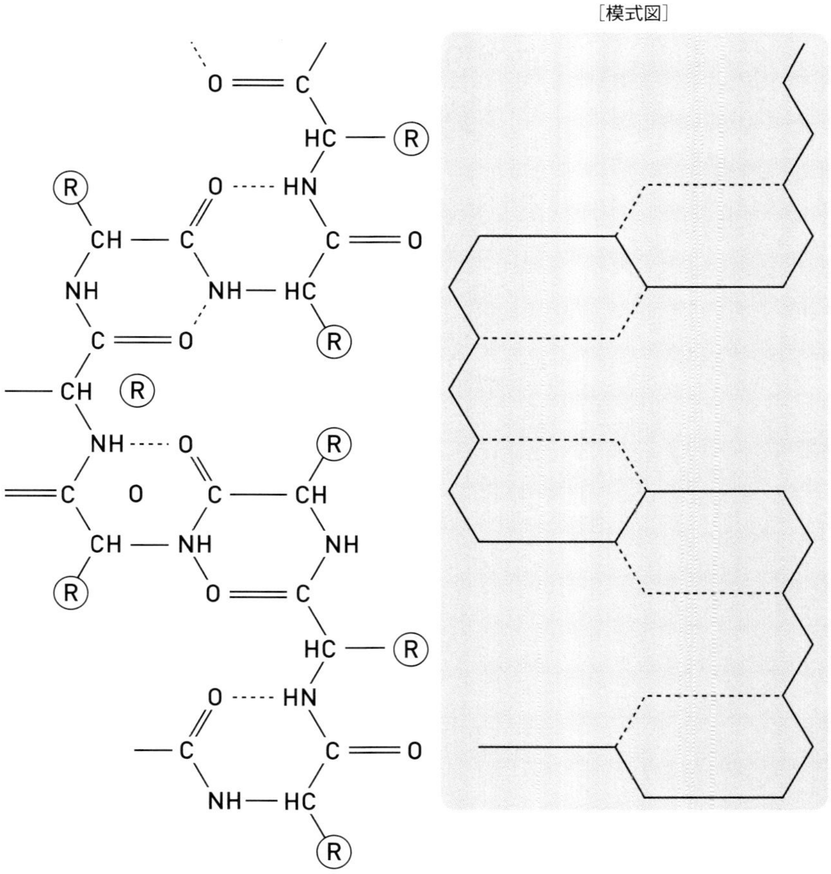

の割合が急に大きくなります。伸び率が30％付近になると、ほとんどの主鎖がβ型〔図表10〕になります。

最後の上向きの曲線部分（図表8／B-C間）

　伸びきったβ-ケラチンをなお引っ張れば、分子の主鎖が切断されるか、分子同士がお互いに滑り合って伸びるしか方法がないことになります。

　分子間の凝集エネルギーより、主鎖の切断エネルギーの方が非常に大きいので、必然的に分子間の滑りによる伸長が起こることになります。分子間の滑りが起きると、β-ケラチンの分子同士が平行になり、接近して揃いはじめます。そうなると、分子間に新しい側鎖結合ができてケラチンタンパク質の結晶化が起き、凝集力が増加するので、再び弾性率が大きくなります。さらに続けて引っ張ると、凝集力が荷重に抗しきれなくなって、分子間の滑りが大きくなり、ついに離れて切れてしまいます。

④弾性ヒステリシスと可塑性

　ここまでは、引っ張った場合について説明しました。今度は、徐々に荷重を取り徐いた場合について説明します。

　一般に、荷重をかけて伸びるときの荷重伸長曲線と、荷重を取り徐いたときの縮んで戻るときの除重曲線、つまり行きと帰りの通り道が一致しない現象を「弾性ヒステリシス」と称しています。そして、荷重曲線と除重曲線に囲まれた部分のエネルギーは、その物体に残留し、熱となって外に出ていきます。

　毛髪の除重曲線は、**図表9**の点線のように力を取り除いた位置によって異なります。0-A間は弾性領域で、行きと帰りは同一経路を通りますが、P点を超えて伸び率が大きくなるほど、弾性ヒステリシスは大きくなり、毛髪の長さも元の長さより長くなります。

　この性質が塑性といわれるものであり、図表8のA-C間を「塑性領域」といいます。

　さて、**図表12**は、乾燥毛・湿潤毛・パーマ剤第1剤浸漬毛の荷重―除重曲線です。

　それぞれのヒステリシスは、

乾燥毛 ＞ 湿潤毛 ＞ パーマ剤第1剤浸漬毛

の順になっています。ここで、永久変形（伸び）は、乾燥毛では明らかに見られますが、湿潤毛やパーマ剤第1剤浸漬毛では、ほとんど見られません。

　そして、パーマ剤第1剤浸漬毛では、わずかな力で長く伸びており、ゴム弾性が非常に増加しています。

　つまり、乾燥毛は可塑性であり、湿潤毛とパーマ剤第1剤

図表12　処理条件と可塑性

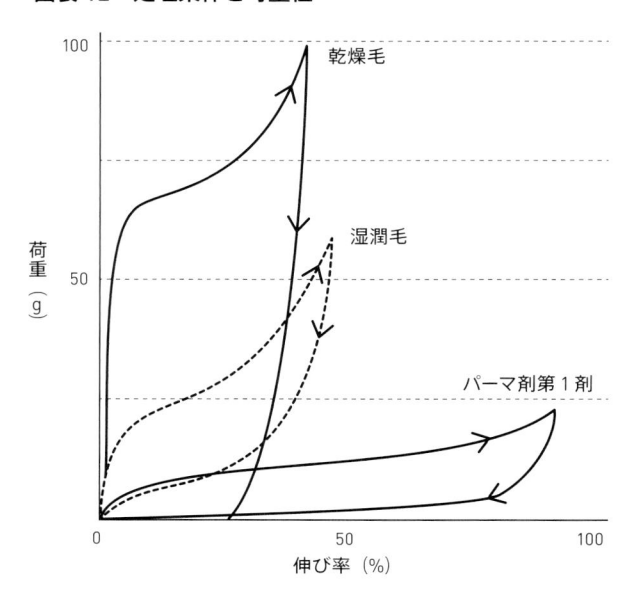

図表13　毛髪の荷重伸張曲線

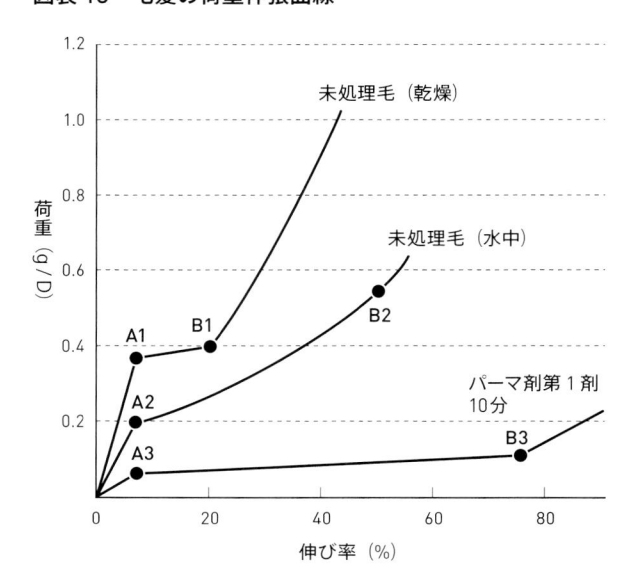

浸漬毛は可塑性がほとんどなく、より一層弾性的であることが分かります。

このように、水やパーマ剤第1剤は、側鎖結合を切断してケラチン分子の滑りをよくし、ゴム弾性を大きくして弾性限界を引き下げ、塑性変形を起こしにくくしています。ちょうど、潤滑油のような作用をしています。

「パーマ剤第1剤で、毛髪を可塑性にして…」等の説明を見受けることがありますが、このような説明は正確ではありません。おそらくこれは、「硬いものが弾性体であり、柔らかいものが塑性体である。」という誤解によるものではないかと考えられます。

⑤毛髪の感触

通常、毛髪の状態は毛髪を握ったときの感触と、目視による観察によって判断しています。この感触を弾力性の面から検討してみます。

図表13に未処理毛（乾燥）、未処理毛（水中）、パーマ剤第1剤処理毛の荷重伸長曲線を示しましたが、この3つの曲線を比較して分かる相違点は、最初の立ち上がりの 0-A1、0-A2、0-A3の傾斜（弾性率）の大小にあります。この傾斜が急であればあるほど、同じだけ伸ばすのに大きな力が必要となります。

毛髪を軽く握った場合、伸ばされやすい毛髪の方が軟らかく感じるものですから、0-A1、0-A2、0-A3 すなわち乾燥毛・湿潤毛・パーマ剤第1剤浸漬毛の順に軟らかく感じる度合が大きくなります。

また、毛髪をやや強く握った場合には、傾斜ばかりでなく、立ち上がり線の長さが短いほど、軟らかく感じるものですから、パーマ剤第1剤で処理した毛髪は、なお一層軟らかく感じるようになります。そして、より強く握った場合には、A-Bの曲線が水平に近くて長いほど、軟らかく感じます。

図表14は、いくつかの繊維と、軟らかいものの代表としてゴムの荷重伸長曲線を比較したものです。これらの曲線の立ち上がりを見ますと、絹や綿の場合は垂直に近くて長いので硬く、ゴムの場合は、ほとんど水平に近くて非常に長いので、軟らかいことを示しています。

⑥セット

毛髪は、曲げても手を離せば、すぐ元の形に戻ります。毛髪が元の状態を保とうとする内在力（弾力性）は、ケラチンタンパク質の側鎖結合や立体構造に由来することは前述のとおりです。

毛髪に様々な化学的・物理的処理をして、一時的に硬さ（結晶弾性）を弱めて軟らかさ（ゴム弾性）を強くし変形させた後、再び元の硬さに回復させて変形を固定（可塑性化）すれば"セット"の状態になります。このような変化には「側鎖結合の切断と再結合」が大きく関係しています。

なお、基礎知識の項で説明した「粘弾性」も、併せて考えてください。

セットはその成因や性質から、凝集セット（ウォーター・セット）、一時的セット（テンポラリー・セット）、パーマネント・セットの3種に分けられます。

■凝集セット

例えば、毛髪を水で濡らしてカーラーに巻き、自然に乾燥

図表14　各種繊維の荷重伸張曲線

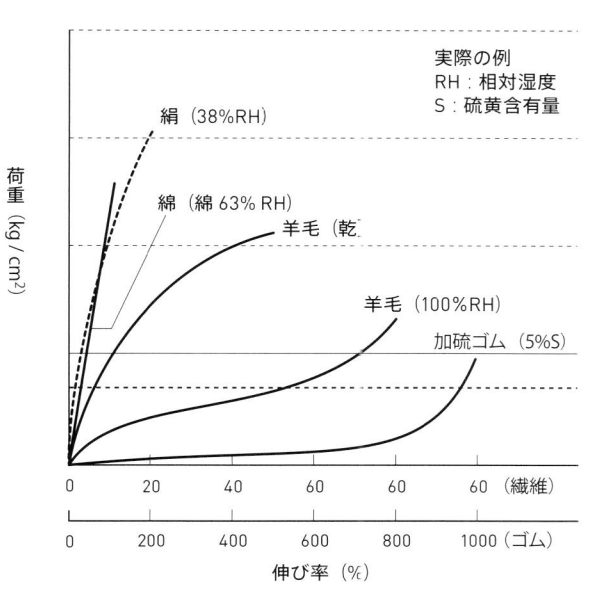

```
実際の例
RH：相対湿度
S：硫黄含有量
```

縦軸：荷重（kg/cm²）
横軸：伸び率（%）

- 絹（38%RH）
- 綿（綿63%RH）
- 羊毛（乾）
- 羊毛（100%RH）
- 加硫ゴム（5%S）

0　20　40　60　60　60（繊維）
0　200　400　600　800　1000（ゴム）

すると得られるセットは、水や空気中の水蒸気で簡単に伸びてしまいます。

このセットは、水による水素結合の切断と乾燥による再結合が主な要因ですが、水素結合の中には、水だけで簡単に切断されるものと、切断されにくいものとがあります。この場合は、切断されやすい水素結合の切断と再結合による、力の弱いセットしかできません。衣類のシワ、頭髪の寝グセ等も、この凝集セットに似た現象です。

■一時的セット

このセットは、水で切断しにくい水素結合も、水と熱の作用によって、一部が切断・再結合されることによって得られるセットで、セット力は凝集セットより強くなります。しかし、水分で消滅することは、凝集セットと同様です。

美容室で行うセットは、この一時的セットです。乾燥温度が高いほど強いセットが得られるので、ドライヤーの温度は高い方が良いのですが、生身の人間では耐えられる温度に限界があります。次善の策としては、カーラーに毛髪を巻くときテンションを強くすること、そしてドライヤー（ハンドドライヤーではなく、いわゆるお釜）から出した後、毛髪が冷えてからカーラーを外すこと（クーリング）が考えられます。

なお、ウールのズボンやスカートの折り目にヒダをつけたり、シワを伸ばしたりするとき、水分を与えてアイロンを掛けるのも一時的セットと同じ理屈です。この機構は羊毛に限らず親水性の繊維（木綿・絹等）に共通したものです。

これに対して、疎水性の繊維（ナイロン・ポリエステル等の合成繊維）は水分を必要としないで、熱だけでセットされます（熱可塑性）。従って、熱が加わらない限り、シワになりにくく、また洗濯をしてもヒダの折り目が消えないのです。

■パーマネント・セット

一時的セットでは切断されなかった側鎖結合を切断・再結合することによって得られる安定したセットをいいます。

側鎖結合の切断は、高温の水中に長時間浸漬すれば得られますが、架橋（＝側鎖結合）切断剤を使用すれば低温または短時間で目的を達することができます。

例えば、塩結合の切断剤としてアルカリを使用すれば、熱の併用によって、安定した新しい架橋となり、セットが安定します。

そして、熱を併用することなく、常温で進行する化学作用による方法が、コールド式のパーマです。これについては、「**第2章パーマの理論（1）パーマ剤の種類と特徴**」の項で詳しく説明されています。

(8) 毛髪の損傷

①毛髪損傷の発生

　毛髪は、毛根部分にある毛母細胞が分裂し、押し上げられ角化という過程を経て完成されます。頭部には、約10万本の毛髪が生えていますが、それぞれの毛根で独立した営みがあり、個々の毛髪でも、生えている場所や各部分（根元部、中間部、毛先部）で太さやダメージ等で髪質が異なります。また、一般に細い毛髪は、キューティクルの重なり枚数が少なく、また、引っ張った時等の力にも弱くなっています。

　毛髪をカットしても痛くはありません。毛髪は、爪と同じく死んだ細胞ですから、皮膚のケガが治るのとは異なり、損傷部分が自然に治ることはありません。毛髪の損傷は、一度傷むと蓄積されるので、根元部よりも毛先部に傷みが目立つのです。それでは、毛髪損傷はどのような発生原因で起こるのでしょうか。図表1に代表的な発生原因をまとめました。

　毛髪の損傷原因と聞くと、真っ先に染毛施術やパーマ施術をイメージされる方も多いと思います。これらを化学的処理と言います。化学的処理では、毛髪の色を変えたり、形を変えたりしますので、毛髪にとっては手術を受けるようなものです。毛髪は、適切な薬剤を用いても、適切な施術が行われなければ過剰に損傷します。しかし、これらの化学的処理のみでは、損傷は大きく進行しません。毛髪の損傷にはこれらの施術後の環境や日常生活でのお手入れが大きく影響するのです。

図表1　毛髪の損傷の代表的な発生原因

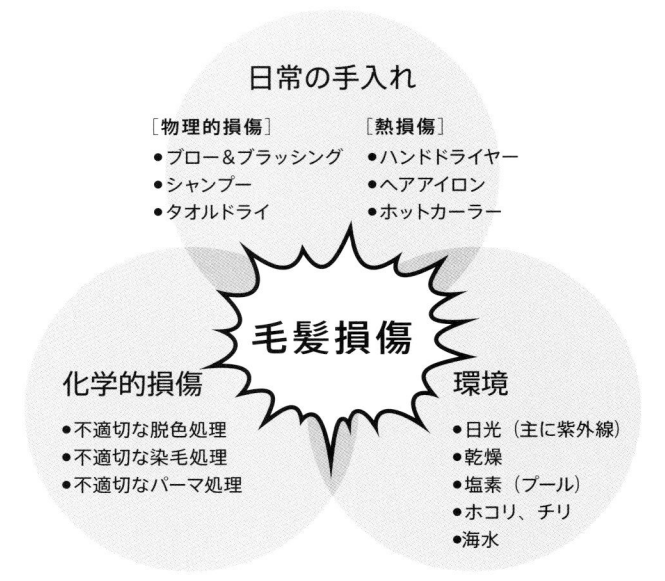

日常の手入れ
［物理的損傷］
●ブロー&ブラッシング
●シャンプー
●タオルドライ
［熱損傷］
●ハンドドライヤー
●ヘアアイロン
●ホットカーラー

化学的損傷
●不適切な脱色処理
●不適切な染毛処理
●不適切なパーマ処理

環境
●日光（主に紫外線）
●乾燥
●塩素（プール）
●ホコリ、チリ
●海水

毛髪損傷

②毛髪損傷の原因

　毛髪の損傷と一言で表されがちですが、その原因は、様々で複合的に影響していることも多いのです。ここでは、代表的な損傷の原因について触れます。

摩擦による損傷

　図表2に根元から毛先までのキューティクルの状態の一例を示します。

　毛髪の最表面は、鱗状に重なったキューティクルに覆われています。キューティクルは、生えて間もない根元部付近では、8〜10枚程度重なっていますが、毛先部に向かうにつれて、剥がれて重なり枚数が徐々に少なくなります。キューティクルが剥がれる直接的な原因が摩擦なのです。

　日常的に摩擦は、シャンプーやタオルドライ、ブラッシング、コーミング等様々な場面で生じます。特に、濡れている状態の毛髪は、水分で柔らかくなっていてデリケートですから注意が必要です。泡立ちの悪いシャンプーでは、毛髪同士が擦れ合い摩擦によってキューティクルを剥がしてしまうことにもなりかねません。シャンプーの際は、汚れを落とすだけでなく、十分泡立てることで毛髪同士が擦れないためのようにするクッションの役割を果たし、損傷予防に役立っています。

　また、ブラッシングやブローの際に起こる摩擦や毛髪同士の絡まりも、摩擦による損傷を進行させます。櫛通りをよくするブラッシング剤やヘアスタイリング剤を使用することで、摩擦や静電気を軽減できますので、これも毛髪損傷防止には効果的です。

　しかし、図表2の毛先部のように、キューティクルが全て剥がれてしまうと、毛髪は非常に乾燥しやすくパサつきます。また、このような毛髪にパーマ施術やヘアカラー施術を行うと、毛髪内部を守るキューティクルが無いために過剰に強く作用し過ぎて、毛髪のチリツキや切れ毛の発生等のトラブルを招きかねません。

　これらの摩擦による損傷は、1回ごとのダメージは少ないものの日々のダメージの蓄積が招く損傷です。

図表2　毛髪表面とキューティクルの重なり枚数

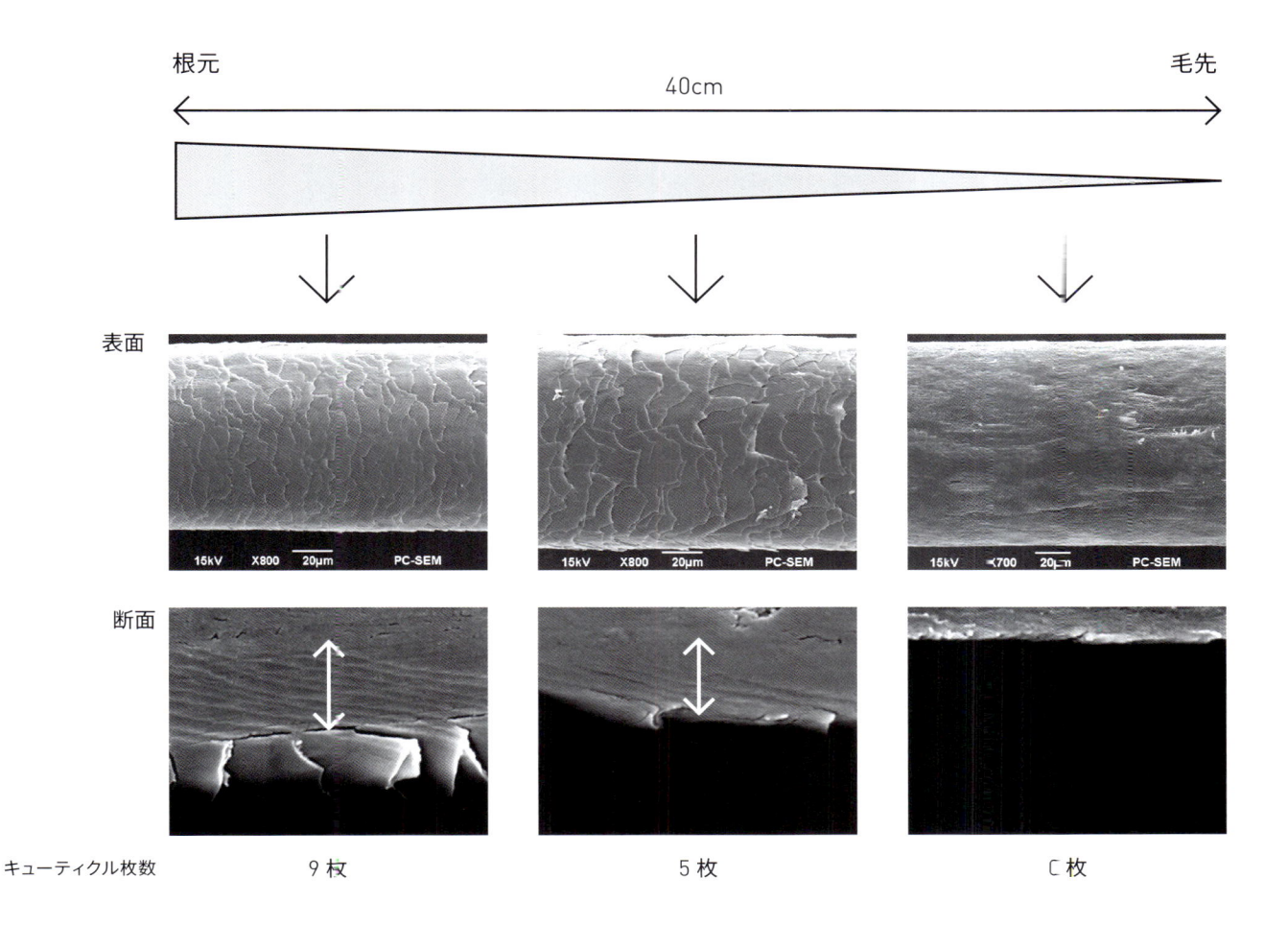

根元　　　　　　　　　　40cm　　　　　　　　　　毛先

表面

断面

キューティクル枚数　　　9枚　　　　　　　5枚　　　　　　　0枚

熱による損傷

　熱による損傷は、ハンドドライヤーやヘアアイロン、ホットカーラー等から受けた熱が原因による損傷です。毛髪は、タンパク質でできていますので、熱によって不可逆的な（元に戻らない）変性を起こします。例えば、生卵に熱を加えていくと、ゆで卵になることからも分かるように、一度タンパク質が凝固すると、元の生卵には戻りません。

　図表3にハンドドライヤーからの距離と毛髪の温度の関係の一例を示しました。

　通常家庭でもよく利用されている1000Wのハンドドライヤーでも、吹き出し口で100℃を超えることが分かっています。そのため、吹き出し口に毛髪をあまり近付け過ぎずに、少し離して使用することをお勧めします。また、ヘアアイロンの場合は、熱源であるプレートと毛髪が直接触れるために効果が高い分、熱の伝わりが早く、毛髪に損傷を与える可能性が高くなります。

　乾燥した毛髪の熱に対する限界は120℃付近で、130℃からタンパク質の変性や変色が起こり始め、150℃では、毛髪の強さに関わるシスチン結合に影響を与え、180℃では、毛髪ケラチンの高次構造（毛髪内部のらせん構造）の崩壊に至ります。

図表3　ハンドドライヤーと温度の関係

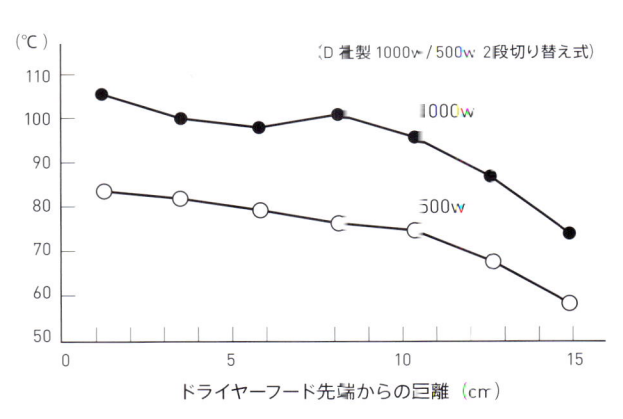

（D社製 1000W/500W 2段切り替え式）

ドライヤーフード先端からの距離（cm）

　また、濡れた毛髪では、これよりも低い温度で影響が出始めます。一般にシスチンの減少は100℃前後から見られ、130℃では10分間でケラチンのα型がβ型に変化し、湿度97％では60℃からケラチンの変性が始まるとされます。通常、ハンドドライヤーを使用する際に毛髪は濡れており、30％程度の水分を含んでいるため、湿度97％と同様の温度で毛髪に影響が出ると考えられます。つまり、濡れた毛髪に対する処理温度は60℃以下にすることが、毛髪損傷を引き起こさないために必要になります。

図表4　表面の割れ

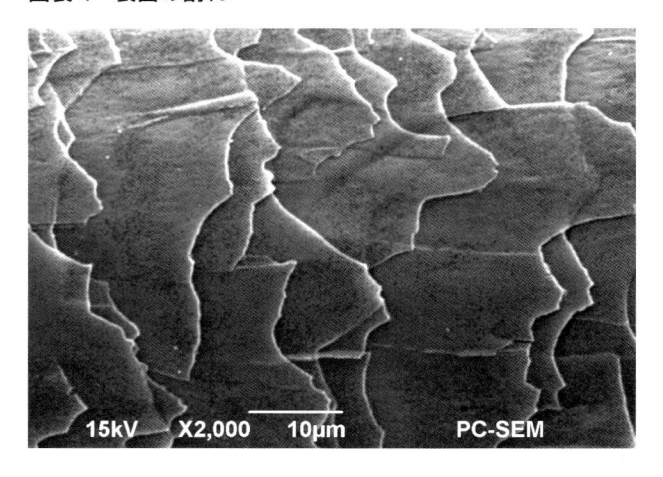

図表5　表面の膨らみ

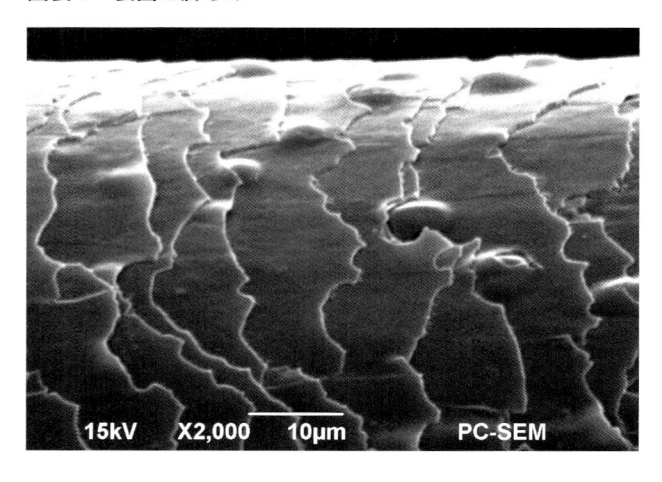

図表6　紫外線による毛髪損傷

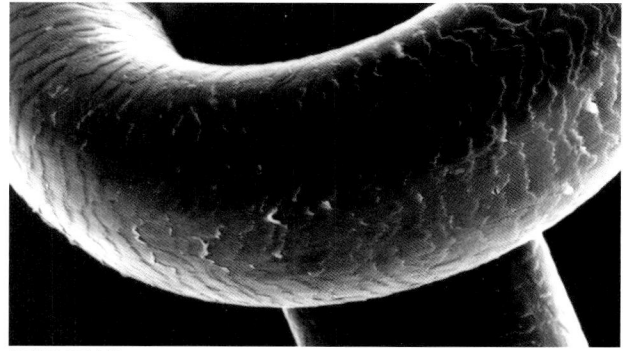

紫外線照射前

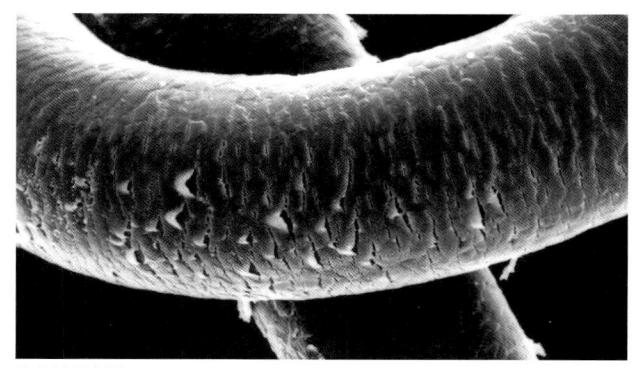

紫外線照射後

　図表4、図表5にヘアアイロンで見られる損傷の例を示しました。
　図表4では、キューティクルの表面にひび割れが生じています。これは、ヘアアイロン等で毛髪表面が急激に乾燥された時に、毛髪内部と表面で歪みが生じて割れる現象です。
　また、**図表5**では、キューティクル表面に丸い膨らみが生じています。これは、毛髪内にある水分や気泡がヘアアイロン等で急激に熱せられたことで、大きく膨張し押し広げられるために起こった現象です。
　このような損傷を防ぐため、ヘアアイロンやハンドドライヤー等の熱を利用する器具を使用する際は、施術温度や接触時間に注意することが大切です。

紫外線による損傷

　太陽光線は、目に見えず熱も感じない紫外線（波長290 nm〜400 nm）、目に見える可視光線（400 nm〜760 nm）、そして熱を感じる赤外線（波長760 nm〜2000 nm）の3つに大別できます。
　太陽光の中での割合は、可視光線が約50％、赤外線が約40％を占め、紫外線は約5〜6％にすぎません。しかし、紫外線は可視光線や赤外線より波長が短く大きなエネルギーを持つので、物質に化学変化を起こさせやすいという特徴を持っています。そのため、毛髪や皮膚に対して特に影響が大きいのです。
　紫外線はUVと略されますが、これは英語のUltravioletの略です。また、紫外線は波長の長さにより、波長の長いUV-A（紫外線A波）、波長が短いUV-B（紫外線B波）、さらに波長の短いUV-C（紫外線C波）に分けられますが、UV-Cは大気中のオゾン層等に吸収され地上に届くことはありませんので、UV-AとUV-Bが日常浴びている紫外線になります。
　皮膚は紫外線を浴びると日焼けします。この日焼けは、皮膚の表皮を透過し、真皮まで到達するUV-Aが原因です。一方、顔や肩、背中が赤くなってヒリヒリするのは、真皮にまで到達せず、表皮に影響を与えるUV-Bが原因です。
　毛髪も紫外線で影響を受けます。皮膚の日焼けとは異なり、毛髪は日焼けをすると酸化を受け、毛髪を構成しているアミノ酸（シスチン、チロシン、フェニルアラニン、トリプトファン等）が酸化されて別の物質に変化してしまいます。代表的な変化として、シスチンが酸化されるとシステイン酸となり、髪が濡れた状態で紫外線を浴びるとシステイン酸の生成が加速され、さらにダメージが大きくなります。
　紫外線による毛髪損傷として、自身で感じられる現象として、毛髪の赤色化やパサつきがあります。
　毛髪の色は、コルテックス中に含まれるメラニン色素によって決まります。このメラニン色素には、褐色のユウメラニンと黄褐色のフェオメラニンの2種類があり、これらの量や比率等によって毛髪の色調が決まります。毛髪が紫外線を浴びると、特にユウメラニンに変化が起こり、毛髪が赤色化します。また、乾燥している状態よりも濡れている状態、濡れている状態でも真水よりも海水の方が赤色化が進むと言われています。
　また、毛髪のパサつきやゴワつきは、水分量やキューティクル表面の状態と深い関係があります。紫外線を浴びた毛髪では、その照射時間の増加に応じて、毛髪の水分量が減少す

ることが確認されています。加えて、紫外線を浴びることで、毛髪表面に存在し滑らかな感触に関係している脂質（18-メチルエイコサン酸：18-MEA）の欠落や、キューティクル間の接着に関係している細胞膜複合体（Cell Membrane Complex：CMC）の劣化でキューティクルの浮き上がりが発生し、感触の悪化が起こります（**図表6**）。

化学的損傷

　主な化学的損傷は、不適切なパーマ施術や不適切な脱色・染毛施術で起こります。

　毛髪に影響を与える代表的な成分は、パーマ剤では還元剤とアルカリ剤、脱色剤や染毛剤では、過酸化水素とアルカリ剤になります。アルカリ剤は、毛髪を膨潤させ様々な成分の浸透剤として働きますが、パーマ剤では還元剤の作用を、脱色剤や染毛剤では過酸化水素の作用を高めます。

　これらの成分は、毛髪を変形させたり、明るくしたりするために必要不可欠な成分ですが、使用方法を誤ると大きな損傷に繋がります。

　図表7、**図表8**に不適切なパーマ施術や不適切な脱色・染毛施術で見られた損傷の例を示しました。

　図表8は、パーマ施術や染毛施術の際、オーバータイム（パーマ施術の場合は第1剤処理）になることで起こる「表面のしわ」です。毛髪は、弱酸性域（等電点）で最も安定な状態になりますが、アルカリ性域では大きく膨潤します。そのため、極端な膨潤状態が続くと施術が終了した後に、元の状態まで収縮されなくなり表面のしわとなって現れます。

　これら以外にも、毛髪内部でも大きな変化が起こっています。その毛髪内部の変化を捉える1つの方法として、引っ張り試験があります。これらの損傷毛について引っ張り試験を行うと、未処理毛と比較して、強度（引っ張り荷重）は低下し、伸度（伸び率）は大きくなる傾向があります（**図表9**）。このことから、毛髪が損傷を受けると毛髪内部の構造が緩み、SS結合等、強度に関わる部分への影響がうかがえます。

　なお、一般的な染毛施術と比較して、パーマ施術の方が引っ張り強度／伸度に与える影響が大きく、パーマ施術と染毛施術を連続で行うとさらに影響が大きくなることが分かっています。そのため、毛髪への影響を考えると各施術の間は、1週間以上開けることが好ましいため、パーマ剤及び染毛剤の双方の使用上の注意に記載されています。

　毛髪の過剰な損傷を防ぐためには、毛髪の状態（施術履歴や損傷状態、太さ等）を把握し、毛髪にあった薬剤の選択、薬剤の正しい使用方法を守ることが大切です。

③毛髪損傷の評価

　毛髪の損傷を評価することは、パーマ施術や染毛施術の際の薬剤選定や毛髪に合ったヘアケアの選択等に役立ちます。

　また、毛髪関連の製品開発や毛髪の基礎研究をする上で、様々な効果の判定を行う必要があり、毛髪損傷の評価が重要になります。ここでは、代表的な毛髪損傷の評価法について触れます。

図表7　パーマ施術 輪ゴムによる裂け毛

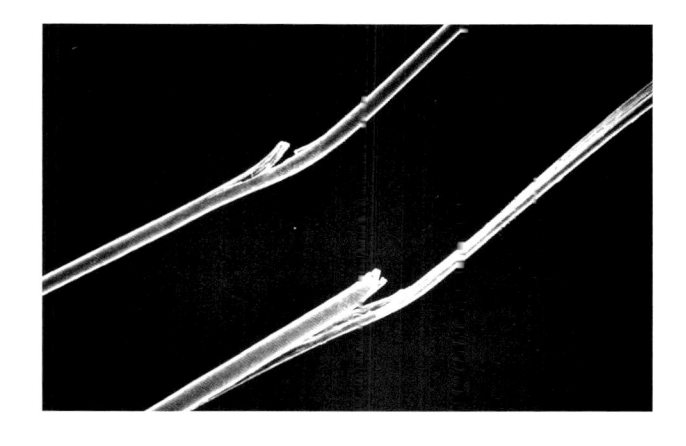

図表8　オーバータイムによる表面のしわ

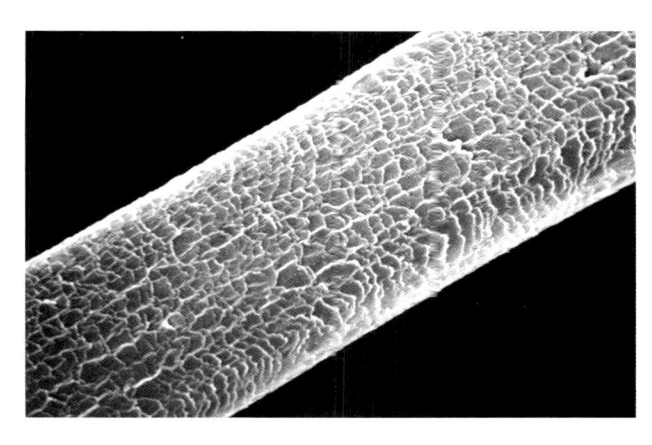

図表9　荷重伸張曲線（健常毛と損傷毛）

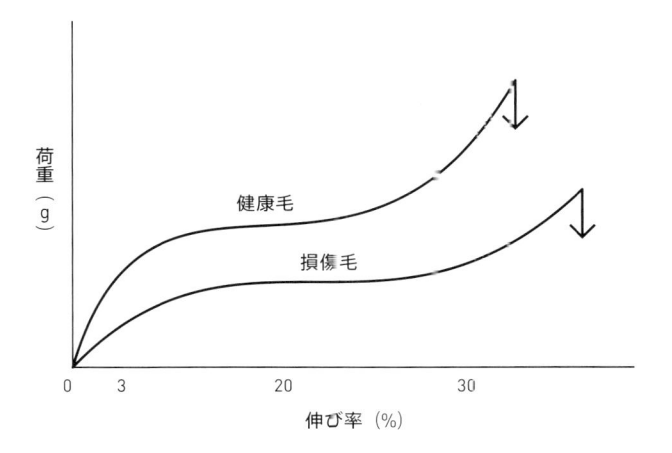

感覚的評価

まずは、毛髪をよく観察し、手指で触れてみることが大切です。評価する人の個人差が大きく影響することがありますので、健常な毛髪（処理前の毛髪）や標準品で処理した毛髪を設定し、相対的に比較することが必要です。また、評価項目やその度合いを設定することも大切です。例えば、「光沢（つや）」、「枝毛・切れ毛」、「滑り」、「はり・こし」、「まとまり」等を5段階で評価したり、標準品との差で比較します。

顕微鏡観察

毛髪の手触り感と表面の形態には、密接な関係があります。例えば、同じ素材でも表面の形が平なのか凸凹なのかで触った時の印象も変わります。そのため、顕微鏡は、表面状態を大きく拡大し観察するために有効な機器です。

光学顕微鏡や電子顕微鏡を用いて、毛髪表面の損傷状態を観察・評価します。光学顕微鏡の場合、被写界深度が浅いため、そのまま毛髪を観察してもピントが一部だけしか合いませんので、セルロイド板上にキューティクルの形を写し取り観察するスンプ法（**図表10**）を用いると、毛髪の表面形態が観察できます（**図表11、図表12**）。

また、損傷とは異なりますが、抜け毛の毛根を観察することで脱毛の状態が分かります。

電子顕微鏡は、電子と電磁レンズを用いて観察するもので、光学顕微鏡が1,000倍程度の観察倍率に対して、200,000倍程度（機器により性能は異なる）まで観察可能です。キューティクルの表面形態や重なり等より細かな観察が可能となります。ただし、凸凹の反射を画像化するものですので、得られる画像はモノクロになります（**図表13、図表14**）。

濡れ性測定

小さな子供の毛髪は、シャンプーをする時にシャワーの水を弾きます。また、傷んだ毛髪をシャンプーした際には、絡まりやすかったりします。

これらの現象が起こる原因の1つに表面の「濡れ性」（水との馴染みやすさ）があります。毛髪の表面には、元々「18-メチルエイコサン酸」（18-MEA）という脂質が結合しています。この脂質が水を弾き手触りを滑らかにしています。しかし、化学的処理や紫外線等で欠落してしまうと、水を弾かなくなり、水中で絡まりやすくなります。買いたての雨傘としばらく使い込んだ雨傘をイメージすると分かりやすいと思います。

この濡れ性を測定する方法はいくつかありますが、最もシンプルな方法は、毛髪に水滴を垂らし、毛髪と水滴の間に出来る角度（接触角）を測定する方法です。毛髪の損傷が少なく水を弾きやすい場合、接触角は大きくなり水滴が真球に近付きます（**図表15**）。逆に、毛髪の損傷が大きく水を弾かない（馴染みやすい）場合、接触角は小さくなり水滴が広がります（**図表16**）。

理美容技術者によっては、頭髪に霧吹きを使って水を噴霧して水の弾きやすさを見たり、カットした毛髪を水に浮かべることで、毛髪の損傷の目安にされている方もいるようです。

摩擦抵抗測定

毛髪に触れた時にまず感じるのは、滑らかさです。そして、「つるつる」「ざらざら」等の表現を具体的な数値するのが、摩擦抵抗測定です。

毛髪の滑らかさは、毛髪と毛髪、毛髪とブラシ等が強く擦れることで、キューティクルが剥がれて損なわれます。また、

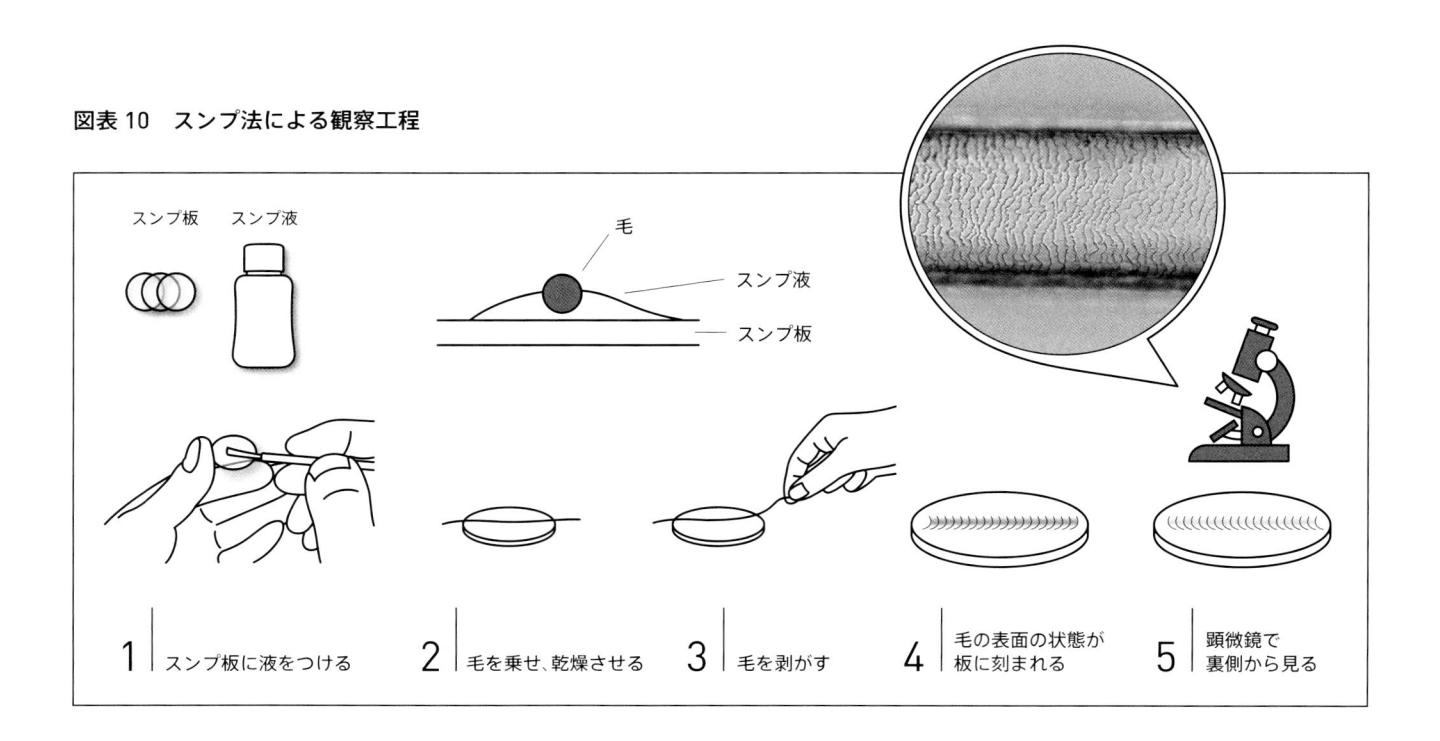

図表10　スンプ法による観察工程

1. スンプ板に液をつける
2. 毛を乗せ、乾燥させる
3. 毛を剥がす
4. 毛の表面の状態が板に刻まれる
5. 顕微鏡で裏側から見る

図表11 スンプ法による観察の例（健常毛）

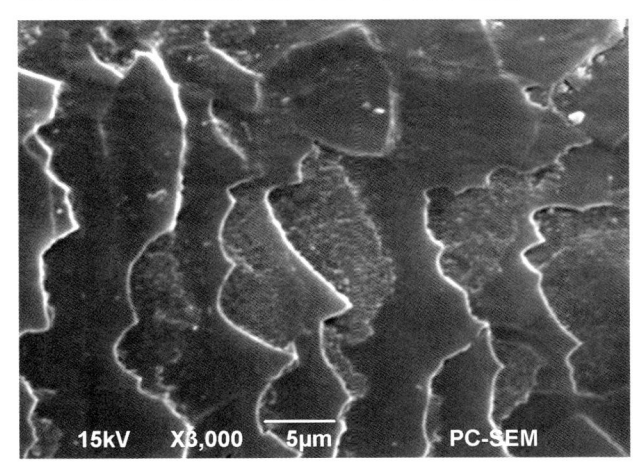

図表12 スンプ法による観察の例（コルテックスの露出）

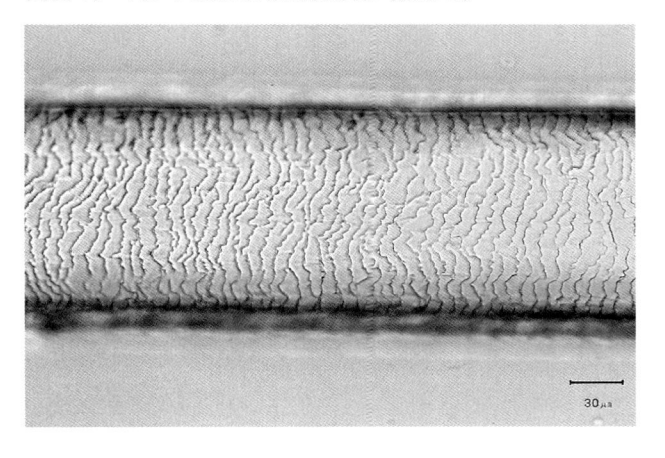

図表13
電子顕微鏡による観察の例（キューティクル表面）

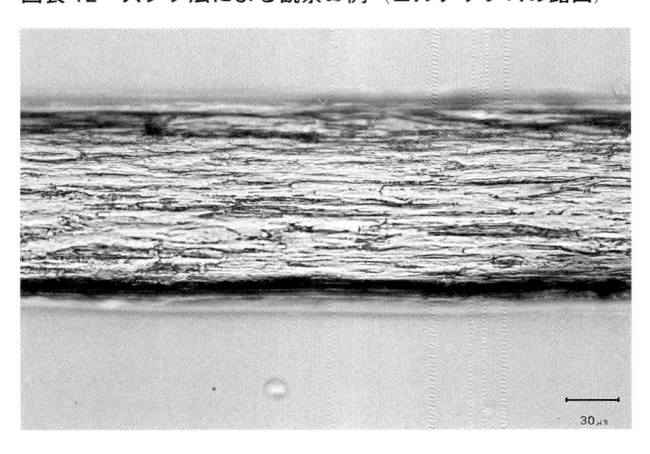

図表14
電子顕微鏡による観察の例（キューティクルの重なり枚数）

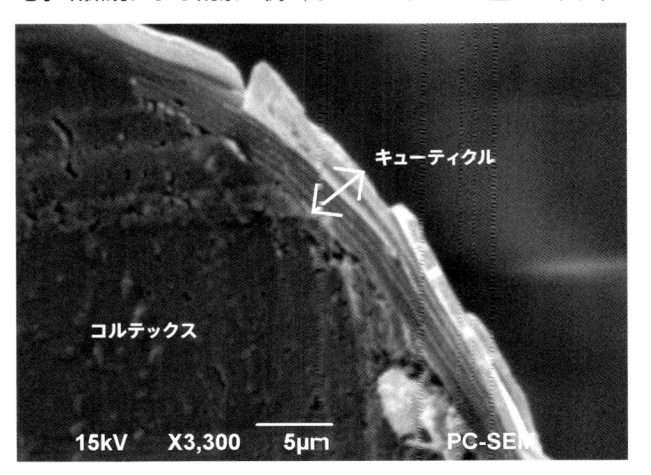

化学的処理や紫外線等で、キューティクルの脂質（18-MEA）が欠落することでも損なわれます。

しかし、シリコーンや油脂等の様々なヘアケア成分により、予防、改善することも可能です。これらを評価できるのが、摩擦抵抗測定です。

毛髪の摩擦抵抗は、毛髪の表面にセンサー部（シリコン樹脂製等）を滑らせることで発生する抵抗値を得ます。また、センサー部を櫛に替えることで、櫛通り時の摩擦抵抗を測定することもできます（図表17）。

引っ張り強度測定

過度の損傷毛では、引っ張った時に切れやすく、切れた部分（裂け毛）から枝毛が発生するようなケースを経験されることがあると思います。

引っ張り強度測定は、一定速度で毛髪を引っ張りながら、その際に発生した荷重と伸びを測定する方法です。一般には、毛髪が切れるまで測定し、その時の値（荷重g）を用いますが、毛髪の太さにより、毛髪の強さは変化しますので、予め毛髪の直径を測定し断面積当たりの強さ（kg/mm^2 等）で表します。

図表9に示すとおり、健康毛と比較して損傷毛では、切れる際の強度（引っ張り荷重）が低くなります。この方法は、毛髪の表面観察や摩擦抵抗測定と共に、損傷評価によく用いられる方法です。

膨潤度測定

シャンプー後に毛髪を乾かす際、毛髪が傷んでいると乾きにくいことを経験されたことがあると思います。これは、健康な毛髪と比較して損傷毛では、毛髪内部がポーラスになり水を多く吸収しやすくなることで、ハンドドライヤー等で乾かす際に乾きにくいということから起こります。先に説明した「濡れ性測定」は毛髪表面を対象としているのに対して、膨潤度測定は毛髪内部を対象として評価をしているところが違います。

毛髪の膨潤度測定は、毛髪が最大限に吸収した水分を毛髪

の重量増加で示すものです。具体的には、毛髪に十分な水を吸収させた後、毛髪内部にある水を残す条件で遠心分離機にかけて毛髪表面の水分を除き、処理前後の重さの変化から膨潤度を求めます。

毛髪を水につけると、健常毛では、30％程度増加し、損傷毛ではさらに多くの水を吸収し、膨潤度は大きくなります。

水分量測定

毛髪が損傷すると「髪がパサつく」と感じられる方が多いと思います。逆に、毛髪が健康だと「髪のまとまりやしっとり感」を感じます。これらの変化は、毛髪の水分量と深い関係があります。

毛髪の水分量は、毛髪を一定の条件（温度・湿度）に長時間置いて、水分の出入りが安定した状態になってから行います。まず、安定した毛髪の重量を測った後、100℃以上に熱した炉に毛髪を入れ、毛髪から蒸発した水分をカールフィッシャー法という方法で計測します。一般に、健康毛と比較して損傷毛は、水分量が少なくなります。また、保湿成分の評価にも応用されます。

アミノ酸分析

毛髪は、主にケラチンというタンパク質からできています。ケラチンタンパク質は、約18種のアミノ酸から出来ています。毛髪は、化学的処理や熱処理、紫外線処理等、様々な影響でアミノ酸に変化が起こります。また、シャンプー時に毛髪内のアミノ酸が流出することもあります。また、毛髪の強度に関わる部分では、酸化によるシスチンの減少やシステイン酸の増加等があります

毛髪のアミノ酸分析をする場合、毛髪は固体ですので、まず、酸加水分解という方法で溶液化します。その後、液体クロマトグラフィーという方法で溶液中のアミノ酸を分析します。アミノ酸分析を行うことで、毛髪中の細かな変化を捉えることができます。

以上、毛髪損傷を評価する代表的な方法について説明してきましたが、1つの評価法だけで毛髪損傷を評価することは難しいため、化粧品メーカーや研究機関等ではより多くの方法を組み合わせて、総合的に毛髪損傷を評価しています。

毛髪は、皮膚の最表面にある表皮系の細胞が変化したものです。しかし、皮膚のケガが治るように、自然に修復されることはありません。まずは、毛髪を損傷させないことが大切です。そのためには、毛髪本来の性質を知ること、毛髪損傷について知ること、毛髪損傷の評価について知ることが必要であると考えられます。

図表15　健常毛での濡れ性測定

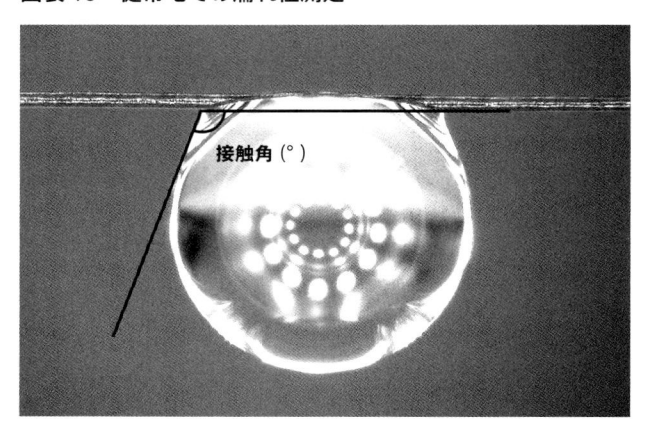

図表16　損傷毛での濡れ性測定

図表17　摩擦抵抗測定器

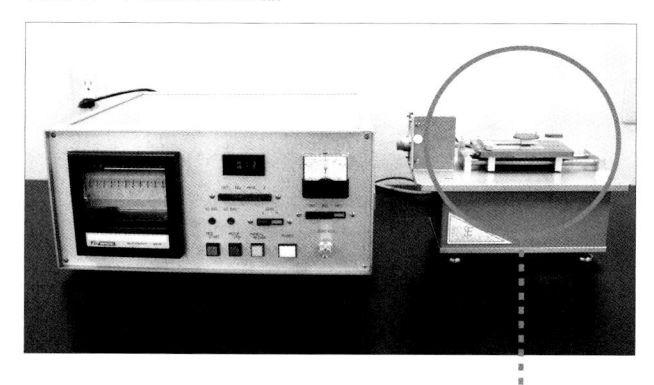

摩擦抵抗測定器　計測部

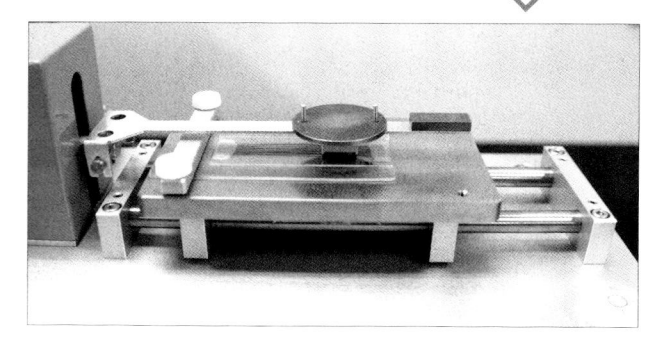

(9) パーマ剤のウェーブ効率

① ウェーブ効率の測定方法について

パーマ剤の比較評価を行う場合、ハーフヘッドテストが実使用に即した良い評価方法と考えます（ハーフヘッドテストとは左右半分に分割したモデルの頭髪を、それぞれを異なる薬剤で処理し比較評価する方法です）。しかし、数多くのパーマ剤を比較評価するには、モデルとなる方によって異なる髪質やダメージ度の影響もあり、正確な比較評価が難しいと思います。こういった場合、実験室で行う評価方法にはなりますが、以下に紹介するキルビー（Kirby）法によれば、一度に多くの製品評価が可能になります。また、ウェーブ効率という数値で比較できる点も利点です。その手順は以下の通りです。

キルビー（Kirby）法

■器具及び毛髪の準備

・図表1のAに示す器具（キルビーロッド）を準備します。
・長さ15〜20cmの毛髪（同一人から取ったもので、健康毛が望ましい）を用意し、ラウリル硫酸ナトリウム溶液で洗浄後、十分すすいで自然乾燥します。乾燥後、毛流れを整え、毛根に近い部分を接着剤等で止め、20本を一束とします。

■器具への毛束のセット

毛束の一端（接着剤で止めた側）を粘着テープ等を用いて器具に固定し、一定の力で交互の棒にジグザグにかけ、もう一方の端を同じように固定します（図表1のB）。この場合、一定のテンションでワインディングするための方法として、接着剤で固定していない毛髪の一端に一定の重りを吊るしながら器具にセットするのも良い方法です。

■パーマ処理

毛束をセットした器具を、一定温度にて一定時間（例：10〜15分）、パーマ剤で処理します。具体的な方法としては、第1剤を注いだ容器を恒温槽で予め保温しておきます。その容器の中に毛束がセットされた装置をしっかりと浸漬し、再度恒温槽に戻し一定時間放置します。その後、恒温槽に保持していた容器から毛束がセットされた器具を取り出し、流水で第1剤を洗い流します。その後、第1剤と同じ要領で第2剤処理を行った後、流水にて第2剤を洗い流します。

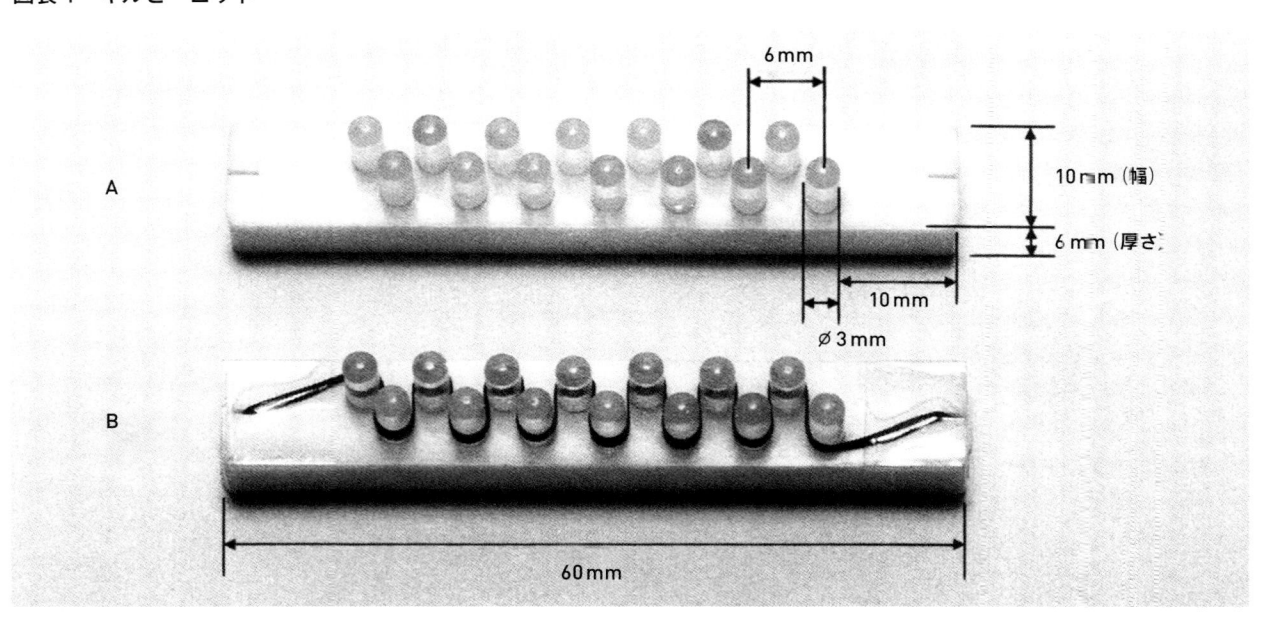

図表1　キルビーロッド

第4章　毛髪の構造と性質

■ウェーブの測定

器具から毛束を無理のないように丁寧にはずします。これをガラスプレート等の上に置き、形成されたウェーブの5つの山の距離（図表2）を測定します。

■ウェーブ効率の算出

ウェーブ効率は、次式により算出します。

$$\text{ウェーブ効率} = 100 - \frac{100 \times (b-a)}{c-a}$$

a：器具の棒の第1番目から第6番目までの距離（mm）
b：形成されたウェーブの5つの山の距離（mm）
c：bをまっすぐに伸ばしたときの距離（mm）

ここでaとcの値は同一の器具を使用した場合には一定となりますから、bの値の変化でパーマ剤のウェーブ効率は比較できることになります。そして、ウェーブ効率の数値が大きいほど強いウェーブ形成力を持つ薬剤となります。

■ウェーブ保持率の測定

ウェーブのついた毛束を、予め60℃に放置した20％ラウリル硫酸ナトリウム液に浸し、60℃下にて1時間放置します。これをピンセット等で取り出し軽く水洗した後、再び5つの山の距離を測定します。

ウェーブ保持率は、次式により算出します。

$$\text{ウェーブ保持率}(\%) = \frac{\text{試験後のウェーブ効率}(\%)}{\text{試験前のウェーブ効率}(\%)} \times 100$$

以上がキルビー法の手順ですが、実験には必ずといっていいほど、誤差や異常値が出てしまうものです。ですから、より精度の高い比較評価とするためには、1つの製品の試料数を複数にし、平均値を求める等、誤差も考慮して評価することが必要です。なお、キルビー法では特殊な器具が必要となりますが、この器具の代わりにスパイラルロッドや実際にサロンワークで使用しているロッドを用いて、キルビー法の手順を応用することで理美容サロンでも複数のパーマ剤試料の相対的な評価を簡便に行うことが可能です。

図表2　ウェーブの測定

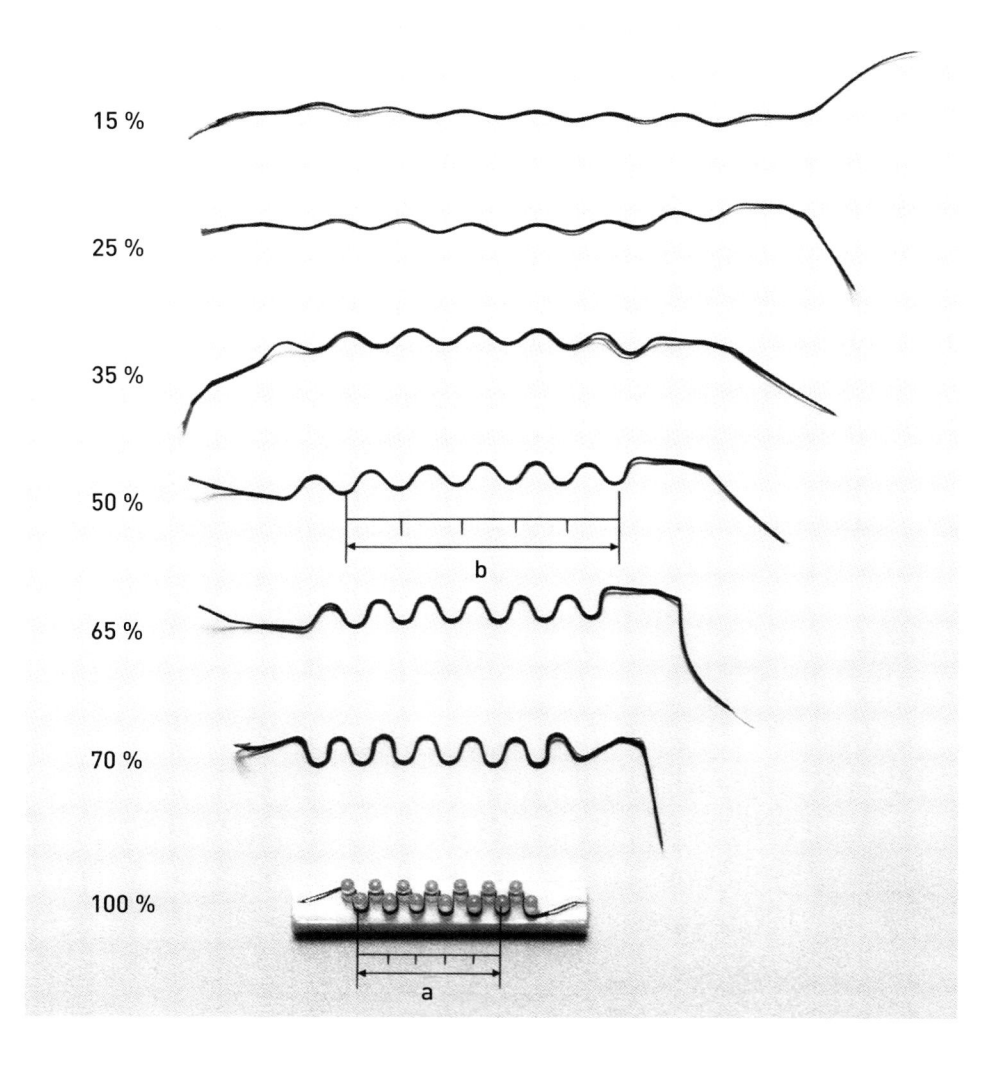

一例として、ロッドを用いた場合のウェーブ効率の算出法を紹介します。

$$ウェーブ効率(\%) = \frac{ロッドの直径}{作られたウェーブの直径} \times 100$$

例えば、直径10 mmのロッドを用いてパーマをかけて、直径20 mmのウェーブが得られた場合、そのパーマ剤のウェーブ効率は50％になります。この場合も、用いる毛束の量（数または重さ）を揃え、温度や時間、塗布量、そしてロッドに巻くテンションを一定にする等、パーマをかける条件を揃え、同じ太さのロッドを数本用いて同じパーマ処理を行い、平均値を求める等、実験誤差も考慮し評価することが必要です。

なお、キルビー法はパーマ剤の有効性を評価するための試験方法のガイドラインとして平成9年3月27日付の厚生省薬務局審査管理課化粧品審査室から事務連絡が出されています（「パーマネント・ウェーブ用剤及び染毛剤の有効性を評価するための試験方法のガイドラインについて」）。そのため、新規の有効成分を用いたパーマ剤で国の承認を得ようとする場合は、この試験方法による試験結果が必要になります。

② パーマ剤の違いによるウェーブ効率の違い

パーマ剤は、還元剤やアルカリ剤の種類や量等によって、そのウェーブ効率は異なります。先ほど紹介したキルビー法を用いて、代表的なパーマ剤のウェーブ効率比較を行った結果を図表3に示します。

このように、パーマ剤の種類によりウェーブ効率は大きく異なりますので、求めるスタイルやその対象となる毛髪の状態等によって最適なパーマ剤を選定する必要があります。この選定が正しく行われなかった場合には、ウェーブ不足によるかけ直しや過剰作用による過度の毛髪損傷にも及ぶため注意が必要です。また、第2剤の工程においては、十分な使用量と時間で処理することが、しっかりとした持ちの良いウェーブをつくる上で重要になります。

なお、ここで使用したパーマ剤の処方は基本骨格から構成されており、添加剤等は一切含んでいませんので目安としてご覧ください。

図表3 パーマ剤によるウェーブ効率比較

基準による分類	第1剤の組成	処理温度	ウェーブ効率
チオグリコール酸又はその塩類を有効成分とするコールド二浴式パーマネント・ウェーブ用剤	チオグリコール酸 11.0%／ジチオジグリコール酸 4.0%／pH 9（アンモニア）	室温	78.8%
	チオグリコール酸 6.5%／pH 9（アンモニア）	室温	65.3%
	チオグリコール酸 6.5%／pH 8（アンモニア）	室温	46.5%
	チオグリコール酸 6.5%／pH 6.5	室温	14.6%
チオグリコール酸又はその塩類を有効成分とする加温二浴式パーマネント・ウェーブ用剤	チオグリコール酸 5.0%／pH 6.5	45℃	32.2%
システイン、システインの塩類又はアセチルシステインを有効成分とするコールド二浴式パーマネント・ウェーブ用剤	システイン 6.0%／チオグリコール酸 1.0%／pH 9（アンモニア）	室温	8.8%
システイン、システインの塩類又はアセチルシステインを有効成分とする加温二浴式パーマネント・ウェーブ用剤	システイン 4.1%／チオグリコール酸 1.0%／pH 9（アンモニア）	45℃	62.8%
	システイン 4.1%／チオグリコール酸 1.0%／pH 8（アンモニア）	45℃	54.2%
	システイン 4.1%／チオグリコール酸 1.0%／pH 6	45℃	22.0%

第1剤処理時間10分　第2剤処理時間10分（室温）臭素酸ナトリウム6.0%水溶液

③ 毛髪の違いによるウェーブ効率の違い

次は、髪質が異なることによるウェーブ効率の変化について説明します。

当然のことですが、同じパーマ剤を使用し、同じ条件でパーマ処理を行った場合でも、対象となる髪質が異なれば得られるウェーブ効率にも差が生じます。それは主に、先天的要因である髪質や後天的要因であるダメージ度の違いによるものです。簡単にいえば、太く硬い毛髪は細く柔らかい毛髪に比べてかかりにくく、健康毛は損傷毛に比べてかかりにくい傾向にあります。また特に損傷毛については、過度の損傷進行にも注意しなければなりません。

図表4は、あらかじめ種々の処理をした毛髪を同じパーマ剤で処理したときのウェーブ効率を比較したものです。このように、同じパーマ剤で同じ条件で処理しても、その対象となる毛髪の損傷度等が異なることでウェーブ効率は異なるのです。

毛髪の構造はすでに説明されているように、大きく3つの部分から構成されており、その外側からキューティクル（毛小皮）、コルテックス（毛皮質）、そしてメデュラ（毛髄質）と呼ばれます。この中で、パーマ剤の作用に主に影響を与える部分は、キューティクルとコルテックスになります。

キューティクルについて

キューティクルは、根元から毛先の方向へ筍（たけのこ）の皮のように何重にも重なり合っており、その約8割は重なり合ったキューティクルの内側にあります。キューティクルは硬く、また水を弾く性質を持っていますので、外部からの物理的な力や化学的な力から毛髪内部を守る役割を果たします。

パーマ剤等の薬剤が毛髪内部に浸透するには、このキューティクルの隙間を通り抜けていかなければなりません（**図表5**）。そのためキューティクルの重なり枚数が多いほど、得られるウェーブ効率は低くなる傾向にあります。例えば、太く硬い毛髪は、細く柔らかい毛髪に比べてキューティクルの重なり枚数が多いため、薬剤が毛髪内部（コルテックス）に到達するまでの時間が長くなり、パーマはかかりにくくなる傾向にあります。一方、細く柔らかい毛髪は比較的薬剤は容易に浸透するので、パーマはかかりやすくなるのです。

損傷した毛髪では、キューティクルの脱落による重なり枚数の減少やキューティクル間の経路が通過しやすい状態に変化することにより、薬剤の浸透が容易となり、かかりやすくまた損傷にも注意しなければならないのです。

コルテックスについて

次にコルテックスです。先述のキューティクルの層を通過した薬剤は、コルテックスに到達します。コルテックスは毛髪の多くの部分を占めており、またパーマ剤が切断と再結合を行うシスチン結合が多く存在する場所になります。そのため、このコルテックスにもしっかりと薬剤が浸透し反応することがウェーブ効率やパーマの持ちに大きく影響するのです。

このような理由から、同じ薬剤で同じ条件でパーマ処理を行っても毛髪の状態によってウェーブ効率に違いが出ます。毛髪が受けるダメージを必要最小限に留めながら求めるウェーブを得るためには、パーマ施術前の毛髪診断が大切になるのです。

④ パーマ剤の処理時間とウェーブ効率について

最後にパーマ剤の処理時間とウェーブ効率について説明します。

図表6は、第1剤の処理時間とウェーブ効率の関係を示したものです。このようにウェーブ効率は、時間の経過と共に

図表4　各種処理毛のウェーブ効率

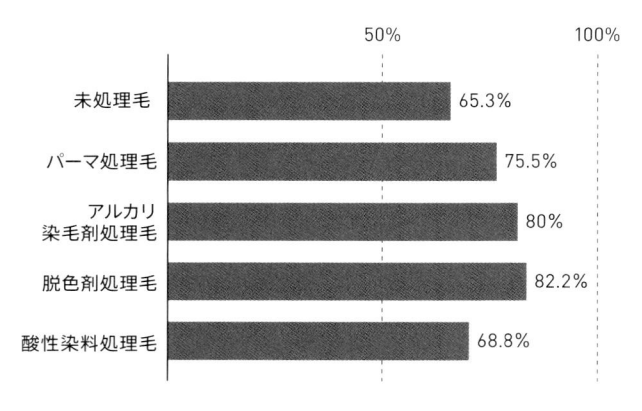

処理	ウェーブ効率
未処理毛	65.3%
パーマ処理毛	75.5%
アルカリ染毛剤処理毛	80%
脱色剤処理毛	82.2%
酸性染料処理毛	68.8%

ウェーブ効率（キルビー法）は、各施術工程に従い実施後、1週間後に測定。
・第1剤処理条件／10分（室温）チオグリコール酸7.0%、水溶液pH9.0（アンモニア水にて調整）
・第2剤処理条件／10分（室温）臭素酸ナトリウム6.0%水溶液

図表5　薬剤の浸透経路

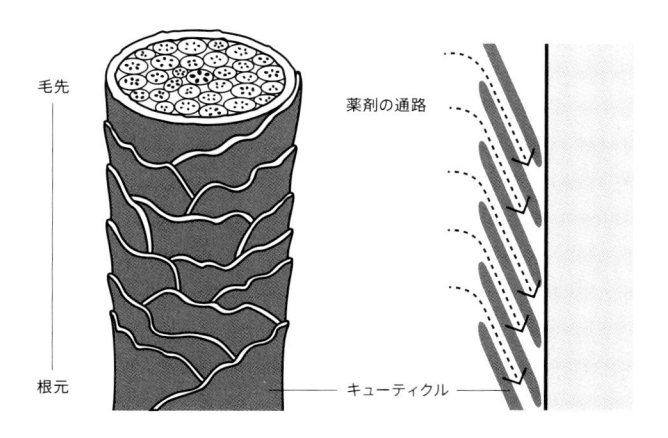

上昇しますが、ある一定の時間で最大となります。パーマ剤は、それぞれ固有の最大値を持ち、第1剤処理をいくら長時間行ってもその最大値以上のウェーブは得られないのです。

では、ウェーブ効率が増加する時間帯においては、放置時間の長短によりウェーブを調整することは可能でしょうか。

通常、第1剤の放置時間は10〜15分です。この時間帯を図表6で確認してみると、ウェーブ効率が急激に増加する区間であることが分かります。つまり、わずかな時間の差でウェーブ効率は大きく変わるため、放置時間でのコントロールは非常に困難だと考えられます。

以上のことから、第1剤の処理時間を調整することでウェーブ力を調節するのではなく、対象となる毛髪に適したパーマ剤を選定することが大切と考えます。そのためには、様々な毛髪に対応できるよう、パーマ剤それぞれの特徴を十分理解した上で、数種類のパーマ剤を備えておくことが必要となるでしょう。

図表6　第1剤処理時間に伴うウェーブ効率の変化

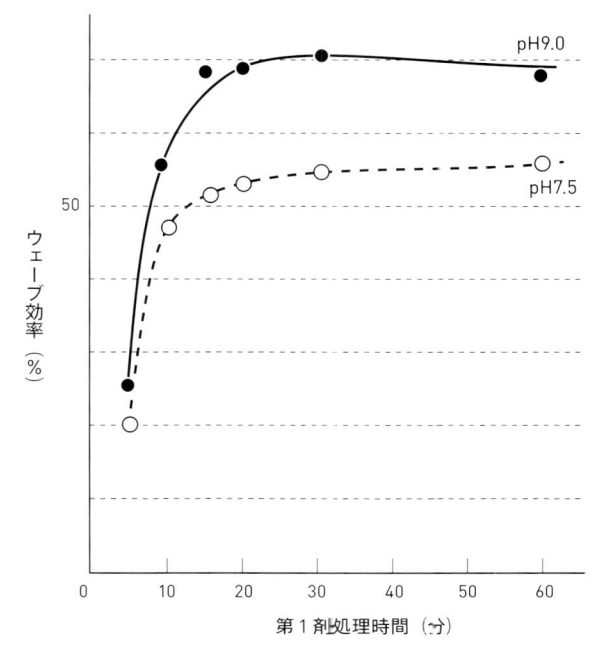

第1剤（室温）7％チオグリコール酸　pHはアンモニアにて調整
第2剤処理時間10分（室温）　臭素酸ナトリウム6.0％水溶液

ヘアカラー&ヘアケアとパーマ

パーマの科学　第5章

(1) ヘアカラーとパーマ
(2) ヘアケアとパーマ

(1) ヘアカラーとパーマ

①ヘアカラーの理解の必要性

　パーマ剤のメーカー出荷金額は、ソバージュスタイルが全盛だった平成4年（1992年）の約280億円をピークに年々減少を続けるなか、高温整髪用アイロン等の周辺器具の進歩や、化粧品カーリング料市場の拡大により現在は約100億円で下げ止まっています。これに対して、ヘアカラーのメーカー出荷金額はタレントやスポーツ選手が毛髪を明るくする等、幅広い世代からファッションのマストアイテムとして捉えられ、2002年には約1100億円を超え、現在も約1000億円で推移しています。

　また、首都圏のサロンユーザー調査（2013年10月全国理美容製造者協会調査資料）によりますと、10代から50代でのサロンユーザーのヘアカラー利用状況は、ここ10年ほどは約60％で推移しているという結果が出ています（図表1）。

　そのため、ヘアカラーについて正しく理解することは多くのサロンユーザーの満足度を高めることはもちろん、パーマ施術の際の毛髪診断、パーマ剤の選択、プレトリートメントの必要性等を適切に行えることに繋がると言えるでしょう。

　この項では、酸化染毛剤を中心としてヘアカラー製品についてまとめ、ヘアカラーとパーマの関係について説明します。

②医薬部外品と化粧品の違い

　医薬部外品と化粧品には多くの違いがありますが、大きく効能・効果の範囲と配合成分が違うことで区別されます。

　例えば、毛髪にくせを付ける（毛流れを変える）ことを目的とした製品には、医薬部外品のパーマ剤と化粧品のカーリング料があります。

　まず、標榜できる効能・効果の違いは、医薬部外品であるパーマ剤は「毛髪にウェーブをもたせ、保つ」または「くせ毛、ちぢれ毛又はウェーブ毛髪をのばし、保つ」ですが、化粧品であるカーリング料ではウェーブという表現は使用できず、「カールを与える」というような表現となります。

　また、配合成分の違いは、他の章でも説明されていますように、医薬部外品であるパーマ剤の第1剤にはチオグリコール酸やシステインといった有効成分が配合されています。しかし、化粧品では有効成分という考えは法的に認められず、製剤全体で目的の効能を発揮するとの考えが必要なため、化粧品であるカーリング料には有効成分は配合されず、チオール基を有する成分や亜硫酸塩等が主成分として配合されています。

　ヘアカラー製品も同様に、医薬部外品である染毛剤・脱色剤・脱染剤と化粧品である染毛料があり、効能・効果の範囲と配合成分の違いにより区別されます（図表2）。

　なお、ここでは染毛するために用いる製品全体を指す場合はヘアカラー製品と記述し、個々のヘアカラー製品を指す場合は染毛剤等の名称で記述します。

③染毛剤（医薬部外品）

　医薬部外品には、配合される成分に有効成分と添加剤の区分があります。そして、染毛剤は酸化染毛剤と非酸化染毛剤に大別され、理美容室で主に使用されるのは酸化染毛剤です。

図表1　首都圏のサロンユーザー調査　2013年10月全国理美容製造者協会調査

<ヘアカラー利用状況>

している	今はしていない	したことはない	年
20.5	18.0	61.5	13年合計
21.1	18.3	60.6	12年合計
21.4	17.6	61.0	11年合計
21.3	17.0	61.7	10年合計
20.7	18.8	60.5	09年合計
21.7	18.9	59.5	08年合計
22.0	19.1	58.9	07年合計
20.9	19.1	60.0	06年合計
20.6	18.1	61.3	05年合計
19.9	16.6	63.5	04年合計
22.9	15.5	61.6	02年合計

<パーマ利用状況>

している	今はしていない	したことはない	年
28.1	48.7	23.1	13年合計
30.8	47.4	21.7	12年合計
30.0	48.6	21.4	11年合計
29.9	47.5	22.7	10年合計
32.3	47.6	20.1	09年合計
31.6	47.5	20.9	08年合計
31.4	49.2	19.5	07年合計
33.7	46.6	19.7	06年合計
31.9	49.1	19.0	05年合計
30.6	52.6	16.9	04年合計
29.9	51.9	18.3	02年合計

図表2 ヘアカラー製品の分類

医薬品医療機器等法の分類	医薬部外品				化粧品	
	染毛剤				染毛料	
種類	永久染毛剤		脱色剤	脱染剤	半永久染毛料	一時染毛料（毛髪着色料）
	酸化染毛剤	非酸化染毛剤				
主な構成成分	第1剤 ・酸化染料 ・アルカリ剤 第2剤 ・過酸化水素水	第1剤 ・多価フェノール ・アルカリ剤 第2剤 ・硫酸第一鉄	第1剤 ・アルカリ剤 ・過硫酸塩 第2剤 ・過酸化水素水	第1剤 ・アルカリ剤 ・過硫酸塩 第2剤 ・過酸化水素水	・酸性染料 ・塩基性染料 ・HC染料 ・ベンジルアルコール	・無機顔料 ・法定色素
液性	第1剤 ・アルカリ性 （酸性のものもある） 第2剤 ・酸性	第1剤 ・アルカリ性 第2剤 ・酸性	第1剤 ・アルカリ性 第2剤 ・酸性	第1剤 ・アルカリ性 第2剤 ・酸性	酸性～中性	中性
毛髪への作用	明るい色にも、黒っぽい色にも染められる 色持ちは2～3ヶ月	黒っぽい色にだけ染められる 色持ちは約1ヶ月	明るい色にする	染毛した色を薄くする	明るい色にも、黒っぽい色にも染められる（黒髪を明るい色にはできない） 色持ちは2～4週間	一時的に、部分的に着色できる 1回のシャンプーで色が落ちる
皮膚への影響	体質や体調によってはかぶれる パッチテストが必要	体質や体調によってはかぶれる パッチテストが必要	かぶれをおこすことはほとんどないが、過硫酸塩を配合したものは体調や体質によってはかぶれる	かぶれをおこすことはほとんどないが、過硫酸塩を配合したものは体調や体質によってはかぶれる	かぶれはあまりない	かぶれはあまりない
通称	ヘアカラー ヘアダイ 白髪染め おしゃれ染め おしゃれ白髪染め ファッションカラー	オハグロ式白髪染め	ヘアブリーチ ヘアライトナー	ヘアブリーチ	ヘアマニキュア 酸性カラー カラーリンス カラートリートメント	ヘアマスカラ ヘアファンデーション ヘアカラースプレー カラースティック
製品の形態	クリームタイプ 乳液タイプ 液状タイプ エアゾールタイプ 泡タイプ 粉末タイプ	クリームタイプ	液状タイプ クリームタイプ フォームタイプ スプレータイプ 粉末混合タイプ	粉末混合タイプ クリームタイプ	ジェルタイプ クリームタイプ エアゾールタイプ 粉末タイプ マーカータイプ	マスカラタイプ パウダータイプ マーカータイプ エアゾールタイプ スティックタイプ

酸化染毛剤の場合、酸化染料と調色剤（カップラー）及び酸化剤が有効成分になります。パーマ剤に、「パーマネント・ウェーブ用剤製造販売承認基準」があるように、染毛剤にも、「染毛剤製造販売承認基準」（以下、染毛剤承認基準と略します）が制定されています。この染毛剤承認基準は、基準本文、[別表1]、[別表2]、[別表2-2] からなり、別途、厚生労働省医薬食品局審査管理課長通知により定められた添加剤成分表である染毛剤添加物リスト（以下、リストと略します）から構成されています。染毛剤承認基準全文を掲載することは誌面の関係から割愛しますが、配合される成分を理解しやすくするため、[別表1]、[別表2]、[別表2-2] 及び [染毛剤添加物リスト（抜粋）]（P.140、141、142 及び 146）を掲載します。

[別表1] は有効成分区分表で、染毛剤の種類や剤型に応じて、剤型ごとに使用できる有効成分やその組み合わせの範囲を示したものです。

各欄の有効成分の種類は、[別表2]、[別表2-2] に列記されています。[別表2]、[別表2-2] は染毛剤有効成分で、[別表1] に示される各欄の有効成分を列記したものです。[別表2] の区分Ⅰ欄Aは主として酸化染料、Ⅰ欄Bは調色剤、Ⅱ欄は酸化剤、Ⅲ欄はアルカリ剤、Ⅳ欄は酸化防止剤、Ⅴ欄A、Ⅴ欄B及びⅤ欄Cは非酸化染毛剤に使用される有効成分です。ここで注意を要するのは、区分Ⅲ欄のアルカリ剤です。[別表1] に示されるとおり、アルカリ剤は脱色剤と脱染剤では有効成分となりますが、酸化染毛剤では添加剤になるということです。

また、[別表2] の区分Ⅰ欄Cと [別表2-2] ですが、平成27年3月にこの染毛剤承認基準が改正された際に追加されたもので、酸化染料である硫酸 2,2'-[(4-アミノフェニル)イミノ] ビスエタノールとその他の有効成分との組み合わせを示したものです。

リストは添加剤成分表です。約1,800の成分が列記されています（掲載資料では最初と最後だけを示してあります）。

[別表2]、[別表2-2] 及び「リスト」には、「成分規格」（リスト中「規格コード」）欄があり、Q（リスト中「51」）、P（「01」）、F（「31」）、J（「71」）の記号が書いてありますが、これは成分

の規格を何によって管理しなければならないのかを示したものです。Qは医薬部外品原料規格、Pは日本薬局方、Fは食品添加物公定書、Jは日本工業規格に収載されている規格の原料を使用しなければならないということです。一成分に複数記号がついている場合は、そのうちの1つを選択することになります。また、「使用時濃度上限（%）」という欄があり、数値が記載されていますが、これは該当成分については、この範囲内で処方を設計しなければなりません。染毛剤の場合、第1剤と第2剤を所定の割合で混合して使用することが一般的ですので、配合量上限ではなく使用時濃度上限となっています。

添加剤成分はある配合目的（アルカリ剤、安定剤、毛髪保護剤、湿潤剤等）をもって処方に配合します。

例えば、"1剤と2剤からなる酸化染毛剤を申請する"場合、"酸化染毛剤を申請する"ので「効能・効果」の欄から『染毛』、『酸化染毛』、「申請方式」の欄から『一品目申請』へと右に進みます。

「申請方式」の欄は、都道府県知事へ承認申請するときの方式なのですが、専門的になりますので説明は省略します。

さらに「剤型」の欄では、"1剤と2剤からなる"ので『2剤型』へと右に進むと、その第一剤（その1）に使用できる有効成分は○印のある［別表2］のⅠ欄Aとなり、必要に応じて（○）印のある［別表2］のⅠ欄B及びⅣ欄の有効成分も配合することができ、同様にその第二剤に使用できる有効成分は○印のある［別表2］のⅡ欄となることが読み取れます。

逆に言えば、この欄以外に区分された有効成分は使用できない、ということになります。

別表1　染毛剤有効成分区分表

○：かならず配合される有効成分　　（○）：配合されることがある有効成分

（表略）

注：一品目申請の場合は、次の剤型も認められる。
1）3剤型酸化染毛剤であって、第三剤が糊剤等からなり、有効成分を含まないもの。
2）2剤型酸化染毛剤であって、Ⅱ欄の有効成分を第一剤に配合し、第二剤が希釈剤等からなり、有効成分を含まないもの。

別表2 染毛剤有効成分

区分		成分規格	成分名	使用時濃度上限（％）
I	A	Q	5-アミノオルトクレゾール	1.0
		Q	2-アミノ-4-ニトロフェノール	2.5
		Q	2-アミノ-5-ニトロフェノール	1.5
		Q	1-アミノ-4-メチルアミノアントラキノン	0.5
		Q	3,3'-イミノジフェノール	1.5
		Q	塩酸2,4-ジアミノフェノキシエタノール	0.5
		Q	塩酸2,4-ジアミノフェノール	0.5
		Q	塩酸トルエン-2,5-ジアミン	4.5
		Q	塩酸ニトロパラフェニレンジアミン	2.0
		Q	塩酸パラフェニレンジアミン	4.5
		Q	塩酸N-フェニルパラフェニレンジアミン	0.5
		Q	塩酸メタフェニレンジアミン	0.5
		Q	オルトアミノフェノール	3.0
		Q	酢酸N-フェニルパラフェニレンジアミン	4.5
		Q	1,4-ジアミノアントラキノン	0.5
		Q	2,6-ジアミノピリジン	1.0
		Q	1,5-ジヒドロキシナフタレン	0.5
		Q	トルエン-2,5-ジアミン	2.5
		Q	トルエン-3,4-ジアミン	0.5
		Q	ニトロパラフェニレンジアミン	3.0
		Q	パラアミノフェノール	3.0
		Q	パラニトロオルトフェニレンジアミン	1.5
		Q	パラフェニレンジアミン	3.0
		Q	パラメチルアミノフェノール	1.0
		Q	ピクラミン酸	3.0
		Q	ピクラミン酸ナトリウム	1.0
		Q	N,N'-ビス(4-アミノフェニル)-2,5-ジアミノ-1,4-キノンジイミン	1.5
		Q	5-(2-ヒドロキシエチルアミノ)-2-メチルフェノール	0.5
		Q	N-フェニルパラフェニレンジアミン	2.0
		Q	メタアミノフェノール	2.0
		Q	メタフェニレンジアミン	1.0
		Q	硫酸5-アミノオルトクレゾール	4.5
		Q	硫酸2-アミノ-5-ニトロフェノール	1.5
		Q	硫酸オルトアミノフェノール	3.0
		Q	硫酸オルトクロルパラフェニレンジアミン	1.5
		Q	硫酸4,4'-ジアミノジフェニルアミン	1.0
		Q	硫酸2,4-ジアミノフェノール	1.0
		Q	硫酸トルエン-2,5-ジアミン	4.5
		Q	硫酸ニトロパラフェニレンジアミン	3.5
		Q	硫酸パラアミノフェノール	4.0
		Q	硫酸パラニトロオルトフェニレンジアミン	2.0
		Q	硫酸パラニトロメタフェニレンジアミン	3.0
		Q	硫酸パラフェニレンジアミン	4.5
		Q	硫酸パラメチルアミノフェノール	3.0
		Q	硫酸メタアミノフェノール	2.0
		Q	硫酸メタフェニレンジアミン	3.0

区分		成分規格	成分名	使用時濃度上限（％）
I	B	Q	カテコール	1.5
		Q	ジフェニルアミン	
		Q	α-ナフトール	
		Q	ヒドロキノン	2.5
		Q	ピロガロール	2.0
		Q	フロログルシン	
		Q	没食子酸	4.0
		Q	レゾルシン	2.0
	C	Q	硫酸2,2'-[(4-アミノフェニル)イミノ]ビスエタノール	別表2-2参照
II		Q	過酸化水素水	
		F,J	過酸化水素	
		Q	過炭酸ナトリウム	
		Q	過ホウ酸ナトリウム	
		Q	過ホウ酸ナトリウム（1水和物）	
		Q	臭素酸ナトリウム	
III		Q	強アンモニア水	
		P,J	アンモニア水	
		Q,F,J	炭酸アンモニウム	
		F	炭酸水素アンモニウム	
		Q	炭酸ナトリウム	
		Q	モノエタノールアミン	
		J	2-アミノエタノール	
		F,J	硫酸アンモニウム	
IV		F	過硫酸アンモニウム	
		J	ペルオキソ二硫酸アンモニウム	
		Q	過硫酸カリウム	
		J	ペルオキソ二硫酸カリウム	
		Q	過硫酸ナトリウム	
V	A	P	硫酸鉄水和物	
		F	硫酸第一鉄	
	B	P	タンニン酸	
		Q	2-ヒドロキシ-5-ニトロ-2',4'-ジアミノアゾベンゼン-5'-スルホン酸ナトリウム	5.0
		Q	ピロガロール	2.0
		Q	ヘマテイン	
	C	Q,P,J	亜硫酸水素ナトリウム	
		F	ピロ亜硫酸ナトリウム	
		F	次亜硫酸ナトリウム	

別表2-2 染毛剤有効成分

区分	成分規格	成分名	使用時濃度上限（%）
I	A	Q	硫酸2,2'-[(4-アミノフェニル)イミノ]ビスエタノール	1.9
	B	Q	硫酸2,2'-[(4-アミノフェニル)イミノ]ビスエタノール	0.2
		Q	トルエン-2,5-ジアミン	0.3
	C	Q	硫酸2,2'-[(4-アミノフェニル)イミノ]ビスエタノール	1.9
		Q	パラアミノフェノール	0.5
	D	Q	硫酸2,2'-[(4-アミノフェニル)イミノ]ビスエタノール	0.2
		Q	パラフェニレンジアミン	0.5
	E	Q	硫酸2,2'-[(4-アミノフェニル)イミノ]ビスエタノール	0.1
		Q	硫酸トルエン-2,5-ジアミン	0.3
	F	Q	硫酸2,2'-[(4-アミノフェニル)イミノ]ビスエタノール	0.1
		Q	トルエン-2,5-ジアミン	0.7
		Q	パラアミノフェノール	0.2
	G	Q	硫酸2,2'-[(4-アミノフェニル)イミノ]ビスエタノール	0.1
		Q	トルエン-2,5-ジアミン	0.4
		Q	パラフェニレンジアミン	0.7
	H	Q	硫酸2,2'-[(4-アミノフェニル)イミノ]ビスエタノール	1.1
		Q	パラアミノフェノール	0.3
		Q	パラニトロオルトフェニレンジアミン	0.1
	I	Q	硫酸2,2'-[(4-アミノフェニル)イミノ]ビスエタノール	0.5
		Q	パラアミノフェノール	0.2
		Q	パラフェニレンジアミン	1.2

区分	成分規格	成分名	使用時濃度上限（%）
I	J	Q	硫酸2,2'-[(4-アミノフェニル)イミノ]ビスエタノール	0.1
		Q	パラアミノフェノール	0.1
		Q	硫酸トルエン-2,5-ジアミン	0.6
	K	Q	硫酸2,2'-[(4-アミノフェニル)イミノ]ビスエタノール	1.9
		Q	パラアミノフェノール	0.1
		Q	硫酸パラメチルアミノフェノール	0.3
	L	Q	硫酸2,2'-[(4-アミノフェニル)イミノ]ビスエタノール	0.1
		Q	トルエン-2,5-ジアミン	1.1
		Q	パラアミノフェノール	0.3
		Q	パラフェニレンジアミン	0.7
	M	Q	硫酸2,2'-[(4-アミノフェニル)イミノ]ビスエタノール	2.2
		Q	パラアミノフェノール	0.3
		Q	パラニトロオルトフェニレンジアミン	0.1
		Q	硫酸パラメチルアミノフェノール	0.2
	N	Q	硫酸2,2'-[(4-アミノフェニル)イミノ]ビスエタノール	0.1
		Q	パラアミノフェノール	0.1
		Q	パラフェニレンジアミン	0.1
		Q	硫酸トルエン-2,5-ジアミン	0.1
II		Q	5-アミノオルトクレゾール	0.6
		Q	2,6-ジアミノピリジン	0.1
		Q	塩酸2,4-ジアミノフェノキシエタノール	0.5
		Q	5-(2-ヒドロキシエチルアミノ)-2-メチルフェノール	0.5
		Q	メタアミノフェノール	0.4
		Q	α-ナフトール	0.1
		Q	レゾルシン	0.9

酸化染毛剤（永久染毛剤）

　酸化染毛剤は永久染毛剤に分類され、通常、酸化染料を有効成分とする第1剤（通常pH 9〜11のアルカリ性に調整）と酸化剤を有効成分とする第2剤（通常過酸化水素を安定化するためにpH 3〜4の酸性に調整）の2つの製剤で構成されています。

　第1剤の有効成分である酸化染料には、パラフェニレンジアミンや硫酸トルエン-2,5-ジアミン等の染料中間体（プレカーサーといいます）、及びレゾルシン、メタフェニレンジアミン等の調色剤（カップラー）、さらにニトロパラフェニレンジアミン等の直接染料があり、目的の発色に応じて組み合わせて配合されています。

　染料中間体（プレカーサー）は、酸化剤で酸化されると重合し発色しますので、濃い色に染色する色素の主骨格となります。調色剤（カップラー）は、単独で酸化してもほとんど発色しませんが、染料中間体と共に酸化されると、染料中間体のみでの発色とは異なった色に発色します。その他、直接染料は毛髪の色調を整えるために使用されます（**図表3-1、3-2、3-3**）。

　また、第1剤には、酸化剤として第2剤に配合されている過酸化水素を活性化するために、一般に、アンモニア水等のアルカリ剤も配合されています。

　第2剤の有効成分である酸化剤には、過酸化水素が使用され、アルカリ剤の働きで活性化されると強い酸化力を示すので毛髪中のメラニン色素を酸化分解したり、酸化染料の酸化・重合を促進させたりします。

　酸化染毛剤は、使用直前に第1剤と第2剤を混合しますが、この操作が染毛にとって大切な工程になります。

　混合することで、第1剤に配合されたアルカリ剤の働きにより第2剤に配合された過酸化水素が活性化され、毛髪中のメラニン色素を酸化分解し、毛髪の色を明るくすると共に、低分子の状態で毛髪内に浸透した酸化染料の酸化・重合を促進させ、染料の大きな分子を毛髪中に形成し発色させます。

　つまり、酸化染毛剤を用いた染毛では、脱色と染色が同時に行われるため、毛髪の色を大きく変化させることが可能となります。これが酸化染毛剤の染色メカニズムです（**図表4**）。

　また、パラフェニレンジアミン等の酸化染料が配合された酸化染毛剤を使用する前には、毎回必ず、使用する薬剤を用いて、使用説明書に記載された方法でテスト液を作り、染毛

の2日前（48時間前）に皮膚アレルギー試験（パッチテスト）を行うことが義務付けられています。これは、まれに酸化染料が体質や体調によってはかぶれの原因になるため、安全性を確保するために行うものです。

人の体質はある日突然変わることもあり、過去に何度も酸化染毛剤を使用してかぶれたことがない人でも、ある日突然かぶれてしまうことがあります。そのため、同じ製品を使用する場合でも、使用する前には毎回必ずパッチテストを行ってください。また、1度でもかぶれた経験のある人は、以後絶対に酸化染毛剤を使用しないでください。

また、酸化染毛剤の使用前後1週間は、パーマ剤を使用しないようにと注意されています。これは、酸化染毛剤の使用によって、毛髪は不安定な状態、頭皮は敏感な状態になっているため、毛髪を傷めたり、色落ちしたり、皮膚を傷める恐れがあるためです。

非酸化染毛剤（永久染毛剤）

非酸化染毛剤（通称：オハグロ式染毛剤）は永久染毛剤に分類され、通常、タンニン酸等の多価フェノール類を有効成分とする第1剤と、硫酸第一鉄等の鉄イオンを有効成分とする第2剤の2つの製剤で構成されています。

非酸化染毛剤は、酸化染毛剤とは異なり使用直前に第1剤と第2剤を混合せず、毛髪に第1剤、第2剤の順に重ね塗りして使用します。

非酸化染毛剤の染色メカニズムは、通常、第1剤には炭酸塩や尿素も配合されており、毛髪を膨潤・軟化するとともに、多価フェノール類が毛髪内に浸透し、重ね塗りした第2剤の

図表 3-1
染料中間体（プレカーサー）単独でつくられる色調

染料中間体（プレカーサー）	色調
硫酸トルエン-2,5-ジアミン	明赤褐色
パラフェニレンジアミン	暗褐色
パラアミノフェノール	明黄褐色
オルトアミノフェノール	橙黄色
硫酸4,4'-ジアミノジフェニルアミン	灰赤色

図表 3-2
硫酸トルエン-2,5-ジアミンと種々の調色剤（カップラー）によってつくられる色調

調色剤（カップラー）	色調
レゾルシン	緑茶色
メタフェニレンジアミン	青緑色
メタアミノフェノール	明紫色
α-ナフトール	青紫色
2,6-ジアミノピリジン	暗緑青色

図表 3-3　**直接染料によってつくられる色調**

直接染料	色調
ニトロパラフェニレンジアミン	赤色
パラニトロオルトフェニレンジアミン	黄色
ピクラミン酸ナトリウム	橙色

図表4　酸化染毛剤の染色メカニズム

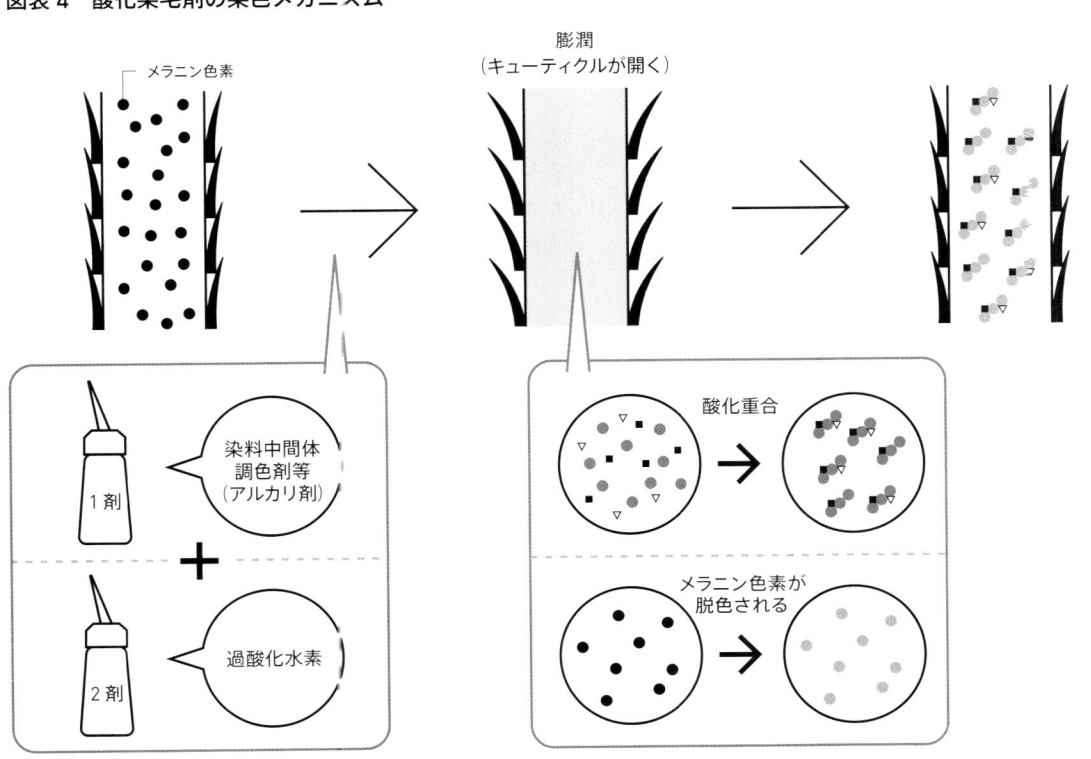

鉄イオンと毛髪中で反応することで黒色色素を生成することによります。ただし、脱色作用がないため、毛髪を明るくすることはできません。

非酸化染毛剤には、酸化染料が配合されていないので、酸化染料にかぶれる人でも使用することができます。しかし、多価フェノール類に対してかぶれる人もいますので、使用する前には毎回必ず皮膚アレルギー試験（パッチテスト）を行うことが義務付けられています。

また、酸化染毛剤と同様に、非酸化染毛剤の使用前後1週間は、パーマ剤を使用しないようにと注意されており、特に非酸化染毛剤で染毛した毛髪中には鉄イオンが存在し、パーマ剤中の還元剤と反応して、パーマがかかりにくくなることがありますので、注意を要します。

脱色剤・脱染剤

脱色剤と脱染剤は、用途と期待する効果によって配合される成分に多少の違いはありますが、基本的には同じ範疇に入ります。

脱色剤はブリーチ剤とも呼ばれ、前述の酸化染毛剤から酸化染料を除いたような組成となっており、アンモニア水、モノエタノールアミン等のアルカリ剤を有効成分とする第1剤（クリーム状及び液状タイプが多い）や、過硫酸アンモニウム等の酸化助剤を有効成分とする第1剤（粉末タイプが多い）があり、過酸化水素等の酸化剤を有効成分とする第2剤の2つの製剤で構成されています。脱色剤は毛髪の色を明るくしたい場合に、脱染剤は染まっている色を薄くしたい場合に使用されます。

毛髪が脱色されるメカニズムは、酸化染毛剤の項で説明したとおり、使用する前に第1剤と第2剤を混合することでアルカリ剤により活性化された過酸化水素が毛髪中のメラニン色素を酸化分解することで、その量を少なくし、毛髪の色を明るくします。

脱染剤も同様な組成、及び構成からなり、ヘアカラー施術で必要以上に暗く染まった場合や、あるいは希望の色とは異なった色に染まった場合等に使用されます。

毛髪が脱染されるメカニズムも同様で、アルカリ剤により活性化された過酸化水素が毛髪中の酸化染料が酸化重合してできた色素を酸化分解することで、染毛した色が薄くなります。

脱色剤と脱染剤には、酸化染料が配合されていないので、使用する前に皮膚アレルギー試験（パッチテスト）は不要ですが、過硫酸塩を配合した脱色剤や脱染剤でかぶれたことのある人には、過硫酸塩配合の製品は使用しないでください。

また、アルカリ剤、酸化剤及び酸化助剤で、皮膚に刺激を与えたり、毛髪を傷めたりしやすいので、使用に際しては十分な注意が必要です。

■使用上の注意

「染毛剤等に添付する文書に記載する使用上の注意事項自主基準」が日本ヘアカラー工業会により定められていますので、P.147〜149に全文を掲げます。

④染毛料（化粧品）

化粧品である染毛料は、医薬部外品である染毛剤と、「料」と「剤」で一文字違うだけですが、様々な違いがあります。

効能・効果の範囲と配合成分が違うことは前述しましたが、最も重要な違いは染色メカニズムの違いといえます。医薬部外品である染毛剤が酸化重合や酸化分解といった化学反応を伴う染色メカニズムに対し、化粧品である染毛料は色素を毛髪に付着させるといった物理的な作用による染色メカニズムである、ということです。

酸性染毛料（半永久染毛料）

酸性染毛料は半永久染毛料に分類され、黒色401号、紫401号等の法定タール色素の中でマイナスのイオンを持つ酸性染料及びベンジルアルコール等の溶媒を含む溶液を、グリコール酸等の酸でpHを2〜4に調整したジェル状、またはクリーム状のものが一般的です。液性が酸性であることから酸性染毛料と呼ばれ、ヘアマニキュアとも呼ばれます。

その染色メカニズムは、酸性染料が溶剤によりキューティクルのすき間を通って表面に近い毛髪内部に浸透し、酸性条件下で毛髪のケラチンタンパク質とイオン結合することにより染毛します。シャンプーのたびに徐々に色落ちしていきますが、2〜3週間は色持ちします。皮膚につくと落ちにくい場合もあるので、使用の際には注意が必要です。

なお、酸化染料は配合されていませんので、酸化染料にかぶれる人でも使用することができ、使用する前に皮膚アレルギー試験（パッチテスト）は不要ですし、パーマ施術後間隔をあけずに使用できます。

カラートリートメント（半永久染毛料）

近年、染毛料市場の拡大に大きく貢献しているカラートリートメントは、半永久染毛料に分類され、塩基性染料やHC染料と呼ばれる染料をヘアトリートメントのベースに配合したものが一般的です。

その染色メカニズムは、シャンプー後のトリートメントのように使用することで、染料がキューティクルのすき間を通って表面に近い毛髪内部に浸透して徐々に染毛します。

なお、酸化染料は配合されていませんので、酸化染料にかぶれる人でも使用することができ、使用する前に皮膚アレルギー試験（パッチテスト）は不要ですし、パーマ施術後間隔をあけずに使用できます。

毛髪着色料（一時染毛料）

毛髪着色料は一時染毛料に分類され、カーボンブラック、黄酸化鉄、ベンガラ等の無機顔料、黄色205号等のタール色素を着色剤として配合し、樹脂や油脂等の付着剤を用いて、一時的に毛髪表面を着色するもので、1回のシャンプーで色を簡単に洗い流すことができます。マスカラタイプ、マーカー

タイプ、エアゾールタイプ等様々な形態の製品が市販されています。

ヘンナまたはヘナ（半永久染毛料）

図表2のヘアカラー製品の分類には記載されていませんが、市場にはヘンナと呼ばれる染毛料があり、消費者のナチュラル志向を受けて使用されています。紀元前にはマニキュアやタトゥー等に使用されていたというミソハギ科の植物であるヘンナの葉を乾燥させ粉にしたものを染料として配合したもので、半永久染毛料の範疇に入ります。

ヘンナで染毛した白髪の色は淡赤～淡褐色で、白髪以外の毛髪と比べて浮いたように見えてしまうので、白髪を目立たなくする白髪染めとしての効果はあまり期待できないようです。

欧米では、白髪染めとしての効果が期待できるように、より黒に近い暗い色に染めるヘンナ製品が販売されているようですが、このような製品には日本では化粧品に配合することが認められていない酸化染料（パラフェニレンジアミン等）が配合されている場合もあり、人によっては皮膚トラブルを起こすことがあります。

なお、ヘンナを配合している頭髪用化粧品類については、染毛料に限らず使用する前には毎回必ず皮膚アレルギー試験（パッチテスト）を行うことが義務付けられています（「ヘンナ及びヘンナ由来物を含有する頭髪用化粧品類等の使用上の注意事項について」（平成18年9月6日薬食安発第0906001号厚生労働省医薬食品局安全対策課長通知））。

⑤ ヘアカラー毛髪への パーマ施術

最近のサロンユーザーの毛髪の状態は、はじめに述べたように多くの人がヘアカラーをしており、その繰り返しや過度の脱色等により毛髪の損傷が進行しています。

ヘアカラー施術による毛髪の損傷は、主に第1剤中のアルカリ剤で活性化された第2剤中の過酸化水素による酸化作用が主な原因となります。

アルカリ性の過酸化水素は、メラニン色素を化学分解するような強い作用を持つため、間違った使用方法や過度の操作を行うと、当然、毛髪中のケラチンタンパク質にも影響を及ぼします。

このような場合には、ケラチンタンパク質に含まれる側鎖であるシスチン結合に影響を及ぼし、システイン酸が生成されてしまいます。そうなりますと、毛髪の弾性（弾力）や強度が低下し、パーマの持ちが悪くなり、さらに悪化するとパーマがかからなくなります。

また、酸化染毛剤や脱色剤・脱染剤は通常その効果発揮のために高いpHに設定されています。そのため、間違った使用方法や過度の操作を行うと作用が強くなり過ぎ、過膨潤という状態になります。そうしますと、毛髪中の間充物質が流出し多孔性毛髪になり、パサパサな乾燥毛になってしまいます。

さらに、薬剤による化学的作用やブラッシング等による物理的作用から毛髪を守っているキューティクルを接着している脂質が流出し、剥がれ落ちやすくなるのと同時に、薬剤の毛髪内への過度な浸透を妨げることができなくなるため、その影響を強く受けることになります。

そのため、通常、損傷毛には効力がマイルドな薬剤（中性パーマ剤や酸性パーマ剤）やシステイン系パーマ剤が選択されます。

損傷毛は、健康毛と比較して薬剤等で膨潤しやすい状態ですので、毛髪の膨潤度を小さくして過度な負担をかけず、毛髪の損傷を進行させないような配慮が大切です。

なお、あまりにも損傷が進行しているような状態では、パーマ施術は見送ることも大切です。

⑥ パーマとカラーの同日施術

最後に、パーマとヘアカラーの同日施術について説明します。

酸化染毛剤でも述べましたが、酸化染毛剤（医薬部外品）とパーマ剤を使用する場合、毛髪と皮膚の安全性の観点から、前後1週間の間隔を開けて施術するように注意されています。（「染毛剤等に添付する文書に記載する使用上の注意事項自主基準」別記1-2-⑤、別記2-2-④ 参照）

しかし、実際の現場では、パーマ施術を行った直後に酸化染毛剤や脱色剤との同日施術を行っているとも聞いていますが、これは絶対に行ってはいけません。思いがけない事故につながる恐れがあるため、使用上の注意をよく読んで、正しい使い方を心掛ける必要があります。

ただし、化粧品である染毛料を用いてパーマ施術後に染毛を行うことは可能です。これは、染毛料の染色メカニズムが物理的な作用であるため、毛髪と皮膚に対する刺激が低いことによります。その際には、通常の状態よりも毛髪と皮膚が敏感であることを考慮し、注意深く行うことが大切です。

また、化粧品のカーリング料を用いてパーマ施術を行う場合には、医薬部外品の酸化染毛剤（脱色剤・脱染剤も含めて）でも化粧品の染毛料でも同日施術が可能です。ただし、これは使用上の注意事項に記載されていないことを根拠としているもので、皮膚や毛髪への安全性が確保されているという意味合いではありません。そのため、実際の施術に当たっては、使用するカーリング料やヘアカラー製品のメーカーに安全性や施術方法の注意等を確認した上で実施することが大切です。

第5章　ヘアカラー＆ヘアケアとパーマ

図表5　染毛剤添加物リスト（抜粋）

連番	添加物の名称	成分コード	規格コード	英名	外原規2006における成分名	旧外原規における成分名	粧原基における成分名	粧配基における成分名	使用時濃度上限(%)	備考	薬発第533号別表3で定める旧成分名称
0001	アクリル酸・アクリル酸アミド・アクリル酸エチル共重合体	522001	51	Acrylic Acid·Acrylamide·Ethyl Acrylate Copolymer	アクリル酸・アクリル酸アミド・アクリル酸エチル共重合体	アクリル酸・アクリル酸アミド・アクリル酸エチル共重合体	アクリル酸・アクリル酸アミド・アクリル酸エチル共重合体		○	外原規2006 別記Ⅱ	アクリル酸エチル・アクリル酸アミド・アクリル酸共重合体
0002	アクリル酸・アクリル酸アミド・アクリル酸エチル共重合体カリウム塩液	522002	51	Acrylic Acid·Acrylamide·Ethyl Acrylate Copolymer Potassium Salt Solution	アクリル酸・アクリル酸アミド・アクリル酸エチル共重合体カリウム塩液	アクリル酸・アクリル酸アミド・アクリル酸エチル共重合体カリウム塩液	アクリル酸・アクリル酸アミド・アクリル酸エチル共重合体カリウム塩液		○	外原規2006 別記Ⅱ	アクリル酸エチル・アクリル酸アミド・アクリル酸共重合体
0003	アクリル酸アルキルエステル・メタクリル酸アルキルエステル・ジアセトンアクリルアミド・メタクリル酸共重合体液	520006	51	Alkyl Acrylate·Alkyl Methacrylate·Diacetone Acrylamide·Methacrylic Acid Copolymer Solution	アクリル酸アルキルエステル・メタクリル酸アルキルエステル・ジアセトンアクリルアミド・メタクリル酸共重合体液	アクリル樹脂液	アクリル酸アルキルエステル・メタクリル酸アルキルエステル・ジアセトンアクリルアミド・メタクリル酸共重合体液		○	外原規2006 別記Ⅱ	アクリル樹脂液
0004	アクリル酸アルキル共重合体	522003	51	Alkyl Acrylate Copolymer	アクリル酸アルキル共重合体	アクリル酸ブチル・メタクリル酸共重合体	アクリル酸アルキル共重合体		○	外原規2006 別記Ⅱ	アクリル酸ブチル・メタクリル酸共重合体
0005	アクリル酸アルキル共重合体エマルジョン(2)	522008	51	Alkyl Acrylate Copolymer Emulsion (2)	アクリル酸アルキル共重合体エマルジョン(2)	アクリル酸エチル・メタクリル酸エチル共重合体エマルジョン	アクリル酸アルキル共重合体エマルジョン(2)		○	外原規2006 別記Ⅱ	アクリル酸エチル・メタクリル酸エチル共重合体エマルジョン
0006	アクリル酸アルキル・酢酸ビニル共重合体エマルジョン	522010	51	Alkyl Acrylate·Vinyl Acetate Copolymer Emulsion	アクリル酸アルキル・酢酸ビニル共重合体エマルジョン	アクリル酸ラウリル・酢酸ビニル共重合体エマルジョン	アクリル酸アルキル・酢酸ビニル共重合体エマルジョン		○	外原規2006 別記Ⅱ	アクリル酸ラウリル・酢酸ビニル共重合体エマルジョン
0007	アクリル酸アルキル・スチレン共重合体	520010	51	Alkyl Acrylate·Styrene Copolymer	アクリル酸アルキル・スチレン共重合体	アクリル酸・スチレン共重合体	アクリル酸アルキル・スチレン共重合体		○	外原規2006 別記Ⅱ	アクリル酸・スチレン共重合体
0008	アクリル酸オクチルアミド・アクリル酸ヒドロキシプロピル・メタクリル酸ブチル・メタクリル酸ジメチルアミノエチル共重合体	522013	51	N-Octyl Acrylamide·Hydroxypropyl Acrylate·Butylaminoethyl Methacrylate Copolymer	アクリル酸オクチルアミド・アクリル酸ヒドロキシプロピル・メタクリル酸ブチル・メタクリル酸ジメチルアミノエチル共重合体	アクリル酸オクチルアミド・アクリル酸ヒドロキシプロピル・メタクリル酸ブチル・アクリル酸アミノエチル共重合体	アクリル酸オクチルアミド・アクリル酸ヒドロキシプロピル・メタクリル酸ブチル・メタクリル酸ジメチルアミノエチル共重合体		○	外原規2006 別記Ⅱ	アクリル酸ヒドロキシプロピル・メタクリル酸ブチル・アミノエチル・アクリル酸オクチルアミド共重合体
0009	アクリル酸ヒドロキシエチル・アクリル酸ブチル・アクリル酸メトキシエチル共重合体液	520020	51	Hydroxyethyl Acrylate·Butyl Acrylate·Methoxyethyl Acrylate Copolymer Solution	アクリル酸ヒドロキシエチル・アクリル酸ブチル・アクリル酸メトキシエチル共重合体液	アクリル酸ヒドロキシエチル・アクリル酸ブチル・アクリル酸メトキシエチル共重合体液	アクリル酸ヒドロキシエチル・アクリル酸ブチル・アクリル酸メトキシエチル共重合体液		○	外原規2006 別記Ⅱ	アクリル酸メトキシエチル・アクリル酸ヒドロキシエチル・アクリル酸ブチル共重合体液
1844	ローヤルゼリーエキス			Royal Jelly Extract	ローヤルゼリーエキス	ローヤルゼリーエキス	ローヤルゼリーエキス		○	外原規2006 別記Ⅱ	ローヤルゼリーエキス
1845	ロジン	002383	51	Resin	ロジン	ロジン		ロジン	○	外原規2006 別記Ⅱ	ロジン
1846	ロジン酸ペンタエリトリット	540183	51	Pentaerythritol Rosinate	ロジン酸ペンタエリトリット	ロジン酸ペンタエリトリット	ロジン酸ペンタエリトリット		○	外原規2006 別記Ⅱ	ロジン酸ペンタエリトリット
1847	ワセリン	107552	51	Petrolatum	ワセリン	ワセリン		ワセリン	○	外原規2006 別記Ⅱ	ワセリン
1848	ワレモコウエキス	521314	51	Burnet Extract	ワレモコウエキス	ワレモコウエキス	ワレモコウエキス		○	外原規2006 別記Ⅱ	ワレモコウエキス

＊備考には、添加物の名称が収載されている定書名を略記した。
・[第16改正日局]は[第16改正日本薬局方]
・[食添第8版]は[第8版食品添加物公定書]
・指定添加物リスト(規則別表第1)は[食品衛生法施行規則別表第1]
・規格コード[71]のJIS規格については、JIS規格番号を制定年・改正年と共に記し、既に廃止された規格には冒頭に「廃止」を付した。
・[外原規2006 別記Ⅰ]は[医薬部外品原料規格2006 別記Ⅰ]・[外原規2006 別記Ⅱ]は[医薬部外品原料規格2006 別記Ⅱ]

146　パーマの科学

平成 19 年 11 月 15 日

日本ヘアカラー工業会
会長　水野金平

染毛剤等に添付する文書に記載する使用上の注意事項
自主基準

　日本ヘアカラー工業会では、平成 11 年 4 月 12 日以降に行われた染毛剤等の注意事項自主基準を整理し、消費者の皆様にとって、いっそう認知しやすく分かりやすい注意表示とするために、これらの見直しを行い、新たに下記の通り「染毛剤等の使用上の注意事項自主基準」を定めました。
　なお、本自主基準制定に伴い、平成 11 年 4 月 12 日付け日本ヘアカラー工業会・染毛剤懇話会の染毛剤の添付文書に記載する使用上の注意事項自主基準並びに平成 18 年 11 月 9 日付け日本ヘアカラー工業会の染毛剤の添付文書に記載する注意事項自主基準を廃止します。

記

1. 酸化染料を含有する染毛剤ならびに非酸化染毛剤にあっては、別記 1 の事項を記載する。
2. 脱色剤・脱染剤にあっては、別記 2 の事項を記載する。

別記 1　酸化染毛剤ならびに非酸化染毛剤の使用上の注意事項

表面部分
使用説明書
・ご使用の際は必ず最後までよく読んで正しくお使いください。
・ヘアカラーはまれに重いアレルギー反応をおこすことがあります。
・ご使用の際は毎回必ず皮膚アレルギー試験（パッチテスト）を行ってください。

使用上の注意
1. 次の方は使用しないでください
① 今までに本品に限らずヘアカラーでかぶれたことのある方
② 染毛中または直後に、じんま疹（かゆみ、発疹、発赤）あるいは気分の悪さ（息苦しさ、めまい等）を経験したことのある方
③ 皮膚アレルギー試験（パッチテスト）の結果、皮膚に異常を感じた方
④ 頭皮あるいは皮膚が過敏な状態になっている方（病中、病後の回復期、生理時、妊娠中等）
⑤ 頭、顔、首筋に、はれもの、傷、皮膚病がある方
⑥ 腎臓病、血液疾患等の既往症がある方
⑦ 体調不良の症状が持続する方（微熱、倦怠感、動悸、息切れ、紫斑、出血しやすい、月経等の出血が止まりにくい等）

2. 使用前のご注意
① 染毛の 2 日前（48 時間前）には次の手順に従って毎回必ず皮膚アレルギー試験（パッチテスト）を行ってください。パッチテストは、染毛剤にかぶれる体質であるかどうかを調べるテストです。テスト部位の観察はテスト液塗布後 30 分位および 48 時間後の 2 回行います。過去に何回も異常なく染毛していた方でも、体質の変化によりかぶれるようになる場合もありますので、毎回必ず行ってください。
　（a）使用する薬液を使用法に定められた割合で混合し、テスト液を数滴つくります。

(b) テスト液ができましたら、腕の内側に10円硬貨大にうすく塗り、自然に乾燥させてください（塗った部分が30分位しても乾かない場合は、ティッシュペーパー等で軽く拭き取ってください）。
　　　(c) そのまま触れずに48時間放置します（時間を必ず守ってください）。
　　　(d) 塗布部に発疹、発赤、かゆみ、水疱、刺激等の皮膚の異常があった場合には、手等でこすらないで直ちに洗い落とし、染毛しないでください。途中、48時間以前であっても、同様の皮膚の異常を感じた場合には、直ちにテストを中止し、テスト液を洗い落として染毛しないでください。
　　　(e) 48時間経過後、異常がなければ染毛してください。
② 頭髪以外には使用しないでください。本品は頭髪用の製品です。
③ 眉毛、まつ毛に使用しないでください。薬液が目に入るおそれがあります。
④ 顔そり直後は染毛しないでください。皮膚が細かく傷ついているおそれがあり、刺激等を受けやすくなります。
⑤ 染毛の前後1週間はパーマネントウェーブをかけないでください。髪を傷めたり、色落ちしたりすることがあります。

3. 使用時のご注意
① 薬液は使用直前に混合し、直ちに使用してください。
② 換気のよいところで使用してください。
③ 必ず添付の手袋を着用してください。
④ 染毛中に入浴したり、染める前に髪をぬらしたりしないでください。汗やしずく等で薬液が目に入るおそれがあります。
⑤ 薬液が顔、首筋等につかないようにしてください。薬液がついたときは、直ちに水で洗い落としてください。
⑥ 薬液や洗髪時の洗い液が目に入らないようにしてください。目に入ると激しい痛みを生じたり、場合によっては目が損傷（角膜の炎症等）を受けたりすることがあります。万一、目に入ったときは絶対にこすらないで、直ちに水またはぬるま湯で15分以上よく洗い流し、すぐに眼科医の診療を受けてください。
⑦ 染毛中に発疹、発赤、はれ、かゆみ、強い刺激等の皮膚の異常やじんま疹、息苦しさ、めまい等の症状が現れた場合には、直ちに薬液をよく洗い流し、すぐに医師の診療を受けてください。
⑧ 染毛後に何らかの異常を感じた場合には、必ず医師の診療を受けてください。

4. 取り扱い上のご注意
① 混合した薬液の残りは効果がなくなります。必ず洗い流して捨ててください。
② 混合した薬液は保存しないでください。ガスが発生して容器が破裂するおそれがあり危険です。

5. 保管上のご注意
① 幼小児の手の届かない所に保管してください。誤って飲んだり食べたりすると危険です。
② 高温や直射日光をさけて保管してください。

別記2　脱色剤・脱染剤の使用上の注意事項

表面部分
使用説明書
・ご使用の際は必ず最後までよく読んで正しくお使いください。

使用上の注意
1．次の方は使用しないでください
① 今までに本品でかぶれたことのある方
② 頭皮あるいは皮膚が過敏な状態になっている方（病中、病後の回復期、生理時、妊娠中等）

③ 頭、顔、首筋に、はれもの、傷、皮膚病がある方
④ 腎臓病、血液疾患等の既往症がある方
⑤ 過硫酸塩配合の脱色剤で、かぶれ、じんま疹（かゆみ、発疹、発赤）あるいは気分の悪さ（息苦しさ、めまい等）を経験したことのある方

2. 使用前のご注意
① 頭髪以外には使用しないでください。本品は頭髪用の製品です。
② 眉毛、まつ毛に使用しないでください。薬液が目に入るおそれがあります。
③ 顔そり直後は使用しないでください。皮膚が細かく傷ついているおそれがあり、刺激等を受けやすくなります。
④ 使用の前後1週間はパーマネントウェーブをかけないでください。髪を傷めることがあります。

3. 使用時のご注意
① 薬液は使用直前に混合し、直ちに使用してください。
② 換気のよいところで使用してください。
③ 必ず添付の手袋を着用してください。
④ 使用中に入浴したり、使用する前に髪をぬらしたりしないでください。汗やしずく等で薬液が目に入るおそれがあります。
⑤ 薬液が顔、首筋等につかないようにしてください。薬液がついたときは、直ちに水で洗い落としてください。
⑥ 薬液や洗髪時の洗い液が目に入らないようにしてください。目に入ると激しい痛みを生じたり、場合によっては目が損傷（角膜の炎症等）を受けたりすることがあります。万一、目に入ったときは絶対にこすらないで、直ちに水またはぬるま湯で15分以上よく洗い流し、すぐに眼科医の診療を受けてください。
⑦ 使用後に何らかの異常を感じた場合には、必ず医師の診療を受けてください。

4. 取り扱い上のご注意
① 混合した薬液の残りは効果がなくなります。必ず洗い流して捨ててください。
② 混合した薬液は保存しないでください。ガスが発生して容器が破裂するおそれがあり危険です。

5. 保管上のご注意
① 幼小児の手の届かない所に保管してください。誤って飲んだり食べたりすると危険です。
② 高温や直射日光をさけて保管してください。

※注記は省略しました。

(2) ヘアケアとパーマ

① パーマ施術における【前・後】処理剤

多様なヘアスタイルに対応するためには、パーマ施術、ヘアカラー施術が欠かせません。しかしながら、ファッションの流行と共に、パーマ施術やヘアカラー施術の繰り返しが以前にも増して行われることとなり、毛髪も昔に比べダメージが進んでいる状況にあります。特に、毛髪の中間から先の部分は、施術の繰り返し回数も多くなることから、毛髪表面はキューティクルが不揃いになったり、さらにダメージが増すことで剥離したりします。キューティクルが剥離しますと、毛髪内部の毛皮質（コルテックス）にまで影響を及ぼし、その結果手触りが悪くパサついたり、つやがなくなったりします。

このようにダメージした毛髪は、パーマをかけてヘアスタイルを楽しむどころか、その処理でさらに毛髪をダメージしてしまうことにもなりかねません。つまり、パーマ施術そのものが行えない状態であるといっても過言ではないと思います。

このような背景から、パーマ施術の前・後に使用する処理剤の役割が大切となり、ますます重要になっています。

パーマ施術は、シスチン結合を還元してシステインを生成する反応（第1剤の反応）と生成したシステインを再結合する酸化反応（第2剤の反応）に分けることができます。

一方、酸化染毛剤は過酸化水素とアルカリによる酸化染料の化学反応を伴います。

双方とも、毛髪内で化学反応を伴うものであり、そして毛髪のダメージ度合いはシステイン酸量で推定することができます。パーマ施術単独の場合よりもパーマ施術とヘアカラー施術を繰り返して施術すると、システイン酸量は増加する傾向にあり、傷みやすいと考えられます。

現在のヘアスタイルはヘアカラー毛をベースとしていますので、健康毛と比較して毛髪はダメージしやすい状況にあります。このようなデリケートな髪質に対してパーマ施術を行う際には、何らかの処置が必要だと考えられます。

様々な化学的施術（パーマ施術やヘアカラー施術等）や外的要因（ブラッシングやドライヤー処理等）が複合され、ダメージしやすいデリケートな髪に美しい仕上がりを得るためには、毛髪診断、パーマ剤の選択、前・後処理剤の選択が重要です。

そのため現在では、パーマ施術の前後にケラチンやコラーゲン等の加水分解タンパク質等を用いて、施術中の毛髪構造劣化の進行を防いだり、劣化してしまった部位の補修を行う等、毛髪に与えるダメージを抑制した上でパーマ剤の機能を向上させるような製品が種々販売されています。

毛髪診断

パーマ施術前に毛髪診断を行い、毛髪の状態（ダメージ・髪質）を十分把握することが重要です。毛髪は均一のダメージを受けるのではなく、根元・中間・毛先でダメージの程度は異なります。そのため、特にダメージを受けている箇所を把握することが大切です。

パーマ剤の選択

毛髪の状態（ダメージ度・髪質等）に合わせ、希望のヘアスタイルを作るためには、パーマ剤の選択が重要です。基本的にパーマ剤の選択は、毛髪のダメージの進行程度によって使い分けます。ダメージ毛に強いウェーブを求めるために強いパーマ剤を選択するのは、毛髪のダメージをさらに悪化させかねませんので、このような場合には弱いパーマ剤を選択し、ロッドの選定で強いウェーブ（細かなウェーブ）を得るようにします。

前・後処理剤の選択

パーマ剤を選択しただけでは、ヘアカラー施術やアイロン操作等が複合された毛髪1本1本で異なるダメージや、1本の毛髪でも根元・中間・毛先ではダメージ度が異なるような昨今の複雑なダメージには対応できません。

このような複雑なダメージを受けた毛髪や、ダメージに対して敏感になっている毛髪に、美しいウェーブを得るためにはパーマ施術の前・後処理が大切になります。

前・後処理剤の役割は、毛髪の状態と目的（希望のヘアスタイルを創る）に応じて選択されたパーマ剤をできるだけ均一に効率よく毛髪に作用させると共に、毛髪の持つ本来の弾力を与え、第2剤処理による酸化定着を促進させ、さらにダメージを起こさないように毛髪を保護することです。

それぞれの処理剤は、主に次の目的を持ちます。

前処理剤（プレ剤）

パーマ施術前に使用し、特にダメージの強い部分に作用させ、毛髪内部及び毛髪表面を補修・保護し、パーマ剤第1剤の過剰な浸透を抑え、適切なウェーブ形成やダメージ抑制を目的とします。

また、撥水性毛や硬毛等、パーマ剤が作用しにくい毛髪に対して、その浸透を促進する目的の製品もあります。

中間処理

パーマ剤第1剤とパーマ剤第2剤の間に使用する処理剤で法的に認められたものはありません。パーマ剤第1剤を使用した後は、しっかりと中間水洗を行い、その後、パーマ剤第2剤を使用してください。

後処理剤（アフター剤）

パーマ剤第2剤処理後、水洗後に使用するもので、パーマ施術に伴う毛髪のコンディションを整えたり、残留したアルカリを中和・除去し酸化を促進したり、さらにダメージを起こさないように毛髪を保護することを目的とします。

前・後処理剤に配合される成分

前・後処理剤に配合される各成分は、その機能により分類することができます。主に使用される成分は以下の通りです。

■ PPT（ポリペプチド）

毛髪はキューティクル、コルテックス、メデュラの3層から構成され、これらはいずれもその大部分（80～90％）がタンパク質からできており、各種タンパク質の加水分解物であるPPTが処理剤の成分として用いられています。現在では、毛髪の状態や目的に応じて様々なPPTが用いられています。

PPTは各種タンパク質を加水分解することで得られる成分で、ケラチン・コラーゲン・シルク・パール・ミルク・大豆・ゴマ・エンドウ・コメ等のPPTがあります。これらのPPTはそれぞれアミノ酸組成や特性が異なっており、また、分子量の違いによっても毛髪に対する作用が変わります。低分子量のものは浸透性が高く、毛髪内部の補修や一般的に保湿能に優れ、高分子量のものは一般に皮膜形成能に優れるため毛髪表面の保護に適しています。低分子量、高分子量のものを隙間なく補充することがポイントです。

さらに、各種PPTに他の成分を結合させた各種誘導体は、また違った特性を発揮します。アシル化PPTはマイナスの性質を持っており、洗浄剤としての機能を持つ一方、毛髪のプラスに帯電した部分に吸着します。カチオン化PPTはプラスの性質を持っており、毛髪がダメージを受けマイナスに帯電した部分に吸着します。アルキル化PPT（油性成分を結合させたPPT）は毛髪との親和性から吸着性を高めることができます。シリル化PPTは熱を加えることで持続性のある耐湿性の皮膜を形成します。

このように、PPTには様々な種類があるので、ダメージの度合いや髪質に合わせた最適なPPTの選定がポイントとなります。

■ 保湿剤

ダメージにより、水分保持機能が低下した毛髪に、潤いのあるしっとり感を与える目的で配合されるのが保湿剤です。

代表的な成分としてはアミノ酸、ピロリドンカルボン酸等のNMF（天然保湿因子：Natural Moisturizing Factor）成分やヒアルロン酸、コンドロイチン硫酸等のムコ多糖類や、グリセリン、プロピレングリコール等の多価アルコール類やセラミド、コレステロール、脂肪酸等の成分が用いられます。

昨今では、細胞間脂質と類似した複合体物質も使用されるようになり、より機能を高めた成分が出てきています。

■ 油剤

油剤は動物由来、植物由来、鉱物由来、合成品の4種類に大別できます。油剤は毛髪表面に油性の皮膜を作り、外部の刺激から毛髪を保護したり、毛髪をしなやかにし、つやを与える等の効果があります。さらに、油性の皮膜により、毛髪中の水分の蒸発を防ぎ、毛髪をパサつかないようにするエモリエント効果もあります。

前処理剤としての効果はダメージを受けた毛髪を保護することで、パーマ剤第1剤の作用を弱めたり、ダメージの進行を防ぐことです。また、後処理剤としては、仕上がり時に毛髪をしなやかにしたり、つやを与えたりする効果を発揮します。

■ 高分子化合物

高分子化合物は、増粘剤や皮膜形成剤、保湿剤、乳化安定剤として使用されています。

前処理剤としては、この皮膜形成能を利用し、ダメージを受けた毛髪を保護することで、パーマ剤第1剤の作用を弱めたり、ダメージの進行を防ぐといった効果を発揮します。

また、カチオン化した高分子（カチオン化ポリマー）は、毛髪にやわらかい感触を与え、くし通りを良くするので、後処理剤として使用されることもあります。

■ 界面活性剤

溶液中で溶質が気体－液体、液体－液体、液体－固体の界面に吸着して、それらの界面の性質を大きく変化させる性質を界面活性といい、著しく界面活性を示す物質を界面活性剤といいます。界面活性剤は、陰イオン（アニオン）界面活性剤、陽イオン（カチオン）界面活性剤、両性界面活性剤、非イオン（ノニオン）界面活性剤の4種類に分類され、乳化、可溶化、浸透、分散、洗浄、保湿、殺菌、柔軟化、帯電防止等イオン性の違いにより各々特徴のある作用を持ちます。

この中でも、カチオン界面活性剤は毛髪に吸着し、柔軟効果や帯電防止効果をもたらすため、前・後処理剤に幅広く使用されています。

■ pH調整剤

後処理剤として、毛髪のpHを酸性側に傾かせ、パーマ剤第2剤による酸化定着（ウェーブの定着）を促進したり、パーマ施術後に毛髪に残留したアルカリを中和して除去する目的で使用されています。

また、使用される成分としては、皮膚への作用が緩和なクエン酸塩、乳酸塩、コハク酸塩、リンゴ酸塩、ノン酸塩等が主に使用されます。

前・後処理剤の使いこなし

前・後処理剤を的確に使いこなすためには、毛髪の状態(ダメージ度・髪質)及び根元・中間・毛先等特にダメージを受けている箇所を十分に把握することが最も重要です。毛髪診断の際にチェックすべき主な項目は以下の通りです。

1. 髪質(硬毛・普通毛・軟毛)
2. ダメージ度
3. 根元・中間・毛先のダメージ状態(判定項目／弾力・強度・パサつき・ざらつき・ツヤ等)
4. 履歴の確認(家庭での手入れ法含む)

これらを総合的に捉え、最適な前・後処理剤の選択、及び最適な使い方をすることが、お客様の満足につながります。しかし、注意しなければいけないことは、『様々なダメージ毛髪に対して、美しいウェーブを得る』という目的に対して、前・後処理剤はあくまでもこの目的を達成するためのサポート剤であり、これらの処理をしっかりしていれば、どのようなパーマ剤を使用しても大丈夫と考えるのは間違いです。的確な毛髪診断を行った上で、的確なパーマ剤の選定を行うと共に、最適な前・後処理剤を使用することが大切です。

②シャンプー

シャンプーは、頭皮や毛髪に付着した汚れを洗浄して清潔にし、フケやかゆみを抑え清潔に保つために用いる洗浄用頭髪化粧品です。

シャンプーの持つ主な効能の範囲には、

- 頭皮、毛髪を清浄にする
- 頭皮、毛髪をすこやかに保つ
- フケ、カユミがとれる
- フケ、カユミを抑える

等があります。

毛髪の汚れにはいろいろあり、大きく分類すると身体の内部からの汚れと外部からの汚れに分けることができますが、シャンプーは水では洗い流せない油性汚れの洗浄のために用いられます。

内部からの汚れ

- 皮脂腺から分泌される皮脂
- 汗腺から分泌される汗
- フケ(皮膚の新陳代謝によって剥がれ落ちた細胞) 等

外部からの汚れ

- 大気中のちり、ほこり
- 自動車等の排気ガス
- たばこの煙／調理時の油煙
- スタイリング剤等の頭髪化粧品 等

シャンプーの主成分／界面活性剤

シャンプーが毛髪や頭皮に付着した汚れを洗浄するメカニズムに、大きな役割をはたす成分が界面活性剤です。

界面活性剤とは、その化学構造中に水になじみやすい部分(親水基)と、水になじみにくいが油になじみやすい部分(親油基または疎水基)の両方を持っている物質を指します。

そして、この水にも油にもよくなじむという、相反する性質を1つの物質が持っているために、本来であれば混じり合わない水と油のつなぎ役として働くという作用を発揮します。

界面活性剤は、水に溶かした時の親水基の部分の状態によって大きく4つに分類されます(図表1)。

これらの界面活性剤のうち、シャンプーとしての機能(泡立ちや洗浄力)が最も優れる陰イオン界面活性剤がシャンプーの主体となり、その特有の働きにより毛髪及び頭皮の汚れを除去することができるわけです。その洗浄の仕組みを図表2に示します。

図表1 界面活性剤の種類

界面活性剤の種類	構成	水中での親水基の状態	主な用途
陰イオン界面活性剤	⊖	マイナスイオンになる	石鹸 シャンプー ボディシャンプー
陽イオン界面活性剤	⊕	プラスイオンになる	リンス トリートメント
両性界面活性剤	⊕⊖	両方のイオンをもっている	シャンプー 洗顔料
非イオン界面活性剤		イオンの形にならない	シャンプー ボディシャンプー

親油基 — 親水基

シャンプーの配合成分

シャンプーの主成分は陰イオン界面活性剤ですが、これだけでは使用感や仕上がり感に優れたシャンプーを作ることはできません。そのため、泡立ちの改善や、粘度調整、仕上がりの指通りの向上等のため、様々な成分が配合されます。

シャンプーに配合される各成分は、その機能により分類することができ、各機能と主に使用される成分は以下の通りです（P.154〜155 図表3参照）。

■洗浄基剤

シャンプーの主体となるもので、汚れを落とすために配合されます。洗浄基剤としてはポリオキシエチレンアルキルエーテル硫酸塩のような陰イオン界面活性剤が一般的です。最近では、アシルメチルタウリン塩やアミノ酸系界面活性剤、両性界面活性剤等、頭皮や眼に対する刺激性が低いとされる界面活性剤もよく使われています。また、陰イオン界面活性剤同士を数種類組み合わせて使用されることもあり、その組み合わせによりシャンプーの基本的な特徴が生まれます。

■洗浄補助剤

洗浄基剤の働きを助けて汚れ落ちや泡立ちを良くする働きをするのが、洗浄補助剤です。洗浄基剤だけでは、汚れが多くなると泡立ちが悪くなってしまうため、これを補い十分な泡立ちを保持するために配合されます。洗浄補助剤としては、主にアルカノールアミドやアミンオキサイドのような、非イオン界面活性剤が使われます。また、洗浄補助剤の中には、泡立ち向上と共にシャンプーの粘度を上昇させる働きを持つ成分もありますので、増粘剤としての目的も兼ねて配合されます。

■ハイドロトロープ剤

シャンプーの主体は界面活性剤ですが、この界面活性剤の中には温度の影響を受けやすく粘性が変化したり、低温で結晶が析出したりするものもあります。そこで安定性向上の目的で配合されるのがハイドロトロープ剤です。一般的に、プロピレングリコールやグリセリン等のグリコール類が汎用されます。

■コンディショニング剤

洗浄基剤と洗浄補助剤だけでもシャンプーとしての機能は果たせますが、指通りが悪かったり、仕上がった毛髪がパサパサになったりします。そこで、それぞれシャンプーの目的に合わせて陽イオン界面活性剤、油分、保湿剤、ポリペプチド、シリコーン油、カチオン化ポリマー等のコンディショニング剤を選定して添加します。

■その他添加剤

製品の安定性を向上させる防腐剤、酸化防止剤や金属イオン封鎖剤（キレート剤）、外観を美しく見せるための色素やパール化剤、香りをつける香料等の添加剤が目的に合わせて配合されます。

このような界面活性剤及び添加剤の成分の組み合わせは無限にあるため、多種多様なシャンプー剤があるわけです。

そして最近では洗髪頻度も高くなり、頭皮や毛髪の汚れが以前に比べて少なくなってきているため、その洗浄力はマイルドなものが多くなってきています。

図表2　洗浄の仕組み

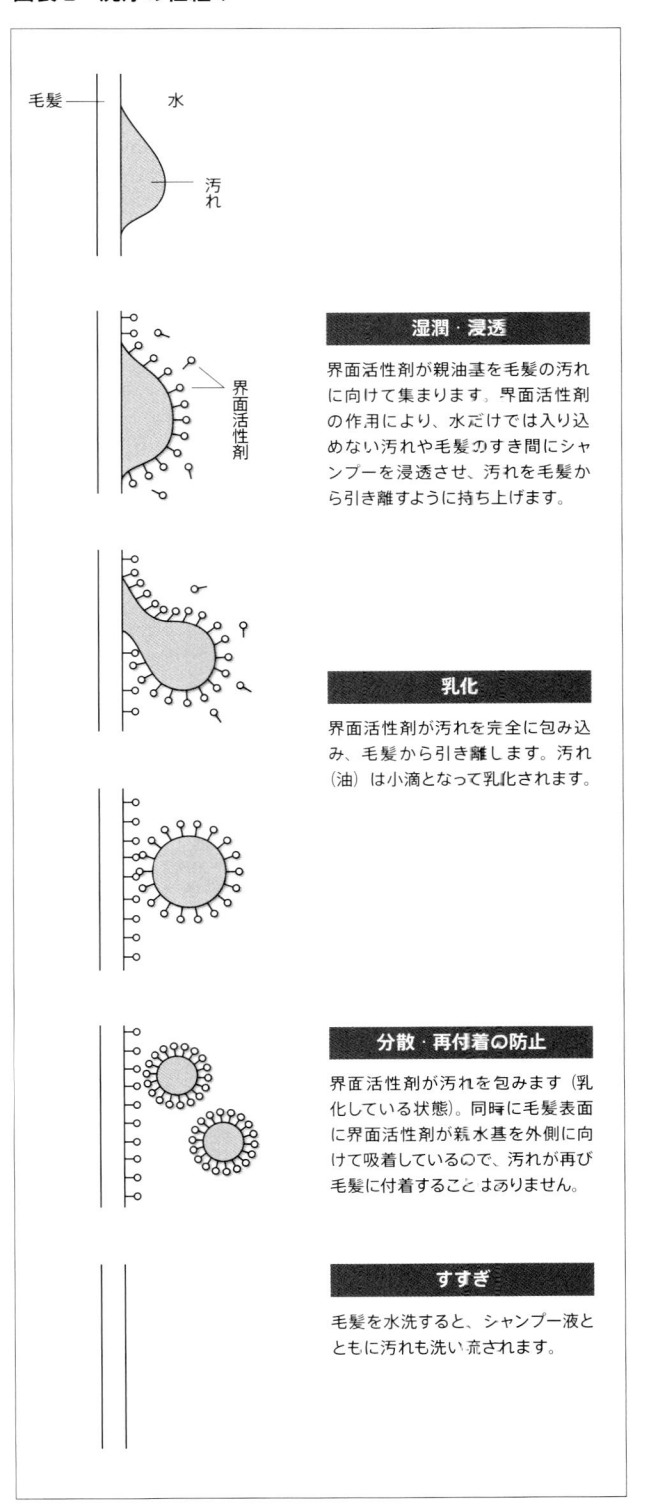

湿潤・浸透
界面活性剤が親油基を毛髪の汚れに向けて集まります。界面活性剤の作用により、水だけでは入り込めない汚れや毛髪のすき間にシャンプーを浸透させ、汚れを毛髪から引き離すように持ち上げます。

乳化
界面活性剤が汚れを完全に包み込み、毛髪から引き離します。汚れ（油）は小滴となって乳化されます。

分散・再付着の防止
界面活性剤が汚れを包みます（乳化している状態）。同時に毛髪表面に界面活性剤が親水基を外側に向けて吸着しているので、汚れが再び毛髪に付着することはありません。

すすぎ
毛髪を水洗すると、シャンプー液とともに汚れも洗い流されます。

第5章 ヘアカラー＆ヘアケアとパーマ

図表3　シャンプーの概要（機能と成分）

成分		機能	代表例		特徴
			分類	化粧品表示名称	
洗浄成分	洗浄基剤	汚れの洗浄	陰イオン界面活性剤	ラウリル硫酸Na ラウリル硫酸アンモニウム ラウリル硫酸TEA	洗浄力、気泡力に優れている
				ラウレス硫酸Na ラウレス-2硫酸アンモニウム ラウレス硫酸TEA	シャンプーの基剤として最もよく使われている 対硬水性に優れている
				オレフィン(C14-16)スルホン酸Na	洗浄力、気泡力に優れている
				スルホコハク酸ラウリル2Na スルホコハク酸ラウレス2Na スルホコハク酸(C12-14)パレス-2Na ラウレス-3カルボン酸Na PEG-3ヤシ脂肪酸アミドMEA硫酸Na ココイルメチルタウリンNa ココイルサルコシンTEA ココイルサルコシンNa ラウロイルサルコシンNa	泡立ちがよい 皮膚や目に対する刺激性が低い
				ココイルグルタミン酸TEA ココイルグルタミン酸K ココイルグルタミン酸Na ココイルアラニンTEA ココイルアラニンNa ココイルグリシンK ココイルグリシンNa ココイルメチルアラニンNa ラウロイルメチルアラニンNa ラウロイルアスパラギン酸Na ココイル加水分解コラーゲンK ラウロイル加水分解シルクNa ココイル加水分解ケラチンK ココイル加水分解ダイズタンパクK	ポリオキシアルキルエーテル硫酸塩等と比較し、泡立ちは弱いが、皮膚や目に対する刺激性が低い
			両性界面活性剤	ココベタイン コカミドプロピルベタイン ラウロアンホ酢酸Na ココアンホ酢酸Na ココアンホプロピオン酸Na ココアミンオキシド	起泡性、洗浄性は陰イオン性界面活性剤より劣るが、皮膚や目に対する刺激性が低い
	洗浄補助剤	洗浄基剤の働きを助け洗浄力をアップしたり泡立ちをよくする	非イオン界面活性剤	コカミドDEA パーム核脂肪酸アミドDEA ラウラミドDEA オレアミドDEA コカミドMEA デシルグルコシド ヤシ油アルキルグルコシド ラウリルグルコシド (カプリリル／カプリル)グルコシド	泡のボリューム感、クリーム感を増強させる 洗浄効果を向上させる
コンディショニング剤		毛髪の手触り、櫛通り、つや等をよくする	陽イオン界面活性剤	ラウリルトリモニウムクロリド ステアルトリモニウムクロリド	陽イオンにより毛髪に吸着する 静電気の発生を防ぐ
			高分子化合物	ポリクオタニウム-10 グアーヒドロキシプロピルトリモニウムクロリド ポリクオタニウム-6 ポリクオタニウム-7 ポリクオタニウム-39 ポリクオタニウム-22	毛髪表面に高分子の皮膜を作り、櫛通りをよくする

成分		機能	代表例		特徴
			分類	化粧品表示名称	
コンディショニング剤		毛髪の手触り、櫛通り、ツヤ等をよくする	ポリペプチド	加水分解コラーゲン 加水分解コンキオリン 加水分解ケラチン 加水分解シルク 加水分解乳タンパク 加水分解ダイズタンパク	しっとり滑らかな仕上がりにする 由来や分子量によって様々な効果がある
			シリコーン誘導体	ジメチコン PEG-12ジメチコン ポリシリコーン-13 アモジメチコン	毛髪表面に薄い皮膜を作り、サラサラとした仕上がりにする
フケ防止剤		フケやかゆみを防ぐ	殺菌剤 フケ取り剤	ジンクピリチオン サリチル酸	微生物の繁殖を抑える
その他添加剤	ハイドロトロープ剤	界面活性剤の水に対する溶解度を高める	低級アルコール	エタノール イソプロパノール	界面活性剤の濃い溶液は温度によって影響を受けやすく温度差や濃度によって粘性が変化したり、常温では安定であっても、低温では結晶が析出したり、凍結することがある。界面活性剤の溶解度を高め、凍結を防止し、温度差による状態の変化をできるだけ小さくするために添加される
			グリコール類	PG BG	
			グリセリン	グリセリン	
			可溶化剤	PEG-20ソルビタンココエート PEG-60水添ヒマシ油 PPG-4セテス-20	
			その他	尿素	
	防腐剤	菌の繁殖を防ぐ	安息香酸塩	安息香酸 安息香酸Na	微生物（細菌、カビ）繁殖を抑え、製品の変質や腐敗を防ぐ
			パラベン	メチルパラベン プロピルパラベン	
			イソチアゾリノン	メチルクロロイソチアゾリノン メチルイソチアゾリノン	
			フェノキシエタノール	フェノキシエタノール	
	酸化防止剤	安定性向上		BHT トコフェロール 酢酸トコフェロール	空気中の酸素による構成原料の酸化や腐敗を防ぐ
	pH調整剤	液性（酸性、中性、アルカリ性等）を調整する	酸	クエン酸 乳酸 リン酸 コハク酸 リンゴ酸	液のpHを目的に合わせて調整する
			アルカリ	水酸化K 水酸化Na 炭酸水素Na エタノールアミン TEA AMP	
	金属イオン封鎖剤	金属（硬水）による性能の低下を防ぐ	キレート剤	エチドロン酸 エチドロン酸4Na EDTA-2Na EDTA-4Na	水中に溶けているミネラル分による品質の変質を防ぐ
	乳濁剤	外観をパール状、乳濁状にする	ステアリン酸塩	ジステアリン酸グリコール	外観、香り、色を目的に応じて調整する
	香料、着色料			香料　青1　赤106	

パーマ施術前のシャンプー（プレシャンプー）

　パーマ施術直前のシャンプーは、通常のシャンプー技術とは異なりパーマ剤の作用を阻害するような物質、つまり毛髪に付着しているいろいろな汚れを除去することが目的です。

　パーマを阻害するような物質として、具体的には以下のようなものが考えられます。

- 皮脂等の老廃物の付着
- セット効果の高いセット剤の使用により形成された樹脂の皮膜
- 皮膜効果の高い保護成分の配合されたトリートメント剤の使用により形成された撥水性の皮膜
- 金属染毛剤を用いて染毛したことによる金属塩の付着＊
- 鉄分を多く含んだ水を洗髪時に使用したことによる鉄分の付着＊

（＊の付着成分はシャンプーでは除去することができません。）

　また、パーマ施術前のシャンプーは、毛髪診断の補助としての機能も兼ね備えます。

　洗髪しない状態で毛髪診断をした場合、日頃使用しているスタイリング剤等の影響で撥水毛、あるいは健康毛のように感じられてしまうこともあります。洗髪によりそれらを洗い流し、正しく毛髪の状態を判断することができます。ウェットな状態でウェーブの残存状態も明確になります。そして毛髪の柔らかさ、きしみ感等も参考になるでしょう。

［パーマ施術前のシャンプーの方法］

　通常のシャンプー技術のように爽快感、さっぱり感、洗ったという実感があるほどに頭皮をマッサージするような洗い方は避け、頭皮を刺激しないようにやさしく操作して下さい。また、頭皮を保護している皮脂を過度に取り除いてしまいますと、パーマ剤の作用を抑える保護効果も低下してしまいます。

パーマ施術後のシャンプー（アフターシャンプー）

　パーマ施術の直後の毛髪は完全に正常な状態に戻りきっていません。その状態は、以下のように考えられます。

- ややアルカリ性のままである
  （第1剤がアルカリ性のパーマ剤を使用した場合）
- ややキューティクルが浮き上がっている
- 頭皮もパーマ剤によって軟化膨潤している

　これらのことを考慮して、作用がマイルドなものを選択することが一般的に好ましいと考えられています。

［パーマ施術後のシャンプーの方法］

　パーマ施術直後のシャンプーは残留しているパーマ剤の除去（残臭の緩和、アルカリ剤等の除去）が目的ですから、毛髪や頭皮に負担をかけないようにやさしくシャンプーしてください。そして、その後は適切なトリートメント処理を行い、毛髪の損傷を防いで下さい。

パーマをかけた後の自宅でのシャンプー

　パーマ剤の作用が毛髪の構造変化を伴いウェーブを形成させることから、パーマをかけた直後の毛髪は、理美容室で注意深く施術をされたとしても、かなりの負担がかかっています。毛髪の状態が完全に正常な状態に戻るには時間がかかりますので、パーマ施術をしてから1週間程度は日頃のケアも注意深く行う必要があります。

　自宅での洗髪に使用するシャンプーも、パーマ施術直後と同様にそれぞれの毛髪に適した、より負担をかけないマイルドなシャンプーを選択し、やさしくいたわりながら洗髪して下さい。あまり強くマッサージをしながら洗浄すると、パーマ施術の作用により、まだやや浮いているキューティクルをはがしてしまったり、弱っている頭皮から皮脂をとり過ぎてフケが出てしまったりする場合もあります。

　パーマをかけたお客様のご自宅でのシャンプーの注意点としては、以下のことがあげられます。

- 自分の髪の状態、髪質にあったシャンプーを選択すること
- 強くこすったり毛髪をもんだりせずに、やさしくシャンプーする
- シャンプー後には毛髪保護成分が配合されたコンディショニング効果の高いリンスやトリートメントを使用し、損傷を防止する

　日頃の手入れの善し悪しが、次回のパーマ施術やヘアカラー施術にも影響を与えますので、適切なヘアケアが大切です。

③ヘアトリートメント

　ヘアトリートメントとは、一般的にシャンプー操作後に使用するヘアリンス、ヘアコンディショナー、ヘアパック、ヘアトリートメント等と称される頭髪用化粧品のことを指します。

　ここでは、ヘアトリートメントを比較的広い意味で、毛髪及び頭皮の状態を整えることを目的とする頭髪用化粧品としてとらえます。さらに洗い流すタイプと洗い流さないタイプの2つに分け、それぞれを**図表4**のように分類しました。

ヘアリンス

　ヘアリンスは毛髪の表面を保護するとともに、指通りやくし通りを良くし、キューティクルの損傷を防ぎ、毛髪に光沢を与えることが目的です。

　ヘアリンスの主体は、一般的に陽イオン（カチオン）界面活性剤です。陽イオン界面活性剤は、毛髪のマイナスイオンと結合して薄い皮膜を形成し、帯電防止効果を発揮します。と同時に、ヘアリンスに含まれる油分も毛髪表面に吸着し、

図表4 ヘアトリートメントの分類

	名称	用途
洗い流すタイプ	ヘアリンス	シャンプー後に使用
	ヘアトリートメント	
	プレトリートメント	パーマ施術、ヘアカラー施術に使用
	アフタートリートメント	
洗い流さないタイプ	ヘアトリートメント	仕上げに使用
	枝毛コート	
	ヘアクリーム	
	スキャルプトリートメント	

柔軟効果を発揮します。そして、陽イオン界面活性剤の種類や、他の様々な添加剤との組み合わせによって使用感や仕上がり感を変化させることが可能ですので、非常に多くの種類のヘアリンスができることになります。

ヘアトリートメント

ヘアトリートメントの主体も、一般的に陽イオン（カチオン）界面活性剤です。しかし、配合される油成分等の種類や量がヘアリンスとは異なり、毛髪を損傷から保護・補修するために毛髪に吸着しやすい成分や、浸透しやすい成分等が種々配合されています。その吸着・浸透しやすい成分の代表がポリペプチド（PPT）であり、その他に保湿剤や油成分等が配合されています（P.158～159 図表5参照）。

なお、ヘアパックと称される製品は、一般的にヘアトリートメントの範疇に入ります。

［ヘアリンスとヘアトリートメントの違い］

ヘアリンスとヘアトリートメントの違いは非常にまぎらわしく、どちらも陽イオン界面活性剤と油剤を主体として、それらを水に乳化するための乳化剤、毛髪に潤いや水分を補給する保湿剤、及び温度に対する安定性を良くするためのハイドロトロープ剤等からなります。

違いを挙げるとすれば、ヘアリンスは主に毛髪の表面を整える働きのあるものであり、ヘアトリートメントは毛髪表面を整えると共に毛髪内部にまで働きかけるものと考えられます。

洗い流さないヘアトリートメント

シャンプーの後で使用するヘアトリートメントという総称の中には、洗い流すタイプと洗い流さないタイプとがあります。洗い流さないタイプのヘアトリートメントも、洗い流すタイプのヘアトリートメントも、ヘアトリートメントとしての作用や機能は同じです。洗い流さないので、毛髪に塗布した成分のうち蒸発する成分以外は毛髪に残っていることになります。

このような洗い流さないタイプのヘアトリートメントには、シャンプー後の濡れた髪に使うタイプと、乾かした後で使うタイプがあり、それぞれの製品の目的、内容成分によって効果のある使い方をします。また剤型も様々でローション、クリーム、スプレーやムース等、使用目的や使いやすさに合わせて考えられています。

システムトリートメント

主に美容室で施術を行う多剤式のヘアトリートメントです。種々の性能を持つアイテムを併用することにより、ヘアトリートメント効果を高めることができます。例えば、最初に使用する製剤で毛髪内部を補修するようなPPT、アミノ酸、セラミド等を多く配合し、引き続き使用する次の製剤には毛髪の外側をしっかりとコートしてトリートメント効果を高めたり、長持ちさせるようなもの等があります。併用する製剤の工夫により種々の質感が得られますので、目的に応じて製品を選ぶことができます。

トリートメントに配合される成分

■陽イオン界面活性剤（カチオン界面活性剤）

ヘアトリートメントには、帯電防止剤として第四級アンモニウム塩と呼ばれる陽イオン界面活性剤が一般的に使用されています。第四級アンモニウム塩と比較して皮膚や眼粘膜に対する刺激が少なく、生分解性にも優れるとされる第三級アミン塩と呼ばれる陽イオン界面活性剤も使用されており、他にも、ジアルキルタイプの陽イオン界面活性剤等が使用されています。

第5章　ヘアカラー＆ヘアケアとパーマ

図表5　ヘアトリートメントの概要

成分	機能	代表例 分類	代表例 化粧品表示名称	特徴
油性成分	毛髪や頭皮に油分を補給する	油脂	マカデミアナッツ油 ヒマシ油 オリーブ油 ラノリン	油分を補い、頭皮を柔軟にし、毛髪をしっとりとした仕上がりにする 由来、分子量、構造によって、性状、効果に差がある
		ロウ類	ホホバ種子油 キャンデリラロウ ミツロウ カルナウバロウ	
		高級アルコール	セタノール ステアリルアルコール ベヘニルアルコール	
		エステル類	ミリスチン酸イソプロピル エチルヘキサン酸セチル パルミチン酸エチルヘキシル トリエチルヘキサノイン トリ（カプリル酸／カプリン酸）グリセリル	
		炭化水素	ミネラルオイル ワセリン スクワラン	
コンディショニング成分	毛髪の手触り、櫛通り、ツヤ等をよくする	ポリペプチド	加水分解コラーゲン 加水分解コンキオリン 加水分解ケラチン 加水分解シルク 加水分解乳タンパク 加水分解ダイズタンパク ヒドロキシプロピルトリモニウム加水分解コラーゲン ヒドロキシプロピルトリモニウム加水分解ケラチン ヒドロキシプロピルトリモニウム加水分解シルク ココジモニウムヒドロキシプロピル加水分解コラーゲン （ジヒドロキシメチルシリルプロポキシ）ヒドロキシプロピル加水分解コラーゲン イソステアロイル加水分解コラーゲン	はりや弾力のある仕上がりにする 由来や分子量によって効果に差がある
		高分子化合物	ヒドロキシプロピルセルロース ヒドロキシエチルセルロース ポリクオタニウム-10 グアーヒドロキシプロピルトリモニウムクロリド ポリクオタニウム-6 ポリクオタニウム-7 ポリクオタニウム-39 ポリクオタニウム-22	毛髪表面に高分子の皮膜を作り、櫛通りをよくする
		シリコーン誘導体	ジメチコン PEG-12ジメチコン ポリシリコーン-13 アモジメチコン	毛髪表面に薄い皮膜を作り、サラサラとした仕上がりにする
		保湿剤	PG BG グリセリン ソルビトール ハチミツ	水になじみやすい物質により毛髪や頭皮の水分を保持する
		陽イオン界面活性剤	セトリモニウムクロリド セトリモニウムブロミド ステアルトリモニウムクロリド ステアルトリモニウムブロミド ベヘントリモニウムクロリド ステアラミドエチルジエチルアミン ステアラミドプロピルジメチルアミン クオタニウム-18 ジココジモニウムクロリド ジステアリルジモニウムクロリド	陽イオンが毛髪に吸着する。静電気の発生を防ぐ
乳化剤	水と油を乳化する	非イオン界面活性剤	セテス-10 ステアレス-2 オレス-10 ベヘネス-10	分子の大きさや構造の違い、付加物の違いにより、いろいろな性質を持つ 水と油を乳化する 水に油を可溶化する
		両性界面活性剤	ココベタイン コカミドプロピルベタイン ラウロアンホ酢酸Na ココアンホ酢酸Na ココアンホプロピオン酸Na ココアミンオキシド	

成分		機能	代表例		特徴
			分類	化粧品表示名称	
その他の添加剤	ハイドロトロープ剤	界面活性剤の水に対する溶解度を高める	低級アルコール	エタノール イソプロパノール	界面活性剤の濃い溶液は温度によって影響を受けやすく温度差や濃度によって粘性が変化したり、常温では安定であっても、寒冷な条件、低温では結晶が析出したり、凍結することがある。界面活性剤の溶解度を高め、凍結を防止し、温度差による状態の変化をできるだけ小さくするために添加される
			グリコール類	PG BG	
			グリセリン	グリセリン	
			非イオン界面活性剤	PEG-20ソルビタンココエート PEG-60水添ヒマシ油 PPG-4セテス-20	
			その他	尿素	
	増粘剤	粘性を調節する	高分子化合物	ヒドロキシプロピルセルロース ヒドロキシエチルセルロース ポリクオタニウム-10 グアーヒドロキシプロピルトリモニウムクロリド	乳化を安定に保つ。使いやすい粘性にする
	紫外線防御剤	紫外線の影響をさける		t-ブチルメトキシジベンゾイルメタン サリチル酸エチルヘキシル メトキシケイヒ酸エチルヘキシル 酸化チタン	紫外線を散乱・吸収し、化学反応を防御する
	消炎剤	頭皮の炎症を抑える		グリチルリチン酸2K	頭皮の炎症を抑える
	フケ防止剤	フケやかゆみを防ぐ	殺菌剤 フケ取り剤	ジンクピリチオン サリチル酸	微生物の繁殖を抑える
	防腐剤	菌の繁殖を防ぐ	安息香酸塩	安息香酸 安息香酸Na	微生物（細菌、カビ）の繁殖を抑え、製品の変質や腐敗を防ぐ
			パラベン	メチルパラベン プロピルパラベン	
			イソチアゾリノン	メチルクロロイソチアゾリノン メチルイソチアゾリノン	
			フェノキシエタノール	フェノキシエタノール	
	酸化防止剤	安定性向上		BHT トコフェロール 酢酸トコフェロール	空気中の酸素による構成原料の酸化や腐敗を防ぐ
	pH調整剤	液性（酸性、中性、アルカリ性等）を調整する	酸	クエン酸 乳酸 リン酸 コハク酸 リンゴ酸	液のpHを目的に合わせて調整する
			アルカリ	水酸化K 水酸化Na 炭酸水素Na エタノールアミン TEA AMP	
	金属イオン封鎖剤	金属（硬水）による性能の低下を防ぐ	キレート剤	エチドロン酸 エチドロン酸4Na EDTA-2Na EDTA-4Na	水中に溶けているミネラル分による品質の変質を防ぐ
	香料、着色料			香料　青1　赤106	香り、色を目的に応じて調整する

■ポリペプチド

前処理剤の項で説明したとおり、ケラチン・コラーゲン・シルク・パール・ミルク・大豆・ゴマ・エンドウ・コメ等の各種PPT、及びその誘導体が目的に応じて毛髪補修や保護を目的に配合されます。

■シリコーン誘導体

シリコーン誘導体は、主に仕上がり時の感触改良の目的で配合されます。最も一般的なシリコーン誘導体はメチルポリシロキサンですが、これは化学的に合成して得られるケイ素（Si）の化合物で、化学的に不活性で安全性も高く、他の有機化合物や無機化合物にない特徴を持っています。低分子〜高分子量品まで自由に作ることができ、様々な風合いをヘアトリートメントに付与することが可能となります。

この他に変性シリコーンと呼ばれるシリコーン誘導体も使用されています。これらは、ジメチルポリシロキサンにある種の特性（毛髪への吸着性、帯電防止効果、耐熱性等）を付与したものです。例えば、アミノ変性シリコーンは、構造中に

アミノ基（-NH2）を導入し、毛髪とイオン的に結合する機能を高めたものです。そのため、他のシリコーン誘導体よりも毛髪への吸着力が強くなり、毛髪表面に持続性の高いシリコーン皮膜を形成することができます。

よく間違えられることですが、シリコンとシリコーンは全くの別物です。シリコンは、原料の珪石を還元、精留させて、ケイ素の純度を高めたもので、暗灰色をした金属で、半導体材料として主に使用されます。それに対し、シリコーンは、ケイ素を含む有機化合物の総称で、天然には存在しません。

■油性成分

毛髪に油分を補い、しっとりとした仕上がりを得るための油脂（マカデミアナッツ油、オリブ油等）、ロウ類（ホホバ油、ミツロウ等）、高級アルコール（セタノール、ベヘニルアルコール等）、エステル類（ミリスチン酸イソプロピル等）、高級炭化水素（パラフィン、ワセリン、スクワラン等）等の油性成分が配合されます。これらの油性成分は、それぞれ油性感や毛髪残留性が異なるため、その種類や組み合わせ、配合量等の差によって使用感や仕上がり感に変化を持たせることができます。

■その他の配合成分

製品の安全性向上のための安定化剤（ハイドロトロープ剤、防腐剤、酸化防止剤、金属イオン封鎖剤）や、外観を美しくする着色剤、香り付けのための香料等が配合されています。

パーマにかかわるアフタートリートメント

アフタートリートメントは、パーマ施術やヘアカラー施術等の後に毛髪損傷防止や補修、あるいは施術効果を向上させることを目的として実施します。

これまで説明しましたように、パーマ施術の不適切な操作等による異常反応により、間充物質（マトリックス）の流出やキューティクルの剥離等が毛髪に起こると、しばしば損傷に至る原因となります。アフタートリートメントを、毛髪の状態を正常にする目的（1、2）、ウェーブの持ちやヘアカラーの色持ちを良くする目的（3）に分類し、それぞれ配合される成分等について説明します。

1

パーマ施術後にアルカリに傾いている毛髪の pH を等電点（弱酸性）に戻す

アルカリ性のパーマ施術を行った毛髪の pH は、少なからずアルカリ性に傾いています。これは、染毛剤や脱色剤の施術にも同様のことが考えられます。このように毛髪がアルカリ性に傾いたままですと、やがてケラチン中のシスチン結合がランチオニン等の異常結合に変化することがあり、また、多量のアルカリ剤が毛髪に残留しますと、ペプチド結合の加水分解を引き起こし、毛髪の劣化（強度の低下）も考えられます。

このような毛髪損傷を引き起こさないために、パーマ施術後にはクエン酸等の有機酸等を配合したヘアトリートメントを使用し、毛髪の pH を弱酸性に保つ（戻す）ことが必要となります。指通りや風合いを良くするため、適量の酸や pH 緩衝剤を配合したアルカリ性の薬剤施術後専用のアフタートリートメントが増えてきています。

2

システイン酸の生成を抑える

パーマ剤第1剤のオーバータイムやパーマ剤第2剤の塗布後に不必要に長時間放置した場合には、システイン酸と呼ばれる異常酸化物が生成します。また、パーマ剤第2剤塗布後の放置時間や塗布量が不足すると、シスチンの再結合が十分に行われず、システイン残基が毛髪中に残ってしまい、このシステイン残基に空気中の酸素が結合してシステイン酸が生成することもあります。つまり、酸化が過剰でも不足でもシステイン酸は生成するのです。このような異常酸化物であるシステイン酸が生成すると、毛髪の強度が落ちる等の問題が生じますので、この生成を抑えることもアフタートリートメントの大きな役割の1つです。

システイン酸生成抑制のためには、システイン残基をそのままにせず処理することが必要であり、一例として加水分解ケラチン等のポリペプチドを配合したヘアトリートメントを使用することで、システイン酸の生成抑制に効果があると考えられています。

3

毛髪のダメージ部位を補う

毛髪ダメージの1つにキューティクルの剥離があります。キューティクルは毛髪をブラッシング等の物理的な外部の刺激から毛髪を守るのと同時に、毛髪内部を保護する作用も持ちます。このような働きのあるキューティクルが損傷を受け剥離した場合には、剥離した部分から間充物質（マトリックス）等が流出し、水分や油分を保持する力が弱まってしまいます。毛髪のキューティクルは、ケラチンタンパク質が角化したもので、皮膚についた傷とは異なり、ダメージが自然治癒することはありません。ですから、毛髪表面を保護する成分（例えば、加水分解タンパク質やシリコーン誘導体等）の配合されたヘアトリートメントを用いてアフタートリートメントを行い、キューティクルのダメージ部位を補修する必要があります。

以上のようにアフタートリートメントは、パーマ施術後等の毛髪のダメージの進行を抑えるだけでなく、次回以降のパーマ施術やその他の施術（染毛や脱色施術）を円滑に進行させるために、非常に重要な要素の一つです。

(1) パーマの歴史
(2) 欧米・アジアのパーマ剤規制

パーマの歴史
パーマの科学　第6章

(1) パーマの歴史 ……………………………………………………
(2) 欧米・アジアのパーマ剤規制 ……………………………

(1) パーマの歴史

　古代から人間が憧れた"カールされた美しい髪"。それを実現するパーマネントウェーブが19世紀、ついに登場しました。電髪黄金期や戦争と敗戦、特許紛争等々、幾多の困難を乗り越えて現在に至ったパーマの歴史は、美しさを求める歴史でもあるのです。

①前史時代

■古代のパーマ

　紀元前3,000年の昔、エジプトの女性たちは毛髪に湿った土を塗り、木の枝等の丸い棒に巻きつけて、強烈なエジプトの太陽にさらしてウェーブをつけた、との記述があります。文献によっては、この土を塗ってそのまま1か月位放置したとも書いてありますが、この点は少し疑問があります。しかし、1か月は無理だとしても、直射日光に長時間照らされていては頭がクラクラしてくると思いますが、おそらく、現在の女性がカーラーに巻いて一晩置くような感じで、幾日間か置いたのでしょう。

　文献の記述は、エジプトの話に続いて次のようになっています。

　ローマ・ギリシャ時代を通じて今日に至るまで、すべての女性の願望は魅力のある美しい結髪方法でした。それは長い間、編み毛やかつらの使用で表現されたようでした。カールされた毛髪はまっすぐな毛髪よりも魅力的であると同時に、その人に似合う、または流行りのスタイルに再び整え直し易いことから、「人工的カールを作り出す多くのプロセスは、近代的なヘアドレッシングの傾向に注目すべき大きな影響を与えることになった」としていますが、パーマについては、具体的には何も示されてはいません。

　次に、パーマが文献に登場してくるのは、一気に明治5年（1872年）のマルセルアイロンの時代にまで下ってきます。これまでの間はパーマの前史時代と考えて良いでしょう。

②黎明期

■パーマの開祖ネッスラー

　19世紀中頃の婦人たちは、一般に石油ランプでカールアイロンを熱して、毛髪にウェーブをつけていたと言われています。明治5年（1872年）にフランスのパリでマルセル・グラトー（Marcel Grateau / 1852 - 1936）が、いわゆるマルセルウェーブを発明しました。これは毛髪を熱した棒に巻きつけて「蝶番（ちょうつがい）」のついた器具で押さえる方法でした。カールアイロンで巻き込みながら毛髪にウェーブをつける方法を改良したもので、ひとつの大きな進歩と言えましょう。しかし、これらの方法はいずれも一時的なウェーブであって、毛髪はシャンプーしたり、湿気にあうと伸びてしまいます。

　これに対してドイツ人チャールス・ネッスラー（Charles Nessler 1873-1951）は、湿気にあっても伸びないウェーブに挑戦して、明治38年（1905年）にその方法をロンドンで発表しました。これが世界で最初のパーマの方法であり、ネッスラーがパーマの父と仰がれるようになったのも理解できます。

　もともと、ネッスラーは美容の仕事に携わっていました。ある機会から、かつらに用いている髪の毛は『棒に巻いて10数時間煮沸してパーマネントリーなウェーブをつけている』現実と、さらに偶然のことから『棚砂（ほうしゃ）が毛髪をカールするのに有効である』ことを発見したことに始まります。この薬品と加熱の組み合わせを用いてネッスルウェーブという名称で発表したのです。

　しかし、ネッスラーのこの発表は順調には展開しませんでした。紆余曲折があり、彼自身も大正4年（1915年）アメリカに渡り、ネッスルウェーブがアメリカで実用化されたのは発表から15年後の大正9年（1920年頃）のことでした。当時欧州では女性たちのロングヘアに彼の発明が適していなかったことと、欧州美容室の保守的体質に勝てなかったのでしょう。

　しかし、アメリカでは1920年を境としてネッスル方式のパーマが急速に普及し流行しました。この時代はネッスラーの他にフレドリックやスーターという人々も活躍し、「3人の開拓者」と称している文献もあります。

③電髪黄金時代と受難期

■パーマネントはやめましょう

　我が国に目を移してみると、日本女性の髪型は徳川時代からの日本髪と束髪であって、明治の開化になってもあまり変化は見られませんでした。これは日本女性の保守性によるものでしょう。封建的な社会の中で、当時の女性のおかれていた立場を想像すると当然のこととも思えます。

　大正デモクラシー、婦人解放運動の影響でしょうか、大正時代に入ると洋髪が流行し始め、日本女性の髪形に"改革"が生じます。女性たちの自覚の向上とともにこの"改革"は広がり、昭和になって頂点に達します。日本におけるパーマの始まりです。換言すれば、パーマの出現は、女性の近代化のシンボルとも言えるのではないでしょうか。

　日本にパーマ（電気パーマ、略して電髪）方式が輸入されたのは、大正12年（1923年）に神戸の紺谷寿美子がパーマネントマシンをアメリカから輸入したのが最初という説と、横

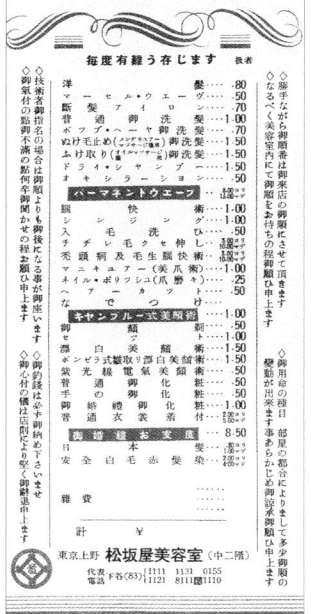

写真左／昭和13年頃の美容室の料金表（現在のシバヤマ美容室）
写真右上／昭和17年頃「パーマネントはやめましょう」というスローガンが、街で声高に叫ばれていた（写真／毎日新聞社）

浜に初めて入ったという説もあり、いずれにしても今となっては明らかにすることは難しいようです。

実際にパーマが営業に取り入れられたのは、昭和5～6年頃で、それが昭和10年代になって急速に普及し、アメリカに次いで一種の流行になりました。

昭和初期という戦争前夜の不安な国民心理の反映で、マニキュア、ロングスカート、キツネの襟巻が流行し、ダンスホールが栄え、街にはミルクホール（牛乳・パン等を提供する軽飲食店）が乱立しましたが、この時代の様相は一概に軽佻浮薄と片付けられないものがありました。

パーマも"雀の巣"だとか、日本女性本来の良風美俗に反するものだという非難を浴びながらも、当時急成長していた職業婦人を中心として確実に普及し始めました。これはパーマをかけた毛髪は「髪が自分の好きなように結べて乱れず、毎朝結髪に長い時間をかけずに済む」（昭和14年6月朝日新聞）という実用性が評価されたためでしょう。

その当時は東京市内の850軒の美容院で1,200台以上のパーマの機械があり、それでもお客様の要望に追いつけなかったということですから、1日に5,000人以上の人がパーマをかけたと想像されます。

パーマ料金も昭和7年（1932年）に20円、昭和10年（1935年）に10円～15円、昭和13年（1938年）に5円～7円50銭（値段史年表一朝日新聞社編）と急速に下がっていることも普及のスピードの早さを物語っています。

このパーマの第1期黄金時代は急速に終了してしまいました。それは、戦争という大きな出来事のためです。昭和12年（1937年）7月7日の北京郊外盧溝橋（ろこうきょう）での歴史的な紛争を契機として、日本は長い戦争の泥沼に入り、官も民も軍事一色に塗りつぶされてしまったのです。

パーマは欧米寄りの悪い習慣であり、華美なおしゃれで戦争下にそぐわないという日本軍部の不当な圧迫の下で、昭和14年には国民精神総動員委員会において定められた、「堅忍持久」「ぜいたくは敵だ」等の官製標語の中、ついに「パーマネントはやめましょう」という標語も出現しました。さらに昭和15年（1940年）8月には、大日本パーマネント連盟から全パーマ業者に陸軍省情報部からの命令として、パーマ自粛の協力を求めており、実質的に禁止されることになりました。

昭和17年（1942年）末限りで美容に電力が用いられなくなり、戦局の悪化につれて民間物資も不足し、食べることも十分にできなくなりました。そのため美容に使う器具や薬品を補給することは不可能となり、鉄製品の供出命令（軍需用に再利用するとされていた）でマシンを始めとする美容器具の大半を失ったのもこの頃です。自粛後、陰でこっそりと行われてきたパーマも、完全にその息の根を止められてしまいました。

なお、パーマを「電髪」というようになったのは、昭和15年頃のすべての外来語廃止の時代であって「電髪」という言葉自体が戦争の遺物ともいえましょう。

④ マシンレスウェーブ

■このアイディアは今後復活するか

話を1930年代に戻しましょう。1920年を境として、ネッスラー式パーマがアメリカで大流行しましたが、その裏ではマシンを使用しないパーマ方式が1930年頃から研究され始めています。この理由は、ネッスラー式パーマの加熱機械は、加熱用のクリップが1つひとつ電気コードで結ばれており（**写真下参照**）、パーマをかける人は、頭を電気コードに固定されて、はなはだしい束縛感を受けます。そこで電気を使用しない（即ち電線の束縛を受けない）加熱方式が要求されたためです。

この加熱方式は、加熱機械を用いないで化学的発熱を利用するために、マシンレスまたはケミカルヒーティング方式と

第6章　パーマの歴史

呼ばれていました。今の使い捨てカイロのようなもの、と考えて良いでしょう。ただし使い捨てカイロは温度を低めに設定し、また、その温度維持の時間を長くするように工夫されている点が異なります。

この発熱パットの研究は、第2次世界大戦になって、各国ともに電力は軍需産業最重点供給となったため、民間用電力が極端に不足してきたことで、より拍車がかけられました。発熱パットの研究はある程度まで進められ一部実用化されましたが、最大の欠点は保存中に湿気にあうと徐々に発熱してしまい、実際使用時には効果が無くなっているということでした。そのために我国ではほとんど使用されませんでした。ただし台湾では原子パーマという名称で、昭和50年（1975年）頃には台北市内の一部では見られましたが、他の国々ではほとんど普及しませんでした。

⑤ コールドパーマへの道

■ヒート → ウォーム → コールド

1930年代後半に、クネーペルとダンフォースが毛髪の内部構造や、断面形状についての研究成果を相次いで発表し、また、1941年にはアストベルグが今日知られているケラチンの分子構造の図を発表しています。

ただし、これらの研究は当時急成長しつつあった毛糸、毛織物工業のための羊毛の研究であって、決して人間の毛髪を対象としたものではありませんでした。同じ頃にイギリス人スピークマンはこれらの理論から推測して、アルカリ性の還元剤を用いることで、高い熱を必要としないパーマ剤ができるのではないかと考えました。彼は昭和11年（1936年）に亜硫酸水素ナトリウムを用いれば、40℃位の加温でもパーマが得られることを発表しましたが、これは満足な結果は得られませんでした。しかし、これを契機として40〜50℃の加温でパーマを得る方法の研究が広く行われ、ウォームパーマあるいはテピットパーマという名称で一部では実用化されるに至ります。この考え方の延長が日本のパーマ剤承認基準に

も「加温二浴式」として今でも生きているわけです。

その一方では、もっと徹底した考えで、室温でパーマをかけるための薬剤の研究が多くの人々の間で行われました。すなわち、コールドパーマの夜明けです。

単にケラチン繊維を還元する目的ならば、羊毛処理用として硫化物、強いアルカリ剤、シアン化物、ホスフィン、ボロハイドライド、ハイドロサルファイト等の薬品が提案されたこともありますが、人体に使用する以上は、その安全性の確認が最優先されるべきであって、これらの薬品はまったく実用化されませんでした。

なかでひとつだけ硫化アンモニウムが一部で使用されたことがありましたが、これも、1941年にアメリカのジョージア州で女性客が死亡するという事故が生じたため、使用が禁止されてしまいました。

これより前、昭和15年（1940年）頃からアメリカのマックドナウ（Everett G. McDonough）らが、チオグリコール酸を主剤とするコールドパーマ剤の研究開発を始めています。チオグリコール酸はその製法が比較的簡単であること、保健衛生上も無害であること、匂いも少ないこと、良好なウェーブが保たれること等から、コールドパーマの本命として取り上げられました。その後、第2次世界大戦（1939-1945）中の民間用資材欠乏がこの研究に一層の拍車をかけ、現在の形に近いコールドパーマ剤が出現し実用に供されたのです。

⑥ 第2期 電髪黄金時代

■コールドパーマとの"熱い"戦いに"冷たく"敗れて

昭和20年（1945年）8月15日の日本の敗戦は、それまで圧迫され続けてきた平和や文化、特に女性の美に対する欲望を一気に解き放ちました。いままでの「敵性風俗」は一転して、占領軍であるアメリカの素晴らしいモダンな風俗として、数年前までは反対のビラを配っていた人々までもが先を争ってパーマをかけ始めたのです。

しかし、長い年月にわたる戦争で、都市のほとんどを空襲で焼かれた敗戦後、日本の国民の多くは、生きるために食べることで精一杯でした。

その上、電気パーマ用の器具の多くは供出で失い、米軍の空襲で焼かれ、薬品も不足しました。何よりも電力不足で、停電している時間の方が長いという時代でした。

それにもめげずに人々は、電熱のかわりに木炭を使用するという涙ぐましい努力をして、パーマをかけたのでした。

第2期電髪黄金時代の到来です。公務員の初任給が3,000円位で食費にその多くを充当しなければならなかった時代に、1回のパーマに400円以上を支払うことの負担の大きさは、現在の私たちには想像もつかないことと思いますが、それでも人々はパーマをかけ続けました。

昭和25年（1950年）6月、朝鮮動乱の勃発が、我が国にとっては景気立直りのきっかけとなり、国内の消費も急激に好転して昭和30年頃に電髪の最盛期を迎えるに至りました。

しかし、この電髪の第2期黄金時代もそれほど長くは続きませんでした。ライバルであるコールドパーマの急激な成長で、昭和30年頃を頂点として、急速に主役の座を下りざるを

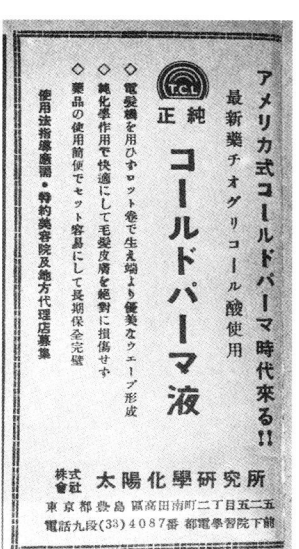

昭和22年、雑誌広告

得なくなったのです。しかし、実際には電髪からコールドパーマに移行する過程で、我が国でもご多分に洩れず、マシンレスパーマというものが一部で真剣に検討され、実際に使用されたこともあります。

その最大の理由は、コールドパーマをかけるときの時間の長さに対する不満にありました。電髪では、毛髪を巻きとるカーラー数はわずか30本足らず。しかもクリップに挟み込んで加熱するので、加熱時間はせいぜい数分間。余熱時間を加えても十数分でした。

そしてさらに、中和操作がないために、2剤の時間も不要でした。それに反して、コールドパーマの場合には、まずロッドの数が少なくても40～50本。ロッドを巻くだけで30分近くかかり、それに作用時間が20分間ぐらい、中和タイムを加えると、半日近い仕事になってしまいます。

当時のせちがらい、あわただしい世相の中で、半日を美容院で費やすということは、主婦にとってはもちろんのこと、お勤めの女性たちにとっても大変な負担になったはずです。

それとともに、コールドパーマの場合には、登場した1つの目的として「ソフトな天然ウェーブ」ということがありました。しかし、世相はまだチリチリパーマを好み、1度かけたら半年はもたせたいという気分が強かったのです。当時の家庭の経済状況から考えて、3か月に1度のパーマは贅沢そのものでした。

これらの理由で、電髪からすんなりコールドパーマに移行したわけではありませんでした。データがなく、また古い記録も残されていないので、この主役交代が何年頃であるかということは確定できませんが、パーマ剤の最初の基準が、「コールド・パーマネント・ウェーブ用剤最低基準」と命名されていることから、その当時（昭和31年）はまだ電髪の存在がある程度大きかったと想像されます。さらに基準の第1次改正（昭和35年）で本文中に「電髪パーマネント用剤を除く」とわざわざ記されていることは、この当時、若干でも電髪が市場に存在していたことを示すと思われます。

このように、一時は日本全国を席巻した電髪パーマが急速に後退したのは、コールドパーマとの戦いに電髪パーマの熱い電線の束縛感が、また、最も大切な毛髪を傷めるという欠点が決め手になって敗れたのです。以後は、電髪パーマ用の加熱器具は急速に粗大ゴミとして片付けられてしまいました。今では逆に貴重な資料として博物館にでも保存しておけばよかったと思えるような状態になっています。

⑦ チオグリコール酸の安全性

■ それは1940年代に決着がついている

パーマ剤のような医薬部外品について安全性を確認することは、現在では最優先の仕事ですので、本書でも第3章で詳しく説明しておりますが、歴史の流れの中でも捉えておく必要もありますので、簡単に触れておきます。

チオグリコール酸の安全性に関する論争の火蓋を切ったのは昭和21年（1946年）に発表されたカッター論文です。彼は米国医学協会誌に、患者5人の症状を示し、チオグリコール酸がアレルギー反応を起こし、肝臓に対しても影響を与えると警告をしています。

これに対して直ちにマックコードが反論を発表したのを皮切りとして、昭和24年（1949年）にゴールドマン、ベルマン及びレーマンが、昭和27年（1952年）にブルーネルの各氏が、実験データと臨床データを付けて皮膚反応を含めた全身的反応を検討し、チオグリコール酸はコールドパーマ剤に使用される濃度の範囲においては、正しく使用されれば安全であることを発表しています。

また、第2剤に使用されているブロム酸塩については、1950年代から誤飲による事故の報告があることが示されています。

⑧ コールドパーマネントウェーブ液特許事件

■ 上限400mLはこれから始まった

コールドパーマの歴史を語る上で見過ごすことのできない事実の1つに、特許事件があります。これは美容業界全体を揺るがせ、当時の新聞や週刊誌にも報道された大きな事件でした。しかし、当時この問題に関係して活躍された主な方々はすでに物故され、加えてその当時は各社の利害関係が複雑にからみあっていたために、この問題に関して書き残されたものはほとんどありません。ここでも事実を経過として述べるにとどめます。

そもそも、この問題の発端になったのは、アメリカのパーマ剤の特許を有するセールス・アフリエイツ社が「日本で売られているコールドパーマ剤は全て同社の特許権を侵害している」との理由で、我が国で販売されているコールドパーマ剤をすべて支配しようという行動を起こし、当時の有名メーカーの製品を差し押さえるべく仮処分の申請を起こしたことです。

これに対し、当時の美容業界は一致協力して、約1年半に及ぶ裁判の結果、ついに共有権の獲得に成功し、昭和32年4月に仮契約の調印を完了。アリミノ化学、百日草、セフテイ商会、スターレット化学4社により、ワールドケミカル株式会社を設立、これを特許権管理会社とすることで、各メーカーでコールドパーマ剤の製造販売ができるようになりました。

この時に、特許料を計算する上で、1人用80mL、5人用400mLに統一されました。これが日本におけるパーマ剤第1剤の基本的容量となって現在まで存続しています。

また、特許が昭和41年（1966年）に切れると同時に、どこの会社でも厚生省の承認さえ得られば、コールドパーマ剤を製造販売できることになり、中には、業務用でなく家庭用を発売するメーカーも出て来るようになりました。そのために発生するであろう事故を懸念して、厚生省薬務局は昭和41年（1966年）10月5日薬発第727号薬務局通知で「使用上の注意」を出し、この通知文の前文に示されています。

⑨ コールドパーマ液の急速な普及

■ 急速な普及が事故につながった

第6章 パーマの歴史

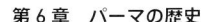

　特許紛争の一方、日本の美容業界もこの昭和30年代初期を境として、急速に電気パーマからコールド式パーマに変わりました。

　女性がおしゃれのためとはいえ、熱い電気の熱や、電気コードでつながれ、加熱クリップで頭の動きを束縛される苦しみよりは、常温でかかるコールド式パーマを好むのは自然の成り行きです。

　しかし、あまりにも急速なコールドパーマ普及のスピードに、必ずしも業界全体がついていけたわけではなかったのです。肝心のパーマをかける美容師さんの薬剤に対する知識や技術がまだ不十分だったこともあり、さらに急速なブームがメーカーの乱立をうながしたため、中には粗製乱造のコールドパーマ液さえ出現したようです。

　そのためコールドパーマによるお客様の被害事故が新聞紙上に取り上げられる事態まで起きてしまいました。

　何事でも同じですが、一般化されるに従って開拓時代の慎重さと熱心さが軽視されがちになるものです。この当時の事故の背景も、こうした技術軽視のツケではなかったか、と思います。

　このままではせっかく普及してきたコールドパーマの発展にも影響しかねないと当時の有識者や厚生省当局が積極的に動いて、化粧品（当時、コールドパーマ剤は化粧品になっていました）としては初めて、製剤に関しての品質基準を定めて品質の確保を目指しました。一方では、業界が中心になって正しい使用法のマニュアルを作成して、使用上のミスを未然に防ごうとしたのが昭和31年（1956年）の秋でした。

　これらの努力が実を結んで、コールドパーマに原因があるとされた事故は2〜3年足らずで激減し、これがコールドパーマの普及に一層の拍車をかけて、昭和30年代後半には、パーマの主役の座は電髪から完全にコールドパーマに移りました。

　パーマ剤の基準は昭和35年（1960年）に最低基準からパーマネント・ウェーブ用剤基準に代わり、酸性パーマ、加温式パーマ、また昭和43年（1968年）の改訂によりシステインコールド二浴式、一浴式、昭和60年（1985年）には縮毛矯正、過酸化水素2剤、用時調製発熱式が、新しく認められてきました。平成5年にはパーマネント・ウェーブ用剤基準から承認基準に代わり加温式システイン、平成11、12年（1999、2000年）には高温整髪用アイロン縮毛矯正剤の追加と続きます。

　こうして医薬部外品の薬剤区分を追加拡大し、有効成分の追加、新しい使用法あるいは効能の拡大を図り、美容室における使用実態の多様化に応えてきました。これらのパーマ剤の種類と変遷については、第1章で詳しく解説されていますので参照ください。

　この章では現在出荷統計調査でもチオグリコール酸パーマ剤のほかに大きな比率を占めている、システインパーマ剤、縮毛矯正剤、化粧品カーリング料についてそれぞれ登場の歴史を振り返ります。

⑩ システインパーマの出現

■システインの課題

　昭和43年（1968年）6月、パーマ剤第2回基準改正時にシステインパーマが加わったことは前項に記述したとおりで

システイン

す。当時は特許紛争も解決し、チオグリコール酸がパーマの有効成分として独走していた時代でした。チオグリコール酸は石油化学の発達によって安定した品質の原料が供給されるようになり、しっかり持続するパーマスタイルのニーズに応えてきました。

　システインパーマの基準登録の背景は、システインの販売会社である田辺製薬、生産会社の日本理化学薬品、それに日本パーマネントウェーブ液工業組合（以下、組合と略します）の一部のパーマ剤メーカーが協力して申請書を作成し、認可されたものです。

　システインは毛髪に含まれるシスチンを還元して得られるアミノ酸で、毛髪と同じ成分でパーマをかける理想的な原料とされていました。しかし、当時の価格がチオグリコール酸の10〜20倍もする高価な原料であり、ウェーブ形成力が弱く、しかも不安定で酸化されると白い結晶ができ、施術者の手指に付着する難しさのある原料でした。

　そして、多くのメーカーはこの原料に否定的であったため、製品は市場になかなか登場しませんでした。

　しかし、弱いけれど独特な仕上がりの質感があり、臭いが少なく髪を傷めにくいパーマとして評価が出始め、昭和50年頃より市場に少しずつ目に付くようになりました。ところが実際は他の還元剤を併用した製品が多く、市場は混乱しました。そのため、組合技術委員会は分析法を確立し、市場の製品を解析し、混乱の収束を図ろうとしました。厚生省の見解は「主剤であるチオグリコール酸とシステインの2つの成分を併用することは医薬品の合剤の考えに当たる。そのため効果は1＋1＝2ではなく、予期せぬ結果を生む恐れがある。」と難色を示しました。組合技術委員会では実験を繰り返し、システイン安定化のためのチオグリコール酸の最低量は（安定剤として）0.3％とすることを決め、田辺製薬の安全性データを添えて厚生省の調査会の認可を受けました。その結果を昭和43年（1968年）に組合理事長名で組合各社に発信しました。しかし、その後もチオグリコール酸を量的にオーバーした製品が出回り、混乱は続きました。

　そうした中、安定剤増量の要望が高まり、チオグリコール酸を併用してもシステインらしさを失わない安定剤量は1％であることを組合技術委員会が確認し、調査会に再度申請して受理され、その旨を昭和61年（1986年）、組合理事長名で発信し、現在に至っています。

　ここでシステインパーマの混乱は収束するわけですが、結局解決までに7〜8年を要するパーマの特許紛争に次ぐ大問題となりました。

■ L-システインとDL-システイン

パーマ剤の基準には当初はL-システインだけが認められていました。アミノ酸を天然物からとるとL体が得られます。天然物としての原料は人毛や鳥の羽で供給が不安定であり、価格も特に中国からの供給量が変動することにより変化しました。そこに供給が安定した合成品の開発が進み、昭和電工や味の素においてDL-システインが完成しました。合成品はD体とL体が光学異性体として、半々で共存するものです。化学的性質は同じですが、光学的に違う性質を持ち、酸化しても結晶ができにくい利点があります。組合では既存化学物質の承認を得て原料規格を作成し、ウェラ社、ヘレンカーチス社らが使い始めました。

■アセチルシステイン

システインのアミノ基は皮膚への親和性が高く、手に付着し酸化されて白く固着します。一方、アセチルシステインは還元力は弱いものの、アミノ基がアセチル化されていることで手につきにくく、しかも溶解度が高く、結晶化しない長所を持っています。システインの混乱期、昭和50年頃より医薬部外品としての承認をリアル化学が取得、製品に使用を開始しました。

当時システインパーマの市場が混乱していたことから、厚生省はこれを前例として拡げることはしませんでした。しかし、平成元年（1989年）の第4次化粧品種別許可基準に同社が申請し登録された後には、広く使用されることとなり、現在のパーマ剤承認基準に登録されることになりました。

⑪ ストレートパーマから縮毛矯正剤へ

■ストレートパーマの流行

昭和50年代の後半よりストレートヘアの流行の兆しがあり、美容技術者はそれぞれ工夫しながらストレートスタイルを作り始めました。

しかし、パーマ剤で行うストレートパーマに対し厚生省より疑義が出されました。それはパーマ剤の効能効果が「毛髪にウェーブをもたせ、保つ。」であり、パーマ剤の定義に反することから積極的にカールを矯正することは認められない、が疑義に対する当初の見解でした。その頃から、一部の美容師の間でにはパーマ剤第1剤に粘度を出すために小麦粉を加え、樹脂のパネル上でコーミングする等して毛髪を伸ばす技法が流行しました。このような粘度の高い第1剤が毛髪に塗布されることで、パネルの重量が毛髪の根元にかかることから断毛事故も起こり、厚生省から安全な使用法を守るよう厳しく指導されました。

組合は正しくストレートパーマが普及するように業界への注意喚起をする一方、縮毛矯正剤として効能効果に「くせ毛、ちぢれ毛又はウェーブ毛髪をのばし、保つ。」を加え、性状もパーマは液状であるが縮毛矯正剤は粘度40,000 mPa·s以下のクリームとすることの要望書を提出、昭和60年（1985年）

の第3次基準改正時に認可されました。薬剤の品質基準は現在でも生きています。

■高温整髪用アイロン

その後、「この縮毛矯正剤はカールやクセ毛を伸ばすには良いが、縮毛をしっかり矯正するには髪の伸び方が不足である。しかし、180℃以下の高温で使用するアイロン施術をするとしっかり矯正できる。」とのことより、ミルボン社がそのアイロン技法を取り込みました。そして、平成11年に「高温整髪用アイロンを使用する加温二浴式縮毛矯正剤」として基準に追加収載されることになり、平成12年（2000年）より「高温整髪用アイロンを使用するコールド二浴式縮毛矯正剤」は承認基準外として承認され、平成27年（2015年）には承認基準に収載され現在に至ります。

⑫ 化粧品カーリング料

■医薬部外品と化粧品

平成10年（1998年）頃より社会全体に規制緩和の動きが起こり、化粧品についてもその方向性が検討され始めました。医薬部外品についても厚生省は「海外にその区分がなく、欧米の規制と調和しない。医薬部外品のパーマ剤を化粧品に区分を変更したいがどう考える。」この問いかけがありました。組合では医薬部外品検討委員会を作り検討を開始しましたが、安全性確保の観点から、結果としてパーマ剤は医薬部外品に残す方向性をまとめました。また、他の団体との刷り合わせも行われ、結局平成12年（2000年）、パーマ剤の化粧品化構想は消滅しました。

■化粧品の規制緩和

一方、化粧品の規制緩和策の一環として新たな「化粧品基準」が平成13年（2001年）4月1日施行されました。化粧品基準の基本的考えは、禁止成分等限定した成分の扱いを除き、その他はメーカーが責任を持つことにより、自由に製品を作って良いとする制度です。その考えによればチオグリコール酸やシステインは使用禁止成分でないから自由に使って良い、配合量も制限がない、アルカリも制限がなく、熱をかけることも自由になります。よって、医薬部外品のパーマ剤よりも強いカーリング料の化粧品ができることになります。せっかくパーマ剤を医薬部外品に区分けし、使用上の注意を始めとする安全への喚起を図ろうとしたことが、このままでは化粧品でその秩序が崩れることになります。そのため、医薬部外品のパーマ剤よりも強い薬剤が登場する不合理が起きないように区分したことがヘアセット料自主基準制定の理由です。

■ヘアセット料自主基準の制定

平成13年（2001年）12月12日「還元剤を配合した化粧品のヘアセット料に関する自主基準」を制定し、化粧品と医薬部外品の境界条件を設けました。還元剤とはチオグリコー

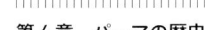

ル酸やシステインのようにチオール基を有する化合物をいい、配合量はチオグリコール酸換算で2%未満までとする基準です。これは医薬部外品パーマ剤のチオグリコール酸の最少量が2%であることより、その領域に入らないよう区分したことが背景にあります。こうして化粧品カーリング料の自主基準が誕生しました。

なお、この自主基準は同じ化粧品区分にある「亜硫酸塩を配合したヘアセット料に関して」（昭和63年（1988年）8月5日、日本化粧品連合会会長と組合理事長連名による通知）とは違いますので念のため付記させていただきます。

■ヘアセット料自主基準の改訂

しかし、近年消費者は古いタイプのチリチリパーマから新しいウェーブスタイルを求めるよう変化が起こりました。ヘアダメージの少ない緩いカール、また化粧品であることにより医薬部外品の染毛剤と同日に施術できる化粧品カーリング料の要求が高まり、自主基準の見直しが図られました。ダメージが少なく、今までよりカールの形成力が強い薬剤として、平成22年（2010年）9月にチオグリコール酸換算2%未満を増量して7%未満に変更することとし、平成22年9月に組合理事長名で会員に通知しました。その結果、特にシステアミン製品の伸びが目覚しく、このほかブチロラクトンチオール、チオグリセリン、チオグリコール酸グリセリル等を使用した製品も登場しました。

平成26年（2014年）度の医薬部外品を交えたパーマ剤における化粧品カーリング料のシェアは、約30%を占めるまでに成長しました。

■出荷金額の推移

パーマの歴史の章の最後に、統計資料よりこれまでの出荷金額の推移をまとめました。

厚生省経済課（当時）による薬事工業動態統計調査は昭和42年（1967年）から始まりました。同調査によると昭和42年が21億円、その後順調に出荷量を伸ばし、ソバージュブームの後、平成4年（1992年）にはシステインパーマを加え280億円とピークを迎えます。しかし、その後下降が始まり、平成26年（2014年）、組合独自の統計調査（厚生労働省による統計調査を補う目的に、平成19年（2007年）より実施）では105億円まで下がりました。なお、この105億円には医薬部外品パーマ剤に加え化粧品カーリング料が含まれており、そのシェアは全体の約3割を占めるまでに成長したことは前項に記述した通りです。

昭和42年（1967年）に開始された厚生労働省薬事工業動態調査と平成19年（2007年）に化粧品区分の製品を加えて開始した組合統計資料の2つを1つにまとめグラフに示しました。

現在パーマ市場は厳しい環境にありますが、これまで日本の美容業の発展に深く係わってきたパーマは、復活に向けて多くの美容関係者の支持を得ています。また消費者にはカールやウェーブスタイルを求める潜在的ニーズが根強くあることより、将来力強く復活することを確信し、この章を閉じたいと思います。

図表1　パーマ剤の生産金額・出荷金額の推移

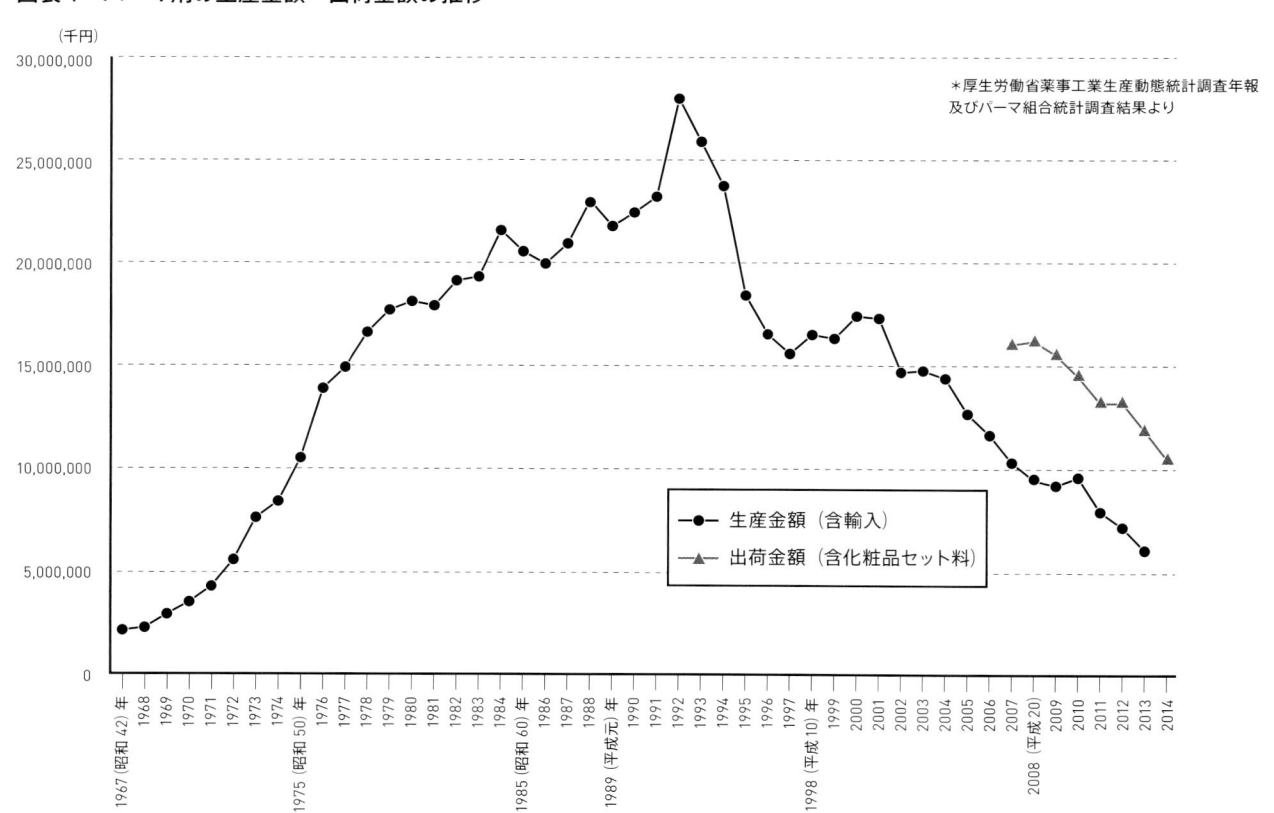

(2) 欧米・アジアのパーマ剤規制

　平成12年（2000年）以降、日本をはじめとしたアジア諸国の化粧品に関する規制は、欧米と調和され、行政の審査に基づく許可・承認制から、販売責任者の自己責任に基づく届出制へと移行してきました。パーマ剤に関しては、欧米と同様に化粧品として取り扱う国も多くある一方で、日本のように、医薬品と化粧品の中間に位置する医薬部外品に相当する製品カテゴリーに分類し、事前許可・承認制を採用している国もあり、様々です。

　パーマ剤に関する法規制の類似点から各国を大別すると、東南アジア諸国は欧州連合（EU）型、台湾は日本型、中国及び韓国はEU・日本混合型と言えそうです。2015年現在の各国におけるパーマ剤の規制状況について説明します。

① 欧州連合 (European Union : EU)

　欧州連合（EU）の加盟国は現在28ヵ国で、スイス、ノルウェー、アイスランド、アルバニア、モルドバ及び旧ユーゴスラビア諸国を除くほとんどのヨーロッパ諸国が加盟しています。EU加盟国において、化粧品類は、1976年からは化粧品指令76/768により、2009年12月22日からは化粧品規則1223/2009により規制されています。以下、この化粧品規則の内容について説明します。

　化粧品とは、「人体の様々な外表面（表皮、毛髪、爪、唇及び外部生殖器）、または、歯や口腔粘膜に接触させて、専ら、若しくは主として、清浄にするため、芳香を付けるため、外見を変えるため、保護するため、健康に保つため、あるいは、体臭を抑えるために使用する物質または製剤」と定義され、日本の医薬部外品に相当するような製品カテゴリーはなく、パーマ剤及び縮毛矯正剤（以下、「パーマ剤等」と略します）も化粧品（ヘアケア製品）に該当します。

　EUでは化粧品の製造及び販売は許可制ではありませんが、EU地域内の製造者または輸入者等の販売責任者は製品を販売する前に、オンライン届出システム（Cosmetic Products Notification Portal：CPNP）を用いて、販売責任者の情報（名称、住所等）と製品情報（製品名、最初の上市国、原産国、製品種別、製品処方、容器、表示等）を届け出る必要があります。また、販売責任者は、上市した製品に関して、①～⑤の情報をまとめた製品情報ファイル（Product Information File：PIF）を保管し、当局の求めに応じて提出しなければなりません。

① 製品概要
② 製品安全性報告書
③ 製造方法及びGMP適合陳述書
④ 効能効果の証明
⑤ 動物実験に関する情報

　化粧品の成分に関しては、日本での化粧品と同様に、「色素」、「防腐剤」及び「紫外線吸収剤」については配合量等の制限付きで配合可能な成分を収載したポジティブリストがあり、その他の成分については「配合を禁止した成分」（Annex Ⅱ：1378成分）と「配合を制限した成分」（Annex Ⅲ：296成分）を収載したネガティブリストがありますが、これらに該当しない成分は販売責任者が安全性を確認することで自由に配合できるようになっています。

　なお、パーマ剤等に用いられる成分としては、臭素酸カリウムは配合が禁止されており、チオグリコール酸類（塩・エステルを含む）、過酸化水素、過ホウ酸塩、アンモニア水及び水酸化物は配合制限成分リストに収載され、配合上限や注意表示が規定されています（**図表1**）。一方、システイン類や臭素酸ナトリウムには配合制限はありません。

　化粧品の容器包装には、販売責任者の情報、内容量、使用期限（または、開封後の使用期限）、製造番号、製品の機能（種別名称）、全成分リスト及び規定された注意事項を表示することになっています。なお、上記の配合制限成分を配合したパーマ剤等には、**図表1**に示す使用上の注意や警告の表示が必要です。

② 米国 (United States of America)

　米国では、化粧品類は連邦食品・医薬品・化粧品法（Federal Food, Drug and Cosmetic Act：FD&C Act）により規制されています。化粧品とは、「人体またはその一部を清潔にし、美化し、魅力を増し、または容貌を変えるために、塗布（rubbed）、散布（poured）、振りかけ（sprinkled）、噴霧（sprayed）または導入（introduced）して使用する製品（ただし、石けんを除く）」と定義されています。日本の医薬部外品に相当する製品カテゴリーはなく、有効成分の種類や効能効果から、制汗剤、日焼け防止剤、ふけ防止剤や育毛剤のように医薬品（非処方箋薬）に分類されているものもありますが、パーマ剤等は化粧品に分類されています。

　化粧品の製造及び販売は許可制ではなく、任意の届出制度になっています。製造者または充填者は、業務開始後30日以内に製造所の名称、住所、業務の種類等を自主的に連邦食品医薬品局（Food and Drug Administration：FDA）に登録することが推奨されています（Form FDA-2511："Registration of Cosmetic Product Establishment"）。また、製品に関しても、製造者、充填者または販売者は、化粧品の上市後60日以内に、製品名、製品種別、成分名並びに製品に表示されて

第6章 パーマの歴史

図表1　EUのパーマ剤成分の配合制限

成分名	配合上限及び製品規格	使用上の注意または警告表示
チオグリコール酸及びその塩類	消費者用　8%* 業務用　11%* * チオグリコール酸として 製品pH：pH7～9.5	・チオグリコール酸類含有の旨 ・手袋を着用すること ・眼に入らないようにすること ・眼に入ったら直ちに大量の水で洗い流し、医師に相談すること ・使用上の注意を守ること ・子供の手の届かないところに保管すること ・業務用製品には「業務用」である旨
チオグリコール酸エステル類	消費者用　8%* 業務用　11%* * チオグリコール酸として 製品pH：pH6～9.5	・チオグリコール酸類含有の旨 ・手袋を着用すること ・皮膚に接触すると感作する恐れがあること ・眼に入らないようにすること ・眼に入ったら直ちに大量の水で洗い流し、医師に相談すること ・使用上の注意を守ること ・子供の手の届かないところに保管すること ・業務用製品には「業務用」である旨
過酸化水素、過ホウ酸塩	12%（含有 H_2O_2 または遊離 H_2O_2 として）	・過酸化水素含有の旨 ・手袋を着用すること ・眼に入らないようにすること ・眼に入ったら直ちに洗い流すこと
アンモニア（水）	6%（NH_3 として）	・アンモニア含有の旨（含量2%以上の場合）
水酸化K、水酸化Na、水酸化Li	消費者用縮毛矯正剤　2% 業務用縮毛矯正剤　4.5%	・アルカリ含有の旨 ・眼に入らないようにすること ・失明の危険があること ・子供の手の届かないところに保管すること ・業務用製品には「業務用」である旨
水酸化Ca	縮毛矯正剤　7%	・アルカリ含有の旨 ・眼に入らないようにすること ・失明の危険があること ・子供の手の届かないところに保管すること
亜硫酸塩、亜硫酸水素塩	縮毛矯正剤　6.7%（遊離 SO_2 として）※ ※防腐剤として使用可	

図表2　米国の化粧品の配合禁止成分及び配合制限成分

成分名	配合規制
塩化ビニル、塩化メチレン、クロロホルム、ハロゲン化サリチルアニリド類、ビチオノール、狂牛病の危険が懸念される牛由来原料	配合不可
ジルコニウム含有複合体、フロンガス	エアゾール製品：配合不可
水銀化合物	目周辺化粧品：防腐剤として65ppm以下 その他の化粧品：不純物として1ppm以下
ヘキサクロロフェン	皮膚適用化粧品：防腐剤として0.1%以下 粘膜適用化粧品：配合不可
日焼け防止剤	「製品の退色を防ぐために日焼け防止剤を使用」の旨の表示が必要

いる販売責任者（製造者、充填者または販売者）の名称と住所を自主的に登録することが推奨されています（Form FDA-2512：“Cosmetic Product Ingredient Statement"）。さらに、Form FDA-2512登録者は、毒物コントロールセンターに製品処方情報や誤飲等に対する処置方法を提供すること、医師の求めに応じて製品処方情報や原料サンプルを提供することも推奨されています。

化粧品の原料は、化粧品の安全性を損なうものであってはならないことになっていますが、着色剤（染毛剤用途を除く）以外の成分は承認制ではありません。また、法律で定められた配合禁止または配合制限成分としては図表2に示した11種の成分が指定されていますが、日本やEU諸国に比べるとかなり少なくなっています。

一方で、民間団体であるパーソナルケア商品協議会（Personal Care Products Council：PCPC）により、化粧品原料の安全性を再評価する化粧品成分審査委員会（Cosmetic Ingredient Review：CIR）が設立され、化粧品成分の安全性を慎重に審議する仕組みが確立されています。

パーマ剤等の成分では、チオグリコール酸類については皮膚

接触を避けることを条件に、チオグリコール酸として 15.4% 以下、臭素酸塩（Na, K）については、Na 塩として 10.17% 以下、亜硫酸塩（Na, K, NH4）については配合量の制限なしで安全に使用できると CIR は結論しています。

使用上の注意等については、一般的には製品による健康危害を防ぐために必要な事項を記載することになっていますが、パーマ剤等に対して特別な注意表示は規定されていません。しかし、FDA は、縮毛矯正剤の安全な使用のために下記のことを遵守することを使用者に推奨しています。さらに、製品の使用後、皮膚、頭皮、毛髪等に異常があった場合は、使用を中止し、施術を行ったヘアサロン等に対処法を相談するとともに、FDA に報告することも推奨しています。

縮毛矯正剤の使用上の注意事項

・製品の容器包装に記載の使用方法を守ること
・製品を扱うときは手袋を着用すること
・製品のつけおき時間を使用方法に指示された時間より長くしないこと
・製品の使用後は頭皮をよくすすぐこと
・製品は子供の手に届かないところに保管すること

③東南アジア諸国連合
（Association of South-east Asian Nations : ASEAN）

東南アジア諸国連合（ASEAN）には現在、インドネシア、カンボジア、シンガポール、タイ、フィリピン、ブルネイ、ベトナム、マレーシア、ミャンマー、ラオスの 10 ヵ国が加盟しています。ASEAN 加盟国では、化粧品類は、EU 化粧品規則に類似した ASEAN 化粧品指令により規制されています。化粧品の定義及び化粧品の種別は EU 化粧品規則と同じで、パーマ剤等は化粧品のヘアケア製品に分類されています。

ASEAN 加盟国で化粧品の販売をするときは、販売責任者（輸入者または販売者）は、事前に、販売責任者及び製造者の情報（名称、住所等）及び製品情報（製品名、製品種別、用途、製品処方、表示等）をその国の行政当局に届け出る必要があります。この届出は販売する加盟国ごとに必要で、届出に必要な情報及び添付資料や事務処理期間は加盟国により異なります。また、インドネシアやタイのように届出番号を販売する製品の容器包装に記載しなければならない国もあります。EU と同様に販売責任者は、上市した製品に関する製品情報ファイル（PIF）を保管し、行政当局の求めに応じて提出する義務があります。

化粧品の成分に関しては、国ごとに異なるところもありますが、概ね EU 化粧品規則のネガティブリスト及びポジティブリストを準用しているので、パーマ剤等の成分に係る規制及び必要な注意表示等は**図表 1** の通りです。

④中国（People's Republic of China）

中国では、化粧品類は 1989 年に制定された化粧品衛生監督条例により規制されています。化粧品類には、日本の医薬部外品に類似した「特殊用途化粧品」と「一般化粧品」という分類があり、染毛剤、育毛剤と同様に、パーマ剤等は特殊用途化粧品に分類されています。

化粧品の製造者は、製造する製品区分に応じて、化粧品生産企業衛生許可証と工業製品生産許可証を取得する必要がありますが、輸入者には業態許可は必要とされていません。

特殊用途化粧品を製造または輸入するには、事前に、製品名、製品処方、製造工程、製品規格、試験成績書、安全性及び有効性に関する資料等を提出し、品目ごとの衛生行政許可を取得しなければなりません。また、国内製造する場合は衛生行政許可の申請の前に生産衛生条件審査を受ける必要があり、輸入する場合は生産国の自由販売証明書が原則として必要です。

中国では化粧品の成分は化粧品衛生規範により規制されていますが、EU 化粧品規則のネガティブリストとポジティブリストを準用しているため、パーマ剤等の成分に関する規制は EU と同じです（**図表 1**）。

パーマ剤等の衛生行政許可取得に必要な製品検査には、化学的試験項目として水銀（1ppm 以下）、ヒ素（10ppm 以下）、鉛（40ppm 以下）、チオグリコール酸（**図表 1**）及び pH 値（**図表 1**）、毒性学的試験項目として急性眼刺激性試験、急性皮膚刺激性試験及び皮膚感作試験が求められています。

⑤台湾（Republic of China）

台湾では、化粧品類は 2002 年に修正公布された化粧品衛生管理条例により規制されています。化粧品類には、日本の医薬部外品に類似した「含薬化粧品」と「一般化粧品」という分類があります。含薬化粧品とは医療または毒劇薬品を配合した化粧品であり、染毛剤、育毛剤と同様に、パーマ剤等も含薬化粧品に分類されています。

一般化粧品及び含薬化粧品の製造者は工場登記証を取得する必要があり、さらに、含薬化粧品の製造工場には薬剤師が常駐し製造工程を監督しなければなりません。

含薬化粧品を製造または輸入するには、事前に、製品処方、配合着色剤名、使用方法、表示物、容器包装、サンプル、製品規格とその試験方法、試験成績書等とともに登録・審査手数料を提出し、品目ごとの許可を取得しなければなりません。輸入する場合は、生産国の自由販売証明書、製造者（販売責任者）の委任状等が追加で必要です。

化粧品の成分については、配合禁止成分、法定化粧品色素、使用制限付きで配合可能な防腐剤が規定されています。パーマ剤等の成分のうち、臭素酸カリウム及び過ホウ酸ナトリウムが配合禁止成分に指定されています。

含薬化粧品については、製品群ごとに基準が制定され、薬品成分の配合量も規定されています。チオグリコール酸類、システイン類または亜硫酸ナトリウムを配合するパーマ剤等の第 1 剤や、臭素酸ナトリウムを配合するパーマ剤等の第 2 剤には、**図表 3** に示す基準（品質規格）が制定されており、基準に適合しないものは販売できません。なお、過酸化水素を含有する染毛剤の第 2 剤には基準があり、過酸化水素の配合上限（12%）が設定されていますが、パーマ剤等の第 2 剤としての基準はありません。

図表3　台湾のパーマ剤の基準

成分名	配合上限及び製品規格
チオグリコール酸、その塩類及びエステル類	チオグリコール酸含量：2.0～11.0％※　　※ただし、8～11.0％は業務用 pH値　4.5～9.6 アルカリ度　0.1N 塩酸消費量として 1mL につき 7mL 以下
システイン類 （L-システイン、DL-システイン、L-システイン塩酸塩、DL-システイン塩酸塩、N-アセチル-L-システイン）	システイン含量：3.0～7.5％ pH値　8.0～9.6 アルカリ度　0.1N 塩酸消費量として 1mL につき 12mL 以下 不揮発性無機アルカリを含まないこと
亜硫酸ナトリウム	遊離 SO_2　6.7％ 以下
臭素酸ナトリウム	含量　11.5％ 以下（第2剤） pH値　4.0～9.5（第2剤）
鉛	10 ppm 以下
カドミウム	20 ppm 以下
ヒ素	3 ppm 以下
水銀	1 ppm 以下

⑥ 韓国（Republic of Korea）

韓国では、医薬品、医薬外品、化粧品等を規制していた薬事法から1999年に化粧品法が独立して制定され、2001年に施行されました。さらに、化粧品法は2011年に大幅に改正され、2012年2月から施行されています。化粧品類は薬事法下の「医薬外品」、化粧品法下の「機能性化粧品」または「一般化粧品」として規制されています。染毛剤、育毛剤、浴用剤は医薬外品に分類されていますが、パーマ剤等は一般化粧品に分類されています。

化粧品の製造者及び製造販売者（輸入者を含む）は登録が必要で、製造者は設備基準、製造販売者は品質管理基準と市販後安全管理基準を遵守しなければなりません。製造販売者は、一般化粧品については、年間生産・輸入品目数、品目別年間生産・輸入量（個数・金額）と成分リストを食品医薬品安全省（Ministry of Food and Drug Safety、旧 Korea Food and Drug Administration）に報告する義務があります。また、輸入品に関しては、初回輸入時に韓国薬事輸出入協会（Korea Pharmaceutical Traders Association）にも届出（Electronic Data Interchange）が必要です。

パーマ剤等については、日本のパーマ剤品質規格とほぼ同じ品質規格が定められており、規格に適合しない製品はパーマ剤等としては販売できません。また、パーマ剤等に特化した6項目の使用上の注意も定められています。

パーマ剤の使用上の注意事項

1. 皮膚障害の原因になるので、頭皮、顔や首にパーマ剤がつかないようにすること。特に目に入らないように厳重に注意すること。パーマ剤が顔にかかった場合はすぐに水で洗い流すこと。
2. パーマ剤が皮膚や傷口に付着した場合は重篤な障害を起こすことがあるので、特異体質の人や頭皮、顔、首または手にはれものや傷のある人にはパーマ剤を使用しないこと。月経前後や産前産後の女性と病人にはできるだけ使用を避けること。
3. 誤用による毛髪の損傷を防ぐため、用法・用量を守ること。あらかじめ毛髪の一部を用いてテストをすること。使用後は洗い流すこと。
4. 密栓し、15℃以下の暗所に保管すること。保管中に変色や沈殿を生じたパーマ剤は使用しないこと。
5. 開封したパーマ剤は7日以内に使用すること。ただし、エアゾール製品と使用中に空気が流入しない構造の容器に入った製品は除く。
6. パーマ剤の第1剤と第2剤は2段階に分けて使用し、同時に使用しないこと。毛髪が茶色に変色することがあるので、過酸化水素水を有効成分とする第2剤を使用するときは特に注意すること。

まとめ

以上、欧米とアジア諸国におけるパーマ剤等の規制状況について記述しました。これらの国々において、パーマ剤等は化粧品もしくは日本の医薬部外品に類似した製品カテゴリーに分類され、様々な規制を受けています。また、規制制度や要求事項は、必要に応じて見直され、変更されることがあります。

従って、日本国内で製造販売されているパーマ剤等を諸外国に輸出する場合は、事前に輸出先国の法規制を理解し、製品処方や規格の適合性を確認した上で、届出、登録、許可等の定められた手続きを行い、輸出しなければなりません。

近年は、様々な国へ理美容室も進出していますが、日本国内で使用していた製品を個人輸入等で海外に持ち込み、業務に使用しますと、その国の法律に抵触し罰則が科されることもありますので注意が必要です。

7

パーマに関わるQ&A
パーマの科学　第7章

Q.01　妊娠している方や病後の方へのパーマは？
Q.02　第2剤は酸化剤？　中和剤？
Q.03　パーマでの手荒れ防止は？
Q.04　欧米人と日本人ではパーマのかかりは変わる？
Q.05　カーリング料では過酸化水素第2剤は使えない？
Q.06　pHって何？
Q.07　アルカリ度って何？
Q.08　パーマ剤は何種類必要？
Q.09　ヘアカラー毛へのパーマの注意点は？
Q.10　パーマとヘアカラーは1週間あける？
Q.11　ビビリ毛って何？
Q.12　「チオシス」「シスチオ」って何？
Q.13　「チオ換算」って何？
Q.14　ホット系施術の注意点は？
Q.15　パーマ剤の「目的外使用」？

パーマに関わるQ&A

Q01 妊娠している方や病後の方にパーマをかけてもいいでしょうか？

Answer

このような症状の方に、パーマをかけてはいけません。

これは、顧客の安全性に配慮した措置で、パーマ剤の使用上の注意には、「生理時、生理日の前後及び産前産後の方、特異体質の方または過去にパーマ剤でかぶれ等のアレルギー症状を起こしたことがある方等は、皮膚や身体が過敏な状態になっています。パーマ剤が皮膚や傷口に付着した場合激しい皮膚障害等を起こしたり、症状が悪化することがありますので、使用しないでください。」と、パーマをかけてはいけないことが明記されています。

妊娠している方や病後の方は、ホルモンバランスが通常とは異なった状態にあると考えられます。そのため、頭皮や皮膚の状態も通常とは異なっているとも考えられ、通常では問題ない場合でも、このような不安定な状態の方にパーマをかけると、思いがけない事故につながる恐れがあるためです。

また、このような方が万が一皮膚障害等を発生した際には、その治療にも制約がかかることとなり、治療し難く、完治までに時間がかかる等の問題も考えられます。

このようなことから、妊娠している方や病後の方には直ぐにパーマをかけるのではなく、身体が安定した時期（治療等により完治した時期）まではパーマはかけないことが大切です。

同時に、健康な方でも頭皮の状態や毛髪の状態をよく観察して、頭皮に傷や炎症、脱毛症（ハゲ）等の異常のないこと、及び毛髪がひどく損傷していないことを十分にチェックしてからパーマをかける必要があります。

Q02 パーマ剤の第2剤は酸化剤と教わったのですが、なぜ中和剤と呼ぶのですか？

Answer

パーマ剤第2剤のことを習慣的に「中和剤」と呼ぶことがあります。米国ではパーマ剤第2剤をNeutralizer（ニュートライザー）と呼んでいることを語源とします。もともとはNeutralization（ニュートラリゼイション）という単語から由来し、「打ち消すこと」とか「中立化」という意味のほかに「中和」という意味があります。米国では「酸で中和する」、「還元されたものを酸化する」等の働きを持つ商品をNeutralizer（ニュートライザー）と呼びます。

パーマ剤は第1剤に配合されるチオグリコール酸やシステイン等でシスチン結合を切断する還元反応と第2剤に配合される臭素酸ナトリウムや過酸化水素等で再結合する酸化反応で効果を発揮します。

シスチン結合を還元し、また酸化して元のシスチン結合に戻すことから米国ではこのNeutralizer（ニュートライザー）という言葉が用いられた経緯があり、そのまま直訳され「中和剤」と呼ばれ、現在もなお残っているものと考えられます。

しかし、日本では、酸性の物質とアルカリ性の物質とが反応してそれぞれの特性を失い（つまり、pHが中性になること）、水と塩（えん）を生じることを「中和」と呼びます。

前述しましたように、パーマ剤の反応メカニズムは、第1剤による還元反応に対する第2剤の酸化反応であり、第2剤は第1剤のアルカリを中和する薬剤ではないことから「中和剤」と呼ぶことは厳密には適切でなく、パーマ剤の第2剤は、「酸化剤」と表現するのが正しいことになります。

Question 03 パーマでの手荒れを防止するにはどうしたらよいですか？

Answer

通常、手指の皮膚は、皮脂と汗が乳化してできた天然の弱酸性クリームのような皮脂膜が外来の刺激を遮断し、併せて皮膚表面の角質水分の蒸散が抑えられ保護されています。この皮脂膜は除去されても、再分泌され数時間で元の状態に回復します。しかし、短時間で手洗いを繰り返すことにより、回復が追いつかず、皮脂膜が完全に剥がれ、角質中の自然保湿因子（NMF）も流れ出しますと、角質はカサカサして乾燥した状態になります。さらに症状が進むと角質が剥離し（落屑）、ひびわれるようになります（亀裂）。こうなると、角質の保護作用も損なわれて、刺激物が皮膚の内部に直接浸透するようになり、紅斑、痒みあるいは痛みが現れるようになります。これが手荒れの状態です。

そして、パーマの薬剤中に配合されている、界面活性剤、アルカリ剤、還元剤、酸化剤等も、この脱脂作用を助長する傾向があります。例えば、界面活性剤（洗剤）は水だけの手洗いに比べて、2倍以上の皮脂を除去するとの調査結果があります。

これを防止するためには、パーマ施術時には素手のまま薬剤を扱うことを止め、保護手袋を使用するようにしてください。この場合、ゴム製の手袋はかぶれて症状を悪化させることがありますので、避けたほうが良いでしょう。また、親油性の保護クリームを予め施術前に手指に塗っておくことも有効な方法です。

やむを得ず、素手で、薬剤を扱った時には、できるだけ早く、手指に付いた残液を冷水で洗い流し、濡れた状態のままワセリン等が配合された脂性のクリーム等を塗り、水分を拭き取るようにしてください。また、手荒れを起こし易い方は乾燥肌やアトピー等の体質的な傾向がありますので、日常的にハンドクリーム等で手指の手入れを怠らないように心掛けることも大切です。

もし、手荒れが生じた場合には、軽症であれば尿素、ビタミンA、サリチル酸等を配合した外用剤で手当する必要があります。ただし、素人判断でステロイド外用剤を使用することは避けてください。症状が悪化する場合があります。また、症状が進む場合には、早めに皮膚科専門医へ受診することをお勧めします。

手荒れには赤いブツブツ（丘疹）や水ぶくれ（水疱）が主な症状の湿疹タイプのものもありますが、多くは角質が硬くなり、ひびわれて、それが手のひら全体に広がり、痛みが伴う、進行性指掌角皮症と呼ばれる疾患で、いったん進行すると、皮膚の保護機能を回復するまでに少なくとも1～2ヶ月を要し、治療はなかなか困難なことがありますので、日頃の手入れが如何に大切なことか再認識することが必要です。

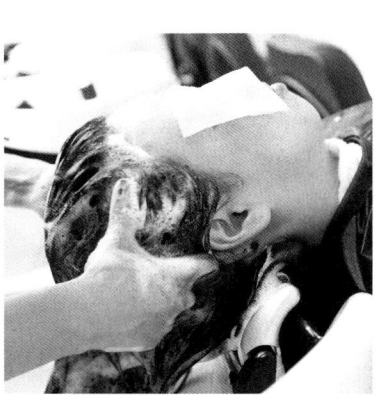

パーマに関わるQ&A

Question 04 欧米人と日本人、髪の細い人と太い人、髪質によってパーマのかかりはどう変わりますか？

Answer

髪質とパーマのかかりは大変密接な関係にあり、髪質を見誤るとパーマ剤の選定も誤ることになりますから、思ったよりもかからない、また、逆にかかり過ぎた、といった弊害が起こります。髪質は髪本来の持っている性質（生まれつきの性質）と2次的作用によって与えられた性質（ダメージ等）が複合されたものですので、まずこの両者について理解しておく必要があります。

生まれつき持っている性質でパーマのかかりに影響を与える性質としては、髪の太さ（猫っ毛と剛毛）と水への馴染み方（撥水性毛と親水性毛）、そして毛髪内のシスチン結合の量が考えられます。

欧米人（金髪〜栗色）と東洋人（黒髪）の毛髪を比較しますと、まずその太さが異なり（例：アメリカ人女性平均0.050〜0.055 mm、日本人女性平均0.075〜0.085 mm）、欧米人の方が細いので「パーマがかかりやすそう」と思われがちですが、実際はかかり難く、欧米では日本国内で使用されるパーマ剤よりも強い作用を持ったパーマ剤が使用されます。これは、毛小皮（キューティクル）の緻密さ、厚さが欧米人の方が密で厚いことが要因で、元来キューティクルは疎水性ですので、パーマ剤の毛髪内への浸透が妨げられるためと考えられます。また、太い毛髪や同じ太さの毛髪同士でも、コシのある毛髪とない毛髪がありますが、これはキューティクルの状態が違うためで、コシのある毛髪ほどキューティクルが厚く密ですので、同じ要因（パーマ剤の毛髪内への浸透が妨げられる）でパーマはかかり難くなります。

このように、パーマのかかりとキューティクルの状態は密接な関係にあり、撥水性毛とは、このキューティクルが密な状態や皮脂が多い状態の髪質ですので、パーマ剤の浸透を阻害して、そのかかりは悪くなます。

しかし、化学的刺激（パーマ施術やヘアカラー施術等）や物理的刺激（ブラッシング等）でキューティクルが剥離しますと、髪質は変化します。つまり、キューティクルの緻密さ、厚さが粗の状態（密ではない状態）となるため、髪のコシは失われると同時に毛髪の疎水性も失われて、パーマ剤が浸透し易くなるため、パーマのかかりは良くなります。

さらに、猫っ毛と呼ばれる軟毛の方は、元来毛髪内のシスチン量が少ない傾向にあるため、施術直後は良くかかったように思われますが、ウェーブを保持する部分が少ないことから持ちが悪い傾向にあります。同様に、化学的刺激を繰り返すことで、毛髪はダメージを受け毛髪内のシスチン量が減少するため、損傷毛はパーマ剤の浸透は良いのですが、パーマの持ちは悪くなります。

これらのことから、パーマ施術前の毛髪診断を的確に実施し、その髪質にあったパーマ剤を選択することが、髪を傷めずに綺麗な仕上がりを得るためには大切となります。

なお、シスチン量は人の毛髪の場合、アミノ酸の組成の12〜13％を占めています。そして、パーマ剤の作用する割合はパーマ剤の種類・強さ・処理時間・毛質等で異なりますが、通常毛髪内のシスチンの10〜20％に作用していると考えられています。

Question 05　カーリング料にはなぜ過酸化水素が使えないのですか？

Answer

カーリング料は化粧品の範疇になります。そのため、化粧品基準という法律に則ることが必要になります。

化粧品基準は、化粧品の原料について規定したもので、主に配合禁止成分（ネガティブリスト）と配合制限成分（ポジティブリスト）からなります。そして、配合禁止成分は、別表第1として取りまとめられ、この7番目に過酸化水素が掲載されています。

そのため、化粧品では過酸化水素の使用が認められていないのです。

医薬部外品のパーマ剤や染毛剤の第2剤には過酸化水素が認められていますが、これはパーマ剤や染毛剤と組み合わせて使用することが認められているということですので、これらの第2剤をカーリング料と組み合わせて使用することはできません。

別表第1

1　6-アセトキシ-2,4-ジメチル-m-ジオキサン
2　アミノエーテル型の抗ヒスタミン剤（ジフェンヒドラミン等）以外の抗ヒスタミン
3　エストラジオール、エストロン又はエチニルエストラジオール以外のホルモン及びその誘導体
4　塩化ビニルモノマー
5　塩化メチレン
6　オキシ塩化ビスマス以外のビスマス化合物
7　過酸化水素
8　カドミウム化合物
9　過ホウ酸ナトリウム
10　クロロホルム
11　酢酸プログレノロン
12　ジクロロフェン
13　水銀及びその化合物
14　ストロンチウム化合物
15　スルファミド及びその誘導体
16　セレン化合物
17　ニトロフラン系化合物
18　ハイドロキノンモノベンジルエーテル
19　ハロゲン化サリチルアニリド
20　ビタミンL1及びL2
21　ビチオノール
22　ピロカルピン
23　ピロガロール
24　フッ素化合物のうち無機化合物
25　プレグナンジオール
26　プロカイン等の局所麻酔剤
27　ヘキサクロロフェン
28　ホウ酸
29　ホルマリン
30　メチルアルコール

第7章　パーマに関わるQ&A

パーマに関わるQ&A

Question 06
pHって何ですか？
pHが1違うと、どうなるのですか？

Answer

pH（英語読み／ピーエイチ、ドイツ語読み／ペーハー）とは、ある水溶液がアルカリ性か、中性か、酸性かを具体的な数値によってあらわしたもので、普通pHの記号の後に数字をつけた形で示されます。この数字は1から14まであり、7の場合を中性と呼び、これよりも大きい数字の場合をアルカリ性、逆に小さい数字の場合を酸性と呼びます。化学的には、溶液中の水素イオン（H^+）の濃度と水酸化物イオン（OH^-）の濃度比によって決まります。

pHが1違うと、溶液中の水素イオン濃度が1桁違うことになります。例えば、pH6とpH7の場合ですと、pH6の方がpH7より水素イオン濃度は10倍高いことになります。

pHは通常pH測定器を用いて測定します。これは水溶液から直接測定する装置で、ガラス電極を用いた検出部で検出された電位差を増幅して表示するものです。簡易的には、ろ紙に指示薬溶液をしみ込ませて乾燥させたペーハー試験紙を用います。pHにより発色度合いが異なるため、その色で溶液のpHを知ることができます。

パーマ剤の場合、pHは使われているアルカリ剤や還元剤の種類や量によって異なります。一例としてpHと毛髪の膨潤度の関係を見てみますと、図から分かりますように、pH8とpH9を比較すると、pH値1の違いで膨潤度は約15％程度の違いですが、同じpH値1の違いでもpH9とpH10では、膨潤度は150％以上の違いがあることが分かります。

また、pH値はイオンの濃度比であると前述しましたように、pHが表している数字には、その成分の種類と量は関与していないことに注意が必要です。つまり、薄い濃度でも水素イオンのみで構成されるpHは強酸性の数字を示しますが、毛髪等への影響は考えにくいものです。しかし、同じpHでも水素イオンと水酸化物イオンが共存して、かつ水素イオン量が多い場合もpHは同じ強酸性の数字を示しますが、この場合は毛髪への影響が考えられます。つまり、単純にpHが低い、高いで比較することは誤解を生む可能性があることを考慮し、pHを構成している成分の量も考えなければ正しい情報にはならないということです。

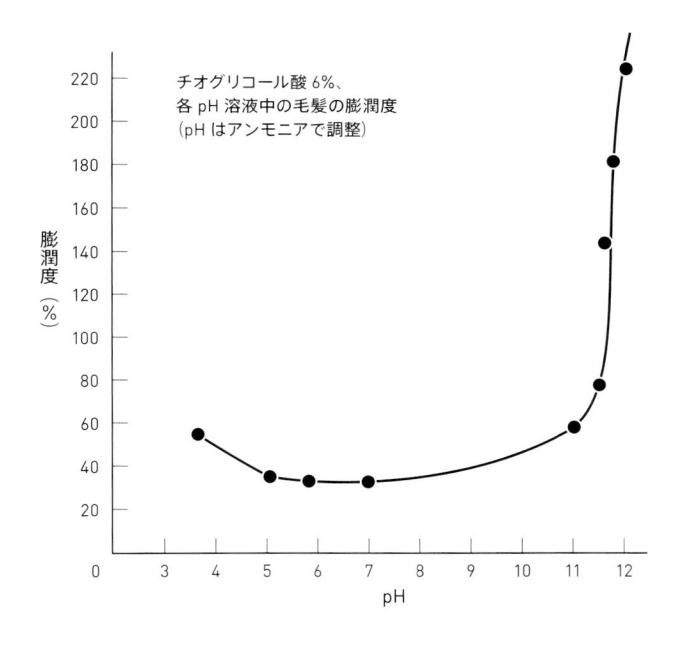

チオグリコール酸6％、各pH溶液中の毛髪の膨潤度（pHはアンモニアで調整）

Q07 アルカリ度って何？ アルカリ度が1違うと、どう違うのでしょうか？

Answer

アルカリ度が高いから毛髪や皮膚に影響を与えやすい悪いパーマ、低いから良いパーマと単純に思っている方がいるようです。

しかし、パーマ剤の作用に関係があるとも言え、関係が無いとも言えるのがアルカリ度で、非常に理解するのが難しいものです。

アルカリ度はパーマ剤1mL（場合によって1g）に対して決まった濃度の塩酸をどの程度加えると中和できるかということを示しています。アルカリ度の単位は入った塩酸の量と等しくmLで表します。当然のことながら、同じアルカリ剤（アルカリ性を示す物質）を使用している場合には、アルカリ度が高いほどアルカリ剤が多く配合されているということです。

pHとアルカリ度を理解する方法として身長と体重の違いを考えると良いでしょう。一般に身長と体重は関係がある場合が多くあります。身長の高い人は体重がある程度重いというのが普通ですが、身長が低い人でも体重が重い人もいます。pHは身長に、アルカリ度は体重に当てはめると分かりやすいかもしれません。pHはどの程度のアルカリ性を持っているかという数値で、アルカリ剤の量を表しているわけではありません。やせ型で身長が高いという人がいるように、少量でも高いpH値を示すアルカリ剤があります（アンモニア水やモノエタノールアミン等）。

逆に、アルカリ度が高いのにpHが低いというのは一見矛盾しそうですが、中にはそういう性質をもったアルカリ剤もあります（重炭安＝炭酸水素アンモニウム等）。これも身長と体重の関係に似ています。体重の「重さ」は、脂肪であったり、筋肉であったり、骨太であったりと様々な要因があります。パーマ剤も同じように、複数のアルカリ剤が混合して使用されていたりと、アルカリ度を上げる要因は様々です。

アルカリ度が1（mL）違うということは、その分アルカリ剤が多く配合されていると考えがちですが、同じ種類のアルカリ剤で、同じ還元剤の量でない限り、アルカリ度の比較はあまり意味がありません。アルカリ度が、1（mL）高くてもウェーブ形成力はほとんど変わらなかったり、逆に下がる場合もあります。特にパーマ剤同士でアルカリ度を比較する場合があるようですが、それぞれpHや還元剤の量が異なり、アルカリ度を比較しても参考にならない場合がほとんどです。

このようにアルカリ度とはパーマ剤の品質管理的な意味合いのもので毛髪への作用や強さを表すものではありません。もし、パーマ剤の作用を比較したいということであれば、毛束をロッドに巻いて同一温度・時間で処理して、ウェーブ形成力を比較してみるのが最も正確です。

パーマに関わるQ&A

Q08 サロンでは、何種類くらいのパーマ剤を用意しておけばいいでしょうか？

Answer

まず、パーマ剤は毛髪のダメージの程度に合わせて選定するもので、求めるウェーブの強弱で選定するものではないことを忘れないでください。

ウェーブの強弱はロッド選定で行い、毛髪のダメージ度に合わせて、チオ系やシス系、さらにはカーリング料を使い分け、さらに1本の毛髪でも毛先と中間部ではダメージ度が異なりますので、毛先にはプレトリートメントも併用してパーマ施術を行うことが、ダメージを与えず、美しいヘアスタイルに仕上げるためには大切です。

よって、かかり難い毛髪用、普通毛用、ややダメージ毛用、ダメージ毛用に種類分けがされたパーマ剤を用意することが望ましいと考えます。

Q09 ヘアカラー毛にパーマをかける場合、注意しなければならないことは何ですか？

Answer

まず、用いたヘアカラーがヘアマニキュアタイプの染毛料（化粧品）なのか、染毛剤（医薬部外品）なのかチェックすることが必要です。

ヘアマニュキア等化粧品によるヘアカラー毛の場合、多少の色落ちを覚悟してパーマ施術を行うことになります。酸性染毛料は毛髪と色素がイオン結合して髪を染色していますが、パーマ剤の膨潤・軟化作用により色素が脱落し易くなります。そのため、膨潤作用の少ない中性パーマ、システインパーマ、化粧品カーリング料等を用いて作用時間、髪との接触時間を短くするように留意します。

特に、加温操作により色素が脱落しやすくなりますので、コールド式の薬剤を選定することが大切です。また、パーマ剤中に含まれるコンディショニング剤（特にカチオン界面活性剤）は、色素を引き出す作用を持ちますので、あまりコンディショニング効果の高いような薬剤も避ける方がよいと考えられます。

酸化染毛剤（医薬部外品）によるヘアカラー毛の場合、染色メカニズムは酸化発色ですので、パーマ剤第1剤の髪への反応は還元作用で正反対の化学反応となります。ですから、酸化反応でせっかく綺麗に発色した色も、第1剤で分解することになるため、色落ち（あるいは変色）することが考えられます。しかし、染料によってこの影響は大きく異なるため、必ず起こるとも言い切れません。一般的には、前述の染毛料の場合よりも退色（変色）の程度は少ないようです。しかし、ヘアカラー毛（特に医薬部外品の染毛剤によるもの）にパーマをかけることで髪は傷みやすくなります。何回かヘアカラーしている髪、ヘアカラーとパーマを繰り返し行っている髪は、思った以上にダメージを受けていることもありますので、用いるパーマ剤の選定は重要です。このような髪の場合には、マイルドなパーマ剤を用います。また、傷んだ髪ほど短時間でオーバータイムになりますので、第1剤の作用時間には十分注意が必要です。

特に傷んだ部分にはプレトリートメント等を塗布し、薬液が強く作用しないような措置を施すと同時に、ロッド巻きの際も、中巻き、根元巻き等の工夫も必要となります。

Question 10 パーマとヘアカラーを1週間あけて施術しなければならない理由を教えて下さい。

Answer

　ヘアカラーには、化粧品の範疇の染毛料と医薬部外品の染毛剤があり、パーマとの同時施術の禁止、及び1週間間隔をあけることが必要なものは、医薬部外品の染毛剤であり、化粧品の染毛料にはこのような規定はありません。まず、使用する染毛製品が化粧品（染毛料）か医薬部外品（染毛剤）かを確認することが必要です。

　医薬部外品の染毛剤は毛髪内で化学反応を起こしてその効果を得るものですから、効果発揮のため頭皮、及び毛髪に対して化粧品の染毛料よりも強い作用が与えられます。また、パーマ剤も毛髪内の化学反応を伴うものですので、同様に強い作用を伴います。つまり、パーマ施術や染毛施術によって、毛髪や皮膚は刺激等に対して敏感な状態となっており、言わば手術直後の状態とも考えられます。

　このように毛髪や頭皮が不安定な状態で、さらなる化学反応を伴う施術を行うと、通常では問題がなくても、毛髪や皮膚が過敏に反応して、思わぬ事故が起こることが考えられます。このような事故防止の観点から、薬剤による刺激から頭皮・毛髪が回復するまでの間は、同じような刺激を与えないことが必要となり、パーマとヘアカラー（染毛剤）の施術間隔は最低1週間あけることが必要となります。

　また、パーマと染毛剤の施術順序ですが、パーマ施術を先に行い、その後染毛を行う方が良いと考えられます。これは、染毛剤の発色機構が酸化反応であり、パーマ剤の機構が第1剤の還元作用及び第2剤の酸化反応であることによるもので、せっかく染毛剤で綺麗な色に染毛しても、その後のパーマ剤第1剤の還元作用により、色が壊される可能性があるためです。

　また、染毛料（化粧品）を用いて染毛を行う際には、パーマ施術直後の染毛が可能となります。これは、染毛料の染色機構が物理的作用であるため、毛髪・頭皮に対する刺激性が低いことによります。化粧品の染毛料の代表的なものとして酸性染毛料（ヘアマニキュアタイプ）がありますが、これは酸性下で色が発色するものですので、パーマ施術後の水洗を十分行い、染毛施術前には毛髪を酸性に傾けておくことが大切です。

Question 11 「ビビリ毛」という言い方がありますが、どのような状態をいうのでしょうか？

Answer

　ストレートパーマの失敗で「毛先がビビってしまった」というように言われますが、これはどのような状態なのでしょう。ビビリ毛は、毛先に発生しやすく、その外観は細かく縮れたように見えます。これは毛髪が必要以上に膨潤したこと、または必要以上のテンションが毛髪にかかって伸びた毛髪が元の長さに戻り切れなくなったことが主な原因です。

　ビビリ毛は、ダメージヘアにヘアアイロンを頻繁に使用した場合、縮毛矯正を施した毛髪に強いパーマ剤を用いてパーマ施術を行った場合、強いウェーブが残っているパーマ毛に縮毛矯正した場合等に見受けられることが多いようです。つまり、ビビリ毛とは、極度にダメージが進んだ毛髪ということです。

　そうなりますと、つやや水分が失われパサパサで、強度も弱くなり、通常のブラッシングやドライヤー操作でも切れ毛や枝毛が発生し、さらにダメージが進んでしまいます。

　毛髪は死んだ細胞で自己再生力はありませんので、一度傷んでしまうと修復することは困難です。そのため、毛髪がビビってしまった際には、切る以外に解決策はないのが現状です。

　ですから、施術前には毛髪診断を正しく行い、髪質にあった薬剤を用いて（場合によっては、施術を避けて）、過度の力を入れることなく施術を行うことが大切です。

第7章　パーマに関わるQ&A

パーマに関わるQ&A

Question 12

「チオシス」とか「シスチオ」といった呼び方のパーマ剤がありますが、「チオ系」「シス系」とはどう違うのでしょうか？

Answer

パーマ剤の「承認基準」の分類で考えると、パーマ剤は「チオ系」か「シス系」のどちらかに必ず分類できます。チオ系、シス系の区別は有効成分の違いによるものです。チオ系パーマ剤でウェーブを形成する役割を果たしている有効成分はチオグリコール酸塩、シス系パーマ剤ではシステイン類です。それぞれが効果を発揮する役割であると明確に分けられます。

市場には、チオ系パーマ剤にシステインが配合されたり、シス系パーマ剤にチオグリコール酸塩が配合されていたりする場合がありますが、これはそれぞれ湿潤剤や安定剤といったウェーブを形成する目的とは別の目的で配合されます。従って、「チオシス」や「シスチオ」等の呼称のパーマ剤があったとしたらチオ系パーマ剤に湿潤剤としてシステイン類を配合したり、シス系パーマ剤に安定剤としてチオグリコール酸塩を配合するなどしているパーマ剤という意味合いでしょう。

昔は黒髪全盛でしたから毛髪のコンディションもそれほど多様ではありませんでした。しかし、現在はヘアカラー全盛で、それに伴って毛髪のコンディションは非常に多様になっています。かつての健康毛はチオ系パーマ剤で、カラー毛はシス系パーマ剤でといった単純な使い分けではカバーしきれなくなってきている面があり、各メーカーもパーマ剤承認基準の枠組みの中で様々な工夫を凝らしています。その一例として、チオ系パーマ剤に湿潤剤としてシスを積極的に配合してよりダメージ毛への対応を図る等の工夫です。

このように「チオ系」か「シス系」の違いは有効成分によるものですが、前述の通り、チオ系パーマ剤は健康毛に使用し、シス系パーマ剤はダメージ毛やカラー毛に使用するというのが最も一般的な選択方法と考えられます。しかし、パーマ剤の効力は有効成分の違いのみならず、pHやアルカリ剤あるいは添加剤の量や種類に大きく影響されますので、パーマ剤に求める機能や性能によってそれぞれが工夫されているものです。

従って、多様な毛髪のコンディションに対応するには、「チオ系」「シス系」という有効成分の違いだけで選択するのではなく、個々の製品の使用説明書等をよく読んで、どのような毛髪に使用するのか、どのような場面で使用するのか等よく理解した上で使用することが大切です。

	有効成分	添加剤
チオ系パーマ剤	チオグリコール酸塩	システイン類（保湿剤として1.5％まで）
シス系パーマ剤	システイン類	チオグリコール酸塩（安定剤として1.0％まで）

Question 13: カーリング料の説明で見る「チオ換算」は、どう計算するのでしょうか？

Answer

「洗い流すヘアセット料に関する自主基準」には「チオール基（SH基）を有する成分の総量（チオグリコール酸として）は7.0％以下であること。」との規定があります。なぜ、「チオグリコール酸として」との条件がつき、単純な配合濃度の上限になっていないのか疑問に思う方もいるかも知れません。

これは、カーリング料にはチオグリコール酸以外にシステアミンやシステイン、ブチロラクトンチオール等様々なチオール基（SH基）を有する成分が配合されるためです。これらの成分は、分子量の大きいものや小さいものが混在するため、濃度が同じでも、その中に含まれる分子数は分子量の小さいものほど多くなり、つまりチオール基の数が多くなります。

すると、毛髪へ作用するチオール基の数が多いほど、その作用は強くなると考えられることから、濃度ではなく分子数（＝チオール基の数）で規定することとし、その分子数の上限はチオグリコール酸を7.0％配合した場合の数としています。

ここで、化学には「モル（mol）」という考え方があり、1モルとはその物質の分子量をグラム（g）で表したもので、どの物質でも1モルの重さの中には同じ数の分子を含んでいます。これをアボガドロ定数といい、1モルの重さの中には 6.02×10^{23} 個の分子が含まれています。

つまり、同じモル濃度の溶液中には、同じ数の分子が存在するということです

チオグリコール酸の分子量は92ですから、7％の濃度のチオグリコール酸水溶液（100g中に7gのチオグリコール酸を含む）はモルの考えで示すと（7÷92＝）0.076モル水溶液となります。このことから、カーリング料に配合できるチオール基を有する成分の上限は0.076モルとなり、これを他の成分を用いて計算すると、各々の成分の配合上限は以下のようになります。

このように、カーリング料に配合できるチオール基を有する成分は、分子量の大きいものほど配合量は多くなり、小さいものほど少なくなります。

チオグリコール酸（分子量92）濃度 7％

$$\frac{7\%（濃度）}{92（分子量）} = 0.076 \text{モル}$$

システイン（分子量121）：121 × 0.076 ≒ 9.2％

システイン塩酸塩（分子量157.6）：157.6 × 0.076 ≒ 11.9％

システアミン（分子量77）：77 × 0.076 ≒ 5.85％

ブチロラクトンチオール（分子量118）：118 × 0.076 ≒ 8.9％

※システインを2％、システアミンを3％配合した場合は、

システインのモル濃度（2÷121＝0.0165）＋システアミンのモル濃度（3÷77＝0.039）＝0.0555モル

パーマに関わるQ&A

Question 14
ロッドを加温するタイプの「ホット系の機械」を使用する場合に、パーマ剤やカーリング料を選択するポイントはありますか？

Answer

2003年頃から広がり始めた第1剤塗布・放置・中間水洗後に機器を用いて乾燥する操作を行うホット系パーマと称されるパーマ技法は、当初はパーマ剤と機器も含めた国の承認が必要でした。そのため、一部製品を除いて、このような承認を得たパーマ剤は存在していませんでした。

しかし、実際の現場では承認を得ないパーマ剤も種々使用されるに伴い、この技法の安全性について独立行政法人医薬品医療機器総合機構で検討され、その結果、化粧品・医薬部外品についての承認・許可制度や製造販売業・製造業の手続き等について取りまとめられた「化粧品・医薬部外品製造販売ガイドブック2008」（2008年10月発行）のパーマネント・ウェーブ用剤の一般的事項に「なお、第1剤を水洗した後、第2剤との間でドライヤー等を用いて乾燥させる行為については、パーマ剤の使用方法の範疇に入らないと考えられることから基準内と判断されている。」とされ、これによりパーマ剤と機器も含めた国の承認を得ないでも、この技法がパーマ剤で使えるようになりました。

つまり、法的には販売される全てのパーマ剤について、この技法が使用できることになります。

しかし、これは法的には可能であるだけで、毛髪等に対して全てのパーマ剤で安全性が確保されているとは限りません。

そのため、実際の使用に当たっては、使用するパーマ剤の製造販売業者にホット系の技法を用いても問題ないのかを確認した上で、温度管理等に細心の注意を払って施術することが大切です。

なお、カーリング料はパーマ剤とは異なり、毛髪にカーリング料を塗布・放置・水洗することで使用方法としては完結します。そのため、その後に使用する機器や製品についての縛りはないため、自由に選択して使用することが可能です。

しかし、これも法的には可能というだけですので、実際の使用に当たっては、パーマ剤と同様に製造販売業者への確認や操作には十分注意を払うことが大切です。

Question 15
パーマ剤の「目的外使用」とは何ですか？

Answer

パーマ剤の定義は「毛髪にウェーブをもたせ、保つこと又は毛髪のくせ毛、ちぢれ毛若しくはウェーブ毛髪をのばし、保つことを目的として製造された頭髪用の外用剤」とあります（厚生労働省告示第119号）。また、パーマネント・ウェーブ用剤製造販売承認基準には、頭髪用の範囲として「手足等の体毛及び眉毛・まつ毛は除く」と定められています。

つまり、頭髪以外の毛や皮膚に対してパーマ剤を使用することや、シャンプー後のトリートメントとして使用すること等が目的外使用となります。

このことを明確化するため、パーマ剤の使用上の注意には「頭髪以外には使用しないでください。眉毛、まつ毛等に使用するとパーマ剤が目に入るおそれがあり、危険です。」と記載されており、過去には、パーマ剤を用いて手のトリートメントとして使用した結果の事故発生やまつ毛パーマが目的外使用として規制当局から通知が出されています。

パーマ剤を目的以外に使用しますと、思わぬ事故を引き起こしてしまい、その補償等に多大な経費や時間を要し、さらに理美容室の信用を失うことにもなりかねませんので、厳に慎まなければいけません。まつ毛パーマに関する通知については、「**第3章（3）④パーマ剤の目的外使用**」を参照してください。

なお、まつ毛への施術としてエクステンションがありますが、これについては平成22年（2010

Question 15 パーマ剤の「目的外使用」とは何ですか？

Answer

年）2月17日付で独立行政法人国民生活センターより「まつ毛エクステンションの危害」として取りまとめが行われました。その中で問題点として「厚生労働省は、まつ毛の施術は美容師法の美容に当たるとの通知を出しているが、美容師の資格を持たない者が施術していると見られるケースもある。」、「まつ毛エクステは目元の施術であり接着剤の使用等、危害が生じる要素が多い。」及び「トラブル時の対応に問題のある店舗が見られる。」との指摘がされました。

これを受けて厚生労働省は、平成20年3月7日付の「まつ毛エクステンションによる危害防止の徹底について」の通知を発出し、まつ毛エクステンション施術は美容師法に基づく美容に該当することが明確化されました。

これにより、美容師以外の方がまつ毛エクステンション施術を行うことは禁じられていますので、注意が必要です。

健衛発第 0307001 号
平成 20 年 3 月 7 日

各都道府県、各政令市、各特別区衛生主管部（局）長殿

厚生労働省健康局生活衛生課長

まつ毛エクステンションによる危害防止の徹底について

今般、東京都生活文化スポーツ局消費生活部長より、別紙のとおり、近年のまつ毛エクステンションの流行に合わせて、消費生活センター等へ寄せられる危害に関する相談件数が増加し、まつ毛エクステンション用の接着剤による健康被害がみられるとの情報提供がされたところである。

貴職におかれては、管下の美容所等において、かかる行為により事故等のおこることのないよう営業者等に対し周知徹底を図るとともに、再度、本職通知の趣旨に基づき、美容業務の適正な実施の確保を図られるよう、特段の御配慮をお願いする。

なお、美容師法第2条第1項の規定において、美容とはパーマネントウエーブ、結髪、化粧等の方法により容姿を美しくすることをいうとされており、通常首から上の容姿を美しくすることと解されているところである。ここでいう「首から上の容姿を美しくする」ために用いられる方法は、美容技術の進歩や利用者の嗜好により様々に変化するため、個々の営業方法や施術の実態に照らして、それに該当するか否かを判断すべきであるが、いわゆるまつ毛エクステンションについては、①「パーマネント・ウエーブ用剤の目的外使用について」（平成16年9月8日健衛発第0908001号厚生労働省健康局生活衛生課長通知）において、まつ毛に係る施術を美容行為と位置付けた上で適正な実施の確保を図ることとしていること、②「美容師法の疑義について」（平成15年7月30日大健福第1922号大阪市健康福祉局健康推進部長照会に対する平成15年10月2日健衛発第1002001号厚生労働省健康局生活衛生課長回答）において、いわゆるエクステンションは美容師法にいう美容に該当するとされていることから、当該行為は美容師法に基づく美容に該当するものであることを申し添える。

8

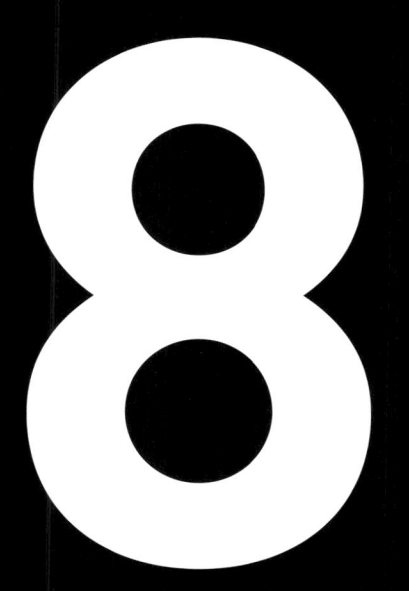

「パーマの科学」用語集

パーマの科学　第8章

「パーマの科学」用語集

ア

IFタンパク質
　IFとは、Intermadiate Filamentの略で中間径フィラメントのことです。毛髪構造のミクロフィブリルはIFタンパク質32分子の集合体で構成されていると言われています。
　⇒フィブリル 参照

IFAPタンパク質
　Intermediate Filament Associated Proteinの略です。
　⇒間充物質 参照

アイパー
　アイロンパーマの略称です。
　⇒アイロンパーマ 参照

アイロンパーマ
　主に理容所で用いられる棒状の高温アイロン（アイロン鏝）を用いたパーマで、チオグリコール酸系加温二浴式パーマ剤を用いて施術を行います。高温アイロンを用い、毛髪の一部を熱で変形させる技法であるため、その施術には熟練を要し、毛髪損傷には十分注意する必要があります。

アイロンパーマ剤
　チオグリコール酸系加温及びコールド二浴式パーマ剤で、特に高温アイロンを使用した用法・用量で許可を取得したパーマ剤を指します。ですから、全てのチオグリコール酸系加温二浴式パーマ剤がアイロンパーマ剤として使用できるものではありません。使用方法に高温アイロン（高温整髪用アイロンではなくアイロン鏝）の使用が記述されていることを確認した上で、使用することが大切です。

アシル化
　有機化合物のヒドロキシ基、アミノ基等の水素をアシル基（R-CO-）で置換する化学反応の総称です。

アスコルビン酸
　ビタミンCの別名です。還元作用を有するため、化粧品類には酸化防止の目的等で配合されます。

アズレン
　薬用植物として古くから栽培されているキク科の2年生植物「カミツレ」より得られる濃青色の植物精油で、抗炎症作用があります。

ASEAN
　東南アジア諸国連合（Association of South - East Asian Nations）の略名です。東南アジア10か国（インドネシア、カンボジア、シンガポール、タイ、フィリピン、ブルネイ、ベトナム、マレーシア、ミャンマー、ラオス）から構成されます。

アセチルシスチン
　アセチルシステインの酸化生成物で、水易溶性のため、システインの酸化生成物であるシスチンのような発粉現象を引き起こしません。
　なお、正式名称はN,N'-ジアセチルシスチンです。
　⇒N,N-ジアセチル-L-システイン 参照

アセチルシステイン
　システイン系パーマ剤の有効成分の1つで、従来のシステインのように酸化されても結晶化しないという特徴を持ちます。
　本来の名称はN-アセチル-L-システインといい、L-システインを水酸化ナトリウム水溶液に溶解し、無水酢酸を作用させることで得られ、下記の構造を持ちます。

［アセチルシステイン］

$$HS-CH_2-CH-COOH$$
$$|$$
$$NH-COCH_3$$

［システイン］

$$HS-CH_2-CH-COOH$$
$$|$$
$$NH_2$$

　皮膚刺激については、L-システイン及び塩酸L-システインよりは若干強く、チオグリコール酸よりも低いとされています。なお、従来のシステイン系パーマ剤にアセチルシステインを配合することによって、結晶化抑制効果は得られますが、L-システインと比較して同一濃度、pHでは若干ウェーブ形成力が劣るようです。

　⇒N,N-アセチル-L-システイン 参照

アトピー性皮膚炎
　アトピー性皮膚炎は、かゆみをともなう湿疹が、良くなったり悪くなったりを繰り返しながら継続する皮膚疾患です。

アニオン界面活性剤
　⇒陰イオン界面活性剤 参照

アミノアルコール類
　アミノ基とヒドロキシ基を両方含む有機化合物の総称で、エタノールアミンやプロパノールアミン、ジメチルエタノールアミン等があります。

アミノ基
　-NH_2で表わされる1価の基。炭化水素基（炭素と水素からなる化合物から水素原子の一部を除いた原子団）とアミノ基が結合した化合物がアミンです。

アミノ酸
　同一の分子内に酸性のカルボキシ基（-COOH）と塩基性のアミノ基（-NH_2）を持った両性の化合物です。皮膚や毛髪等をはじめ、あらゆるタンパク質を構成する単位であり、酸、アルカリまたは酵素で分解すると得られます。天然には約20数種存在し、このうち体内では合成されず、食物として摂取する必要のある9種類のアミノ酸を必須アミノ酸といいます。パーマ剤の有効成分に用いられるシステインはアミノ酸です。
　なお、アミノ酸には、光学的な異性体のL体とD体があり、その等量混合物をDL体（ラセミ体）と呼んでいます。L体は自然界に存在するアミノ酸であり、DL体のほとんどが合成して得られるアミノ酸です。

アミン
　アンモニア（NH_3）の水素原子（H）を炭化水素基（R）で置き換えたものをいい、水素原子と置き換わった炭化水素基の数に従って、第一級アミン（RNH_2）、第二級アミン（R_2NH）、第三級アミン（R_3N）に分けられ、炭化水素基が鎖式（脂肪族）のものは鎖式アミンまたは脂肪族アミンといい、芳香族（ベンゼン環：C_6H_6）を含むものを芳香族アミンといいます。

ア

アミン類
パーマ剤のアルカリ剤として使用される不揮発性有機アルカリ剤の一種で、モノエタノールアミンがその代表です。香粧品分野のアミン類は、モノエタノールアミン、トリエタノールアミン、イソプロパノールアミン等を主に指しますが、アミノ酸系のアルギニンやリジン等もアミン類です。アミン類と一口でいっても、その性質（pHや水への溶解度、刺激性等）はそれぞれが大きく異なりますから、使用するアミン類の種類により調製されるパーマ剤の性質も大きく変わります。

アラントイン
ウシの尿膜（allantois）の分泌液から発見されたためにこの名があります。生長促進作用や外傷の治癒作用があり、抗炎症剤としても用いられます。

亜硫酸イオン
SO_3^{2-} で示される二価の陰イオンです。亜硫酸塩は水中で亜硫酸イオンを生成します。

亜硫酸塩
亜硫酸塩としては亜硫酸ナトリウム、亜硫酸水素ナトリウム等があります。還元作用があり、持続性のヘアセット料に用いられるほか、酸化防止剤として染毛剤その他の化粧品に添加されます。食品工業では漂白剤として用いられ、その他工業薬品の原料、写真等にも用いられます。

アルカリ
アラビア語のkali（灰）に由来し、古くは、植物の灰のような塩基性を示す性質をいい、主として、アルカリ金属、アルカリ土類金属の水酸化物ですが、水溶液で塩基性を示すもの（アンモニア、アミン類等）をアルカリ剤と呼びます。その水溶液は赤いリトマス紙を青色に変えるアルカリ性反応を呈します。

また、パーマ剤品質規格の第1剤の規定に「アルカリ」の項目があります。これは、パーマ剤第1剤1ml中に存在する遊離のアルカリを中和するのに必要な 0.1mol/L の塩酸（約0.32%の塩酸水溶液）の量のことで、「アルカリ度」とも呼ばれます。
⇒ アルカリ度 参照

アルカリ剤
パーマ剤第1剤や染毛剤等にアルカリ度及びpH上昇の目的で添加される塩基性物質（アルカリ性を示す物質）をいいます。この塩基性を示す物質には、アンモニア水、モノエタノールアミン、炭酸水素アンモニウム等があり、パーマ剤に汎用されています。最近では塩基性アミノ酸であるアルギニンやリジン等も使用されます。また、強いアルカリ剤を使用することによる弊害から毛髪や皮膚を保護する目的で、水酸化ナトリウム等の不揮発性無機アルカリの配合は、チオグリコール酸系パーマ剤ではチオグリコール酸の対応量以下の規定があり、システイン系パーマ剤には不揮発性無機アルカリの使用は認められていません。

アルカリ性
水溶液では、pH7以上の状態をいい、pHの数値が大きいほど強いアルカリ性を示します。水酸化カリウムや水酸化ナトリウムは強い塩基の性質を表し、赤色リトマス紙を青色に変えます。

毛髪は、弱酸性に強く、アルカリ性に弱い性質を持ちます。パーマ剤はアルカリ側で膨潤度及び還元力が大きく、得られる効果は強くなります。

アルカリ度
パーマ剤品質規格で規定される「アルカリ」はアルカリ度とも呼ばれます。パーマ剤第1剤1ml中に存在する遊離のアルカリを中和するのに必要な 0.1mol/L の塩酸（約0.32%の塩酸水溶液）の量で、単位はmlの数値で表します。
⇒ アルカリ 参照

アルカリパーマ
パーマ剤の液性による分類で、第1剤のpHが7以上、特に9前後のパーマ剤をいいます。このタイプの製品のアルカリ剤は、主にアンモニアやモノエタノールアミンが用いられます。アルカリ性の状態では、毛髪の膨潤度が大きく、パーマ剤の還元力も強いため、得られる効果は強くなりますが、反面、毛髪に対する影響も大きくなる傾向があります。
⇒ 中性パーマ 参照
⇒ 酸性パーマ 参照

アルカリ溶解度
毛髪が損傷を受けると、アルカリ溶液に溶ける割合が大きくなります。アルカリ溶解度とシステイン酸の生成量とは相関関係にあります。また、毛髪のアルカリ溶解度は、毛髪ケラチンのシスチン結合が切断された割合に比例します。測定法としては、毛髪をアルカリ溶液中に10分間浸漬した後、50℃の温湯で20分間水洗し、試験前後の毛髪の重量の差から溶出量の比率（%）を算出します。

アルギニン
L-アルギニン
アミノ酸の一種で、成長ホルモンの分泌を促進し、筋肉組織を強くしたり、免疫力を高める効果があります。水溶液はアルカリ性を呈し、パーマ剤第1剤のアルカリ剤としても使用されます。

アルキル化
一般的に、置換反応または付加反応により、ある化合物にアルキル基を導入する化学反応の総称です。アルキル基は親油性のため、アルキル化により元の化合物よりも親油性の性質が付与されます。

アルキル基
脂肪族飽和炭化水素から水素原子1個が取れた残りの炭化水素基の総称です。一般式は $-C_nH_{2n+1}$ で、親油性の性質を持ちます。

アルコール
炭化水素の水素原子をヒドロキシ基（-OH）で置換した化合物の総称で、R-OHで示されます。通常の場合、単にアルコールといった場合はエチルアルコールを指します。

アルコール性ヒドロキシ基
芳香族炭化水素及びカルボニル基(-CO-)以外の炭素（C）に直結したヒドロキシ基（-OH）をいいます。代表的な例として、エチルアルコール（エタノール：CH_3-CH_2-OH）等があります。

α-ケラチン
らせん構造のケラチンです。毛髪は通常の状態ではα-ケラチンの構造をしています。
⇒ ケラチン 参照

「パーマの科学」用語集

α-ヘリックス
タンパク質中のポリペプチド主鎖のらせん状の立体配置で、主鎖から出ている側鎖を外側に向けた中空状の円筒形をした左巻きのらせん形となっています。

アルブミン
卵白（albumen）を語源とし、比較的分子量の小さい可溶性タンパク質の総称で、動植物の細胞や体液等に含まれます。卵白は構成タンパク質のうちの約65％をアルブミンが占めています。

アレルギー
病原菌等の異物の侵入に対し、それを排除する体の仕組みを免疫といいます。アレルギーは、花粉等の通常は無害な異物の侵入に対して起こる、生体にとって都合のよくない免疫反応のことをいいます。

アレルギー性接触皮膚炎
アレルギーの原因物質が付着し、その24～48時間後に出現するかゆみを伴う湿疹性の皮膚炎のことをいいます。ごく一部の人にのみ皮膚炎の原因となり得る点で、一次刺激性接触皮膚炎とは異なります。合成化学物質をはじめ、植物や金属類等、様々なものが原因物質となり得ます。

安定剤
製品の品質を安定に保つために添加する成分のことをいいます。一般に、製品は、空気、水、光等により変質します。これを防止するために製品に加える成分です。パーマ剤第1剤は酸化されやすく、金属（鉄、銅、マンガン等）の存在により酸化が促進されます。そのため、金属イオン封鎖剤（キレート剤）としてエデト酸塩等が添加されます。また、システイン系パーマ剤にはチオグリコール酸が酸化防止の目的で添加されます。さらに過酸化水素を含む第2剤は酸性で安定なため、リン酸等のpH調整剤が添加されます。

アンモニア
分子式 NH_3 で示される常温常圧では無色の気体の無機化合物で、強い刺激臭があります。水に溶けてアルカリ性のアンモニア水となり、パーマ剤や染毛剤等のアルカリ剤として使用されます。

⇒アンモニア水 参照

アンモニア水
パーマ剤、酸化染毛剤、ヘアブリーチ剤等のアルカリ剤として広く使用されています。アンモニア水の濃度は、医薬部外品原料規格では28～30％、日本薬局方では9.5～10.5％となっています。また、日本工業規格による試薬には、25％以上28％未満のものと、28％以上30％未満のものがあります。揮発性があり、毛髪や皮膚に長く残留することがないため、オーバータイムや皮膚刺激の少ないアルカリ剤といえます。

イ

イオン
水に溶けて電荷を帯びた状態の原子または原子団をイオンといいます。

塩化ナトリウム（NaCl）の結晶は、正の電荷を帯びたナトリウム原子（Na）と負の電荷を帯びた塩素原子（Cl）が、互いに電気的な力で強く結びついたものです。これを水に溶かすと、それぞれの電荷を帯びた原子（Na^+ と Cl^-）に分かれます。このようにしてできた正の電荷を帯びた原子を陽イオン、負の電荷を帯びた原子を陰イオンといいます。

イオンを表すには、元素記号や原子団の右上に陽イオンは＋を、陰イオンは－をつけて H^+（水素イオン）、Na^+（ナトリウムイオン）、Cl^-（塩素イオン）、OH^-（ヒドロキシイオン）、SO_4^-（硫酸イオン）または SO_3^-（亜硫酸イオン）のように表します。

イオン結合
イオン同士による結合をいいます。
⇒塩結合 参照

一次刺激性接触皮膚炎
皮膚に対する刺激性物質によって発症する皮膚炎をいいます。アレルギー性接触皮膚炎が、ごく一部の人にしか発症しないに対し、一次刺激性接触皮膚炎は、原因物質の濃度や接触時間がある一定の限度以上であれば、これと接触した大部分の人に皮膚に炎症が生じます。

一時染毛料
一時染毛料とは、毛髪表面に着色剤を物理的に付着させて、一時的に毛髪を着色する化粧品をいいます。毛髪着色料とも呼ばれます。従って、洗髪によって容易に落ちるので、一時的に、部分的にカラーチェンジできますが、永続的な染毛効果はありません。ヘアマスカラ、ヘアカラースプレー等の名称で市販されています。

一浴式パーマ剤
パーマ剤第1剤により還元開裂した毛髪タンパク質中のシスチン結合の再結合を、酸化剤（第2剤）によらず、空気中の酸素を利用して行うタイプのパーマ剤で、パーマ剤承認基準には「チオグリコール酸又はその塩類を有効成分とするコールド一浴式パーマネント・ウェーブ用剤」として規定されています。臭素酸塩や過酸化水素水等を含む第2剤の酸化力に比較して、空気中の酸素の酸化能は非常に弱く、また反応も徐々にしか進みませんので、他のパーマ剤に比較して、第1剤の規格幅は狭く設定されています。

また、第1剤の有効成分としてはチオグリコール酸またはその塩類しか認められておらず、加温による使用も認められていません。

医薬品、医療機器等の品質、有効性及び安全性の確保等に関する法律
薬事法の名称が変更され、2014年11月25日に施行されました。この変更に伴い、従来は医薬品に準じて医薬部外品、化粧品、医療機器が規制されていましたが、医療機器は医薬品とは別の規制となり、新たに「第5章　医療機器及び対外診断用医薬品の製造販売及び製造業等」の章が設けられました。また、iPS細胞等から製造される再生医療等製品の品質、有効性、安全性の確保等も盛り込まれました。

その目的は、「医薬品、医薬部外品、化粧品、医療機器及び再生医療等製品の品質、有効性及び安全性の確保並びにこれらの使用による保健衛生上の危害の発生及び拡大の防止のために必要な規制を行うとともに、指定薬物の規制に関する措置を講ずるほか、医療上特にその必要性が高い医薬品、医療機器及び再生医療等製品の研究開発の促進のために必要な措置を講ずることによ

ア・イ・ウ・エ

り、保健衛生の向上を図ることを目的とする。」（第1条）とあります。
⇒ 医薬品医療機器等法 参照
⇒ 薬事法 参照

医薬品医療機器等法
医薬品、医療機器等の品質、有効性及び安全性の確保等に関する法律の略称。別途、「薬機法」と略記する場合もあります。
⇒ 医薬品、医療機器等の品質、有効性及び安全性の確保等に関する法律 参照

医薬部外品
医薬品医療機器等法第2条第2項において、特定の使用目的（効能または効果）を有し、人体に対する作用が緩和なもので医療器具等でないものと規定されています。国による規制緩和施策に伴い、平成11年（1999年）及び平成16年（2004年）より作用が穏やかで安全性が高いと認められる医薬品が医薬部外品に移行しました。

医薬部外品の具体的なものとしては、育毛剤（養毛剤）、染毛剤（脱色剤・脱染剤を含む）、除毛剤、薬用化粧品（薬用石けん含む）、薬用歯磨、浴用剤、パーマ剤、のど清涼剤（のど飴等）、ひび・あかぎれ用剤、うおのめ・たこ用剤、整腸薬、うがい薬、ソフトコンタクトレンズ用消毒剤等があります。

製品を製造販売するためには、医薬品医療機器等法第14条の規定により、厚生労働大臣の承認が必要です。また、販売に関しては、化粧品と同様に法的規制はありませんので、ドラッグストア等での販売が可能です。なお、製品には、医薬品医療機器等法第59条の規定により「医薬部外品」と表示することになっています。

医薬部外品原料規格
医薬部外品等の原料として配合することが認められている成分のうち、日本薬局方、食品添加物公定書及び日本工業規格に収載されている成分規格以外のものについてまとめられた規格書です。平成18年（2006年）に制定されたため、正式には「医薬部外品原料規格2006」といい、外原規と略称されます。

陰イオン界面活性剤
この界面活性剤は、水に溶かしたときイオンに解離した活性部分が、マイナスに帯電して、界面活性剤としての機能を発揮するものです。脂肪酸ナトリウム（石けん）やラウリル硫酸ナトリウム等、起泡性、洗浄性に優れているものが多く、家庭用の洗剤やシャンプー等に多く使用されています。英名は Anionic surfactant で、アニオン界面活性剤とも呼ばれます。

ウ

ウェーブ効率
パーマ剤が毛髪にウェーブを形成する力を表す尺度の1つで、用いるロッド径を基準にして、どの程度のウェーブが形成されるかを表します。ウェーブ効率の計算式の一例を示しますと、

$$\text{ウェーブ効率}(\%) = \frac{\text{用いたロッドの径}}{\text{形成されたウェーブの径}} \times 100$$

となります。例えば、ロッドの径10mmで、形成されたウェーブの径が12.5mmのときのウェーブ効率は、80％となります。
なお、研究室等で広く行われている方法にキルビー法があります。
⇒ キルビー法 参照

ウェーブ保持率
パーマ剤のウェーブ効果の持続力を測定する方法です。その方法は、キルビー法によりウェーブのついた毛髪を濃度20％のラウリル硫酸ナトリウム液中に入れ、60℃で1時間放置します。放置後、毛髪を取り出し、再びウェーブ効率を測定し、次の式により算出します。この値が大きいほど、ウェーブの持ちが良いことを表します。

$$\text{ウェーブ保持率}(\%) = \frac{\text{試験後のウェーブ効率}}{\text{試験前のウェーブ効率}} \times 100$$

なお、平成9年3月27日付事務連絡（厚生省薬務局審査課化粧品審査室）では、「ウェーブされた検体を、室内で風乾放置し、24時間後、60℃の温水中に20分間浸漬」する前後のウェーブ効率からウェーブ保持率を求めることとされています。

エ

永久染毛剤
永久染毛剤とは、染料または金属塩を毛髪内に浸透させ、化学的な作用により毛髪中で発色させることで染毛する医薬部外品をいいます。染毛メカニズムによって、酸化染毛剤と非酸化染毛剤に区別されます。毛髪内で発色するため、シャンプーによって色が落ちず、染毛効果が持続します。体質や体調によっては、まれにかぶれの原因となる成分が配合されているため、使用前には毎回必ず皮膚アレルギー試験（パッチテスト）を行うよう義務付けられています。

HSタンパク質
High-Sulfer protein の略名で、シスチン結合量の多いタンパク質です。マトリックスを構成します。

HC染料
HCとは Hair Color を意味し、文字通り化粧品の染毛料に使用される水溶性染料の1つです。プラスやマイナスの電荷を持っていなく、比較的小さな分子のため、毛髪内に浸透して染毛します。平成13年（2001年）の化粧品規制緩和後に使用できるようになり、主に化粧品の染毛料に使用されます。

エーテル型
（-O-）の結合（Oは酸素原子）をエーテル結合といい、このような構造を持つ分子をエーテル型と分類します。

エキソキューティクル
外小皮とも呼ばれ、3層からなるキューティクルの中間部です。

液体クロマトグラフ
微量成分を分離分析する装置で、サンプルの中の物質を液体（移動相）を加圧してカラムを通過させ分離し、「何が（定性分析）」「どの程度の量（定量分析）」という2つを同時に測定できます。
また、HPLCとも略称され、これはH

「パーマの科学」用語集

(High)、P（Performance）、L（Liquid）、C（Chromatography）の略です。

SS結合
⇒ シスチン結合 参照

エステル
エステル類
酸とアルコールが反応し、縮合して得られる化合物です。油脂は、高級脂肪酸とグリセリンのエステルです。化粧品によく使用されるミリスチン酸イソプロピルは、ミリスチン酸とイソプロピルアルコールのエステルです。エステルは、化粧品の油性成分の一部として用いられています。

エステル型
(-COO-)の結合をエステル結合といい、このような構造を持つ分子をエステル型と分類します。

枝毛
毛髪が縦に裂けた状態になることで、原因としては、毛髪が乾燥性になり裂けやすくなったり、カットの不手際、逆毛等の物理的作用により、キューティクル（毛小皮）がはがれたりすることによって起こります。枝毛になると、その部分をカットするしかなく、普段から十分に油分を補給し、毛髪を乾燥や損傷から保護する必要があります。この他、パーマの施術において、輪ゴムの止め方、ロッドのおさめ方が悪い場合等に、毛髪の断毛、折れ毛が生じる場合があります。

エデト酸
正しくはエチレンジアミン四酢酸(ethylenediaminetetraacetic acid) といい、EDTA と略称されます。多くの金属イオンと反応して極めて安定な錯塩を作り、金属の影響を除去できるため、金属イオン封鎖剤として各方面で広く利用されています。パーマ剤では、とくに第1剤が金属の影響を受けると変質しやすいため、これら金属の作用を封鎖する目的で配合されています。

エデト酸塩
金属イオン封鎖剤（キレート剤ともいいます）の一種で、エデト酸のナトリウム塩やカリウム塩があり、これ等の総称です。結合する塩の数の違いで、水に溶かした場合に得られる pH が異なり、例えば EDTA-2Na は酸性、EDTA-3Na は中性、EDTA-4Na はアルカリ性を呈します。

N-アセチル-L-システイン
アセチルシステインの正式な化学名。
⇒ アセチルシステイン 参照

N,N-ジアセチル-L-シスチン
N-アセチル-L-システイン（アセチルシステイン）が酸化されると生成する物質の正式名称で、ジアセチルシスチンとも呼ばれます。
⇒ ジアセチルシスチン 参照

NMF
Natural Moisturizing Factor の頭文字をとった略称です。
⇒ 天然保湿因子 参照

エピキューティクル
1枚のキューティクル（毛表皮）の最外層を占めるのがエピキューティクルです。疎水性で水やパーマ剤・染毛剤等の薬剤をはじきます。

FDA
Food and Drug Administration の略名で、アメリカの連邦食品医薬品局を指します。有害食品・有害薬品の調査・摘発を行う政府付属機関です。日本では厚生労働省医薬食品局に相当します。

LSタンパク質
Low-sulfer Protein の略名で、シスチン結合量の少ないタンパク質です。マクロフィブリルを構成します。

L-システイン
天然システインです。
⇒ システイン 参照

L体
光を右周りに曲げる性質を持つ旋光性物質をいいます。天然の物質のほとんどがL体です。
⇒ 旋光性 参照

塩（えん）
酸とアルカリの中和反応でできる化合物を塩（えん）といいます。例えば、塩酸と水酸化ナトリウムを反応させると塩化ナトリウム（食塩）ができます。パーマ剤の成分であるチオグリコール酸アンモニウム、臭素酸ナトリウム、炭酸水素アンモニウム等も塩の一種です。

塩基性
塩基としての性質を示すことで、水溶液では pH が7より大きいときをいい、通常アルカリ性と同じ意味合いで用いられます。
⇒ アルカリ性 参照

塩基性アミノ酸
分子内にアミノ基のほかに、塩基性を示す基を持つアミノ酸の総称で、水に溶かすと塩基性を示します。タンパク質を構成するアミノ酸としてはリジン、アルギニン等があり、アルギニンはパーマ剤第1剤のアルカリ剤としても使用されます。

塩基性染料
水溶性染料の1つで、アミノ基（-NH2）を含むためプラスの電荷を持っているという特徴があります。毛髪のケラチンタンパク質のマイナス部分とイオン結合し、染毛します。平成13年（2001年）の化粧品規制緩和後に使用できるようになり、主に化粧品の染毛料に使用されます。

円形脱毛症
頭部に円形の境目が比較的はっきりとしている脱毛で、若い世代に多いのが特徴です。30歳以下で発症する割合が80％と高率を占め、特に15歳以下の発症が全体の約4分の1を占めます。また、男女比ではやや女性に多くみられるとの報告があります。

塩結合
化学結合の1つで、正の電荷を帯びた原子（陽イオン）と、負の電荷を帯びた原子（陰イオン）との、静電気的な引力によってつくられる結合のことをいいます。イオンによる結合なので、イオン結合とも呼ばれます。

この結合は、毛髪ケラチンタンパク質の架橋結合の1つとして、毛髪の強度を保つためにシスチン結合と並んで重要な結合で

す。pHが毛髪の等電点をはずれる程、結合力は弱くなります。毛髪がアルカリに弱いのは、この理由によるものと考えられています。

塩酸L-システイン
L-システインに塩酸1分子と水1分子が付加された化合物で、チオグリコール酸と同様にパーマ剤第1剤の有効成分として用いられます。
⇒ システイン 参照

塩酸DL-システイン
DL-システインに塩酸1分子と水1分子が付加された化合物で、チオグリコール酸と同様にパーマ剤第1剤の有効成分として用いられます。
⇒ システイン 参照

塩析効果
一般に、有機化合物のコロイド溶液、例えば、タンパク質の水溶液に塩類を加えると、タンパク質の溶解度が減少して、タンパク質が析出します。この現象を塩析効果といいます。これは塩類のイオンが水和して、そのためにタンパク質の水溶液から水分が奪われ、タンパク質の溶解度が低下するものと考えられています。毛髪の場合、塩析効果により、ごわごわした感じや硬く締まった感じになります。

エンドキューティクル
内小皮とも呼ばれ、3層からなるキューティクルの最深部です。親水性で、薬剤に対し抵抗力が弱い部分です。

塩類
酸の水素原子を金属原子で置換するか、塩基のヒドロキシ基を酸で置換してできる化合物の総称で、通常複数の化合物が存在します。

オ

オイケラチン
毛髪や爪を構成する硬いケラチンをいいます。肌等の柔らかいケラチンはプソイドケラチンといいます。

黄体ホルモン
女性ホルモンの一種で、主として卵巣黄体から分泌されるステロイドホルモンです。天然にはプロゲステロンだけが知られています。卵胞ホルモンと協同して、受精卵の着床、妊娠の継続を助けます。

応力
物体に外側から力が加わる時、その物体内部に生じる抵抗力をいいます。応力が外部から加わる力よりも大きいとき物体は変形しませんが、小さいと物体は変形（凹む）します。

応力緩和
ゴム状弾性体にみられるように、物体に一定の変形を加えた場合、時間の経過とともに応力（元に戻ろうとする力）が減少する現象をいいます。

オーバータイム
オーバータイムとは、パーマ剤第1剤の放置時間を長く置き過ぎたことで起こる毛髪への過剰反応のことです。毛髪はオーバータイムにより、キューティクルにシワができたり、剥離しやすくなったりするため、手触りが悪く、つやがない毛髪になってしまいます。毛髪自体の強度や弾力も低下する等、ダメージの原因になったり、ウェーブの持ちが悪くなったりもします。

オキシドール
過酸化水素を3％含む水溶液で消毒に使用します。強い酸化力と泡による機械的な洗浄力により殺菌効果を有し、特に空気を嫌う嫌気性菌に有効とされます。

オクタノール
炭素数8の脂肪族一価アルコールの総称で、$CH_3(CH_2)_7OH$ で示される疎水性の有機溶媒です。ある物質の水へのなじみ難さ（疎水性）を測定する際には、水とオクタノールを用いた方法が最も広く使用されます。

オハグロ式染毛剤
非酸化染毛剤の通称です。
⇒ 非酸化染毛剤 参照

オルソコルテックス
コルテックスでも、水が浸透しやすい性質を持ちます。パラコルテックスと比較してシスチン含有量が低い特徴を持ちます。
⇒ パラコルテックス 参照

オルニチン
アミノ酸の一種。経口摂取すると肝臓でアンモニアの解毒を促進するとされ、しじみに多く含まれます。

オングストローム（Å）
長さの単位。ミリミクロンの1/10。
1Å = 0.1 mμ
　　= 0.0001μ
　　= 0.0000001 mm
　　= 10^{-7} mm
　　= 10^{-8} cm
原子物理学、光学、分光学等で、微小な長さの計量に用いられています。

カ

カーボンブラック
天然ガスや液状炭化水素の不完全燃焼、または熱分解によって得られる炭素です。粒子直径が1〜500nmの黒色の微粉末です。化粧品には、アイブロー、マスカラ、アイライナー等のアイメークアップ化粧品や頭髪化粧品に用いられます。

カーリング料
洗い流すヘアセット料の別名称です。
⇒ ヘアセット料 参照

カールフィッシャー法
電量滴定法（電解に要する電気量を測定することで、電解反応に関与する物質の分析を行う方法）を利用した試料中の微量な水分を測定する方法です。

外原規
医薬部外品原料規格の略称です。
⇒ 医薬部外品原料規格 参照

界面活性剤
溶液の表面や界面の諸性質を変化させる

「パーマの科学」用語集

一群の物質で、それぞれ特異な物理的、化学的挙動を示します。

その分子中に親水基と親油基の両方を持っており、水に溶かしたときの親水基のイオンの形によって大きくは次の4つに分類されます。
- 水に溶かしたとき、親水基の部分がマイナスイオンになる陰イオン界面活性剤
- 水に溶かしたとき、親水基の部分がプラスイオンになる陽イオン界面活性剤
- 水に溶かしたとき、マイナスとプラスの両方のイオンを持っている両性界面活性剤
- 水に溶かしても、イオンの形にならない非イオン界面活性剤

外毛根鞘

毛包の内部にあって、毛球部で作られる毛根部を表皮まで保護し、送りとどける鞘の役目をしています。毛根部に接している部分を内毛根鞘、外側の毛包に接している部分を外毛根鞘といいます。外毛根鞘は一層の細胞層です。

⇒ 内毛根鞘 参照

加温式パーマ剤

パーマ施術の際、加温器（スチーマー、ウォーマー、遠赤外線発生装置、アイロン鏝等）を用いる用法のパーマ剤をいいます。

加温式パーマ剤には、チオグリコール酸系加温二浴式パーマ剤、システイン系加温二浴武パーマ剤、チオグリコール酸系加温二浴式縮毛矯正剤及びチオグリコール酸系高温整髪用アイロンを使用する加温二浴式縮毛矯正剤がありますが、施術温度は第1・2剤とも60℃以下の規定があります。加温操作により薬剤の効力がアップしますので、その点を考慮してコールド式パーマ剤よりも薬剤自体の効力（有効成分の量、pH、アルカリ度等）は低めに設定されています。なお、主に理容所で使用されるアイロンパーマ（アイパー）は、チオグリコール酸系加温二浴式パーマ剤でアイロンパーマの承認を得たものを用いて施術を行います。

⇒ コールド式パーマ剤 参照

化学式

単体または化合物を表示するために用いられる式のことで、実験式、分子式、示性式、構造式等があります。

【分子式】1つの分子を構成する原子の種類と数を表す式で、1分子中に含まれる各原子の数を原子記号の右下に小さな数字で示します。

【示性式】有機化合物の場合、異なる化合物であっても分子式で示すと、全く同じになるものも少なくないので、その化合物の化学的特性を示すために原子団（基）を区別して表した式。

【構造式】分子を構成している各原子が分子内で相互にどのような状態で結合しているかを図式で表した式。原子と原子が結合するとき、互いに手をつなぎ合って分子をつくると考え、つなぎ合った結合を一本の線で書き表した式で、この線を価標といいます。原子と原子が1本の線で結ばれたものを単結合、2本の線で結ばれたものを二重結合といいます。結合手の数は、炭素（C）は4本、水素（H）は1本、酸素（O）は2本です。

化学反応

ある物質とある物質が相互間において、本質的な組み換えを行い（反応する）、元と異なる物質を生成する反応をいいます。

例えば、水素と酸素が反応すると水ができる、ということは誰でも知っていますが、水は水素の性質も酸素の性質も失って、まったく性質の違う水となったわけです。このような反応を化学反応といいます。

化学平衡

化学反応は一方向だけに反応が進む不可逆反応（例えば、過酸化水素が水と酸素に分解する反応：$2H_2O_2 \rightarrow 2H_2O + O_2$）と、両方向に反応が進む可逆反応（例えば、窒素と水素からアンモニアが生成する反応：$N_2 + 3H_2 \rightleftarrows 2NH_3$）に分けられます。この可逆反応は、最初は右方向に進みますが、生成物の濃度が高まると、生成物が分解する左方向の反応も起こり始めます。次第に右方向の反応と左方向の反応が釣り合うようになり、このように見かけ上反応が止まっている状態となります。これを化学平衡と呼びます。

化学変化

物質を構成する原子の結合の組み換えを伴う変化をいいます。

例えば、水素が空気中で燃えると空気中の酸素と結合して水ができます。

これに対して、水が氷になったり、沸騰して水蒸気になるときのように、物質の本質は変化しないが、単にその状態が変わる変化を物理変化といいます。

角化

表皮を構成する細胞の大部分である角化細胞（ケラチノサイトともいう）が生まれてから垢（角片）となってはがれ落ちるまでの過程をいいます。角質化ともいわれます。

角質層

表皮を構成している5つの部分（角質層、透明層、顆粒層、有較層、基底層）で、いちばん外側をいいます。角質層は、角化したケラチンタンパク質が主成分です。ケラチンタンパク質はいろいろな化学物質に対して、きわめて抵抗が強い物質なので、皮膚を保護する役目をしています。

表皮を形成している5つの層の細胞は、それぞれ形態的に特異な形をしています。基底層で細胞が成熟（分化）して角質層まで送られてきます。基底細胞から顆粒細胞まで平均14日、角質細胞となり、はがれ落ちるまでに約14日かかります。角質層は、細胞核を失った、角質細胞が板状になり、重なり合っています。そのいちばん外側から薄い板状にはがれ落ちていきます。

過酸化化合物

分子内に酸素同士の結合（-O-O-）を持つ酸化物の総称で、過酸化物ともいいます。

過酸化水素

H_2O_2で表される成分で、分解して活性酸素を生じ、酸化能をもちます。本書では成分そのものの性質等を記載する場合は過酸化水素と、原料としての性質等を記載する場合は過酸化水素水としています。

過酸化水素水

酸化剤の1つで、古くから医薬品に用いられており、オキシドールとして過酸化水素を3%含むものが、殺菌消毒用として使われています。この作用は、過酸化水素が分解して酸素を生じることによるものです。振り混ぜたり、日光に当てたり、金属が混入したりすると、容易に分解されますので、保管には十分な注意が必要です。パーマ剤には、第2剤の有効成分として用いら

カ

れます。また、酸化染毛剤及びヘアブリーチ剤の第2剤にも過酸化水素として6％以下の濃度で配合されています。

可視光線

ヒトの目で見える波長の電磁波で、いわゆる光のことです。JIS Z8120の定義では下界はおおよそ360〜400nm、上界はおおよそ760〜830nmとされ、一般的に400〜760nmの範囲を指します。

加水分解

化合物が水と反応して分解することを加水分解といいます。毛髪ケラチンのペプチド結合は、タンパク質の骨格をなすしっかりした結合ですが、強いアルカリや酸の水溶液で加水分解されて、切断され、極端な場合には毛髪が溶解します。pHの高いパーマ剤や脱色剤に起こりやすい反応で、髪の損傷につながります。なお、化粧品原料として、ケラチンやコラーゲンの加水分解物が多く使用されますが、これは、こうしたタンパク質を酸、アルカリあるいは酵素により工業的に分解して、適度な分子量にし、毛髪や皮膚に有用なものとして使用しています。

加水分解ケラチン

ケラチンは毛、爪、羽、角等の体の最外部の組織を構成している主要タンパク質で、そのアミノ酸組成は、コラーゲンと比べてシスチンを多く含有し、造膜性の高いことが特徴です。加水分解ケラチンは、このケラチンを酸、アルカリまたは酵素により加水分解して得られます。

加水分解コラーゲン

コラーゲンは、皮膚、腱、血管等の結合組織を構成している主要タンパク質で、アラニン、グリシン、プロリン等20種近くのアミノ酸からなっています。加水分解コラーゲンは、コラーゲンを酸、アルカリまたは酵素により加水分解して得られるもので、ヒドロキシプロリンを多く含むことを特徴とし、また、皮膚や毛髪に対して親和性が高く、保湿効果、保護効果があります。

加水分解タンパク質

一般的には、タンパク質の加水分解物を指します。加水分解の程度によって長鎖ペプチド、短鎖ペプチドあるいはアミノ酸の分布が異なります。化粧品原料としては、コラーゲン、エラスチン、ケラチン、卵白等の加水分解物がコンディショニング剤として使用されます。加水分解コラーゲンを加水分解タンパク質と呼ぶこともあります。

加速試験

一定の流通期間中の製品の品質の経時変化を短期間で推定するために実施する安定性に関する試験をいいます。

温度、湿度、光線及び酸素等により、過酷条件を設定して製品の物理化学的な安定性を短時間で予測する試験です。

医薬品、化粧品及び医薬部外品は3年を越えて、品質が安定ならば、使用期限を表示する必要がありませんが、3年間の試験をあらかじめ行うことは一般的にはできません。そのため、通常温度を40℃±1℃、湿度を75％±5％に設定した恒温恒湿槽に6か月間入れて、その結果をもって、室温で3年間の試験に相当するものとしています。

可塑性

外力で変形されたとき、もとの形に戻らない性質をいいます。例えば、プラスチックに力を加えて曲げていく時、加えられた力をはずしても、曲がったままでもとの形に戻らないような状態をいいます。塑性とも呼ばれます。

1本の毛髪を指に巻きつけて離すと、もとの直線状に戻りますが、パーマ剤第1剤が作用すると、髪は膨潤軟化して、もとの状態に戻らなくなります。これを「可塑性が出た」と呼んでいます。

カチオン界面活性剤

⇒ 陽イオン界面活性剤 参照

カチオン化セルロース

カチオン化ポリマーの一種で、シャンプーやパーマ剤のコンディショニング剤として使用されます。セルロースはグルコースが結合した多糖類で一般的に水に不溶です。これを化学的に修飾し（誘導体といいます）、水溶性とした後、カチオン成分（グリシジルトリメチルアンモニウムクロリドや3-クロロ-2-ヒドロキシプロピルトリメチルアンモニウムクロリド等）を反応させることにより、カチオン化セルロースが得られます。

⇒ カチオン化ポリマー 参照

カチオン化ポリマー

陽イオンに解離する部位を持つポリマー（高分子）です。

陽イオンに解離するため、毛髪に対して吸着性の良いことが特徴で、リンス効果、コンディショニング効果、帯電防止効果があり、毛髪に柔らかい感触を与え、櫛通りを良くします。

⇒ カチオン化セルロース 参照

活性酸素

他の物質を酸化する力を持つ酸素のことです。過酸化水素は分解して活性酸素が発生するため、酸化能力を持ちます。

カップラー

調色剤の別名です。
⇒ 調色剤 参照

過ホウ酸ナトリウム

白色の結晶性の粒または粉末で、水に溶けて過酸化水素とホウ砂及び水酸化ナトリウムになります。また、水溶液は徐々に分解し、加熱すれば、激しく泡立って分解し、酸素を発生します。パーマ剤の第2剤あるいは粉末型の酸化染毛剤の酸化剤として使用されます。

可溶化剤

本来は溶かし込めない成分を溶かし込むために使わる成分をいいます。香料等の油成分を水に溶かし込むためには主として親水性の高い界面活性剤が使用され、このとき使用される界面活性剤を可溶化剤と呼びます。

可溶性タンパク質

タンパク質の溶解性による分類で、水に溶ける（あるいはコロイド状に分散する）性質を持つものです。その形態からは球状タンパク質が、その成分から単純タンパク質（アミノ酸のみから構成）等と分類されます。

顆粒層

扁平な顆粒細胞からなる数層の層で、角質層と共に皮膚のバリア機能に寄与しています。

「パーマの科学」用語集

カルボキシ基
　親水性の -COOH で表される1価の原子団です。これを含む化合物を一般的にカルボン酸といいます。分子内の官能基で、有機化合物に酸性を与えます。1分子内に存在するカルボキシ基の数によって一塩基酸、二塩基酸等に分類されます。

還元
　酸化の反対の反応で、酸化物から酸素を取り去ること、物質が水素と化合すること、または電子を得ることを還元といいます。

還元剤
　酸素と水素のやり取りでは、酸化物から酸素を除き去ること、また水素を他の物質に加えることができる物質を還元剤といいます。
　パーマ剤は、第1剤中のチオグリコール酸やシステインが毛髪中のシスチン結合に水素を与えることから、還元剤として働き、シスチン結合を切断します。

還元性物質
　還元作用を有する物質全般を指します。ある物質から酸素を奪うことで、より安定になる物質を指します。パーマ剤ではチオグリコール酸やシステイン等の有効成分が、化粧品ではアスコルビン酸塩や亜硫酸塩等の酸化防止剤や、カーリング料に配合されるシステアミンやブチロラクトンチオール等があります。
　パーマ剤品質規格では、「還元性物質」としての規定がありますが、これはチオグリコール酸やシステインの併用（チオ系パーマ剤にはシステインが保湿剤として配合が認められています）に加えて、亜硫酸塩等の不純物の混在にも配慮して規制しているためです。

還元力
　パーマ剤が毛髪中のシスチン結合を切断する力、及びパーマ剤第1剤に配合された還元性物質（チオグリコール酸やシステイン等）の総量を指します。一般的に、同じpHを持ち、同じ有効成分が用いられるパーマ剤では、還元力の強いパーマ剤ほど、その効果は強くなります。
　システイン系パーマ剤第1剤では「総還元力」の規定がありますが、これは安定剤として配合するチオグリコール酸も毛髪を還元する力を有するため、このチオグリコール酸を1.0％配合して、さらに、システインを上限量配合した場合では、品質規格で規定された「総還元力」の上限以上の力を持つことになります。「総還元力」の規定は、このようなことの起こらないように、処方中に配合された還元性成分を分類に沿った有効成分に置き換えて、その総量で規定する考えから発生したものです。なお、1.0％チオグリコール酸は1.32％システインに、1.5％システインは1.14％チオグリコール酸に相当します。従って、各分類のパーマ剤にこれらの還元剤を配合する場合には、「総還元力」からこの量を差し引いた量が実質的な配合上限量になります。

汗孔
　表皮にある汗が排出される出口です。

感作
　一般的には、外来の刺激（抗原）に対して生体が過敏になっている状態のことをいいます。生体内に侵入した異物（抗原）に対し、これを処理する機構として抗体が産生され、次回に同じ抗原が侵入すると、抗原と抗体が反応してアレルギー反応に代表される一連の生体反応が誘発される準備が生体側に整っている状態を「感作」あるいは「感作が成立している」といいます。

間充物質
　毛髪の中のフィブリル（繊維状ケラチン）の間にあって、これらをお互いに接合する役目を果たす物質で、非結晶領域とも呼ばれ、大部分はフィブリルより軟らかいケラチンで、無定形の分子量約1～2万の球状タンパク質の集合体です。IFAPとも略されます。
　⇒ IFAPタンパク質 参照
　⇒ KAPタンパク質 参照

緩衝作用
　ある溶液に酸やアルカリを加えてもpHの変化が少なく、同一のpHを保とうとする作用をいい、このような緩衝作用を起こす物質を緩衝剤といいます。バッファー作用ともいいます。
　⇒ バッファー作用 参照

汗腺
　汗腺とは、汗をつくって皮膚の表面に分泌する器官で、それには次の2つの種類があります。
● エクリン腺（小汗腺）
　生まれたときから活動している器官で、口唇、陰部の一部を除いて、全身に分布しています。一般にいう汗とは、この汗腺から分泌されたものをいいます。
● アポクリン腺（大汗腺）
　思春期になってから、体の特定の部分に限って発育してくる、毛孔内に開口している器官で、その分泌物は、体臭の主な原因となるものです。性活動が盛んに行われている間は働いていますが、更年期になると次第に萎縮してきます。

乾熱
　乾燥した熱です。ドライヤーや縮毛矯正の高温整髪用アイロン等による熱を指します。
　⇒ 湿熱 参照

官能基
　有機化合物に独特の性質を与える原子または原子団を官能基といいます。カルボキシ基 -COOH、アルデヒドのアルデヒド基 -CHO、アルコールのヒドロキシ基 -OH 等があります。

キ

基
　化学変化のとき、分解せずに1つの化合物から他の化合物に移る原子団のことで、根（こん）ともいいます。
　例えば、水酸基（-OH）、硫酸基（-SO$_4$）、アミノ基（-NH$_2$）等です。

危険物
　引火性や爆発性を持つ物質のうち、消防法で決められた危険性のあるものを危険物と呼び、消防法ではその危険性を勘案して第1類から第6類までの6類別に区分されています。

カ・キ・ク

キチン
キトサン
　キチンは無脊椎動物の外骨格や菌類の細胞壁の成分であり、ムコ多糖類の一種です。キチンは天然に存在する唯一のカチオン性ポリマーであり、キトサンはキチンを脱アセチル化して得られるものです。キチン、キトサンは安全性及び毛髪に対する親和力が高く、すぐれた保湿効果、リンス効果、被膜形成効果のほか、増粘効果、乳化安定効果、キレート効果等もあります。また、医療分野をはじめとして、広く、農工業分野でもその利用が検討されています。

基底層
　表皮の最深層で基底膜（表皮と結合組織の境界に存在する薄い膜状形態物）上に並列する一層の方形または円柱状の細胞層をいいます。活発な分裂能を有し、漸次上層の細胞へと分化するとともに、角質層の脱落細胞を補給します。この基底細胞層にはメラノサイト（色素細胞）が点在し、メラニン色素を産生しています。

揮発
　⇒ 揮発性　参照

揮発性
　液体が常温で気体になることを揮発といい、この性質を揮発性といいます。一般的に揮発性を持つ物質は低分子量の物質で、常温で揮発しやすい液体として数多くの有機物（エーテル、アルコール等）があります。パーマ剤で使用されるアルカリ剤の場合、この揮発性を持つ代表的な物質はアンモニアで、炭酸塩も規制上は揮発性物質として取り扱われます。

起毛筋
　毛包壁の下から皮膚の表皮近くまで走っている平滑筋の一種で、自分の意志によっては動かすことができません。しかし、恐怖や寒さを感じたりすると自律的に収縮して、皮膚を鳥肌立たせます。そのため起毛筋と呼ばれています。

吸着熱
　固体の表面に気体が吸着されるとき発生する熱のことをいいます。ウールを着ると温かいのは、汗の水蒸気がウール繊維の内部に取り込まれると吸着熱が発生し、ウールそのものが熱を持つためです。

キューティクル
　⇒ 毛小皮　参照

極性基
　極性とは、共有結合で結合する分子内に存在する電気的な偏りのことで、極性のある原子団を極性基といいます。極性基には、ヒドロキシ基 -OH やアミノ基 -NH2、カルボニル基 -CO-、カルボキシ基 -COOH 等があります。極性基は親水性で水に可溶ですが、カルボニル基やカルボキシ基と結合する炭化水素の炭素数が増えるに伴い、疎水性が強くなります。

キルビー法
　ウェーブ効率を測定する代表的な方法の1つです。1956年に Donald.H.Kirby という人が発表した測定法で、この人の名前をつけて、キルビー法といわれています。

キレート剤
　金属イオン封鎖剤の別名称です。
　⇒ 金属イオン封鎖剤　参照

キレート作用
　金属イオンを封鎖する作用。
　⇒ 金属イオン封鎖剤　参照

金属イオン封鎖剤
　水溶液に、アルカリ土類金属（カルシウム、マグネシウム等）が存在していると、石けんや洗剤分子が結合して不溶性の金属塩をつくり、本来の洗浄作用が阻害されてしまいます。また、パーマ剤の場合は、第1剤の有効成分である還元剤と反応してしまい、効力が低下してしまいます。
　金属イオン封鎖剤はキレート剤とも呼ばれ、このような溶液中の金属イオンと結合して可溶性の錯塩をつくり、その作用を不活発にする機能を持ちます。エデト酸の塩類はその代表例です。
　⇒ キレート剤　参照

ク

空孔
　空間または空隙ともいわれます。容器内に固体粒子が充填されている場合等にできる粒子と粒子の間の空間をいいます。
　毛髪の場合は、皮質中に存在する毛細管状の空隙をいい、ボイドとも呼ばれます。

クエン酸
　レモン、ミカン等の酸味成分で、工業的には砂糖、デンプン等に黒カビを働かせる発酵法によってつくられます。無色の結晶または白色の結晶性の粉末で、無臭で強い酸味があります。酸味剤として医薬品や果汁、清涼飲料水等に添加し、化粧品ではpH調整剤、緩衝剤用として用いられるほか、染色、皮革、製紙用等、広い用途があります。

クリープ
　creep とは、材料工学に用いられる用語で、物体に持続的に力が加わると、時間の経過と共に変形が増大する現象です。

クリープパーマ
　パーマ施術で第1剤を塗布・放置し、中間水洗を行った後、第2剤を塗布するまでに時間を置く技法です。時間を置くことで、毛髪が元に戻ろうとする力（応力）が弱まり、しっかりとしたウェーブが得られるとされています。

グリコーゲン
　多数のブドウ糖が複雑に結合した多糖類で、主に人の肝臓や骨格筋で合成されます。骨格筋で筋収縮のエネルギー源となるほか、肝臓のグリコーゲンは血糖値を一定に保つ等、様々な役割を担っています。

グリセリン
　三価アルコールの一種で無色透明の粘性の強い液体です。吸湿性が強く、化粧品等に配合して皮膚や頭髪の保湿の目的に使用されます。グリセリンと水の水和熱を利用した発熱タイプの化粧品もあります。

グリチルリチン酸
　グリチルリチン酸はカンゾウ（甘草）の

「パーマの科学」用語集

主成分で、甘草エキスと表記される場合もあります。グリチルレチン酸はグリチルリチン酸を加水分解して得られ、化粧品原料にはグリチルリチン酸やグリチルレチン酸の多くの誘導体が使用されており、いずれも抗炎症作用、抗アレルギー作用のほか、抗腫瘍作用、解毒作用、脱コレステロール作用等の薬理効果があります。また、弱い界面活性剤としての機能もあります。

グリチルレチン酸
カンゾウ（甘草）の根から抽出されるグリチルリチン酸を加水分解して得られる成分です。作用は、グリチルリチン酸とほぼ同じです。
⇒ グリチルリチン酸 参照

グルタミン酸
酸性アミノ酸の一種で、食品のうま味成分として知られています。皮膚を保護する効果があり、保湿の目的で幅広く化粧品類に使用されています。

ケ

KAPタンパク質
Keratin Associated Protein の略です。構造の不規則な毛髪のタンパクで、ミクロフィブリル間の物質を形成します。間充物質とも呼ばれます。
⇒ 間充物質 参照
⇒ IFAPタンパク質 参照

化粧品
化粧品は医薬品医療機器等法第2条3項で次のように定義されています。「人の身体を清潔にし、美化し、魅力を増し、容貌を変え、又は皮膚若しくは毛髪を健やかに保つために、身体に塗擦、散布その他これらに類似する方法で使用されることが目的とされている物で、人体に対する作用が緩和なものをいう。」
ですから、化学的な反応を伴い、効能を発揮するような化粧品はありません。

化粧品基準
平成13年4月1日から施行された化粧品の配合成分に関する規制です。化粧品に配合してはならない成分や、防腐剤、紫外線吸収剤及びタール色素については、使用可能な範囲が定められ、それ以外の成分の一部には配合制限（使用時濃度上限等）が設けられています。化粧品基準実施以前は、国により安全性が確認された成分のみが配合可能でしたが、実施後には化粧品基準に抵触しない成分であれば、企業が安全性を確認することで自由に配合することが可能となり、使用可能な原料が大幅に増えました。このことから、化粧品基準施行は化粧品の規制緩和とも呼ばれます。

化粧品原料基準
旧薬事法第2条第2項の規定に基づき、昭和42年8月厚生省告示第322号により定められた化粧品の原料に関する試験法及び原料規格からなる基準で、化粧品の安全性を原料面から確保することを目的として制定され、「粧原基」と略称されました。平成13年4月の化粧品基準の施行に伴い廃止されましたが、新たに制定された「医薬部外品原料規格2006」に、ほぼ引き継がれています。

化粧品種別許可基準
化粧品基準施行前（平成13年3月31日以前）は、化粧品に配合される成分について、カテゴリー毎（これを種別といい、例えばシャンプー、リンス等）に配合可能な成分が国により規定されており、これが化粧品種別許可基準です。そして、この許可基準に収載されている成分のみが配合される化粧品については、承認は不要とされる等、種別毎の包括承認・許可制が導入されていました。

化粧品GMP
GMPとはGood Manufacturing Practiceの略称で、製造管理及び品質管理に関する基準を指します。GMPでは、原材料、製品、廃棄物、施設設備、従業員、製造、試験検査、衛生管理、文書等の取り扱いや実施方法を取り決めますが、化粧品製造所でのGMP順守は自主的な取り組みとなっています。
日本化粧品工業連合会では、平成19年（2007年）に発行された国際規格である化粧品GMPのガイドラインISO 22716を業界の自主基準として採用しています。

結合水
細胞組織の中等に強く引きつけられていて容易に取り除けない水のことで、結晶水も含まれます。この水は、温度がマイナス20℃に下がるまで、氷の結晶をつくりません。普通の乾燥では取り除けない水です。固定水ともいいます。

結晶領域
毛髪は、毛小皮（キューティクル）、毛皮質（コルテックス）、毛髄質（メデュラ）の3部分から成り立っており、その中の皮質をさらに細かく分けると、ほぼ2つに分けられ、結晶領域と非結晶領域とに区別されます。結晶領域とは、繊維の束でできており、フィブリルと呼ばれるものが構成単位になっており、反応しにくい部分といわれます。

ケラチン
毛、爪等を構成しているタンパク質で、その構成アミノ酸の中に硫黄原子（S）を含むシスチンが多いのが特徴です。シスチン結合（S-S結合）によってポリペプチド鎖を強固に結びつけているので、強靭性、不溶性、化学物質に対する抵抗性等の特性を持っています。しかし、チオグリコール酸等の還元剤や過酸化水素等の酸化剤、アルカリ等シスチン結合を切断する物質には弱く、この性質を利用しパーマ剤や脱毛剤がつくられています。水には難溶ですが、ある程度は膨潤します。天然状態（らせん状）のものをα-ケラチン、引張られて伸びた状態（ジグザグ状）のものをβ-ケラチンと呼んでいます。

健康毛
パーマや染毛処理等の化学処理を施しておらず、ブラッシング等の物理的な損傷もない毛髪を指します。毛髪は日常の環境から何らかの作用を受けているため、全て損傷を受けており、発生直後の毛髪だけが健康毛と考えられますが、通常パーマや染毛処理等の化学処理を施していない毛髪を健康毛として取り扱います。正常毛や健常毛と呼ばれる場合もあります。

原子
物質は、分子の集まりです。そして分子は何個かの同種または異種の原子からでき

ています。原子の種類を元素といい、110種類（天然92種、人工18種類）が発見されています。

健常毛
⇒ 健康毛 参照

コ

コイルド・コイルロープ
繊維状タンパク質であるミクロフィブリル2本が互いに巻いて形成するロープ状の繊維です。2量体の繊維で、この2量体が2本集まりプロトフィブリルを形成します。

抗炎症剤
ヒトの皮膚は、物理的（温熱、寒冷、機械的刺激、光線、放射線等）、化学的（各種の薬品）、生物的（各種の微生物、アレルギー反応）等の刺激により、発赤、腫張、発熱、疼痛、機能障害の徴候を示すことがあります。これが炎症といわれるものです。その炎症を抑制する薬剤を抗炎症剤といい、消炎剤ともいわれることがあります。
抗炎症剤としては、グアイアズレン、グアイアズレンスルホン酸ナトリウム、β-グリチルレチン酸、グリチルリチン酸等の成分を一例としてあげることができます。

高温整髪用アイロン
熱の力によって髪型を変えるために使う器具で、ハサミのような形をしています。枝分かれ部分の内側は耐熱プラスチック等でできた板があり、そこが発熱します。パーマ剤で高温整髪用アイロンが使用できるものは、正式に高温整髪用アイロンを使用する縮毛矯正剤として許可を得たものだけに限られ、それも業務用だけが認められます。また、高温整髪用アイロンの温度は180℃以下、1カ所の処理時間は2秒以下と規定されています。

光学異性体
有機化合物で、分子の化学構造はまったく同じであるが、分子構造が違うため右旋性あるいは左旋性という異なる旋光性を示す場合、この両者を光学異性体といい、こうした現象を光学異性といいます。左旋性を示す化合物をL体、右旋性を示す化合物をD体といい、動植物体を構成する天然の糖類やアミノ酸類等はすべてL体のみしか存在しませんが、これらを化学的に合成した場合には、D体とL体の混合物が得られます。D体とL体の等量混合物をラセミ体といいます。

光学顕微鏡
⇒ 電子顕微鏡 参照

高級アルコール
一般化学式が、R-OHで表される化合物で、Rの炭素数の多いものをいいます。「高級」とは、この炭素数が多いということを意味します。形状は、油状のものやロウ状のものがあります。化粧品には、セタノール、ステアリルアルコール、オレイルアルコール等が、広く使用されています。

高級脂肪酸
一般化学式が、R-COOHに代表される化合物で、Rの炭素の多いものをいいます。天然に存在するものは飽和脂肪酸、不飽和脂肪酸とも炭素数は偶数で、直鎖状のものが多く、パルミチン酸、ステアリン酸、オレイン酸、リノール酸等が代表的なものです。アルカリ剤と反応して石けんをつくりますので、化粧品等に乳化の目的で用いられるほか、石けん、界面活性剤、その他長鎖有機化合物の合成の原料として用いられます。

抗原
ハプテン
なんらかの経路で生体内に侵入したとき、生体の免疫系を刺激し、特異的な抗体の産出を促すきっかけとなる物質、あるいは、その抗体と特異的に反応する物質の総称をいいます。
一般に異種タンパク質等分子量の大きなものはそれ自身で抗原になり得ますが、分子量の小さな化合物等ではそれ自身では抗原となり得ず、生体のタンパク質等と結合することにより初めて抗原性を示します。こうした化合物をハプテンといいます。薬物アレルギーやアレルギー性接触皮膚炎を誘発する抗原の多くはハプテンです。

抗原抗体反応
ある抗原に対し、感作が成立している生体に、再度抗原が侵入することにより、これと生体内の特異的抗体が結合する結果、引き起こされる一連の生体反応のことをいいます。この反応が生体にとって好都合に、例えば、病原菌（抗原）の作用を除去するように働く場合を免疫といい、不都合に働く場合をアレルギーといいます。いずれも抗原抗体反応であるという点では同じです。

厚生労働省
厚生労働省は、国民の保健衛生、社会福祉の増進、社会保険を主な政策とした行政機関です。パーマ剤と理美容業に関係の深い部署は、医薬食品局で、医薬品、医薬部外品、化粧品、医療機器の有効性・安全性の確保対策や医療施設における安全対策のほか、麻薬・覚せい剤対策等の諸問題を担っています。

酵素
生体の細胞でつくられるタンパク質のうち、ごく微量で生物体内のあらゆる変化を円滑に進行させる触媒のような働きをする物質を、総称して酵素と呼んでいます。
微生物のような単細胞でも数百種が、さらに人間のような高等動物になると数千種以上の酵素が関与しているといわれています。そしてこの作用面から12種に大分類されています。なかでも、消化酵素類は一般によく知られています。
酵素の成分としてタンパク質の他に低分子化合物（ビタミン類、核酸、金属イオン等）を含むものがあり、これをコ・エンチーム（助酵素・補酵素）といいます。酵素は、タンパク質を変性させるような環境では急速にその作用を失います。例えば、水溶液の状態では徐々に加水分解され、その作用を失います。従って、その貯蔵、保管は乾燥状態でしなければなりません。なお、発酵と腐敗は、どちらも微生物の酵素による炭素化合物の分解反応で、化学的には変わりません。ただ、その分解生成物が、人間にとって有用なものを生ずる場合を"発酵"といい、有害物、悪臭を生ずる場合を"腐敗"といっています。
一般に、酵素がその作用を発揮するには、次のような条件を満たさなければなりません。
● 基質特異性がある

「パーマの科学」用語集

　特定な物質（基質）に作用し、特定な反応を行い、特定な反応物質だけを生じ、それ以外の作用は行いません。酵素を鍵、特定の基質を錠に例えられるとおり、両者が完全に一致しなければ反応しません。
- 最適温度がある

　大部分のものは 30 ～ 40℃が最も適しており、低温では作用が激減し、高温（60 ～ 80℃）では酵素タンパク質が変性して作用を失います。
- 最適 pH がある

　それぞれの酵素が触媒作用を行うには、特有の最適 pH があります。その pH 範囲をはずれると、酵素タンパク質が変性することがあります。
- 特定のイオンの影響を受ける

　イオンの種類によって、作用が抑制または促進されます（阻害体と賦活体がある）。重金属イオン（水銀、鉛、銀等）、シアン化合物等は阻害作用が著しく、カルシウム、亜鉛、鉄等の金属イオンやビタミン類は、多くの場合、賦活作用を示します。

抗体

　生体が非自己の異物（抗原）の侵入を受けたとき、これを排除あるいは処理するために免疫系を介して生体側に形成させる物質で、抗原が再度侵入してくると、これと特異的に反応します。多くは血中の α-グロブリン分画に属するタンパク質ですが、アレルギー性接触皮膚炎等の遅延型アレルギーの抗体は血清中にはなく、ある種の生きたリンパ球が抗体として働きます。

後天的
　⇒ 先天的 参照

効能・効果

　薬剤等により発揮される働き・効き目をいいます。

　例えば、風邪薬ならば、その効能・効果は抗炎症・鎮痛・解熱作用です。パーマ剤の場合には、「毛髪にウェーブを与え、保つ」または「くせ毛、ちぢれ毛又はウェーブ毛髪をのばし、保つ」です。なお、1種類のパーマ剤でこの2つの効能・効果を侍つことは承認基準内では認められていません。

　また、効能と効果は良く似ていますが、化粧品には「効能」だけが認められており、パーマ剤等の医薬部外品には「効能又は効果」が認められています。

降伏点

　物体に徐々に力を加えるとき、弾性限界を超えて物体の変形が急激に増加し、元に戻らなくなるときの力の大きさをいいます。

鉱物油

　石油を出発原料として、分留、精製等の工程を経てつくられる油性成分です。化粧品には、流動パラフィン、固形パラフィン、ワセリン等の鉱物油が使用されています。

高分子化合物

　一般的に、分子量が1万以上の化合物を高分子化合物（ポリマー）と呼びます。分子量とは、6.02×10^{23} 個という大変に大きな数の分子が集まったときの化合物の重さをグラム数で表したものです。高分子化合物の一般的な特徴は、ある特定の構造が規則的に繰り返し結合した形になっていることです。高分子化合物は大部分が有機系の化合物ですが、無機系の高分子化合物の代表的なものとして、化粧品の粘結剤や乳化剤として使用されるベントナイト（コロイド状含水ケイ酸アルミニウム）があります。また、シリコーンは有機と無機の両方の性質を持つ特異的な高分子化合物として知られています。

　高分子化合物は化粧品の分野では、増粘剤や被膜形成剤、保湿剤、賦形剤、乳化安定剤等に使用されています。

硬毛

　毛髪や体毛で、強くてコシのある毛をいいます。毛髪の硬さは、太さとキューティクルの層の厚さによって決まります。一般的に毛髪は、成長とともに細く柔らかい軟毛から、太くてコシのある硬毛に変化し、高齢化に伴い再び軟毛へと変化します。
　⇒ 軟毛 参照

コールド式パーマ剤

　パーマ施術の際、室温で使用する用法・用量のパーマ剤をいい、施術温度は第1・2剤とも1～30℃の範囲規定があります。コールド式パーマ剤には、チオグリコール酸系コールド二浴式パーマ剤、システイン系コールド二浴式パーマ剤、チオグリコール酸系コールド二浴式縮毛矯正剤、チオグリコール酸系高温整髪用アイロンを使用するコールド二浴式縮毛矯正剤等があります が、現在最も広く使用されているパーマ剤はチオグリコール酸系コールド二浴式パーマ剤で、通常「コールド」といった場合には、この分類のパーマ剤を指します。
　⇒ 加温式パーマ剤 参照

固定水
　⇒ 結合水 参照

ゴム弾性

　ゴムは弱い力でよく伸び、しかも力を除けば元の長さに戻ります。このように破壊することなく、弱い力で大きく伸びる性質（粘液類似）と元に戻る性質（個体類似）とを兼ね備えた弾性をゴム弾性といいます。
　⇒ 弾性 参照

コラーゲン

　コラーゲンは皮膚や腱、軟骨等に繊維状に存在する硬タンパク質です。このタンパク質を酸または酵素で加水分解して、化粧品原料が開発されています。加水分解コラーゲン、コラーゲン誘導ポリペプチド、あるいは略して PPT と呼ばれているものがこれです。さらに、羊毛等を分解して得るケラチンポリペプチドもあります。いずれも頭髪用化粧品にコンディショニング剤の目的で配合されています。

コルテックス
　⇒ 毛皮質 参照

コレステロール

　体内に存在する脂質の一種で、白色～微黄色の固体です。細胞膜やホルモン（副腎皮質ホルモン、性ホルモン）、胆汁酸（消化液）の材料となり、生体内の代謝過程において主要な役割を果たしています。

コロイド

　物質が微粒子となって、液体・固体・気体の中に分散している状態をいいます。

　直径 0.1 ～ 0.001 μm 程度の大きさの分散している微粒子をコロイド粒子といい、身近な例では牛乳や泥水等がコロイド粒子の溶液です。分散質が液体のコロイド溶液は、一般的に乳化物（エマルジョン：emulsion）といい、分散質が固体のコロ

コ・サ

イド溶液は、一般的に懸濁液（サスペンション：suspension）といいます。また、分散媒が気体の場合にはエアロゾル（aerosol）といいます。
　ゾル（sol）は流動性を持ったコロイドのことであり、それに対してゾルが流動性を失ったものをゲル（gel）といいます。

混合ジスルフィド
　チオグリコール酸のようなメルカプト化合物が酸化されると2分子が反応し、ジスルフィドを生成します。このとき異種のメルカプタン2分子が酸化されて生じるジスルフィドを混合ジスルフィドと呼びます。例えば、毛髪中に生じたシステイン残基（-SH）とチオグリコール酸のような異なったメルカプタンが反応して生じるジスルフィドが混合ジスルフィドです。不適切なパーマ処理により混合ジスルフィドが毛髪内に生成すると、毛髪は損傷してしまいます。
　また、別名称として混合二硫化物、ミックスドジスルフィドとも呼ばれます。

混合二硫化物
　⇒ 混合ジスルフィド 参照

サ

細胞間脂質
　皮膚の角質層や毛髪に存在する細胞と細胞の間にある脂質。

細胞間脂質類似成分
　細胞間脂質は、皮膚の角質層に存在する細胞と細胞の間にある脂質で、接着効果があり、細胞同士を接着してはがれにくくする作用と、水分を保持して逃がさない作用があります。細胞間脂質は、両親媒性物質で、その構造中に水に馴染みやすい部分と、油と馴染みやすい部分の両方を持っています。これと同様の性質を持った成分を細胞間脂質類似成分と呼びます。これに相当する成分としては、水添レシチン、スフィンゴ糖脂質、ステアリン酸コレステリル、ヒドロキシステアリン酸コレステリル等があります。

細胞膜複合体
　隣接するキューティクル（毛小皮）の間に存在し、3層（内側β-層、δ-層、外側β-層）からなります。また、コルテックス（毛皮質）内の構造中にも存在します。
　役割としては、キューティクル同士及びコルテックス内の細胞間の接着に関与し、さらにコルテックス内の水分やタンパク質の溶出経路として、そして外部からの水分やパーマ剤、染毛剤等の薬剤の浸透経路となっています。CMCとも呼ばれています。
　⇒ CMC 参照

錯イオン
　金属イオンを中心に、その周りに配位子と呼ばれる分子やイオン（NH_3、OH^-、CN^- 等）が配位結合（分子やイオン中の非共有電子対を、他の分子や陽イオンと共有する結合のこと）することで生じるイオンをいいます。

裂け毛
　損傷毛の1つで毛髪が縦に裂けた状態のものです。原因としては枝毛等と同様、パーマ剤やヘアカラー等の化学的処理を行った後の手入れが十分でなかったり、逆毛等の無理な物理的処理で毛小皮が損傷し、毛髪が乾燥性になることによります。裂け毛や枝毛は、その部分からカットする以外に対処の方法はなく、日常の手入れが大切です。

殺菌
　殺菌とは、病原性や有害性を有する細菌を死滅させる操作をいいます。細菌を死滅まではしないが、増殖を抑制する操作を静菌といいます。

酸
　水に溶けて水素イオン（H^+）を生じ、青色リトマス紙を赤く変え、すっぱい味を呈し、亜鉛や鉄等の金属と反応して水素ガス（H_2）を発生します。また、アルカリと中和反応して塩（えん）と水をつくります。このような性質を酸性といい、そのような性質のある物質を酸といいます。酸性の強さによって強酸（塩酸、硫酸等）と弱酸（亜硫酸、炭酸、クエン酸等）に分けられます。また、無機酸（塩酸、硝酸、硫酸等）と有機酸（クエン酸、酢酸、グリコール酸等）に分けられます。

酸化
　物質が酸素と化合したり、水素を失ったり、または原子やイオンから電子が失われることを酸化といい、この作用を行う物質を酸化剤と呼びます。二浴式のパーマ剤の第2剤は酸化剤で、その酸化作用によって、切断されたシスチン結合を再結合します。

酸解離定数
　酸の強さを表すための指標の1つで、酸から水素イオンが放出される解離反応から、その平衡定数 Ka、またはその負の常用対数 pKa で表します。Ka が大きいほど（＝ pKa が小さいほど）強い酸であることを示します。

酸化還元反応
　通常、酸化と還元は相伴って起こり、反応系の一成分が酸化されれば、同時に還元される他の成分があります。この場合、この反応系全体の化学反応を酸化還元反応といいます。
　イオンになりやすい金属 M1 と、これよりもイオンになりにくい金属 M2 の溶液中の反応は、$M1 + M2^+ \rightarrow M1^+ + M2$ となり、M1 が酸化され、M2 が還元されたことになります。
　また、用時調製発熱式パーマ剤の第1剤の(1)と第1剤の(2)を混合すると、チオグリコール酸中の水素原子（H）が取り去られているため酸化が起こっていることになり、過酸化水素中の酸素原子（O）が取り去られているため還元が起こっていることになります。この反応の際に熱を放出するため発熱します。

酸化剤
　酸素と水素のやり取りでは、物質に酸素を与えること、また水素を他の物質から抜き取ることができる物質を酸化剤といいます。
　パーマ剤第2剤には、酸化作用を有する臭素酸カリウム、臭素酸ナトリウム、過ホウ酸ナトリウムあるいは過酸化水素水が配合されています。酸化染毛剤の2剤には、酸化剤として過酸化水素水、過ホウ酸ナトリウム、過炭酸ナトリウム等が用いられています。

酸化作用
　還元作用の逆の作用をいい、酸素が他の

「パーマの科学」用語集

物質と化合すること、またはある化合物から水素を奪い去ることをいいます。この酸化作用を持つ物質を酸化剤といい、パーマ剤第2剤に使用される臭素酸ナトリウムや過酸化水素はこの酸化剤です。第2剤はこの酸化作用により第1剤で切断（還元）されたシスチン結合を再結合（酸化）します。

$$\underset{\substack{\text{第1剤で切断された}\\\text{シスチン結合}}}{\text{-SH HS-}} \xrightarrow[\underset{\substack{\text{過酸化水素、}\\\text{臭素酸塩等}}}{\overset{\text{O}}{\text{酸素}}}]{\underset{\substack{\text{水素が奪われて}\\\text{再結合する}}}{}} \text{-S-S-} + \underset{(水)}{H_2O}$$

酸化性固体

消防法の第1類に分類されるもので、そのもの自体は燃焼しないが、他の物質を強く酸化させる性質を有する固体であり、可燃物と混合したとき、熱、衝撃、摩擦によって分解し、極めて激しい燃焼を起こさせるものと定義されています。パーマ剤第2剤の有効成分に使用される臭素酸塩はこれに該当し、貯蔵する際の量が決まっている等の規制があります。

酸化染毛剤

1剤の主成分の酸化染料を2剤の酸化剤で酸化して発色させ、それによって毛髪を染める染毛剤のことをいいます。現在最も広く使用されているもので、単に染毛剤といえば、酸化染毛剤のことを指します。主成分の酸化染料を毛髪中に浸透させ、毛髪内で酸化して色素を生成して毛髪中に染着させるものです。染毛色調が豊富で、自然な色調が得られ、しかも洗髪によって色が落ちたりしないことが特徴です。主成分の酸化染料の中には、まれにアレルギー反応を起こすものもあり、またアルカリ性と過酸化水素のため毛髪を損傷することがあるので、使用上の注意を守り、正しく使うことが大切です。薬事法上では医薬部外品に属します。

酸化染料

酸化染毛剤の主剤となる染料中間体をいい、主として芳香族アミノ化合物です。代表的なものとして、パラフェニレンジアミン、N-フェニルパラフェニレンジアミン、パラアミノフェノール、オルトアミノフェノール等があります。これらの化合物をカップラーといわれるメタ系フェノール化合物などの調色剤と組み合わせ、いろいろな色調をつくり出します。これらの規格は医薬部外品原料規格に規定されています。

酸化防止剤

抗酸化剤ともいわれます。空気中の酸素による劣化を防ぐために添加される成分をいいます。天然油脂、ロウ類、鉱物油、エステル、香料、高分子化合物等は、空気中の酸素を吸収して、自動酸化を起こしやすい物質です。化粧品、医薬部外品には、酸化防止剤としてブチルヒドロキシアニソール、ジブチルヒドロキシトルエン、トコフェロール、没食子酸プロピル等が用いられています。システイン系パーマ剤の第1剤の場合、酸化によって水に不溶のシスチンを生成し、これが結晶化し、仕上がりのがさつき及び手指への刺激原因となるため、チオグリコール酸が酸化防止剤として配合されることもあります。

酸化力

第1剤によって還元・切断された毛髪中のシスチン結合部に対する第2剤の酸化能力を表すために、便宜上定められた力価です。便宜上定められたものですから絶対的な力価を表すものではありません。臭素酸塩を有効成分とする第2剤の場合、酸化力は1人1回分量中の酸化剤の量を臭素酸カリウムの量に換算して、臭素酸カリウムのグラム数で表します。過酸化水素を有効性分とする第2剤の場合は、酸化力は1人1回分量中の過酸化水素の量をグラム数で表します。

酸性

水溶液のpHが7未満の場合をいい、pHの数値が小さいほど強い酸性を示します。酸味があり、青色リトマス紙を赤色に変え、金属水酸化物と化合して塩（えん）をつくる性質を指します。毛髪の等電点は4.5～5.5の弱酸性にあるといわれ、従って、この付近のpHのパーマ剤に対しては、毛髪は安定で、膨潤度及び還元力が低いため、得られる効果は弱くなります。

酸性アミノ酸

カルボキシ基の数がアミノ基の数よりも多いアミノ酸で、グルタミン酸、アスパラギン酸等があります。水に溶かすと酸性を呈します。

酸性染毛料

⇒ ヘアマニキュア 参照

酸性染料

分子構造中にスルホン基（-SO$_3$H）、カルボキシ基（-COOH）、ヒドロキシ基（-OH）を持った色素で、酸性溶液中で羊毛、絹等の動物繊維を染色します。これはスルホン基がタンパク質中のアミノ基（-NH$_2$）と結合するためです。この性質を利用して、半永久染毛料であるヘアマニキュアの着色剤として使用されます。タール色素としては、橙色205号、黒色401号、紫色401号等があげられます。

酸性パーマ

パーマ剤の液性による分類で、第1剤のpHが7未満のパーマ剤を指します。酸性パーマは遊離アルカリが含まれていないため、毛髪の損傷が少ない反面、酸性域では有効成分のチオグリコール酸やシステインの還元力が弱いので、得られる効果は弱くなります。そのため、効果を補うため加温式が多くを占めます。

⇒ アルカリパーマ 参照
⇒ 酸性パーマ 参照

残留アルカリ

パーマ処理やヘアカラー処理後、水洗い等が不十分なことで発生する、毛髪に残ったアルカリをいいます。毛髪のpHはアルカリ性を示し、このまま放置すると、毛髪は傷みやすくなるので、酸リンス等で等電点に戻す必要があります。

酸リンス

ヘアリンスやヘアコンディショナー等の成分に、クエン酸、リンゴ酸等を配合し、pHを酸性にしたもので、パーマ処理、ヘアカラー処理した毛髪に使用し、アルカリ性になっている毛髪を等電点に戻すことを目的としています。

サ・シ

シ

CMC
Cell Membrane Complex の略称で、細胞膜複合体のことです。
⇒ 細胞膜複合体 参照

GMP
⇒ 化粧品 GMP 参照

GQP
Good Quality Practice の略。
⇒ 品質管理の基準 参照

GVP
Good Vigilance Practice の略。
⇒ 製造販売後安全管理の基準 参照

紫外線
可視光線より波長が短い 290 ～ 400nm の電磁波です。紫外線は酸化促進作用が強く、タンパク変性を起こします。海、山等での太陽光線による日焼けや、毛髪の傷みは、紫外線の影響によります。
紫外線は波長の長さにより、波長の長い UV-A、波長の短い UV-B、さらに波長の短い UV-C に分けられます。
⇒ UV 参照
⇒ UV-A 参照
⇒ UV-B 参照
⇒ UV-C 参照

紫外線吸収剤
光線による製品の退色、変臭、品質の劣化を防ぐ目的で配合する成分、あるいは紫外線を選択的に吸収して有害な紫外線から皮膚や毛髪を守るために配合する成分をいいます。日焼け用や日焼け止め用製品の主成分として配合されるほか、一般の化粧品にも配合されることがあります。パラアミノ安息香酸エチル、シノキサート、オキシベンゾン等を一例としてあげることができます。

色素細胞
メラニン細胞、メラノサイトともいいます。表皮の基底細胞間、毛球部に存在し、チロシンからメラニンを合成し、メラノソーム（メラニン色素）を形成する細胞です。

色素沈着
何らかの原因により、皮膚にメラニン色素が沈着し、皮膚が褐色ないし黒褐色の色調を呈するものをいいます。

自己免疫
生体内において、外来性異物に対する免疫反応と類似の反応が、自己の体内構成因子に対して起こることをいいます。過敏症反応や、さらにはもっと重くなると自己免疫疾患を引き起こします。

脂質
長鎖脂肪酸とアルコールのエステル及びその類似物質の総称です。生物界に広く存在し、中性脂肪、ロウ等の単純脂質から、リン脂質、糖脂質、スルホリピド等の複合脂質までその種類は極めて多く、広義にはテルペノイド、ステロイド等も包括します。

JIS
日本工業規格（Japanese Industrial Standards）の略称です。
⇒ 日本工業規格 参照

シスチン
分子中にイオウ（S）を含むアミノ酸で毛髪や爪あるいは羽毛等のケラチンタンパク質に多く含まれ、硬くしっかりしたタンパク質をつくります。白色の結晶粉末で水に難溶性の物質で、シスチンが還元されるとシステインとなります。シスチンの持つ構造のうち、-S-S- でつながる部分をシスチン結合と呼び、毛髪ケラチンの架橋構造でパーマ剤の作用する重要な場所です。

シスチン結合
イオウ（S）を含むタンパク質の特有な側鎖結合です。主鎖（ポリペプチド鎖）から出ている枝（側鎖）のシステイン残基同士が -S-S- の形で結合しているので、SS 結合またはジスルフィド結合とも呼ばれます。この結合は、ケラチンに、特異な弾力性・可塑性・強度等の性質を与えています。機械的には非常に丈夫な結合ですが、還元剤によって、2 個のシステイン残基に切断されやすく、切断されても酸化によって、再びシスチン結合に戻ります。パーマ剤は、この特異な化学反応を利用したものです。
⇒ ジスルフィド結合 参照

システアミン
構造中にチオール基（SH 基）を有し、分子式 HS-CH$_2$-CH$_2$-NH$_2$ で表される還元成分です。平成 13 年 4 月の化粧品基準施行に伴い、新たに化粧品への配合が可能となった成分で、主にヘアセット料（カーリング料）に塩酸塩が使用されます。
なお、化粧品の成分表示名称は「システアミン HCl」です。

システイン
シスチンを還元すると得られます。人体にあっては生命を維持する代謝にかかわり、また、解毒作用を有するアミノ酸としても知られています。還元作用があるのでチオグリコール酸と同じようにパーマ剤第 1 剤に使用されます。
毛髪や羽毛等の天然物から得られたものを L-システイン、合成して得られたものを DL-システインとして区分けします。システイン系パーマ剤は、いやな臭いが少なく、毛髪の損傷も少なく、仕上がりの感触も良いとされますが、その反面ウェーブ形成力が弱く、価格的にやや高いという短所もあります。
また、チオグリコール酸系パーマ剤には、湿潤剤として 1.5% までの配合が認められています。

システイン系パーマ剤
シス系パーマ剤
システインパーマ
パーマ剤第 1 剤の還元剤としてシステイン、塩酸システインまたはアセチルシステインを単独あるいは併用して用いるもので、「システインパーマ」、「シスパーマ」と呼ばれるタイプのパーマ剤です。正式には「システイン、システインの塩類又はアセチルシステインを有効成分とするコールドニ浴式パーマネント・ウェーブ用剤」及び「システイン、システインの塩類又はアセチルシステインを有効成分とする加温二浴式パーマネント・ウェーブ用剤」の 2 タイプがあります。
システインはチオグリコール酸のような不快臭がないため、これを用いたパーマ剤は臭いが少なく、また毛髪に対する影響も少ないため、損傷毛に適するパーマ剤とされています。しかし、システインは酸化されやすい性質があるため、システイン

「パーマの科学」用語集

系パーマ剤にはその安定剤としてチオグリコール酸を1.0%まで配合することが認められています。

システイン酸
毛髪はケラチンタンパク質からなり、一定のアミノ酸組成を持っています。しかし、過酷なパーマ処理、ヘアカラー処理によって、そのアミノ酸組成に変化を生じる場合があります。特に毛髪が損傷してくると、シスチンの量が減少し、システイン酸の生成が認められるようになります。
システイン酸は次式で表されます。

$$HO_3SCH-CH-COOH$$
$$\qquad\quad |$$
$$\qquad\quad NH_2$$

システイン残基
タンパク質中のシスチン結合(-S-S-)は、チオグリコール酸等に含まれるチオール基(-SH基)の水素原子と結合して-SHの形に還元されます。このタンパク質中に生成した-SHをシステイン残基と呼びます。

ジスルフィド結合
シスチン結合の別名です。
⇒ シスチン結合 参照

脂性毛(油性毛)
オイリーヘアともいいます。毛髪は皮脂腺から分泌された脂肪分(皮脂)と汗の水分に包まれていますが、この脂肪分が、総量で2g以上の場合に、一般に脂性毛といわれています。

ジチオジグリコール酸
チオグリコール酸がパーマ剤としての働きを終えると生成される物質です。また、チオ系パーマ剤第1剤には4%以内のジチオジグリコール酸が配合できます。

品質規格によると、チオグリコール酸を有効成分とするコールド二浴式パーマ剤あるいは縮毛矯正剤の有効成分のチオグリコール酸は11%まで配合可能ですが、7%を超える場合には、超えた量と同量以上のジチオジグリコール酸を配合しなければなりません。これはチオグリコール酸の毛髪に対する過度の反応を抑制し、損傷を防止させることが目的とされます。

⇒ DTDG 参照
⇒ 反応調整剤 参照

室温
医薬部外品原料規格2006(原料の規格を定めた公定書)で室温とは、1〜30℃と定められています。ですから、コールド式のパーマ剤は30℃以下で操作する必要があります。

湿潤剤
繊維等の表面に適当な湿度を保たせ、乾燥を遅らせる作用のある成分で、頭髪用製品や、皮膚用化粧品に配合した場合、毛髪や皮膚表面の乾燥を防止して、しっとりとした状態に保つ作用を持ちます。グリセリン、ソルビトール、プロピレングリコールや皮膚に存在する保湿成分(天然保湿因子、NMF)であるdl-ピロリドンカルボン酸ナトリウム等が使用されます。
⇒ 保湿剤 参照。

湿度
空気の単位体積中に含まれている水蒸気の量を絶対湿度といいますが、絶対湿度が同じでも、そのときの気温によって皮膚に感じる乾湿の度合が異なります。そのためそのときの水蒸気圧と、その温度における飽和水蒸気圧との比を%で表したものを相対湿度(RH)といい、このほうがよく用いられ、単に湿度という場合には相対湿度を指します。

感覚的な乾湿の度合や蒸発・乾燥の起こりやすさは、相対湿度の大小に関係し、相対湿度の測定には、乾湿球湿度計や毛髪湿度計が用いられます。

湿熱
水気を含んだ熱です。お湯、スチーム等による熱を指します。
⇒ 乾熱 参照

シトルリン
アミノ酸の一種。血管を拡張して血流を促す作用があるとされ、食品や飲料、化粧品に配合されます。

脂肪酸
カルボキシ基(-COOH)を持つカルボン酸(R-COOH:Rはアルキル基)のうち、鎖状構造を持つものの総称です。ステアリン酸、オレイン酸等がこれに含まれ、化粧品や界面活性剤、石けん等の原料として使用されます。

弱アルカリ性パーマ剤
パーマ剤第1剤のpHによる分類の一種です。弱アルカリの範囲は明確に決められたものではありませんが、概ね第1剤のpHが7〜8程度のパーマ剤を指します。

重安
炭酸水素アンモニウムの別名。
⇒ 炭酸水素アンモニウム 参照

臭化ナトリウム
化学式NaBrで表される無色の結晶性の固体です。臭素酸ナトリウム($NaBrO_3$)を有効成分とするパーマ剤第2剤が酸化作用を発揮するための酸素を放出すると生成します。

臭化物イオン
Br^-で表されるマイナス1価の電荷を帯びた臭素原子です。臭素酸塩と過酸化水素を混合すると臭化物イオンを経て、有毒な臭素ガス(Br_2)を発生します。

重金属
金属の中で比重が5以上の、いわゆる"重い金属"を重金属といいます。ニッケル、銅、亜鉛、カドミウム、鉛等の重金属は多量摂取すると人体に有害な場合が多いため、医薬部外品に用いることのできる原料(大部分の原料)中に、重金属の含有限度が、原料規格で定められています。パーマ剤については、使用する原料はもちろんですが、製品中の限度も定められており、第1剤、第2剤共に20ppm以下(0.002%以下)となっています。製品を作る過程で、異物や不純物が混入されないよう、品質管理の重要なチェックポイントのひとつです。

自由水
結晶、水溶液、コロイド等に含まれている水のうち、結合水以外の水のことをいいます。加温、乾燥、氷結等によって容易に除くことができます。溶解水ともいいます。

シ

臭素
臭素（Br）は常温で液体の唯一の非金属元素で、赤褐色で刺激臭があり、揮発性が高いという性質を持ちます。

重曹
⇒重炭酸ナトリウム　参照

臭素酸塩
臭素酸イオン（BrO_3^-）を含む塩の総称で、パーマ剤第2剤に使用される臭素酸塩としては、臭素酸ナトリウムと臭素酸カリウムがあります。
⇒臭素酸カリウム　参照
⇒臭素酸ナトリウム　参照

臭素酸カリウム
臭素酸塩の一種で、ブロム酸カリとも呼ばれ、化学式 $KBrO_3$ と表されます。無色〜白色の結晶性の粉末で、臭いはなく、水溶液のpHは6〜7で中性域にあります。第1剤によって還元切断された毛髪のシスチン結合部を酸化して、再び元の状態に戻す働きをします。水に対する溶解性が臭素酸ナトリウムよりも劣り、粉末状の第2剤に使われることがあります。
⇒臭素酸塩　参照

臭素酸ナトリウム
臭素酸塩の一種で、ブロム酸ソーダとも呼ばれ、化学式 $NaBrO_3$ と表されます。無色〜白色の結晶性の粉末で、臭いはなく、水溶液のpHは6〜7で中性域にあります。第1剤によって還元切断された毛髪のシスチン結合部を酸化して、再び元の状態に戻す働きをします。水に対する溶解性は臭素酸カリウムよりも臭素酸ナトリウムのほうがよいため、液状の第2剤には通常臭素酸ナトリウムが使われます。
⇒臭素酸塩　参照

重炭酸アンモニウム
炭酸水素アンモニウムの別名。
⇒炭酸水素アンモニウム　参照

重炭酸ナトリウム
化学式 $NaOH_3$ で表される白色の結晶性の塊または結晶性の粉末で、水に溶けて弱いアルカリ性を呈します。パーマ剤のアルカリ剤として用いられ、食品添加物としては膨張剤として単独または混合して使用されます。その他、清涼飲料水の発泡剤、医薬品等に用いられます。正式な化学名は炭酸水素ナトリウムで、重曹とも呼ばれます。

収着
固体や液体の表面にある物質が、内部に取り込まれる現象です。

18-MEA
18-メチルエイコサン酸の略名です。
⇒メチルエイコサン酸　参照

縮毛
ちぢれ毛またはくせ毛のことで、直毛に比べ毛のうが湾曲しており、毛幹の横断面は扁平な毛髪のことをいい、毛根の一種の奇型で遺伝性があります。

縮毛矯正剤
文字通り、縮毛やくせ毛等をまっすぐな毛髪に矯正するためのものです。昭和60年10月のパーマ剤の基準改正によって追加されたもので、基準にはコールド二浴式と加温二浴式が規定されています。第1剤の有効成分はチオグリコール酸及びその塩類で、使用の目的からかなり高い粘度のものまで認められています（40000mPa・s以下）。毛髪の損傷や断毛の事故を未然に防ぐために、使用上の注意をよく守ることが必要です。
⇒ストレートパーマ　参照

使用期限
化粧品では医薬品医療機器等法第61条第5号に、医薬部外品では同法第59条第10号に直接の容器等の記載事項として使用の期限を表示することが義務付けられています。この期限の開始は、製造日を起点としており、製造後未開封で3年以上安定なものについては、使用の期限の表示を省略することができるという特例もありますので、ほとんどの製品では使用の期限は表示されていないようです。

なお、製品には製造番号または製造記号を表示することも同法で義務付けられていますので、メーカーではこの番号または記号から製造日の確認ができるようになっています。

承認基準
承認基準とは、その定めへの適合性を確認することにより、承認審査を行う医薬部外品等に関する基準をいいます。なお、承認基準は、原則国際基準等からなり、通常審査のために必要な資料の一部を省略することができます。

現在、パーマ剤の承認基準（パーマネント・ウェーブ用剤製造販売承認基準）の他に、染毛剤製造販売承認基準、浴用剤製造販売承認基準、薬用歯みがき類製造販売承認基準等がありますが、薬用シャンプーや薬用化粧品、除毛剤等には承認基準はありません。

承認申請
申請
医薬品、医薬部外品等について、製品の製造販売の認可を得るため、必要な書類やデータを整えて申請することをいいます。パーマ剤や染毛剤、浴用剤や薬用歯磨き類等、製造販売承認基準が制定されている品目については、その範囲内であれば各都道府県の知事に承認権限が委任されています。

なお、承認とは、製造販売を行う製品の品質、有効性及び安全性に関する事項について適当か否か判断され、原則厚生労働大臣が与えるものです。

消防法
「火災を予防し、警戒し及び鎮圧し、国民の生命、身体及び財産を火災から保護するとともに、火災又は地震等の災害による被害を軽減するほか、災害等による傷病者の搬送を適切に行い、もって安寧秩序を保持し、社会公共の福祉の増進に資することを目的とする。」（第1条）を目的とする法律です。化粧品等に使用される原料には、可燃性のものも数多く、その保管等には注意を払う必要があります。

食添
食品添加物公定書の略称です。
⇒食品添加物公定書　参照

食品添加物公定書
食品添加物とは保存料、甘味料、着色料、香料等、食品の製造過程または食品の加工や保存の目的で使用されるものです。この食品添加物の成分の規格や製造の基準、品

「パーマの科学」用語集

質確保の方法について定めたものが食品添加物公定書で、食品衛生法に基づいて作成される公定書です。

植物抽出液
　植物エキスとも呼ばれ、植物から得られる成分を含んだものです。その抽出方法により得られる成分に違いが生まれ、水蒸気蒸留（高温の水蒸気を吹き込む方法）では、揮発性で特に水に溶けない油溶性の成分が集められ、水抽出法（熱水または冷水に浸漬する方法）では水溶性の成分が集められます。さらに、水／有機溶媒による抽出法（水とエタノール等の混合溶媒で抽出する方法）では、水溶性と油溶性双方の成分が集められます。抽出方法によって、含まれる成分が異なるということです。

シリコーン
　化学的にはメチルポリシロキサンと呼ばれているものの総称で、有機ケイ酸ポリマーです。化粧品に使用されるのは、シリコーンオイルまたはシリコーン樹脂と呼ばれるもので、ケイ素と酸素からなるシロキサン結合(-Si-O-Si-)を骨格とし、そのケイ素にメチル基（-CH3）を主体とする有機基が結合した有機高分子化合物の総称で、天然には存在しません。
　無色透明の油状液体またはゴム状で、重合度によって種々の性質のものが得られます。化粧品には、クシ通り向上、撥水、つや出し等の目的のために使用されています。

シリコーン誘導体
　シロキサン結合（シリコーンに特有の結合）に他の基を導入して、さまざまな性質を持たせたものを総称してシリコーン誘導体といいます。ポリエーテル変性シリコーン界面活性剤やアミノ変性シリコーン、シスチンを分子内に結合させたシリコーンポリマー等、数多くの種類の原料が使われています。

シリコン
　シリコンは、原料の珪石を還元、精留させて、ケイ素の純度を高めたもので、暗灰色をした金属です。シリコンは、半導体材料として主に使用されます。

自律神経
　すべての内臓、腺、血管等、われわれの意志に無関係に反応する器官を支配する不随意神経系であり、この神経系は生命に必須の植物性能に関係し、これらの諸機能を自動的に調節する役目を果たすため、自律神経（系）と呼ばれます。自律神経は交感神経と副交感神経とに大別されます。
　【交感神経】脊髄の胸腰部側角に中枢があり、脊髄前角を通って皮膚、血管、内臓等に分布される。
　【副交感神経】脳神経の一部に含まれて脳を出て末梢の諸器官に分布される。

脂漏性湿疹
　頭部や顔面等の皮脂の分泌の多い部位（脂漏部位）や、腋の下等の汗や摩擦の多い部位に現れる皮膚炎です。地肌が赤くなり、かゆみを伴うという症状がアレルギー性接触皮膚炎や一次刺激性接触皮膚炎と似ていますので、注意が必要です。

脂漏性脱毛症
　脱毛症の1つです。頭皮には皮脂腺、汗腺が多いため、体の他の部分より油っぽくなり、微生物が繁殖しやすくなります。不潔にしておくと、皮脂腐敗物で頭皮に刺激や炎症を起こし、脱毛しやすくなります。

シロキサン結合
　(-Si-O-Si-)の結合（Siはケイ素原子）をシロキサン結合といいます。シリコーンは、このシロキサン結合を主鎖として長くつながった構造をしています。

親水基
　水となじみやすく、油とはなじみにくい性質を持っている原子団で、水酸基（-OH）、カルボキシ基（-COOH）、アミノ基（-NH2）等がこれに含まれます。

真正メラニン
　ユーメラニンの別名です。
　⇒ユーメラニン 参照
　⇒メラニン色素 参照

伸度
伸長度
　毛髪に大きな荷重をかけて引っ張っていくと、毛髪は伸びていき、ついには伸びきれなくなって切れてしまいます。このときの毛髪の伸びた割合を、伸度（または伸長度）といい、健康毛で40～50%を示します。
　伸度は、次の式で表されます。

伸度（%）＝ $\dfrac{\text{切れる直前の毛髪の長さ} - \text{荷重をかける前の毛髪の長さ}}{\text{荷重をかける前の毛髪の長さ}} \times 100$

浸透剤
　浸透剤とは、薬剤が浸透していく時間を短縮する助剤のことで、例えば毛髪にパーマ剤を作用させた場合に、成分がムラなく一様に早く毛髪内部に浸透していくように配合する添加剤のことです。一般に、親水性の界面活性剤が使用されます。

真皮
　皮膚は、表皮と真皮とからなっていますが、真皮は、表皮と皮下組織の間に存在し、表皮との境界は明確で波状を呈しています。真皮には血管・リンパ管・神経・結合組織・表皮付属器官（毛球、汗腺、皮脂腺）が存在し、皮膚の支持組織となっています。

親油基
　水とはなじみにくく、油となじみやすい性質を持っている原子団で、アルキル基、フェニル基等がこれに含まれます。

ス

水酸化ナトリウム
　無色～白色の塊または結晶で、水に溶けて強アルカリ性を呈します。苛性ソーダともいい、潮解性があり、空気中に放置しておくとベトベトに溶けたようになり、水と二酸化炭素を吸収して炭酸塩に変化します。化粧品にはアルカリ剤、pH調整剤として用いられるほか、脂肪酸と結合して石けんをつくるので、石けん乳化の乳化剤として用いられます。そのほか化学工業全般にわたって用いられる重要な工業薬品です。

水酸基
　ヒドロキシ基（-OH基）の旧名称です。
　⇒ヒドロキシ基 参照

シ・ス・セ

水素結合
水素原子（H）が分子間あるいは分子内の酸素（O）や窒素（N）とつくる結合で、例示として結合位置を点線で示します。

$$\mathrm{NH} \cdots \mathrm{O} = \mathrm{C}$$

ケラチンでは、ポリペプチド鎖の分子内あるいは隣接した主鎖との間で、HがOと引き合う力によって形成された結合をいいます。α-ケラチンは主鎖内の水素結合によって形成され、引き伸ばして水素結合が切れた状態がβ-ケラチンです。

水素結合は結合力が弱く、水によって容易に切断され、乾燥によって再結合します。しかし、側鎖結合の中では最も数が多く、毛髪の弾性や強度に大きく貢献しています。特に、結晶領域中の主鎖は、相互間の距離が非常に近いので、水素結合の数も多く、その結合力も強いので、水や通常の薬品処理では切断されません。

水溶性ポリマー
水に溶解または膨潤することで、均質となる高分子化合物の総称です。分子構造中に親水基が多数含まれ、この親水基がアニオン性基（カルボン酸基、スルホン酸基、リン酸基、硫酸基等）のものはアニオン性ポリマー、カチオン性基（第三級アミノ基、第四級アミン等）のものはカチオン性ポリマー、非イオン性基（ヒドロキシ基、エーテル、アミン、アミド基等）のものは非イオン性ポリマーに分けられます。

また、天然の水溶性ポリマーとしてデンプン、セルロース、植物性ガム、ゼラチン等があります。

水和物
分子またはイオンに水分子が結合したものです。水和物を持つ化合物は、無水物よりも水に溶けやすい性質を持ちます。

スクワラン
⇒ スクワレン 参照

スクワレン
スクワレンは深海鮫の肝油から採れる脂肪油で、人体皮膚中にも存在しています。スクワランはスクワレンを加工し、安定化したものです。流動パラフィン等に比べて油っぽさがなく、サラッとした感触を与えます。このためヘアクリームや乳液、ヘアオイル等の化粧品の原料として配合されています。

ストレートパーマ
毛髪をまっすぐ（ストレート）な状態にするパーマ施術、及び縮毛矯正剤の双方をいいます。

縮毛矯正剤が未許可の昭和58年頃、通常のパーマ剤に小麦粉等を混合して粘度を高め、パネルと称される板に毛髪を貼りつけてストレートヘアを求める施術法を指しました。しかし、この施術の結果多くの事故（断毛等）が発生したため、毛髪の損傷の発生しない薬剤の規格と使用法を制度化することの要求がなされ、昭和60年（1985年）、縮毛矯正剤が許可されるようになりました。

この当時は、従来のストレートパーマによる事故の影響もあり、縮毛矯正剤もその施術法も「ストレート」と称することはできませんでした。しかし、この薬剤および使用上の注意の充実化により、事故も激減したため、「ストレートパーマ」と称することが認められるようになっています。さらに現在では高温整髪用アイロンを用いたストレートパーマ剤も認められています。

⇒ 縮毛矯正剤 参照

スパイラルロッド法
パーマ剤のウェーブ形成力を測定する方法の一つです。

パーマ剤の効果を数値化することで比較・検討を行うため、毛髪をスクリュー状に巻き込むように溝があるスパイラルロッドを使用するウェーブ効果測定法です。通常、ウェーブ効果の測定はキルビー法により行われますが、この方法のほうが実際の施術法とその操作が類似しており、器具も入手しやすいという特徴を持ちます。

スルホン基
スルホン酸の官能基で、-SO$_3$Hで表される、強酸性の原子団です。

スンプ法
毛髪の表面構造を光学顕微鏡で観察する場合、標本を直接観察してもある程度は見ることができますが、倍率を高めたり、より精密に観察する場合は、スンプ法によって標本を作成します。スンプ法は、薄いセルロイド板の上に検査する毛髪を置き、その上から、スンプ液をつけます。液が乾いてから毛髪を取り除き、セルロイド板を裏から見ると、セルロイド板には毛髪の表面構造が型どられているのでよく観察できます。

セ

正常毛
通常、物理的、化学的原因による損傷を受けていない毛髪のことを正常毛といいます。
⇒ 健康毛 参照

製造管理及び品質管理に関する基準
⇒ 化粧品GMP 参照

製造販売
医薬品医療機器等法第2条第13号の規定では、「その製造（他に委託して製造をする場合を含み、他から委託を受けて製造をする場合を除く。）をし、又は輸入をした医薬品（原薬たる医薬品を除く。）、医薬部外品、化粧品、医療機器若しくは再生医療等製品を、それぞれ販売し、貸与し、若しくは授与し、又は医療機器プログラム（医療機器のうちプログラムであるものをいう。）を電気通信回線を通じて提供することをいう。」と規定されています。つまり、有償、無償を問わず、製品の受け渡しがあった場合全てが製造販売行為となり、法的規制の対象となります。

製造販売業
製造販売業とは、平成17年（2005年）の旧薬事法改正で新しく創設された「その製品の全責任を負う業者」を指します。製造販売業者は、製品を販売した後の品質等の不具合について全責任を負いますので、他の業者に製造を委託している場合や、海外から製品を輸入して販売する製品についても、常に品質や安全性を確保する責任があります。

このような責任を果たすため製造販売業者には、品質管理については「医薬品、医

「パーマの科学」用語集

薬部外品、化粧品及び医療機器の品質管理の基準に関する省令」（GQP省令）に従って、製造販売後安全管理については「医薬品、医薬部外品、化粧品及び医療機器の製造販売後安全管理の基準に関する省令」（GVP省令）に従って業務を行う義務があります。
　⇒ 品質管理の基準（GQP）参照
　⇒ 製造販売後安全管理の基準（GVP）参照

製造販売後安全管理の基準

GVP（Good Vigilance Practice）とも呼ばれます。医薬品等の製造販売をするに当たり、必要な製造販売後安全管理業務内容を規定しています。

医薬部外品及び化粧品の製造販売業者については、製造後安全管理業務の手順に関する文書の作成は義務づけられていませんが、以下の業務を行うことが求められています。

1. 安全管理情報の収集
2. 安全管理情報の検討及びその結果に基づく安全確保措置の立案
3. 安全確保措置の実施（安全管理責任者から総括製造販売責任者への報告手順を含む）
4. 製造販売後安全管理に関する業務に係わる記録の保存
5. その他、製造販売後安全管理に関する業務を適正かつ円滑に実施するために必要な業務

1から5以外に、自己点検、教育訓練　について、各企業が必要に応じて実施することが推奨されています。
　⇒ 品質管理の基準　参照

製造物責任法

平成7年（1995年）に施行された法律で、製造物の欠陥により損害が生じた場合の製造業者等の損害賠償責任について定めた法律です。この法律の欠陥の定義は、「製造物が通常有すべき安全性を欠いている」状態のことをいい、欠陥には、①設計上の欠陥……設計段階から安全性に問題があるもの、②製造上の欠陥……製造工程での手抜き等、③指示・警告上の欠陥……安全確保に必要な使用上の注意が適切でないものの3種類があります。

この法律は、欠陥製品の使用によって、消費者が事故や損害を生じて被害を受けた場合、被害者に対して、その製品の製造、販売、流通に関与した事業者に責任を負わせるもので、消費者の保護を目的としたものです。

製品に欠陥があり、損害との因果関係が立証されれば損害賠償責任が生じるという「無過失責任」を基本とするものです。

英語のProduct LiabilityからPL法とも呼ばれます。

静電気

物体に固着して、その場所に静止している電気で、摩擦によって起こる電気もその一種です。プラスとマイナスの電荷があり、同種の電荷は反発し合い、異種の電荷は引き合います。

毳毛（ぜいもう）

胎児が5か月ぐらいになると、身体全体に毛が生えてきます。この時期の毛を毳毛といいます。毳毛は、やわらかく頭部の毛と眉毛、まつ毛以外にはメラニン色素を含んでいません。また、毳毛は胎児が8か月頃の時期に全部抜けて、新しい軟毛がはえてきます。

赤外線

電磁波の1つで、波長780nm～1,000μmの範囲の目に見えない光線です。赤外線を吸収すると物質内の熱運動がさかんになり温度が上昇するので、熱線とも呼ばれています。こたつ等の暖房器具や医療や美容の温熱療法として用いられる熱作用のほか、写真作用、蛍光作用、光電作用等があり、各方面に広く応用されています。

接触角

液滴と固体表面とで形成される角度をいいます。接触角は固体に対する液体の濡れやすさを示し、この値が小さいほど固体は濡れにくく、大きいほど濡れやすいことを示します。

接触性皮膚炎

接触性皮膚炎とは、皮膚に対する刺激性物質が原因となる一次刺激性接触皮膚炎と、アレルギー性機序によるアレルギー性接触皮膚炎の2つがあります。前者では、原因物質と接触した部位に、比較的短時間のうちに炎症が現れ、濃度と接触時間が一定の範囲を越えると、ほとんどのヒトに反応が生じますが、後者では、その物質に対して感作が成立している特異体質のヒトのみに反応が生じ、その範囲も接触部位のみにとどまらず、その周囲や離れた部位に反応が表れることもあります。また、反応が最高に達するのに24～48時間程度を要し、原因物質の濃度や接触時間とは、あまり関係なく症状が現れます。パーマ剤による皮膚炎の大部分は、一次刺激性の接触皮膚炎です。

セロトニン

脳内の神経伝達物質の1つで、心と身体を整える大切な働きを持ちます。セロトニンが不足すると情緒不安定や不眠等の弊害が出るとされています。

旋光性

光学活性を示す物質を旋光性物質といいます。光学活性とは、直線偏光の偏光面[注]を回転させる性質をいい、旋光性ともいいます。化学組成は同じですが、鏡に写したような関係にある2種類の異なる立体構造（これを光学異性体といいます）を持ち、かつ、ある炭素原子を中心に考えて、その炭素原子と結合している原子または原子団がすべて異なるような化合物に、光学活性があります。光の進行方向に向かって、偏光面を右に回転させる性質を右旋性（d）、左に回転させる性質を左旋性（l）といいます。

注）光波の振動方向が1つの平面内にある光を直線偏光といい、振動向に垂直な平面を偏光面といいます。

洗浄助剤

それ自体は洗浄作用は持たないが、アニオン界面活性剤と共存することで、洗浄作用や泡立ち等を高める働きがある物質で、ビルダーとも呼ばれます。アルカリ剤や金属イオン封鎖剤、非イオン界面活性剤等があります。

全成分表示

配合されている全ての成分を外箱や容器等に表示することです。化粧品については2001年4月の化粧品基準施行と同時に義務付けられ、医薬部外品（薬用化粧品、パーマ剤、染毛剤等）については2006年4月より、自主基準として実施されています。

セ・ソ・タ

先天的
生まれながら持っている性質で、遺伝の影響を強く受けます。また、先天的の反対の意味が後天的で、生まれた後、学習や経験、環境等により得られた性質です。

染毛剤
毛髪を化学的な作用により、染めたり、色を明るくしたりする製品の総称で医薬部外品に属します。ヘアダイ、ヘアカラー等ともいわれます。汎用されるのは酸化染毛剤と呼ばれるもので、染料中間体を過酸化水素等の酸化剤で酸化して発色させ、毛髪を染め上げます。もう1つの特徴は、髪の色を元の髪の色より明るく染めることが可能で、多彩な染毛色の製品があります。
⇒ 酸化染毛剤 参照

染毛料
毛髪を、物理的な作用により染めたり、着色したりする製品の総称で化粧品に属します。色持ちの期間によって、半永久染毛料、一時染毛料に分かれます。

染料中間体
最終の染料が合成されるまでの過程では、様々な有機合成物が合成されます。つまり、染料の元となる有機化合物を染色中間体といいます。染料になる前の物質ということで前駆体（プレカーサー：precursor）とも呼ばれます。染毛剤に使用される代表的なものに「パラフェニレンジアミン」があります。

ソ

相対湿度
⇒ 湿度 参照

増粘剤
液状製品に粘性を与える物質のことをいい、適度な粘性を保つことで使い易さや感触を向上させるために使用します。ゼラチン、トラガント、アラビアゴム、セルロース類などの高分子化合物、グリセリン、プロピレングリコール等の多価アルコール類、ポリオキシエチレンソルビタンモノラウレート、ポリエチレングリコール脂肪酸エステル等の界面活性剤があります。

側鎖結合
鎖状の長い分子から出ている小枝状の部分を側鎖といい、この側鎖同士の結合を側鎖結合と呼んでいます。側鎖の種類によって、いろいろな型の結合が生じます。ケラチンの場合、その主なものは、シスチン結合・塩結合・水素結合・ペプチド結合・疎水結合等ですが、隣りあったポリペプチド鎖との間に、橋をかけたように結びついているので、橋かけ結合（架橋結合）とも呼ばれます。

即時型アレルギー
アレルギーは、抗原の侵入から反応が発現するまでの時間によって「即時型」と「遅延型」に分類されます。即時型アレルギーでは、抗原が生体内に侵入してから反応が生ずるまでに数秒から長くても数10分程度しかかかりません。アナフィラキシーショックやじん麻疹は代表的な例です。即時型アレルギーの抗体は血清γ-グロブリン分画に存在しています。

疎水結合
水と親和性のない化学構造同士の間に作用する力を、その構造間の結合というように表現して疎水結合と呼びます。
水に溶解した状態で存在する分子の疎水性領域が、周囲の水分子から反発を受けた結果、その領域で分子間や同じ分子内で相互に作用し、あたかも結合したような状態をいいます。実際には結合が形成されている訳ではありませんが、水素結合と同様に、弱い結合の代表で、タンパク質の立体構造の形成や相互作用に重要な働きを持ちます。

塑性
⇒ 可塑性 参照

ソルビトール
ブドウ糖の水溶液から得られる無色、無臭の結晶性の粉末で、清涼な甘味があります。ソルビトールは、水の吸収と蒸散が緩慢なので、多くの化粧品に保湿の目的で使用されています。皮膚及び口腔粘膜に対して高濃度でも毒性、刺激性が極めて低いので、歯磨き粉にも使用されています。

損傷毛
ダメージヘアとも呼ばれるもので、傷つけられた毛髪をいいます。実際に損傷毛は、手触りが悪く、カサカサした、パサつくような感触があります。また、ハリがなく、クシ通りも悪く、ツヤもなく、ヘアスタイルがまとまりにくく、抜毛、切れ毛、裂け毛等もあります。感触ではわからなくても、毛髪の強度が低下しているものもあります。

タ

タール色素
石油からコールタールを作るときにできる芳香族化合物を原料に合成される有機合成色素です。この中で医薬品、医薬部外品及び化粧品に使用が許可された色素を「法定色素」と呼びます。
⇒ 法定色素 参照

体積収縮
密度（または比重）の異なる物質同士を混合すると、混合後の体積は各々の体積の和よりも小さくなります。これを体積収縮といいます。

帯電防止剤
物をこすると静電気を帯び、片方がプラス、もう一方がマイナスになります。例えば、毛髪をブラッシングすると、毛髪とブラシがそれぞれマイナスとプラスに帯電し、毛髪がブラシにまとわりついてブラッシングがしにくくなります。このような帯電現象が起こらないようにすることを、帯電防止といいます。カチオン界面活性剤、シリコーン、油脂等が帯電防止剤としての効果を発揮します。

第四級アンモニウム塩
陽イオン界面活性剤の一種で、その構造により帯電防止能や殺菌作用を持つものがあり、溶液のpHに左右されず、常にプラスに帯電しています。

多価フェノール
フェノールは、ベンゼン環にヒドロキシ基が1つ結合した構造（C_6H_5-OH）を持ち、

「パーマの科学」用語集

このヒドロキシ基が2つ以上結合したものを多価フェノールといいます。

多孔性毛
多孔質になった損傷毛髪のことをいい、ポーラスヘアとも呼ばれます。毛髪が化学的あるいは物理的に著しく損傷を受けると、毛小皮が剥離されて毛皮質が露出し、間充物質が流出して空洞化した毛髪になります。多孔性毛は、吸水率及び膨潤度が著しく大きく、保湿性が低下して乾燥毛となり、ツヤが悪くなります。裂け毛や断毛の原因ともなります。

脱色剤
毛髪内のメラニン色素を分解し髪色を明るくする製品のことで医薬部外品に属します。ブリーチ剤、ヘアブリーチ、ヘアライトナーとも呼ばれ、一般的には、アルカリ剤と過酸化水素水が使用されます。

脱染剤
染毛した毛髪から染料を除去する製品のことで医薬部外品に属します。酸化染毛剤で染毛した毛髪を異なった色調に染毛する場合、脱染剤を使用してから染毛したほうがよりよい色調が得られます。一般的には、アルカリ剤と過酸化水素水が使用されていて、さらに過硫酸塩等の酸化助剤を用いることで脱染作用を強くする場合もあります。

脱毛
脱毛には、それぞれの毛が寿命を終えて自然に抜ける自然脱毛と、病的あるいはその他の原因でまだ成長過程にある毛が抜ける異常脱毛の2つがあります。1本の毛髪の寿命は、男性で3〜5年、女性で4〜6年程度といわれており、季節による変動等もありますが、平均して1日50〜60本程度は自然に抜け落ち、新しい毛が生えてきます。病的な脱毛症としては、円形脱毛症、脂漏性脱毛症等がよく知られていますが、自然に脱毛した毛とは毛根部の形状が異なっているので、毛根部分を観察することにより、ある程度脱毛の原因を推測することができます。

W/O型
油中水型（water in oil）の乳化のタイプで、油分の中に水の微粒子が分散したものです。コールドクリームとも呼ばれ、食品ではバターやマーガリン等があります。
⇒ 乳化剤 参照

炭化水素
炭素と水素だけから構成される化合物の総称です。一般的に水には溶けませんが、有機溶媒に溶けるものが多く、炭素原子の結合様式により、鎖式炭化水素と環式炭化水素に大別されます。

炭酸アンモニウム
アンモニア水に二酸化炭素を通じて吸収させるか、硫酸アンモニウムまたは塩化アンモニウムと粉末炭酸カルシウムの混合物を加熱して昇華させることにより生成する無機アルカリで、パーマ剤第1剤のアルカリ剤として用いられることがあります。

炭酸塩
炭酸（H_2CO_3）の1つまたは2つの水素イオンを、陽イオンで置換した塩の総称です。酸を加えたり、加熱すると分解して二酸化炭素を発生します。炭酸水素アンモニウム（NH_4HCO_3）や炭酸ナトリウム（Na_2CO_3）等があります。

炭酸水素アンモニウム
アンモニア水に、冷却しながら二酸化炭素を加圧下で作用させ、放置すると炭酸水素アンモニウムの結晶が析出します。白色または半透明の塊、結晶、または白色の結晶性の粉末で、アンモニア臭があります。水に溶けて弱いアルカリ性を呈す中性塩の一種です。パーマ剤のアルカリ剤として用いられ、アルカリ度の割に、pHが高くならないという特徴があります。また、食品添加物としては、製菓用の膨張剤として単独または混合して使用されます。その他、染料、医薬品製造の原料として用いられます。
⇒ 重炭酸アンモニウム、重安 参照

炭酸水素ナトリウム
⇒ 重炭酸ナトリウム 参照

単純タンパク質
アミノ酸だけが重合して構成されるタンパク質です。ケラチン、コラーゲン、フィブロイン等のタンパク質は単純タンパク質です。これに対して、アミノ酸以外の化合物も含むものは複合タンパク質といい、核タンパク質や糖タンパク質等があります。

弾性
ゴムに力を加えると伸びますが、力を取り去ると元の長さに戻ります。このような性質を弾性といい、弾力性ともいわれます。さらに力を増すと、力を取り除いても完全に元の状態に戻らなくなります。この境の力（応力）を弾性限界と呼んでいます。加えられる力が小さい範囲では伸び等の変形は力に比例します。これがフックの法則で、結晶弾性（エネルギー弾性）を示す範囲です。
⇒ ゴム弾性 参照

男性型脱毛症
俗に若はげ（壮年性脱毛症）といわれるもので、遺伝的傾向が強く、主に男性に見られる脱毛症です。症状は、前頭部から後頭部にかけて脱毛したり、前頭部が後退していくのが特徴です。早い場合は10代後半から脱毛が始まり、30代からは急激に増加します。メカニズムとしては、何らかの原因により徐々にヘアサイクルが短くなり、髪が長く伸びなくなり、細くて短い髪が脱毛していきます。

弾性限界
固体は、ある力以上の力を与えると変形してしまい、力を抜いても元には戻りません。この元に戻る限界の力を弾性限界といいます。弾性限界以上の力を加えてできる変形を塑性変形といいます。

弾性変形
固体に力を与えて生じた変形が、力を抜くと元に戻るとき、この変形を弾性変形といいます。弾性変形は、この弾性限界よりも小さい力を受けている物体の変形のことを指します。
⇒ 弾性限界 参照

男性ホルモン
睾丸（精巣）の細胞から分泌される男性ホルモンは、テストステロンを主とし、副腎皮質からデヒドロエピアンドロステロンが主として分泌されます。男性ホルモンには性器の発育、恥毛、腋毛その他の体毛の発生、声の低音化、男性的態度、性欲等の発現を起こす性質があり、思春期とともに

タ・チ

男性ホルモンの分泌が亢進して、これらの現象が起こりますが、成人期以後は老年期に至るまで、血中テストステロン値はあまり大きな変動を示しません。

弾性率
変形の大きさと、応力の大きさとの比をいいます。弾性率には、伸び、縮み、ずれ、曲げ、ねじれ等があります。ヤング率ともいいます。

$$ヤング率 = \frac{(伸びの応力)}{(伸びの歪み)} = \frac{(荷重)}{(伸び率)}$$

タンニン酸
タンニンは、五倍子または没食子等の植物から抽出されるポリフェノールの総称で、化学的な名称ではありません（名称の由来は皮なめし[tanning]です）。タンニン酸はタンニンを加水分解して得られ、タンパク質と結合して収れんする作用や、鉄塩と黒色の沈殿を生成する等の性質を持ちます。

タンパク質
種々のアミノ酸が結合してできた高分子化合物で生体の重要な構成成分です。英名ではプロテインと呼ばれます。ケラチン（毛髪）、コラーゲン（腱、皮膚）、フィブロイン（絹）あるいはカゼイン（牛乳）等、構成されるアミノ酸の違いにより種々のタンパク質があります。

炭水化物、脂肪と並んで重要な栄養素の1つでもあり、酸、アルカリまたは酵素により加水分解されてポリペプチド（PPT）やアミノ酸を生じます。

チ

遅延型アレルギー
抗原が体内に侵入してからアレルギー反応が発現し、反応のピークに達するまでに12〜48時間、平均して24時間程度を要するものをいいます。ツベルクリン反応やアレルギー性接触皮膚炎等は遅延型アレルギーの代表的なものです。反応には細胞性抗体が関与しています。

チオール基
SH基のことを、チオール基といい、メルカプト基、スルファニル基とも呼ばれます。チオール基を有する化合物（R-SH）をメルカプタン（mercaptan）と呼び、チオグリコール酸（HOOC-CH$_2$-SH）はメルカプタンの一種です。ジスルフィド結合（-S-S-）の生成は、メルカプタン特有の反応です。

$$2R-SH \rightleftarrows R-S-S-R$$

チオグリコール酸
水硫化ナトリウム法または二硫化ナトリウム法によりモノクロル酢酸から合成されます。無色〜淡黄色の透明な液体で、特異な臭いがあり、酸性を呈します。還元作用があるため、パーマ剤第1剤に配合され、毛髪中のシスチン結合を還元・切断しますが、酸性の状態では皮膚腐食性が強い等の欠点を持つため、現在のパーマ剤の多くは、中和した形のアンモニウム塩等が使用されています。

構造式
$$HS-CH_2-COOH$$

チオグリコール酸アンモニウム液
チオグリコール酸のアンモニウム塩で、チオグリコール酸をアンモニアで中和してつくります。パーマ剤の原料としては、60％水溶液（チオグリコール酸濃度で表すと50重量％）が汎用されています。無色〜淡黄色の透明な液で、独特のにおいがあります。パーマ剤第1剤の有効成分で強い還元作用があります。貯蔵には酸化に注意することが必要です。

構造式
$$HS-CH_2-COONH_4$$

チオグリコール酸グリセリル
チオグリコール酸とグリセリンのエステルで、構造中にチオール基（SH基）を有する還元成分です。平成13年4月の化粧品基準施行に伴い、新たに化粧品への配合が可能となった成分で、主にヘアセット料（カーリング料）に使用されます。

チオグリコール酸系高温整髪用アイロンを使用する加温二浴式縮毛矯正剤
平成11年（1999年）5月にパーマ剤承認基準に追加されたパーマ剤の区分で、正式には「チオグリコール酸又はその塩類を有効成分とする高温整髪用アイロンを使用する加温二浴式縮毛矯正剤」です。その使用方法は、第1剤を加温放置後、中間水洗で第1剤を洗い流し、その後乾燥させ、高温整髪用アイロンで処理し、第2剤を塗布・放置後、洗い流す縮毛矯正剤です。クシで伸ばす一般的な縮毛矯正剤よりも効果は優れますが、高温整髪用アイロンの施術は、高度な美容技術を要するため、使用上の注意により一般の方の使用は禁止されています。

チオグリコール酸系高温整髪用アイロンを使用するコールド二浴式縮毛矯正剤
2015年（平成27年）3月にパーマ剤承認基準に追加されたパーマ剤の区分で、正式には「チオグリコール酸又はその塩類を有効成分とする高温整髪用アイロンを使用するコールド二浴式縮毛矯正剤」です。その使用方法は、第1剤を常温放置後、中間水洗で第1剤を洗い流し、その後乾燥させ、高温整髪用アイロンで処理し、第2剤を塗布・放置後、洗い流す縮毛矯正剤です。クシで伸ばす一般的な縮毛矯正剤よりも効果は優れますが、高温整髪用アイロンの施術は、高度な美容技術を要するため、使用上の注意により一般の方の使用は禁止されています。

チオグリコール酸モノエタノールアミン液
チオグリコール酸のモノエタノールアミン塩で、チオグリコール酸をモノエタノールアミンで中和してつくります。パーマ剤の原料としては、チオグリコール酸濃度で40重量％または50重量％の水溶液が多く使われています。無色〜淡黄色または淡紅色の透明な液で、独特の臭いがあります。パーマ剤第1剤の有効成分で強い還元作用があります。貯蔵には酸化に注意することが必要です。

構造式
$$HS-CH_2-COO-NH_2-CH_2-CH_2-OH$$

「パーマの科学」用語集

チオグリセリン
　分子中にチオール基（SH基）を有し、分子式 HS-CH₂-CH(OH)-CH₂OH で示される還元成分です。平成13年4月の化粧品基準施行に伴い、新たに化粧品への配合が可能となった成分で、主にヘアセット料（カーリング料）に使用されます。

チオレートアニオン
　チオール基（-SH）がイオン化した-S⁻をいいます。チオール基を有する還元剤は、チオレートアニオンとなることで還元力を発揮します。

置換基
　有機化合物の水素原子を他の原子または原子団で置き換えた場合、水素と置き換わった原子または原子団を一般に置換基といいます。

中間水洗
　パーマ剤第1剤のプロセスタイムが終わって、第2剤操作に入る前に、第1剤を水または微温湯で洗い流す操作をいいます。また、プレーンリンスともいわれています。

中性
　水溶液のpHが7の場合をいいます。パーマ剤の第1剤をpHで分類した場合、一般的に中性パーマ剤と呼ばれるものは第1剤のpHが6〜8程度の範囲のものを指します。ただし、この範囲は明確化されたものでなく、パーマ剤メーカーの独自の判断で異なる場合があります。また、家庭用品品質表示法の台所用・洗濯用・住居用の洗剤の「液性」には、中性は6.0以上、8.0以下との規定があります。

中性アミノ酸
　アミノ酸を構成するアミノ基とカルボキシ基の数が釣り合っているもので、水溶液は中性を示します。

中性塩
　酸のH⁺と塩基のOH⁻が完全に反応し、そのH⁺とOH⁻が残っていない形の塩をいいます。NaCl（塩化ナトリウム）やK₂SO₄（硫酸カリウム）等を指します。パーマ剤に配合される中性塩には炭酸水素アンモニウム等がありますが、このアルカリ剤の特徴は、配合量の割には第1剤のpHが上昇し難いため、単独で使用されることは稀で、強アルカリ剤であるアンモニア水やアミン類と併用される場合が多くなっています。しかし、臭い及び皮膚刺激が比較的少ないという特徴を持ちますので、パーマ剤に配合される頻度は高まっているようです。

中性脂肪
　人間の体温を保ったり、身体を動かすエネルギー源となる物質で、別名トリグリセリドとも呼ばれます。

中性パーマ剤
中性パーマ
　パーマ剤の液性による分類です。第1剤のpHが8前後の製品をいい、主にチオグリコール酸系パーマ剤で用いられます。
　パーマ剤の効果は第1剤のpHに大きく影響を受けますから、慣用的にパーマ剤の効果の目安としてアルカリパーマ（pH9程度）、中性パーマ（pH8前後）、酸性パーマ（pH7未満）とタイプ分けが行われています。通常、チオグリコール酸系パーマ剤に関して、このような分類が用いられます。中性パーマのpH調整剤またはアルカリ剤として炭酸水素アンモニウム等の酸性塩が用いられています。第1剤のpHが低いため得られる効果は弱いのですが、反面臭いの問題や皮膚刺激が比較的弱いという特徴を持ちます。
　⇒ アルカリパーマ 参照
　⇒ 酸性パーマ 参照

中和
　酸と塩基（アルカリ）が反応することで、化学における最も基本的な反応現象の1つです。反応の結果、塩（えん）と水ができます。パーマ操作の第2剤の反応を中和と称する場合もありますが、正しくは、第2剤の反応は酸化反応です。

中和反応
　酸と塩基（アルカリ）の持つお互いの性質を打ち消し合う反応です。パーマ剤第1剤には「アルカリ」の規格がありますが、塩酸（HCl）を用いた中和反応を利用して測定します。

潮解性
　物質が空気中の水分を取り込んで、自らが水溶液となる現象のことを潮解といい、このような性質を潮解性といいます。同じ意味合いに「吸湿性」がありますが、これは物質が水分を吸収する性質のことを指し、自らが水溶液になる場合を潮解といいます。

調色剤
　単独で酸化してもほとんど発色しませんが、染料中間体と共に酸化すると、染料中間体単独での発色とは異なった色調に発色するものです。これは、フェノール類やアミン類が結合され、新たなアゾ化合物が作られる（この反応をカップリング反応といいます）ためで、レゾルシンやメタフェニレンジアミン等が用いられます。カップリング反応をさせる物質ということで、カップラーとも呼ばれます。

チロシナーゼ
　⇒ チロシン酸化酵素 参照

チロシン
　タンパク質を構成する芳香族アミノ酸の一種で、生体内でフェニルアラニンから生成され、アドレナリン（神経伝達物質）、チロキシン（ホルモン）、メラニン（色素）等の重要な物質に変化します。

チロシン酸化酵素
　チロシナーゼともいいます。チロシン（アミノ酸の一種）を段階的に酸化して赤色色素ハラクロムを経てメラニンを生成させる酵素複合体で、動物界に広く分布しています。
　人体におけるメラニンの生産は、チロシンを出発点として、チロシン酸化酵素の作用によりドーパを経て行われるものとされています。

ツ

つけ巻き法
　パーマ剤第1剤の塗布の仕方で、あらかじめ毛髪に第1剤を塗布しておき、ロッドに巻き込む方法をいいます。第1剤の作用で毛髪が軟化し、巻きやすいという長所が

チ・ツ・テ・ト

ある半面、手指に第1剤が接触してしまうことから、手指の保護のため、適切な手袋を着用する等の対策が必要です。

テ

DL-システイン
合成のシステインです。
⇒ システイン 参照

DL体
旋光性を持つL体とD体の等量混合物で、化学合成により得られます。ラセミ体とも呼ばれます。

D体
光を左周りに曲げる性質を持つ旋光性物質をいいます。天然の物質にはほとんどありません。
⇒ 旋光性 参照

DTDG
ジチオジグリコール酸（Dithiodiglycolic Acid）の略称。
⇒ ジチオジグリコール酸 参照
⇒ 反応調整剤 参照

テストカール
パーマ剤第1剤の毛髪への作用状況を確認するために行う操作をいいます。一定時間第1剤を作用させた後、ロッド等を外し、毛髪が十分軟化していることを確認します。「テストカールでウェーブが出たか確認する」と考えている方もいるようですが、パーマ剤は第1剤と第2剤双方の作用により、初めてカール（あるいはストレート）を得るものですから、これは誤りです。

添加剤
有効成分以外に配合される成分全てを、添加剤といいます。パーマ剤の場合、パーマ剤添加物リストが厚生労働省審査管理課長通知として発出され、このリストに収載される添加物であれば承認申請の際に資料の一部の添付を省略することができます。

電気パーマ
電髪
大正時代の終わりから、昭和30年ごろまで広く行われていたパーマで、電熱器具を用い、電気ソリューションと呼ばれた薬液（成分は亜硫酸塩とアルカリ剤）を使用していました。断毛等の事故の危険性が高く、現在のチオグリコール酸を有効成分とするパーマ剤が発売されて以来、使用されなくなり、現在では全く見られません。電髪は、電気パーマの略称です。

電子顕微鏡
電子線を用いて、微小な物の表面の拡大像を得る装置で、光学顕微鏡（光を用いて、微小な物の拡大像を得る。一般的によく知られている顕微鏡）では不可能な高倍率、高分解能の像が得られる顕微鏡です。毛髪の表面（キューティクル）を観察し、損傷の程度等を判断することができます。

天然保湿因子
ヒト自身が元々持っている皮膚の保湿成分の総称で、角質層や角質細胞の中にあり、水を吸収し、保持する物質をいいます。約40%がアミノ酸で、他にピロリドンカルボン酸、乳酸、尿素、糖類等の低分子の成分から成ります。NMFとも呼ばれます。
⇒ NMF 参照

添付文書
医薬品医療機器等法第52条（第60条で医薬部外品が、第62条で化粧品が準用）の規定により、医薬品、医薬部外品、化粧品に添付される文書をいいます。通常、外箱（法律的には外部の容器または外部の被包といいます）に封入されています。製造販売会社から消費者（医薬品の場合は医師、薬剤師を含みます）へ必要な情報を伝える目的で添付または封入されています。俗に「能書」といわれています。

ト

等電点
酸と塩基（アルカリ）の性質を持つ、両性物質は、水溶液中で、酸として作用したり、アルカリとして作用したりしますが、酸とアルカリの力が等しくなる時があります。そのときのpHを等電点といいます。
両性物質には、アミノ酸やタンパク質等があり、タンパク質である毛髪の等電点は、pH4.5〜5.5の範囲で、毛髪が最も安定した状態であるといわれています。
この等電点については、pH5.6、4.9、4.1〜4.7、3.4〜4.5等が報告されています。この違いの要因としては、測定方法・供試試料・試薬等の差によるものと思われます。測定に使用した酸・アルカリ・緩衝剤等の毛髪に対する親和力の大小によって、等電点は影響を受けます。また、美容処理、特に脱色剤や染毛剤等の酸化作用の処理は、ケラチンの酸性アミノ酸の比率を高めるので、等電点は低下します。これらを勘案して、本書では等電点を"4.5〜5.5"に統一することにしました。

ドーパミン
中枢神経系に存在する神経伝達物質（神経細胞同士で情報伝達のやり取りを行う物質）です。ドーパミンは、脳に対してやる気を出すような指示を出します。

トコフェロール
ビタミンE群の総称です。トコフェロールには、α（アルファ）体やγ（ガンマ）体、モノメチル体、ジメチル体、トリメチル体等がありますが、ビタミンEはα-トコフェロールを指します。還元作用を有するため、製品の酸化防止の目的等に配合されます。

届出
化粧品の製造販売を開始する前に、製品ごとに主たる機能を有する事業所の所在地の都道府県知事宛に販売名、製造所情報等を記載した製造販売届を届出ることが規定されています。なお、この届出は当該日に受理され、受理後には製造販売を開始できます。

トリエタノールアミン
無色〜淡黄色の吸湿性のある粘性の液体で、わずかにアンモニアのような臭いがあり、水に溶けてアルカリ性を呈します。脂肪酸と結合して石けんを作るので、石けん乳化の乳化剤として、あるいは酸の中和剤として用いられるほか、アニオン界面活性

「パーマの科学」用語集

剤のトリエタノールアミン塩の形でよく用いられます。このほか、染料の溶剤、セメント添加物、医薬品、金属工業等、広範囲に利用されます。

トリグリセリド
　⇒ 中性脂肪 参照

トロッター係数
　⇒ 毛径指数 参照

ナ

内毛根鞘
毛根部の毛髪に接している層をいいます。
　⇒ 外毛根鞘 参照

軟毛
細くてコシのない毛髪をいいます。乳児期の頭髪は軟毛がほとんどです。毛髪は太くてコシのある硬毛と軟毛に分けられます。
　⇒ 硬毛 参照

ニ

日局
日本薬局方の略称です。
　⇒ 日本薬局方 参照

日本工業規格
工業標準化の促進を目的とする工業標準化法（昭和24年）に基づき制定される国家規格です。様々な分野（土木及び建築、一般機械、自動車、鉄道、化学、繊維、管理システム、日用品、医療安全用具、航空、情報処理等）において、標準化された規格が制定されてます。
なお英名はJapanese Industrial Standardsで、頭文字をとってJISとも呼ばれます。

日本薬局方
医薬品、衛生材料及び医薬品の製剤化のために用いられる成分（例えば、賦形剤）について、性状及び品質の基準を医薬品医療機器等法により定めたもので、厚生労働大臣により公示されています。通則、生薬総則、製剤総則、一般試験法、医薬品各条から構成されています。5年ごとに改正され、現在、第16改正が平成23年（2011年）に公布されています。日局と略称されることもあります。

乳化剤
水溶性成分と油性成分は本来ならばお互いに混ざり合わないものですが、界面活性剤によって完全に混合し合うエマルション（乳化物）をつくることができます。エマルションには油性成分を水相に分散させた形の水中油型（O/W型）エマルションと、水溶性成分を油相に分散させた形の油中水型（W/O型）エマルションの二つのタイプがあります。O/W型のエマルションでは、界面活性剤は親油性部分（親油基、疎水基）を内側に向けて油性成分の粒子を包み込み、親水性部分（親水基）を外側に向けて球状に配列します（これをミセルといいます）。油性成分はこのミセルによって細かい粒子となって水中に安定に分散します。W/O型のエマルションでは、逆に、界面活性剤は親水基を内側に向けて水溶性成分の粒子を包み込み、親油基を外側の油相に向けてミセルを形成し、水溶性成分は細かい粒子となって油相中に分散します。このように、界面活性剤は乳化の際に、いわば、水溶性成分と油性成分をなじませる橋渡しの役目をします。油性成分の種類と量、水溶性成分の種類と量、界面活性剤の種類と量及び混合の条件等をうまく調整することによって、親水性と親油性のバランスのよくとれた安定な乳化が得られます。

二浴式パーマ剤
パーマ剤の製品形態あるいは使用方法を表す分類。チオグリコール酸塩やシステイン類等の還元剤を有効成分とする第1剤と、臭素酸塩、過ホウ酸ナトリウムあるいは過酸化水素等の酸化剤を有効成分とする第2剤からなるパーマ剤で、パーマ剤製造販売承認基準に定められている10種のパーマ剤の内、9種までがこの二浴式パーマ剤に当たります。

二量体
2個の分子が重合してできる物質をいいます。ダイマー（dimer）とも呼ばれます。

ネ

ネガティブリスト
法規制の方法のうち、「禁止するものだけの一覧表」を作成し、規制する方式をいいます。
　⇒ ポジティブリスト 参照

熱変性
物質の性質が熱により変化することです。タンパク質は熱によって立体構造が壊れてしまいます。

粘性
液体が変形する時、お互いの分子間に摩擦と抵抗が生じることをいい、わかりやすくいうと「ねばる性質」のことです。一般的には、純水を基準にして「粘度」という尺度で表されます。
粘度の単位は、SI単位でPa·s（パスカル秒）、CGS単位でP（ポアズ）等で表され、20℃の純水は、
　0.001Pa·s（パスカル秒）
　=1mPa·s（ミリパスカル秒）
　=1cP（センチポアズ）
となります。

粘弾性
粘性と弾性の2つの性質が混ざり合った性質です。

粘度
正式には粘性率といい、液体の粘りの状態（硬さ）を示すものです。
パーマ剤の粘度は、通常B型粘度計を用いて測定しますが、これは測定検体にローターと呼ばれる心棒のようなものを差し、これを回転させたときに生ずる抵抗値を数値化するもので、単位にはmPa·s（ミリパスカル秒）を用います。パーマ剤で明確に粘度の規定がなされているものは、縮毛矯正剤の40000mPa·s以下だけで、これは硬いクリームあるいはゲルに相当します。

ハ・ヒ

り、脂肪様の物質を分泌し、皮膚や髪を滑らかにします。手掌と足底には存在しません。

皮脂膜
皮脂腺から分泌された皮脂と汗が混じり合ってつくられるもので、皮膚表面を履っている水分の蒸発による乾燥を防いだり、保護する働きをしています。

ヒステリシス
加える力を最初と同じ状態に戻しても、完全には戻らないことをいいます。行きと帰りの状態が異なることです。

ヒ素
ヒ素は人体に対して毒性があり、体内に入ると肝臓、腎臓、毛髪、爪、骨等に沈着し、長期間摂取するとヒ素疹、皮膚角化症、黒皮症、肝障害、貧血、肺がん、爪・毛髪の萎縮・欠損等の中毒症状を起こします。

あるデータによると、毛髪中のヒ素の正常値は 0.2 ～ 0.8ppm となっています。化粧品や医薬部外品に使用される原料については、安全性確保の目的からヒ素の混入上限が定められています。また、パーマ剤については、パーマ品質規格で第 1 剤中の上限は 5ppm とされています。製品を作り上げる過程で、異物や不純物が混入されないよう、品質管理の重要なチェックポイントの 1 つです。

必須アミノ酸
体内で十分な量を合成できず、食物から摂取しなければならないアミノ酸で、不可欠アミノ酸とも呼ばれます。人では、一般的にトリプトファン、リジン、メチオニン、フェニルアラニン、トレオニン、バリン、ロイシン、イソロイシン、ヒスチジンの 9 種類が必須アミノ酸です。

引っ張り強度
1 本の毛髪を引っ張り、横軸を伸び率に、縦軸を荷重として得た曲線は、3 つの領域に区分されます。最初は、毛髪を引っ張る力に比例して毛髪が伸びる領域で、毛髪がさらによく伸びる領域、及び毛髪の破断が起こる領域に分けられます。毛髪は、荷重をかけ続けると最終的にはシスチン結合の変形が起こり、ついには毛髪が切断してしまいます。毛髪を切断する力（強度）は、個人や部位による差はありますが、1 本当たり 120 ～ 180g で、平均 150g 程度です。

また、このときの毛髪の伸び（伸張率）は 40 ～ 50% です。一般に太くて硬い毛は、細い毛より強度が大きくなります。毛髪が損傷すると、強度は極端に低下します。

PPT
ポリペプチド（Polypeptide）の略語です。動物のすじ、皮膚からとったコラーゲン等を酵素、酸、アルカリ等によって水溶性になるように加水分解したものです。このくらいの分子量になりますと、毛髪に吸着されやすく、特に間充物質が流出した損傷毛によく吸着されます。毛髪の間充物質との類似成分であるため、損傷毛を補修するトリートメント作用があります。毛髪には高濃度のタンパク液のまま使用するか、またはヘアトリートメント等に配合して利用されます。欠点としては特異な臭いがあることです。
⇒ ポリペプチド 参照

粃糠性脱毛症
フケに起因する脱毛症です。乾性のフケと非常に深い関係があり、頭皮に対する毛髪の固着力が低下して、ブラッシング等で力がかかると簡単に脱毛してしまいます。毛根の先端部分に、未角化の毛根の一部がシッポのように付着しているのが特徴です。

ヒドロキシ基
-OH 基のことです。

皮膚アレルギー試験
⇒ パッチテスト 参照

表示指定成分
医薬品医療機器等法第 59 条では「厚生労働大臣の指定する医薬部外品は、その成分の名称」を表示することになっています。これらの成分を表示指定成分といいます。これらの成分は、アレルギー等をおこす恐れのある成分あるいはその疑いを持たれている成分で、過去の臨床報告や学術文献等を根拠に指定されたものです。まれに特異体質の人がアレルギー反応をおこすことがありますので、それを未然に防ぐ目的に、過去にアレルギーを経験した人が商品選びの際、その成分を避ける目的に、そして万がーアレルギーを引き起こしたときに医師が治療の参考にする目的等から表示するものです。

事故を防ぐ目的のための表示ですから、表示指定成分の有無で商品の安全性に影響があるというものではありません。

なお、第 61 条では「厚生労働大臣の指定する成分を含有する化粧品にあつては、その成分の名称」を記載することが義務づけられ、原則として、この指定される成分は配合される全ての成分であるため、化粧品は全成分表示が義務づけられています。

漂白
繊維、布、紙等に含まれる色素を化学的に分解して脱色し、白くすることをいいます。漂白に酸化剤を用いた漂白と還元剤を用いた漂白があり、酸化漂白剤には過酸化水素、過酸化ホウ酸ナトリウム、さらし粉、次亜塩素酸ナトリウム等があり、還元漂白剤には二酸化硫黄、亜硫酸水素ナトリウム、ハイドロサルファイト等があります。

表皮
皮膚の表層部で無血管の層です。内側から外側へと次の 5 層からなります（基底層、有輪層、穎粒層、透明層、角質層）。厚さは 0.15mm から 1.5mm と様々ですが、足の裏や手掌は特別に厚くなっています。角化した表層は抵抗が強く、基底層の細胞はメラニン色素を含み、この多寡で皮膚の色調が異なります。

表面張力
表面積をできるだけ小さくしようとする性質のことで、界面張力の一種です。界面とは、異なる相（液体と気体、固体と液体等）が接している境界のことをいい、このうち一方が液体や固体で、もう一方が気体の場合にその境界を表面といいます。

ビルダー
⇒ 洗浄助剤 参照

ピロリドンカルボン酸塩
皮膚の角質層中に含まれる保湿成分といわれ、皮膚の保温剤として使用されます。主に dl-ピロリドンカルボン酸ナトリウムが用いられます。

「パーマの科学」用語集

品質管理
　消費者が要求する品質の製品をつくり出すために用いられるすべての手段の体系を品質管理といいます。

品質管理の基準
　GQP（Good Quality Practice）とも呼ばれるもので、医薬品等の製造販売をするに当たり、必要な製品の品質を確保するために行うべき内容が規定されたものです。
　医薬部外品及び化粧品の製造販売業者については、品質管理業務の手順に関する文書を作成し、以下の業務を行うことが求められています。
　1．市場への出荷に係る記録の作成
　2．適正な製造管理及び品質管理の確保
　3．品質等に関する情報及び品質不良等の処理
　4．回収処理
　5．文書及び記録の管理
　6．その他、品質管理業務
　1から6以外に、自己点検、教育訓練についても各企業が必要に応じて実施することが推奨されています。
　⇒ 製造販売後安全管理の基準 参照

品質規格
　⇒ パーマネント・ウェーブ用剤品質規格 参照

ピンパーマ
　毛束をペーパーで包み、根元にピンで止めた状態でかけるパーマです。ロッドを使うパーマよりも緩めのウェーブで、くせ毛風でナチュラルな仕上がりになるとされます。

フ

ファン・デル・ワールス力
　分子間に働く（ときには、原子やイオンの間にも作用し、コロイド粒子間でも働く）引力で、距離の7乗に逆比例するといわれています。分子間力ともいいます。

フィブリル
　毛皮質の結晶領域の主体を形成している繊維状の硬質ケラチンで、その構造は、らせん状のα-ヘリックス型のポリペプチド鎖2本が2量体を形成し、さらに2量体が逆平行に2本会合して4量体（プロトフィブリル）を形成します。この4量体が8本集まってミクロフィブリルを形成します。
　また、2つの4量体が会合して8量体を形成し、この8量体が4本集まってミクロフィブリルが形成されるという説もあります。
　ミクロフィブリルは、IFタンパク質とも略されます。
　⇒ IFタンパク質 参照

フェオメラニン
　メラニン色素の一種で、黄色～赤色をしています。金髪等色が明るい毛髪には、このフェオメラニンが多く含まれます。なお、メラニン色素とは一般的にフェオメラニンとユーメラニンの混合物を指します。
　⇒ メラニン色素 参照
　⇒ ユーメラニン 参照

フェノール
　ベンゼンの水素原子1個をヒドロキシ基で置換した構造をもち、C_6H_5-OHで表されます。強い殺菌作用を持ち、消毒薬として使用されます。

不可欠アミノ酸
　⇒ 必須アミノ酸 参照

不揮発性
　加熱しても揮散しないで、あとに残る性質を不揮発性といいます。揮発物と不揮発物の関係は、ある温度を与えた場合、より低い温度で揮散する物質が揮発物となり、残留物は不揮発物となります。つまり、これらは相対的な関係にあることになります。パーマ剤で汎用されるモノエタノールアミンは不揮発性有機アルカリに属します。ここで、システイン系パーマ剤第1剤には「不揮発性無機アルカリを含まない」との規定がありますが、これに該当するアルカリ剤はアルカリ金属の水酸化物（水酸化ナトリウム、水酸化カリウム、水酸化リチウム等）を指します。

不揮発性無機アルカリ
　水酸化ナトリウム、水酸化カリウム等のような結晶性で揮発しない無機系のアルカリ剤をいいます。システイン系パーマ剤のアルカリ剤には使用できません。

副生成物
　目的とする反応とは異なった反応により生成した物質をいいます。パーマ剤の反応は第1剤によるシスチン結合の還元、及び第2剤による再結合が目的の反応ですが、別の反応が起こることにより、混合二硫化物やランチオニン、システイン酸等が生成します。これ等の生成物が副生成物と呼ばれます。

不斉炭素
　分子中の炭素原子に互いに異なる原子または原子団が4個結合しているとき、この炭素原子を不斉炭素原子といいます。

プソイドケラチン
　肌等の柔らかいケラチンをいいます。毛髪や爪を構成する硬いケラチンはオイケラチンといいます。

ブチロラクトンチオール
　環状構造でチオール基（SH基）を有する還元成分です。平成13年4月の化粧品基準施行に伴い、新たに化粧品への配合が可能となった成分で、主にヘアセット料（カーリング料）に使用されます。水中での安定性が低いため、カーリング料では使用前に混合するタイプがほとんどです。

物理的作用
　毛髪に対する物理的作用とは熱、摩擦、乾燥等で、具体的にはドライヤーの熱やブラシの摩擦等があります。これらの影響により毛髪は損傷を受け、裂け毛、枝毛、毛小皮の剥離等として現れます。

不溶性タンパク質
　タンパク質の溶解性による分類で、水に不溶のものです。繊維状タンパク質の硬タンパク質が不溶性タンパク質です。

ブリーチ剤
　脱色剤の通称です。
　⇒ 脱色剤 参照

フリーラジカル
　原子は、原子核を中心にその周りを負（マイナス）に帯電した電子が回っています。

第8章 「パーマの科学」用語集

「パーマの科学」用語集

水ベース系毛料

還元剤のうち、一剤主薬剤をその中間領域の持続持続期間を持つ5つの細分系の毛料を、アンモニアや様々な添加剤HCなどの薬剤を併用した「還元ラブ」や「還元クラブ」等を併用したものも。還元系薬剤は、加温機械式やHC溶剤を併用するものがあります。

酸化剤の主薬として、チオグリコール酸（チオグリコール酸）、システイン、システアミン、ラクトン酸、グリオキシ酸、スピルリンなどが用いられ、化粧品、医薬部外品、医薬品として用いられています。医薬部外品、化粧品の還元剤として用いられます。主としてドナーから得られます。

モノエタ口ミン

水分を保持する働きの強い吸湿剤を、還元剤に加える種々の添加剤として、化粧品などに用いられます。主としてドナーから得られます。

---

h

⇒ DTDG 参照

⇒ チオグリコール酸 参照

チオグリコール酸をその働きを抑制する働きのものを応用緩衝剤といいます。このシオグリコール酸コールの pH 範囲内で緩衝作用が適正な範囲において、チオグリコール酸を 4% 範囲内で配合することができ、キャリオール範囲内についても応用緩衝します。

反応緩衝剤

チオグリコール酸を有効成分とするコール剤に添加する二液溶剤または緩衝剤をいいます。

$$2H_2 + O_2 \rightarrow 2H_2O$$

例えば、水素が燃えて水ができるとき、次のように化学式で示します。また、反応物質を矢印の近辺に、生成物質を矢印の右辺に、それぞれの化学式で示します。

反応式

化学反応における反応物質・生成物質を化学式で示したものをいいます。一般に、分子式または示性式が用いられています。

非イオン界面活性剤

水に溶解したときに、イオンに解離しないもので、多価アルコールの脂肪酸エステルおよびポリオキシエチレンアルキルエーテル系が多く、これらが非イオン界面活性剤です。

英名は Non-ionic surfactant で、この界面活性剤は、乳化剤や溶解作用に用いられ、還元剤や染毛料、染毛剤などを乳化するとともに皮膚刺激性も低くなります。

PL法

PL は Product Liability（製造物責任）の略称です。

⇒ 製造物責任法 参照

非結晶領域

毛髪は、主成分（ケラチン）をまとめるタンパク質（コルテックス）、水膜質（キューティクル）を、その中の3 割分から成り立ちます。さらに結晶領域と、結晶領域の間にあり、結晶領域より水が入りやすく（アモルフ）、結晶領域はフィブリルの間の非結晶物質を指しますが、この非結晶領域の成分領域が毛髪の性質と深い関係があるようです。

⇒ 結晶領域 参照

非酸化毛料

鋭いイオンエッチールにより肌色の成分を含み、それによって毛髪を染める染毛剤のことをいい、酸化反応を体内になく、非酸化染毛料のこといいいい、医薬部外品に属し、化学毛料といいます。

皮脂

皮脂腺から分泌されるワックスエステル、スクワレン、トリグリセリドなどの様々の液体です。

皮膚器

皮膚の表皮・内部分は主に外側に開口して

---

pH（ピーエイチ）

pH とは、ある液体が、アルカリ性か、中性か、酸性を示す目安になります。pHの記号を用いて表されます。水素イオン（H+）の濃度によって、中性、アルカリ性または酸性などが決まります。pH7 を中性とし、pH7 より酸性の濃度の値は小さく、アルカリ性の濃度の値は大きくなります。中性、pH の範囲が広く、中性、アルカリ性を示す。医療部外品規格基準 2006（医療部外品規格基準）が範囲が決められています。pH の範囲が、規定のようにそれぞれ図のように区分されています。

⇒ ペーハー（pH）参照

pH値

0	
1	強酸性 約3以下
2	
3	
4	酸性 約3〜約5
5	
6	弱酸性 約5〜約6.5
7	
8	弱アルカリ性 約7.5〜約9
9	
10	
11	アルカリ性 約9〜約11
12	
13	強アルカリ性 約11以上
14	

pH調整剤

pH 調整剤とは、製剤の pH をある一定の使用した範囲に調整するもので、酸が主に製剤になる。酸、アルカリ、リン酸塩、燐酸塩、炭酸塩また炭酸水素塩などが分けられます。アルカリとしては、酸、ホウ酸、アンモニア、クエン酸、リン酸等が使用されます。アルカリとしては、アンモニア等が使用されます。

非酸化毛料

酸化剤から発生されるラッシュエステル、スクワレン、トリグリセリドなどの液体です。

皮膚

皮脂腺から分泌される皮脂とエクリン汗腺の汗の混合物で、皮膚の表面を覆う層、皮膚の水分が失われる乾燥を防ぎ、皮膚を保湿させます。

ハ・ニ・ヌ・ネ・ノ

ノ

濃度

対象とする成分の含量を表すのに用いられ、種々の表示法があります。例えば、重量パーセント（w/w%）、容量パーセント（v/v%）、重量対容量パーセント（w/v%）等があります。パーセント濃度が1％のチアミンラウリル硫酸塩を含む殺菌剤書では、チアミンラウリル硫酸塩が6％のパーセント溶剤を多く含まれていて、チアミン溶剤100mlに1個1gのチアミン塩溶液が含まれています。また、ppm（ピーピーエム）という単位も用いられます。ppmは100万分の一ということを表します。すなわち、2ppmというのは100万分の2の割合で存在するということです。0.0002％に相当します。

→非イオン界面活性剤 参照

ハ

バーマップテスト

薬剤の殺菌評価試験を行う方法の一つで、Ｙの字管を名を冠する試験法な試験法です。パーマップテストはより実際の使用時の試験用などの殺菌評価試験の一つ値法です。

この殺菌剤については、殺菌品の試験評価値が高いほうが能的ではありますが、評価値が低い値の対象と試験を行う方法ですが、この方法には一般的に適切な値を持っており、現場での影響が出にくい傾向です。逆に調合したり、評価値が極端に高いように解釈はしないかもしれません。同性能でも、試験の条件があるため、殺菌効果が得られやすいように持っていきたい傾向があり、この方法は一般向きの菌に対する評価も行うと表現します。

正確には「バーマンスタンドパップテスト」と、ヤーブナイーヌページ名し、一般試験法と使用法は経済方法のものに。

バーマン剤

→正式には「バーマンスタンドパップテスト」用剤液 参照

バーマン剤殺液添加基準

→バーマン剤殺液添加基準

バーマン剤殺液を殺液添加する場合などについて基準、有効成分量、pH、アレルギー、不純物含量等の項目が設定されている。2015年3月25日に公正27年厚生労働省告示（第○号）を改正され、バーマン剤殺液（類Y）の殺液添加基準が正式な殺液基準となりました。

この「殺液添加基準書」では、新たにパロモマイシン類のアレルギン剤誘導体である「バーマン剤殺液（類Y）として配合された種類の誘導体（パロモマイシン類誘導体含有）、残留農薬、衛生化・生物化学的反応その他基準毎の殺液化等の有効性・安全性の個別化についても告知しています。

バーマン剤殺液殺液定基準

バーマン剤殺液殺液を構成化殺液用薬菌剤区分した殺液化基準の対（殺液殺液のpH、化学酸化酸、糖化物組等）の測量者毎にその殺液の殺液の試験書を添付することが必要となりました。また、申請の試験項目の重要点には、日常的にバーマン剤殺液を殺液液等することが、申請殺液のうちに殺液殺液が出現されています。

バイロセローラ剤

パリントン−レ配合されたイオン殺菌イン塩剤の殺菌性を高めた配合剤で、低濃度でもエタノール、プロピレングリコール等がよく用いられます。

撥水性

水をはじいてしまう、水になじまない性質のことを表します。撥水性が高くなると殺菌性よりも殺液性をして殺菌効果を低下させることがありますが、これは有効事情を考えて、増水性を上げることが殺液性を遅くさせ、撥水性もゆっくりと殺液が供給されます。

バラジクロロベンゼン

防虫衛生剤の有効成分として使用される物質です。衛生害虫の防塵防虫防害色に使用します。他の衛生ラ学タ化化合成剤と併用すると、誘発薬剤の効力低下を引き起こすことがあります。また、服装に使用する際には毎回各別に区分してとることも必要となります。アーテトス（バラジクロロベンゼン）を使用する業務には、塩化ビニル樹脂含有フィルムなど使用していうのがついています。

バラジン

バラジキン系殺虫剤有効成分エステルの総称です。

→フレーキング 参照

パラフィン

石油から精製された不飽和分の固体または液体で、炭素原子の数が20以上のもの（一般式で C_nH_{2n+2} の構造式で示化合物）の総称です。

パラフィンワックス

→オキシソリックス参照

物質を持ちながら、ゆっくりした疎水性を持ちます。パラフィンワックスと水も落ちにくくいで、撥水性が高くなっています。

除外

→経時使用 参照

バフ作用

アレルキン接種を与えることによってそ果物を有効因として使用する刺激物を含有効果のより、アレルゲン容感、吸着性、薬効面、殺菌塩を与えることで、気使用する2日目（48時間後）を使用するまでを殺菌分し毎日使用することでパラジキン次がなります。

バッチスト

ラスキン（バッチスト）を行うことで業務に付けがあります。

パラン

パラジキン系殺虫剤等殺虫エステルの腐敗化剤です。

ヒ・フ・ヘ

通常、電子は1つの軌道に2個づつ対で収容されますが、原子の種類によっては1つの軌道に対になっていない電子が存在することがあり、このような電子を「不対電子」といい、「不対電子」を持つ原子または分子をフリーラジカルといいます。

フレーキング
パーマにおけるフレーキングとは、システイン系パーマ剤を用いた施術中に、毛髪や手指に白い粉が吹く現象をいいます。これはシステインが酸化されて生成するシスチンが析出したもので、シスチンは水にきわめて溶けにくいという性質があるためです。フレーキングを起こすと、毛髪の感触を悪くしたり、手指の荒れの原因となります。システイン系パーマ剤が市場に出始めた当初はフレーキングを起こすケースが多く、いろいろと問題になりました。しかし、その後、チオグリコール酸を安定剤として使用したり、DL-システインを使用する等処方上の改良によって、フレーキングの問題はかなり減少しました。また、アセチルシステインの酸化生成物は、水に対する溶解性が非常に高いので、これを配合したシステイン系パーマ剤では、フレーキングの問題はほぼ解消されています。

フレーキングという言葉は英語の"flake"からきたもので、flakeには薄片となって"はげ落ちる"とか"雪がちらちらと降る"という意味があります。パーマ以外にもフレーキングを起こすケースがあるものとして、ヘアスプレー等があります。

プレカーサー
染料中間体の別名です。
⇒ 染料中間体 参照

プレ剤
⇒ 前処理剤 参照

プロテイン
proteinはタンパク質の英名です。
⇒ タンパク質 参照

プロトフィブリル
ケラチンモノマー2本が捻られた2量体(ダイマー)同士が、逆平行で互いに結びついた4量体(テトラマー)のことであり、毛髪の繊維を構成している基本的な構造部分をいいます。

プロピレングリコール
ヒドロキシ基2つを持つ無色無臭のやや粘稠な液体です。保湿剤として使用され、若干の抗菌性を持ちます。

分子
物質の性質を持った最も小さい粒子を分子といい、分子を構成している最も小さい粒子を原子といいます。例えば、砂糖の結晶をどんどん細かく砕いていくと、それ以上細かくすると砂糖の性質を失うという小さい粒子になります。これが砂糖の分子です。これをさらに細かく砕くと、もはや砂糖の性質を持たない炭素、水素、酸素の粒子になってしまいます。これらの粒子が原子です。

分子運動
物質を構成する分子や原子の不規則で無秩序な動きです。これらの運動エネルギーが熱として現れます。

分子間力
⇒ ファン・デル・ワールス力 参照

分子量
物質の化学的な性質を備えた粒子の最小単位を分子といいます。分子量は分子が6.02×10^{23}個(これをアボガドロ定数といいます)集まったときの重さ(グラム)に相当します。分子の大きさや重さを比較する上でよい指標となります。

ブンテ塩
亜硫酸塩と二硫化剤が反応して生成する化合物です。下の式により生成するS-スルホン酸塩をブンテ塩と呼びます。

[ブンテ塩]
$\sim S-S\sim + Na_2SO_3 \rightarrow \sim S-SO_3Na + Na-S$

亜硫酸塩を主成分とするヘアセット料とケラチンとの反応によっても生じます。医薬部外品としてのパーマ剤とは反応メカニズムは異なり、不可逆な反応です。

ヘ

ヘアサイクル
毛髪は一生涯伸び続けるのではなく、成長期、退化期、休止期、発生期を繰り返しています。これを毛周期(ヘアサイクル)といいます。一般的に、1本の毛髪の寿命は5年前後といわれています。多くの動物は、隣接した毛の多くが同一時期に換毛しますが、人間は、個々の毛髪は個々の独立した周期を持っています。この毛周期を調節する機序は現在まだ不明です。
⇒ 毛周期 参照

ヘアセット料
毛髪をセットするために用いる頭髪用化粧品で、ヘアスタイリング剤(ヘアスプレーやヘアフォーム、ヘアワックス等)は洗い流さないヘアセット料です。これとは別に、洗い流すヘアセット料があり、これは還元作用を有する成分を含有し、パーマ剤と類似の使用方法により毛髪にカール、あるいはストレートを付与する頭髪用化粧品です。一般的に、洗い流すヘアセット料を単にヘアセット料と呼び、カーリング料とも呼ばれます。2001年(平成13年)4月に施行された化粧品基準により、化粧品に使用可能な成分の取り扱いが大きく変更され、それ以前は国が認めた成分だけが配合可能でしたが、一部の成分(防腐剤、紫外線吸収剤及びタール色素等)を除いて、製造販売業者が安全性を確認した上で自由に配合することが可能となり、主にチオール基(SH基)を有する成分を配合した洗い流すヘアセット料が登場することとなりました。これとは別に、化粧品基準制定前から製造販売されている亜硫酸塩を配合した化粧品のヘアセット料もあります。
⇒ カーリング料 参照

ヘアマニキュア
酸性染毛料の別名です。染毛料の一種で、酸性染料が毛髪のタンパク質とイオン結合することで、髪を染める化粧品の半永久染毛料です。
⇒ 酸性染毛料 参照

平衡反応
化学反応は一方向だけに反応が進む不可

「パーマの科学」用語集

逆反応（例えば、過酸化水素が水と酸素に分解する反応：$2H_2O_2 \rightarrow 2H_2O + O_2$）と、両方向に反応が進む可逆反応（例えば、窒素と水素からアンモニアが生成する反応：$N_2 + 3H_2 \rightleftarrows 2NH_3$）に分けられます。この可逆反応は、最初は右方向に進みますが、生成物の濃度が高まると、生成物が分解する左方向の反応も起こり始めます。次第に右方向の反応と左方向の反応が釣り合うようになり、このように見かけ上反応が止まっている状態となります。これを化学平衡と呼びます。

β-ケラチン

毛髪を引き延ばした状態、または熱変性した際の構造です。らせん構造が崩れて引き伸ばされて、α-ケラチンの約2倍の長さになります。

⇒ ケラチン 参照

ペーハー（pH）

pH（ピーエイチ）の旧名称。昭和32年（1957年）のJIS制定の際に読みが「ピーエイチ」と定められ、計量法及び計量単位令でも「ピーエッチ」と定められています。

なお、ペーハーはドイツ語読み、英語読みはピーエイチです。

⇒ ピーエイチ（pH）

ペプチド結合

同種または異種のアミノ酸分子が相互のアミノ基（-NH₂）とカルボキシ基（-COOH）が脱水して結合した方式で -CO-HN- で表されます。この結合はペプチド結合と呼ばれますが、この結合が繰り返されて長くつながってポリペプチド鎖となります。

ヘモグロビン

血液中の赤血球の赤い色素です。酸素分子と結合する性質を持ち、肺から全身へと酸素を運搬する役割を担っています。

ベンガラ

土から取れる成分（酸化鉄）で、赤色顔料として使用されます。

ベンジルアルコール

ベンゼン環に -CH₂OH が結合した構造をしており、無色透明で弱い芳香を有する比較的安定な液体です。水溶性は低く（4g／100mL）、優れた溶剤のため、ヘアマニキュアに配合され、色素を毛髪内部に浸透するキャリアーとしての働きをします。

ヘンナ
ヘナ

正式名はヘンナですが、通称ヘナとも呼ばれます。ヘナは、インドや中近東等の熱帯地方に多く自生するミソハギ科シコウカ（指甲花）という植物を粉末にしたものです。ヘンナは、ローソン（Lawson）という色素成分を含み、これが毛髪のタンパク質と結合してオレンジ系に染毛します。染毛料以外の頭髪用化粧品類にも配合されますが、使用前にはパッチテストを行うことが義務付けられています。

ホ

ボイド

⇒ 空孔 参照

膨潤
膨潤度

ある物体が液体を吸収し、その本質を変化することなく体積を増す現象を膨潤といい、そのときの体積の増加率を膨潤度といいます。液体としては水、有機溶剤、溶液（塩、酸、アルカリ等）があります。

膨潤は、ある程度まで進むとそれ以上進まない場合（有限膨潤）と、際限なく進み最終的には溶液となってしまう場合（無限膨潤）とがあります。毛髪は前者、ゼラチンは後者の例です。このような差を生ずる原因は、その物質の網目構造（主鎖と橋かけ構造）にあり、これが丈夫なら有限となり、弱ければ無限となります。

毛髪の膨潤は主として皮質の非結晶領域（間充物質）において起こり、温度が高いほど大きくなります。同じ温度では、等電点で最小となり、等電点よりアルカリ性側または酸性側で大きくなりますが、アルカリ性側のほうが影響は大となります。毛髪は水によって長さは1〜2％長くなり、太さは15〜17％太くなります。そして重量は30〜40％増加します。

美容業界では、重量の増加率を膨潤度と称していますが、正しくは含水率というべきですが、本書では、従来の慣例に従って重量の増加率を膨潤度としています。

膨潤不等方向

毛髪が膨潤すると、直径は大きく変化しますが、長さはあまり変化しません。このように、方向によって膨潤の影響が異なることをいいます。

法定色素

法定色素とは、厚生労働大臣が、医薬品、医薬部外品や化粧品等へ使用を認めている有機合成色素（タール色素ともいいます）のことをいいます。製品のイメージアップや購買意欲を刺激させるために、あるいは皮膚表面や毛髪を着色したりする目的で化粧品や医薬部外品には配合されます。法定色素には83種類の色素があり、すべての医薬品等に使用できるもの、経口投与する医薬品等には使用できないもの、粘膜部位に適用する医薬品等には使用できないもの等、細かく分けられています。また、化粧品には、例えば、酸化鉄等の有機合成色素以外の色素等は、他の化粧品原料と同様に企業責任のもとで安全性を確認した上で配合することができます。

⇒ タール色素 参照

飽和炭化水素

有機化合物は一般に、元素同志がお互いに電子を出し合い、電子を共有することによって結合しています。電子を1個ずつ共有する結合を単結合、2個ずつ共有する結合を二重結合、3個ずつ共有する結合を三重結合といいます。飽和炭化水素とは、炭素同士がすべて単結合によって結ばれている、炭素と水素だけからなる化合物をいいます。代表的なものは流動パラフィン、スクワラン等です。

これに対して、炭素同士の結合の一部が二重結合（または三重結合）になっている炭化水素を不飽和炭化水素といいます。

保湿剤

保湿剤とは、吸湿性のある物質で、周囲から水分を得てそれを保持するもののことをいいます。保湿剤に必要な条件としては、吸湿能力が高く、温度や湿度の影響を受けにくく、毒性や刺激のないこと、等が

ヘ・ホ・マ・ミ・ム・メ

あげられます。多価アルコール類、有機酸塩類、水溶性高分子類、NMF 成分（Natural Moisturizing Factor）等が、保湿剤として使用されています。

ポジティブリスト
法規制の方法のうち、「認可するものだけの一覧表」を作成することにより規制を行うものです。
⇒ ネガティブリスト 参照

ホット系パーマ
専用の加熱ロッド等を用いて毛髪をロッド巻きし、第 1 剤の操作及び中間水洗後に加熱ロッド等に通電し熱を与えながらかけるパーマ施術全般をいいます。この系統の名称として使用する機器の名称を取ってデジタルパーマ（デジパーとも略称されます）、エアウェーブ等があります。
なお、この名称は一部の美容師が考案した俗名です。

ポリペプチド
多数のアミノ酸がペプチド結合（-CO-HN-）が繰り返されて長くつながったものの総称です。タンパク質よりも分子量の小さいものを指しますが、厳密な分子量の規定はなく、タンパク質と同義に使う場合もあります。
また、原料として用いられるタンパク質の加水分解物を PPT と呼ぶ場合もあり、コラーゲンやケラチン等様々な加水分解物が使用されます。
⇒ PPT 参照

ホルモン
体内の特定の組織または器官で生産され、直接体液中に分泌されて運ばれ、特定の組織や器官の活動をコントロールする生理的物質の総称です。極めて少ない量でその作用を発揮し、甲状腺ホルモンや、副腎皮質ホルモン、男性ホルモン、女性ホルモン等があります。

マ

前処理剤
プレ処理剤ともいいます。毛髪をダメージから保護したり、薬剤の浸透性を高めて効率的に作用させるために用いるもので、パーマやヘアカラーの施術前に実施します。通常、化粧品が用いられます。

マクロフィブリル
ミクロフィブリルが多数集まってできた微小繊維で、これが多数集まって繊維を構成しています。
⇒ フィブリル 参照

摩擦力
2 つの物体が接触しているとき、その物体の進行方向とは逆向きに働く力をいいます。滑らかな面が接触している場合には小さく、ざらついた面が接触している場合は大きくなります。

マトリックス
⇒ 間充物質 参照

ミ

ミクロフィブリル
プロトフィブリル（α-ヘリックス型のポリペプチド鎖の 4 量体）が 8 本集まった微小原繊維です。
⇒ フィブリル 参照

ミクロン（μ）
長さの単位。ミリメートルの千分の 1。
$1\mu = 0.001$ mm $= 10^{-3}$ mm

水巻き法
パーマ施術のロッド巻きの技法で、ロッドを巻く際に水で濡らしながら巻く方法です。手指にパーマ剤第 1 剤が付着しないため、手荒れの心配のない技法です。
⇒ つけ巻き法 参照

ミックスドジスルフィド
⇒ 混合ジスルフィド 参照

mPa・s
ミリパスカル秒と読み、粘度の大きさを表す単位です。
粘度とは流体の内部抵抗のことで、その単位に mPa・s や cps（センチポアズ）が用いられます。2006 年の表示粘度の単位の国際調和により、mPa・s と表記するようになりました。なお、mPa・s で表される値は、cps でも同じ値になります。

ム

無限膨潤
際限なく進み、溶解してしまう膨潤です。ゼラチンは水を吸収すると膨潤し、最終的には溶解しますので無限膨潤です。

ムコ多糖類
ムコは「粘液物」という意味で、アミノ糖を含む粘性質の多糖類の総称です。ヒアルロン酸やコンドロイチン硫酸、キトサン等があります。

メ

メチルエイコサン酸
正式には、18-メチルエイコサン酸（18-Methyleicosanoic acid）といい、18-MEA と略される場合もあります。キューティクルの表面は疎水性ですが、これは親油性の 18-メチルエイコサン酸が約 2.5nm の厚さで毛髪表面を油膜のように覆っているためです。

メチル化水銀
メチル化された水銀で有機水銀の一種です。胎児に悪影響を与える可能性があることから、食品安全委員会（内閣府に設置された機関）では、十分に許容できるメチル水銀摂取量（耐容一日摂取量）を 0.29μg/kg 体重/日（2.0 μg/kg 体重/週）としています。

メデュラ
⇒ 毛髄質 参照

第 8 章「パーマの科学」用語集 | 221

「パーマの科学」用語集

メラニン色素
　メラニンとも呼ばれます。皮膚や毛髪等に含まれる褐色～黒色の顆粒状の色素です。表皮の基底層や毛球の毛母に散在する色素細胞（メラノサイト）において、アミノ酸の1つであるチロシンを原料として、メラニン合成酵素（チロシナーゼ等）の作用により酸化・重合してつくり出されます。皮膚や毛髪の色を決定する色素で、メラニンが多いほど皮膚や毛髪は黒くなります。紫外線に当たるとメラニンが増えて皮膚は黒くなります。メラニンは紫外線を吸収する力が強く、日光の有害作用から体を守る重要な役目をしています。

メラノサイト
　⇒色素細胞 参照

メラノソーム
　色素細胞（メラノサイト）と微小管と呼ばれる管でつながれた袋（小胞）の細胞小器官です。色素細胞で合成されたメラニン色素は微小管を通してメラノソームに運ばれ蓄えられます。

メルカプタン
メルカプト化合物
　分子中に -SH を持っている有機化合物（チオグリコール酸、システイン等）をメルカプト化合物またはメルカプタンといい、特有の不快臭があります。-SH 基をメルカプト基またはチオール基といいます。-SH 基を持つ物質は還元力があり、常温でシスチン結合を切断するので、パーマ剤や脱毛剤に使用されています。
　⇒チオール基 参照

メルカプタン臭
　分子中に -SH を持っている有機化合物に特有の臭気です。卵が腐乱したような独特のものです。

メルカプト基
　チオール基（SH 基）の別名です。
　⇒チオール基 参照

モ

毛球
　毛根の下端の膨大した部分をいい、下面は凹んでいます。これに毛乳頭と呼ばれる結合組織が入り込み、ここから酸素や栄養分が送られ毛球の毛母細胞を分裂させて毛を生成させます。

毛幹部
　毛の皮膚面から外部に出ている部分をいいます。
　⇒毛根 参照

毛径指数
　毛髪断面の丸さの度合を示す指数で、次式により計算します。

$$毛径指数 = \frac{毛髪の短径}{毛髪の長径} \times 100$$

　指数が100に近いほど丸くて直毛であり、小さいほど、楕円で縮れた毛です。
　例えば、日本人は75～85、欧米人67～72、黒人は50～60程度です。

毛根
　毛髪は、毛幹部と毛根部に大別されます。毛幹部とは、皮膚面から外部に出ている部分をいい、毛根部とは、皮膚内に埋没している部分をいいます。

毛細管
毛管現象
　毛髪のように細い管のことです。このように細い管を液体中に立てると、管内の液面が管外よりも高くなるか低くなり、このような現象を毛管現象といいます。

毛周期
　毛髪が成長し抜け落ちるまでの周期のことをいい、ヘアサイクルともいいます。毛髪は成長をし続けるのではなく、成長と休止を繰り返しています。毛髪を成長させる時期を成長期、成長を終えた毛球部が縮小を始める時期を退行期（または退化期）、成長活動を休止する時期を休止期、古い毛髪を脱毛させる時期を発生期といいます。
　⇒ヘアサイクル 参照

毛小皮
　毛髪を構成する3つの層の最外部の層で、キューティクルともいいます。毛髪の内部を守るため、半透明でウロコ状のものが4～10枚、筍（タケノコ）の皮のように平たく重なってできています。化学的な作用には強いのですが、物理的作用に弱く、剥がれ落ちてしまいます。

毛髄質
　毛髪の中心にある部分で、多角形の細胞が長さの方向に数列ならび、蜂の巣状で空洞に富んでいます。メデュラとも呼ばれます。毛髪によっては、鉛筆の芯のように完全につながっているもの、所々が切れて飛石状になっているもの、あるいは全くないものもあります。一般に、太い毛髪ほど髄質が多く、生毛（うぶ毛）には存在していません。
　多数の空胞があり、空気を含み、毛髪の柔軟性や保湿性に関わっているのではないかと考えられています。明確な働きは未だ分かっていませんが、パーマには直接関係はないと考えられます。

毛乳頭
　毛根の下端にある毛球の凹みに下方から入り込んでいる結合組織の部分で乳頭の形をしている部分をいいます。ここには毛細血管が多く分布しており、毛母細胞に酸素や栄養を与え、毛球の毛母細胞の分裂を促し、毛髪の成長を支配しています。

毛皮質
　毛髪を構成する3つの層の中間部の層で、コルテックスともいいます。毛髪の構成の85～90％を占め、繊維状のケラチンタンパク質からなります。髪色を決定するメラニン色素が存在し、パーマ剤や染毛剤が主に作用する部位です。

毛包
　表皮（皮膚）が皮下組織まで落ち込んだように埋って、管状になっています。毛包は、毛球部でつくられる毛根部を保護する袋の役目をしています。毛包の下端はふくらみ、毛球部を包んでいます。

毛母細胞
　毛球下面の凹んでいる部分を毛乳頭といい、毛細血管が入り込んでいて毛髪を成長させる栄養分を運んでいます。その栄養分

メ・モ・ヤ・ユ

を受けて分裂している細胞を毛母細胞といいます。

モノエタノールアミン
無色～淡黄色の吸湿性のある粘性の液体で、わずかにアンモニアのような臭いがあり、水に溶けて強塩基性を呈します。不揮発性の有機アルカリ剤としてパーマ剤第1剤に用いられるほか、脂肪酸と結合して石けんを作るので石けん乳化の乳化剤として、あるいは酸の中和剤として用いられます。このほか、二酸化炭素や硫化水素の吸収剤、溶剤、乳化剤等に用いられます。なお、化粧品の全成分表示ではエタノールアミンと表示されます。

紋理
毛の表面には、毛小皮が筍の皮のように重なり合って横縞の模様をつくっています。この模様を紋理といいます。この紋理を観察することによって、毛小皮の損傷を知ることができます。この模様は、毛小皮の形、重なり方、毛髪の発生部位によって異なり、個人差もあります。また、動物の種類によって異なるので、犯罪捜査や毛皮の真偽の鑑定に応用されます。

ヤ

薬事法
薬事法は医薬品、医薬部外品、化粧品及び医療用具について、製造、販売、品質及び性能等の基準、取扱い、広告等に関する事項を規制し、これらの品質、有効性及び安全性を確保することを目的として昭和35年に制定された法律です。2014年11月25日に名称変更が行われ、「医薬品、医療機器等の品質、有効性及び安全性の確保等に関する法律」となり、「医薬品医療機器等法」、「薬機法」と略称されます。
⇒ 医薬品、医療機器等の品質、有効性及び安全性の確保等に関する法律 参照

ヤング率
物体を引っ張った時の伸び難さを表す数値です。ゴムは弾性体ですが、弾性体は力を加えられると変化し、この時の"ひずみ"と"力"の関係をヤング率といい、次式のように数値化させて表すことができます。

$$\text{ヤング率（弾性率）} = \frac{\text{力}}{\text{ひずみ}}$$

ユ

有機アルカリ
アルカリ性の有機化合物のことです。パーマ剤に用いられる有機アルカリとしては、モノエタノールアミンやトリエタノールアミン等があります。

有機溶媒
水に溶けない物質を溶かすために用いるエタノール、ベンゼン、アセトン、クロロホルム等、常温常圧で液状の有機化合物（炭素を含む化合物）の総称です。

有限膨潤
ある程度進むとそれ以上進まない膨潤です。毛髪は水分を吸収して膨潤しますが、上限がありますので有限膨潤です。

有効成分
医薬品あるいは医薬部外品としての有効性を薬物学的に発揮させる成分をいいます。パーマ剤の場合、チオグリコール酸またはその塩類、システイン類、臭素酸塩、過酸化水素水等が有効成分となります。

有棘層
表皮の顆粒層と基底層の間にあり、表皮の厚さの大部分を占めています。基底細胞の分化した有棘細胞の層で、細胞同士はとげ状の突起によって接着しています。

UV
英語の Ultraviolet の略称で、紫外線のことです。
⇒ 紫外線 参照

UV-A
Ultraviolet A のことで、320～400nm の長い波長の紫外線です。UV-Bよりも肌の奥深くまで届き、長時間当たり続けると、しわやたるみの原因になります。化粧品で「PA+」表記は「Protection grade of UV-A」の略語であり、UV-Aを防ぐ効果を表します。

UV-C
Ultraviolet C のことで、100～280nm の短い波長の紫外線です。最も影響が大きく、しみ、しわ、たるみ等以外に、皮膚ガンの原因になりやすいとされています。しかし、オゾン層に吸収されて地上には届いていません。

UV-B
Ultraviolet B のことで、280～320nm の中程度の波長を持つ紫外線です。肌の奥深くまでは届かず、肌の表面で吸収されます。化粧品の「SPF（サンプロテクションファクター（Sun Protection Factor））」は、UV-Bを防ぐ効果を表しています。

ユーメラニン
メラニン色素の一種で、褐色～黒色をしています。このユーメラニンの量が多いほど、肌や髪の色は黒くなります。なお、メラニン色素とは一般的にフェオメラニンとユーメラニンの混合物を指します。
⇒ メラニン色素 参照
⇒ フェオメラニン 参照

遊離脂肪酸
脂肪酸の一種でエステル（エステル結合 R-COO-R' を持つ化合物）を形成しない脂肪酸の総称です。非エステル結合型脂肪酸とも呼ばれます。遊離脂肪酸は、主に皮下脂肪の成分で、血中ではアルブミンと結合して存在し、生体がエネルギーを使うときに、血中に遊離してくることから、遊離脂肪酸と呼ばれます。

油脂剤
油脂とは脂肪酸とグリセリンのエステル、すなわちトリグリセリドを主成分とするものです。油脂は天然の動植物界に広く存在しています。動物性の油脂としては牛脂、豚脂等があり、植物性の油脂にはオリーブ油、アーモンド油、椿油等があります。化粧品には、これら天然物から得たものを脱色、脱臭等して、精製したものを油性成分として多くの製品に用いています。

第8章「パーマの科学」用語集 | 223

「パーマの科学」用語集

ヨ

陽イオン界面活性剤
　水に溶かしたとき、解離した活性部分（親水性基）がプラスに帯電する界面活性剤をいい、その特性としてタンパク質に吸着されやすく、強い殺菌・帯電防止作用を呈します。その中で、第四級アンモニウム塩タイプのものは、毛髪につやとしなやかさを与え、帯電を防止し、クシ通りがよくなるので、ヘアリンスをはじめ、頭髪用化粧品に広く使用されています。ある種のものは、逆性石けんとして殺菌消毒剤に使われています。
　英名は Cationic surfactant で、カチオン界面活性剤とも呼ばれます。

溶解水
　⇒ 自由水　参照

用時調製
　使用直前に2種以上の製剤を混合することをいい、調製の「製」は製造行為の意味です。安定性の問題等で最初から混合しておくと求める効能等が得られなくなること等の理由がある場合、特別に認められる行為です。
　なお、医薬部外品では、原則として認められていません。

用時調製発熱式パーマ剤
　正式には「チオグリコール酸又はその塩類を有効成分とする第1剤用時調製発熱二浴式パーマネント・ウェーブ用剤」といい、使用する直前に第1剤の(1)と第1剤の(2)を3:1の割合で混合する方式のパーマ剤です。この混合比率を守るため、1人用だけが認められます。
　第1剤の(1)の有効成分はチオグリコール酸塩が配合され、第1剤の(2)には過酸化水素水が配合されていますから、両者を混合すると酸化還元反応が起こり発熱し、この熱を利用してパーマをかけます。また、この発熱の際、反応調整剤として働くジチオジグリコール酸が生成されますので、オーバータイムの少ない薬剤といえます。なお、第2剤の有効成分は、臭素酸塩類または過酸化水素水が使用可能です。

溶媒
　ある物質を溶かすのに用いる物質をいいます。通常、水やアルコール等の液状の物質が用いられるため、溶剤と呼ばれる場合もあります。溶媒に溶かされる物質を溶質といい、溶媒と溶質を合わせて溶液といいます。

用法及び用量
　用法とは使い方を、用量とは使用量を指します。つまり、正しい使用方法の具体的説明を指します。パーマ剤に限らず、用法及び用量を順守して使用することが、その製品の有効性と安全性を確保するために必要です。

ラ

ラセミ体
　互いに鏡像関係にある光学異性体（L体とD体）を等量含み、全体として旋光性を示さない物質をいいます。

ラノリン
　羊の毛に付着している皮脂分を精製して得られます。ラノリンの成分は、人の皮脂に近い組成を持つといわれています。皮膚や毛髪に対して親和性、湿潤性があり、各種の化粧品類に用いられています。

ランダムコイル構造
　鎖状高分子の長い鎖が、不規則に折れ曲がって乱雑になっている状態をいい、また糸屑を丸めた状態に似ているところから、糸まり状ともいいます。毛髪ケラチンの非結晶領域（間充物質）は、この構造になっています。

ランチオニン
ランチオニン結合
　含硫アミノ酸の1つで、シスチンがアルカリ中において硫黄（イオウ）原子が1つ脱落して生成するチオエーテルです。
　下記の化学式中の -S- の結合をランチオニン結合といい、毛髪のタンパク質であるケラチンを強いアルカリ性のパーマ剤や脱毛剤で処理すると、シスチン結合が変化して生成する可能性がありますが、通常のパーマ処理では、それほど問題になりません。この変化は回復しにくい髪の損傷の1つです。

リ

リジン
　L-リジンは、動物が体内で合成することができない必須アミノ酸の1つです。

立毛筋
　起毛筋の別名です。
　⇒ 起毛筋　参照

リポソーム
　細胞膜と同じ構造を持っているリン脂質からなる小さな人工膜で、内部に空間を持ちます。

流動パラフィン
　石油原油を蒸留して得られる無色、無臭の透明な油液で、炭化水素類の混合物です。流動パラフィンは、化学的に安定で変質、変敗することが少なく、また乳化しやすいことから、化粧品の油性成分として広く用いられています。

両性界面活性剤
　両性界面活性剤は、水に溶かしたときにその溶液のpHによって活性部分がプラスやマイナスに帯電するものです。この界面活性剤は、個々に固有の等電点を持ち、それよりアルカリ側ではマイナスに帯電して陰イオン界面活性剤の性質を示し、また酸性側ではプラスに帯電して陽イオン界面活性剤の性質を示すという、両方の性質を持ちあわせています。この界面活性剤には、刺激が少なく、洗浄力がマイルドなものが多いため、ベビーシャンプー等に使用されています。

［ランチオニンの化学式］

$$HOOC-CH(NH_2)-CH_2-S-CH_2-CH(NH_2)-COOH$$

ヨ・ラ・リ・ル・レ・ロ・ワ

リン酸
化学式 H_3PO_4 の無機酸です。pH 調整のための酸として配合されます。

リン酸塩
リン酸（H_3PO_4）の水素イオンを陽イオンで置換した塩の総称です。リン酸一水素ナトリウム（Na_2HPO_4）やリン酸二水素ナトリウム（NaH_2PO_4）、リン酸二水素アンモニウム（$NH_4H_2PO_4$）等があります。結合する水素数の違いで、例えばリン酸ナトリウム（Na_3PO_4）水溶液はアルカリ性、リン酸一水素ナトリウム（Na_2HPO_4）水溶液は弱アルカリ性、リン酸二水素ナトリウム（NaH_2PO_4）水溶液は弱酸性を示します。

リン酸誘導体
誘導体とは、化合物の分子内の一部が変化してできる化合物を指し、変化した後の化合物を元の化合物に対して誘導体といいます。リン酸誘導体は、リン酸の構造の一部が変化してできた化合物の総称です。

ル

累積刺激性接触皮膚炎
刺激性物質の接触によって引き起こされる皮膚炎は、急性の一次刺激性と慢性の累積刺激性に分けられます。その物質の皮膚刺激が弱く、1回の接触では皮膚障害は起こらないものの、繰り返し同じ部位に接触していると、ついには皮膚の抵抗力を超えてしまい、接触皮膚炎を生じてしまいます。
このような皮膚炎を刺激の蓄積による皮膚炎ということで、累積刺激性接触皮膚炎といいます。1回の刺激では反応が起こらないことから、原因物質をパッチテストしても陽性反応は見られません。

レ

レオロジー
物質の変形と流動を研究する物理学の分野のことで、日本語では流動学といいます。

ロ

ロウ類
高級脂肪酸と高級アルコールのエステルで、自然界には動物性ロウ（ミツロウ、鯨ロウ、ラノリン等）、及び植物性ロウ（カルナウバロウ、キャンデリラロウ、コメヌカロウ、モクロウ等）があり、化粧品類に幅広く使用されています。

ロングテーパーカット
taper には、先細り、漸減という意味があり、毛先に向かって先細りになるようにするカットをテーパーカットといいます。この先細りを長くするカット技法です。

ワ

ワセリン
石油から得られる半固形の炭化水素類の混合物です。無色無臭で、味はほとんどありません。化学的に不活性で粘着性が強く、油性感を与える特徴があるために、ポマード、ヘアクリーム、コンディショナー、アイシャドー、クリームの基剤等に使用されます。

資料編

パーマの科学　第9章

パーマネント・ウェーブ用剤製造販売承認基準（全文）
パーマネント・ウェーブ用剤添加物リスト通知
洗い流すヘアセット料に関する自主基準
参考文献一覧
日本パーマネントウェーブ液工業組合会員名簿

パーマネント・ウェーブ用剤製造販売承認基準（全文）

薬食発 0325 第 35 号
平成 27 年 3 月 25 日

各都道府県知事 殿

厚生労働省医薬食品局長
（公印省略）

パーマネント・ウェーブ用剤製造販売承認基準について

　医薬部外品のうち、パーマネント・ウェーブ用剤の製造販売の承認については、「パーマネント・ウェーブ用剤製造（輸入）承認基準について」（平成 5 年 2 月 10 日付け薬発第 111 号厚生省薬務局長通知。以下「旧基準」という。）により取り扱ってきたところですが、今般、旧基準の見直しを行い、別紙「パーマネント・ウェーブ用剤製造販売承認基準」（以下「本基準」という。）により行うこととしたので、下記の点にご留意の上、貴管下関係業者に対し、周知を図るとともに、円滑な事務処理が行われるようご配慮願います。
　なお、本基準は、平成 27 年 4 月 1 日以降に製造販売承認申請される品目について適用します。また、本基準の施行に伴い、旧基準は廃止します。

記

1　「毛髪にウェーブをもたせ、保つ」及び「くせ毛、ちぢれ毛又はウェーブ毛髪をのばし、保つ」の効能又は効果をうたう医薬部外品には、本基準が適用されること。

2　本基準に基づき製造販売承認を受けようとする者は、承認申請書の備考欄に「パーマネント・ウェーブ用剤製造販売承認基準による」と記載すること。

3　この通知の発出の際、現に製造販売承認申請中のもの及び本基準の適用の日前に製造販売承認申請がされたものについては、本基準に照らし所要の措置をとらせること。

4　既に承認を受けたパーマネント・ウェーブ用剤の「規格及び試験方法」欄の試験法については、承認当時の試験法によって行うものとするが、承認当時の試験法とパーマネント・ウェーブ用剤品質規格の試験法との相関性を十分に確認した上で、日常の試験検査業務において、パーマネント・ウェーブ用剤品質規格で定める試験法によって試験を行うことは差し支えないこと。

5　既存の通知等については、別途の通知等が発出されない限り、「旧基準」と規定されているものは、「本基準」と読み替えるなど、必要な読替えを行った上で、引き続き適用されるものであること。

6　本基準の内容については、科学的知見等の集積を踏まえ、原則、5 年ごとに見直しを行うこと。

別紙

パーマネント・ウェーブ用剤製造販売承認基準

1　基準の適用範囲

「毛髪にウェーブをもたせ、保つ」、「くせ毛、ちぢれ毛又はウェーブ毛髪をのばし、保つ」の効能、効果をうたう頭髪用（手足等の体毛及び眉毛・まつ毛は除く。）の外用剤（以下「パーマネント・ウェーブ用剤」という。）は、その成分の如何にかかわらずこの基準が適用されること。

2　基準

パーマネント・ウェーブ用剤の製造販売承認基準（以下「承認基準」という。）は、次のとおりとする。なお、本承認基準に適合しないパーマネント・ウェーブ用剤にあっては、有効性、安全性及び配合理由等についての資料を求め、それに基づき審査する。

(1) 有効成分の種類

使用できる有効成分は別表2に掲げるものとし、その使用区分は別表1のとおりとする。

ア　チオグリコール酸又はその塩類を有効成分とするコールド二浴式又は加温二浴式パーマネント・ウェーブ用剤
　　第1剤として別表2のI欄、第2剤として同表III欄A又はBに掲げるいずれか一方の有効成分を1種以上配合する。

イ　システイン、システインの塩類又はアセチルシステインを有効成分とするコールド二浴式又は加温二浴式パーマネント・ウェーブ用剤
　　第1剤として別表2のII欄、第2剤として同表III欄A又はBに掲げるいずれか一方の有効成分を1種以上配合する。

ウ　チオグリコール酸又はその塩類を有効成分とするコールド一浴式パーマネント・ウェーブ用剤
　　別表2のI欄に掲げる有効成分を1種以上配合する。

エ　チオグリコール酸又はその塩類を有効成分とする第1剤用時調製発熱二浴式パーマネント・ウェーブ用剤
　　第1剤の（1）として別表2のI欄、第1剤の（2）として同表III欄A、第2剤として同表III欄A又はBに掲げるいずれか一方の有効成分を1種以上配合する。

オ　チオグリコール酸又はその塩類を有効成分とするコールド二浴式・加温二浴式縮毛矯正剤又は高温整髪用アイロンを使用するコールド二浴式・加温二浴式縮毛矯正剤
　　第1剤として別表2のI欄、第2剤として同表III欄A又はBに掲げるいずれか一方の有効成分を1種以上配合する。

(2) 有効成分の分量

有効成分の配合量の範囲及び配合量上限ならびに1人1回分の酸化力は別表2に掲げるとおりとする。

(3) 有効成分の規格

有効成分の規格は別表2に掲げるとおりとする。

(4) 添加剤の種類、規格及び分量

ア　添加剤の種類、規格及び分量は、別途厚生労働省医薬食品局審査管理課長が定めるものとする。
イ　別表2のI欄に掲げる成分を、コールド二浴式パーマネント・ウェーブ用剤、コールド二浴式縮毛矯正剤又は高温整髪用アイロンを使用するコールド二浴式縮毛矯正剤の第1剤にチオグリコール

酸としてのその合計量が7.0％を超えて配合する場合、超過分のチオグリコール酸に対し、ジチオジグリコール酸又はその塩類をジチオジグリコール酸として同量以上を配合すること。

ウ 別表2のⅠ欄の有効成分を含む製剤に添加剤としてシステイン、システインの塩類又はアセチルシステインを配合する場合は、システインとして合計量が1.5％以下とすること。なお、この場合にあっては、総還元力として「酸性煮沸後の還元性物質」の上限値を超えないこと。

エ 別表2のⅡ欄の有効成分を含む製剤に添加剤としてチオグリコール酸又はその塩類を配合する場合は、チオグリコール酸としてその合計量が1.0％以下とすること。なお、この場合にあっては、総還元力として「システイン」の上限値を超えないこと。

(5) 別表2に示された各々の成分規格については、当該成分の冒頭の略号が「Q」の成分は医薬部外品原料規格（別記Ⅰ及び別記Ⅱ）、「F」の成分は食品添加物公定書、「J」の成分は日本工業規格にそれぞれ収載される規格に適合するものであり、別紙規格の添付を省略することができる。

(6) 剤形
剤形は、第1剤にあっては液状、ねり状、クリーム状、エアゾール等とし、第2剤にあっては粉末状、打型状、液状、ねり状、クリーム状、エアゾール等とし、医薬品と誤認されない剤形であること。

(7) 用法及び用量
誤用される余地のないような明確な表現で、具体的に記載すること。

(8) 効能又は効果
「毛髪にウェーブをもたせ、保つ」、「くせ毛、ちぢれ毛又はウェーブ毛髪をのばし、保つ」のうち、目的に応じて設定すること。

(9) 規格及び試験方法
別添のパーマネント・ウェーブ用剤品質規格に適合すること。

別表1 パーマネント・ウェーブ用剤有効成分区分表

効能・効果	分類	Ⅰ欄	Ⅱ欄	Ⅲ欄 A	Ⅲ欄 B
パーマネント・ウェーブ	チオグリコール酸又はその塩類を有効成分とするコールド二浴式又は加温二浴式パーマネント・ウェーブ用剤 第1剤	○			
	第2剤			○	
	システイン、システインの塩類又はアセチルシステインを有効成分とするコールド二浴式又は加温二浴式パーマネント・ウェーブ用剤 第1剤		○		
	第2剤			○	
	チオグリコール酸又はその塩類を有効成分とするコールド一浴式パーマネント・ウェーブ用剤 第1剤	○			
	チオグリコール酸又はその塩類を有効成分とする第1剤用時調製発熱二浴式パーマネント・ウェーブ用剤 第1剤の(1)	○			
	第1剤の(2)			○	○
	第2剤			○	
縮毛矯正	チオグリコール酸又はその塩類を有効成分とするコールド二浴式・加温二浴式縮毛矯正剤又は高温整髪用アイロンを使用するコールド二浴式・加温二浴式縮毛矯正剤 第1剤	○			
	第2剤			○	

別表2 パーマネント・ウェーブ用剤有効成分表

区分	規格	成分名	第1剤 配合量範囲（%） コールド二浴式	第1剤 配合量範囲（%） 加温二浴式	第1剤 配合量範囲（%） コールド一浴式	第1剤 配合量範囲（%） 用時調製	第2剤 配合濃度上限（%）	第2剤 1人1回分の酸化力	備考
Ⅰ欄	Q	チオグリコール酸	2.0～11.0	1.0～5.0	3.0～3.3	第1剤の(1) 8.0～19.0			チオグリコール酸として
	Q	チオグリコール酸アンモニウム液							
	Q	チオグリコール酸モノエタノールアミン液							
Ⅱ欄	Q	塩酸 L-システイン	3.0～7.5	1.5～5.5					システインとして
	Q	塩酸 DL-システイン							
	Q	L-システイン							
	Q	DL-システイン							
	F	L-システイン塩酸塩							
	Q	N-アセチル-L-システイン							
Ⅲ欄 A	F	過酸化水素				第1剤の(2) 2.7～3.0	2.5	0.8～3.0	過酸化水素として
	J								
	Q	過酸化水素水							
Ⅲ欄 B	Q	過ホウ酸ナトリウム						3.5以上	臭素酸カリウムとして
	Q	臭素酸カリウム							
	Q	臭素酸ナトリウム							

［別添］

パーマネント・ウェーブ用剤品質規格

1. チオグリコール酸又はその塩類を有効成分とするコールド二浴式パーマネント・ウェーブ用剤

　本剤は、室温で用いられるものであって、チオグリコール酸又はその塩類を有効成分とする第1剤及び酸化剤を含有する第2剤からなり、それぞれの品質の規格は、次のとおりである。

（1）第1剤

　本剤は、チオグリコール酸又はその塩類を有効成分とし、不揮発性無機アルカリの総量がチオグリコール酸の対応量以下の液剤であって、次の（ア）～（ク）までに適合するものでなければならない。本剤には、品質を保持し、又は有用性を高めるために適当なアルカリ剤、浸透剤、湿潤剤、着色剤、乳化剤、香料その他の物質を添加することができる。

（ア）pH

　ガラス電極 pH 計を用いて 25℃で測定するとき、pH は 4.5 ～ 9.6 であること。

（イ）アルカリ

　試料 10mL を 100mL のメスフラスコに正確に量り、医薬部外品原料規格（平成 18 年 3 月 31 日付

け薬食発第 0331030 号。以下「外原規」という。）に適合する精製水（以下「水」という。）を加えて全量を 100 mL とし、これを試料溶液とする。

試料溶液 20 mL を正確に量り、0.1 mol / L 塩酸で滴定するとき、その消費量は、試料 1 mL につき 7 mL 以下であること（指示薬：メチルレッド試液 2 滴）。

（ウ）酸性煮沸後の還元性物質

（イ）の試料溶液 20 mL を正確に量り、水 50 mL 及び 30％硫酸 5 mL を加え、穏やかに加熱し、5 分間煮沸する。冷後、0.05 mol / L ヨウ素液で滴定し、その消費量を A mL とする（指示薬：デンプン試液 3 mL）。

次の式により求められる酸性煮沸後の還元性物質の含量（チオグリコール酸として）（％）は、2.0 ～ 11.0％であること。

$$\text{酸性煮沸後の還元性物質の含量（チオグリコール酸として）（\%）} = 0.4606 \times A$$

ただし、酸性煮沸後の還元性物質の含量が 7.0％を越える場合は、超過分に対し、添加剤としてジチオジグリコール酸又はその塩類をジチオジグリコール酸として同量以上配合すること。

（エ）酸性煮沸後の還元性物質以外の還元性物質

200 mL の共栓フラスコに水 50 mL 及び 30％硫酸 5 mL をとり、0.05 mol / L ヨウ素液 25 mL を正確に加える。これに（イ）の試料溶液 20 mL を正確に加え、密栓して振り混ぜ、室温に 15 分間放置した後、0.1 mol / L チオ硫酸ナトリウム液で滴定し、その消費量を B mL とする（指示薬：デンプン試液 3 mL）。別に 200 mL の共栓フラスコに水 70 mL 及び 30％硫酸 5 mL をとり、以下同様に試験を行い、その消費量を C mL とする。

次の式により求められる試料 1 mL 中の酸性煮沸後の還元性物質以外の還元性物質に対する 0.05 mol / L ヨウ素液の消費量は、0.6 mL 以下であること。

$$\text{試料 1 mL 中の酸性煮沸後の還元性物質以外の還元性物質に対する}$$
$$0.05\,\text{mol/L ヨウ素液の消費量（mL）} = \{(C - B) - A\}/2$$

（オ）還元後の還元性物質

（イ）の試料溶液 20 mL を正確に量り、1 mol / L 塩酸試液 30 mL 及び亜鉛粉末（85）1.5 g を加え、気泡を巻き込まないようにスターラーで 2 分間かき混ぜた後、ろ紙（4種）を用いて吸引ろ過する。残留物を水少量ずつで 3 回洗い、洗液をろ液に合わせ、穏やかに加熱し、5 分間煮沸する。冷後、0.05 mol / L ヨウ素液で滴定し、その消費量を D mL とする（指示薬：デンプン試液 3 mL）。

又は、試料約 10 g を精密に量り、ラウリル硫酸ナトリウム溶液（1 → 10）50 mL 及び水 20 mL を加え、水浴上で約 80℃になるまで加温する。冷後、全量を 100 mL とし、これを試料溶液として以下同様に試験を行う。

次の式により求められる還元後の還元性物質の含量（％）は、4.0％以下であること。

$$\text{還元後の還元性物質の含量（\%）} = \{4.556 \times (D - A)\}/W$$
$$W : \text{試料採取量（mL 又は g）}$$

（カ）鉄

試料 20 mL を 300 mL の分解フラスコにとり、硝酸 20 mL を加え、反応が穏やかになるまで注意しながら加熱する。冷後、硫酸 5 mL を加えて再び加熱する。これに適宜硝酸 2 mL ずつを注意しながら加え、内容物が無色又は淡黄色の透明な液になるまで加熱し続ける。冷後、過塩素酸 1 mL を加えて硫酸の白煙が発生するまで加熱し、放冷する。次いで、シュウ酸アンモニウム飽和溶液 20 mL を加え、再び白煙が発生するまで加熱する。冷後、水を加えて全量を 100 mL とし、これを試料溶液とする。試料溶液 50 mL をとり、冷却しながら注意してアンモニア水（28）を加え、pH 9.5 ～ 10.0 に調整する。別に水 20 mL を用い、試料溶液と同様に調製した溶液 50 mL に鉄標準液 2.0 mL を正確に加え、更

に冷却しながら注意してアンモニア水（28）を加え、pH9.5～10.0 に調整したものを比色標準液とする。次いで、両液を別々にネスラー管にとり、それぞれにメルカプト酢酸 1.0mL を正確に加え、更に水を加えて全量を 100mL とする。

両管の液を比色するとき、試料溶液の呈する色は、比色標準液の呈する色より濃くないこと（鉄として 2ppm 以下）。

（キ）重金属

試料 2.0mL をとり、外原規一般試験法の重金属試験法、第 2 法を準用して試験を行うとき、その限度は、20ppm 以下であること。ただし、比較液には、鉛標準液 4.0mL をとる。

（ク）ヒ素

（カ）の試料溶液 2.0mL をとり、外原規一般試験法のヒ素試験法により試験を行うとき、その限度は、5ppm 以下であること。

（2）第 2 剤

本剤は、次の（ア）又は（イ）のいずれかに適合するものでなければならない。

（ア）臭素酸カリウム、臭素酸ナトリウム、過ホウ酸ナトリウム又はこれらの混合物に、品質を保持し、又は有用性を高めるために適当な溶解剤、浸透剤、湿潤剤、着色剤、乳化剤、香料その他の物質を添付又は添加したもの。

（i）溶状

剤形が粉末状あるいは打型状等のものにあっては、1 人 1 回分の量の試料をとり、水又は微温湯 200mL に溶かし、これを無色の平底比色管にとり、白紙上に置いて透視するとき、明らかな不溶性異物を認めないこと。

（ii）pH

用法及び用量に従い調製した使用時の第 2 剤につき、1 の（1）の（ア）に準じて試験を行うとき、pH は、4.0～10.5 であること。

（iii）重金属

用法及び用量に従い調製した使用時の第 2 剤 2.0mL をとり、水 10mL を加えた後、塩酸 1mL を加えて水浴上で蒸発乾固する。これを 500℃以下で灰化した後、水 10mL 及び希酢酸 2mL を加えて溶かし、更に水を加えて 50mL とし、これを試料溶液とする。

この試料溶液について、外原規一般試験法の重金属試験法、第 4 法を準用して試験を行うとき、その限度は、20ppm 以下であること。ただし、比較液には、鉛標準液 4.0mL をとる。

（iv）酸化力

用法及び用量に従い調製した使用時の第 2 剤の 1/10 量を 200mL のメスフラスコに正確に量り、水を加えて全量を 200mL とする。その 20mL を共栓フラスコにとり、希硫酸 10mL を加え、直ちに密栓して軽く 1～2 回振り混ぜる。次いで、ヨウ化カリウム試液 10mL を注意しながら加え、密栓して 5 分間暗所に放置した後、0.1mol/L チオ硫酸ナトリウム液で滴定し、その消費量 EmL とする（指示薬：デンプン試液 3mL）。

次の式により求められる 1 人 1 回分の量の酸化力は、3.5 以上であること。

$$1 人 1 回分の量の酸化力 = 0.2783 \times E$$

（イ）過酸化水素水、又はこれに品質を保持し、若しくは有用性を高めるために適当な浸透剤、安定剤、湿潤剤、着色剤、乳化剤、香料その他の物質を添付又は添加したもの。

（i）pH

1 の（2）の（ア）の（ii）に準じて試験を行うとき、pH は、2.5～4.5 であること。

（ii）重金属

1 の（2）の（ア）の（iii）を準用する。

（iii）酸化力

試料1mLを200mLの共栓フラスコに正確に量り、水10mL及び30％硫酸5mLを加え、直ちに密栓して軽く1〜2回振り混ぜる。次いで、ヨウ化カリウム試液5mLを注意しながら加え、密栓して30分間暗所に放置した後、0.1mol/Lチオ硫酸ナトリウム液で滴定し、その消費量をFmLとする（指示薬：デンプン試液3mL）。

　次の式により求められる1人1回分の量の酸化力は、0.8〜3.0であること。

$$1人1回分の量の酸化力 = 0.001701 \times F \times 1人1回分の量（mL）$$

　また、次の式により求められる過酸化水素の含量（％）は、2.5％以下であること。

$$過酸化水素の含量（％） = 0.1701 \times F$$

2. システイン、システインの塩類又はアセチルシステインを有効成分とするコールド二浴式パーマネント・ウェーブ用剤

　本剤は、室温で用いられるものであって、システイン、システインの塩類又はアセチルシステインを有効成分とする第1剤及び酸化剤を含有する第2剤からなり、それぞれの品質の規格は、次のとおりである。

（1）第1剤

　本剤は、システイン、システインの塩類又はアセチルシステインを有効成分とし、不揮発性無機アルカリを含まない液剤であって、次の（ア）〜（キ）までに適合するものでなければならない。本剤には、品質を保持し、又は有用性を高めるために適当なアルカリ剤、浸透剤、湿潤剤、着色剤、乳化剤、香料その他の物質を添加することができる。

（ア）pH

　1の（1）の（ア）に準じて試験を行うとき、pHは、8.0〜9.5であること。

（イ）アルカリ

　1の（1）の（イ）に準じて試験を行うとき、0.1mol/L塩酸の消費量は、試料1mLにつき12mL以下であること。

（ウ）システイン

（ⅰ）試料原液の調製

　試料10mLを適当な還流器に正確に量り、水40mL及び5mol/L塩酸試液20mLを加え、2時間加熱還流する。冷後、これを100mLのメスフラスコにとり、水を加えて全量を100mLとし、これを試料原液とする。

　又は、アセチルシステインを含まないことが明らかな試料にあっては、試料10mLを100mLのメスフラスコにとり、水を加えて全量を100mLとし、これを試料原液とする。

（ⅱ）試料溶液の調製

　試料原液25mLを1分間2mLの流速で強酸性イオン交換樹脂（H型）30mLを充てんした内径8〜15mmのカラム管の層に通す。次いで、樹脂層を水で洗い、流出液及び洗液を除く。樹脂層に3mol/Lアンモニア水60mLを1分間2mLの流速で通し、流出液を100mLのメスフラスコにとり、更に樹脂層を水で洗い、洗液を流出液に合わせ、全量を100mLとし、これを試料溶液とする。

（ⅲ）システインの定量

　試料溶液20mLを正確に量り、必要ならば希塩酸で中和し（指示薬：メチルオレンジ試液）、ヨウ化カリウム4g及び希塩酸5mLを加え、振り混ぜて溶かす。次いで、0.05mol/Lヨウ素液10mLを正確に加え、密栓し、氷水中で20分間暗所に放置した後、0.1mol/Lチオ硫酸ナトリウム液で滴定し、その消費量をGmLとする（指示薬：デンプン試液3mL）。

　同様の方法で空試験を行い、その消費量をHmLとする。

次の式により求められるシステインの含量（％）は、3.0 ～ 7.5％であること。

$$\text{システインの含量（\%）} = 1.212 \times 2 \times (H - G)$$

なお、承認基準2の（4）の（エ）に記載されている「総還元力」は本試験法の「試料溶液20mL」を「試料原液5mL」と読み替えて試験を行う。

（エ）還元後の還元性物質

2の（1）の（イ）の試料溶液10mLを正確に量り、1mol/L塩酸試液30mL及び亜鉛粉末(85)1.5gを加え、気泡を巻き込まないようにスターラーで2分間かき混ぜた後、ろ紙(4種)を用いて吸引ろ過する。残留物を水少量ずつで3回洗い、洗液をろ液に合わせる。次いで、ヨウ化カリウム4gを加えて振り混ぜて溶かす。更に0.05mol/Lヨウ素液10mLを正確に加え、密栓し、氷水中で20分間暗所に放置した後、0.1mol/Lチオ硫酸ナトリウム液で滴定し、その消費量をⅠmLとする（指示薬：デンプン試液3mL）。同様の方法で空試験を行い、その消費量をJmLとする。

別に試料溶液10mLを正確に量り、必要ならば希塩酸で中和し（指示薬：メチルオレンジ試液）、ヨウ化カリウム4g及び希塩酸5mLを加えて振り混ぜて溶かす。次いで、0.05mol/Lヨウ素液10mLを正確に加え、密栓し、氷水中で20分間暗所に放置した後、0.1mol/Lチオ硫酸ナトリウム液で滴定し、その消費量をKmLとする（指示薬：デンプン試液3mL）。同様の方法で空試験を行い、その消費量をLmLとする。

次の式により求められる還元後の還元性物質の含量（シスチンとして）（％）は、0.65％以下であること。

$$\text{還元後の還元性物質の含量（シスチンとして）（\%）} = 1.202 \times \{(J - I) - (L - K)\}$$

（オ）鉄

1の（1）の（カ）を準用する。

（カ）重金属

1の（1）の（キ）を準用する。

（キ）ヒ素

1の（1）の（ク）を準用する。

（2）第2剤

1の（2）を準用する。

3. チオグリコール酸又はその塩類を有効成分とする加温二浴式パーマネント・ウェーブ用剤

本剤は、使用時に約60℃以下に加温する操作を含めて用いられるものであって、チオグリコール酸又はその塩類を有効成分とする第1剤及び酸化剤を含有する第2剤からなり、それぞれの品質の規格は、次のとおりである。

（1）第1剤

本剤は、チオグリコール酸又はその塩類を有効成分とし、不揮発性無機アルカリの総量がチオグリコール酸の対応量以下の液剤であって、次の（ア）～（ク）までに適合するものでなければならない。本剤には、品質を保持し、又は有用性を高めるために適当なアルカリ剤、浸透剤、湿潤剤、着色剤、乳化剤、香料その他の物質を添加することができる。

（ア）pH

1の（1）の（ア）に準じて試験を行うとき、pHは、4.5～9.3であること。

（イ）アルカリ

1の（1）の（イ）に準じて試験を行うとき、0.1mol/L塩酸の消費量は、試料1mLにつき5mL以

（ウ）酸性煮沸後の還元性物質
　　1の（1）の（ウ）に準じて試験を行うとき、酸性煮沸後の還元性物質の含量（チオグリコール酸として）（％）は、1.0～5.0％であること。
（エ）酸性煮沸後の還元性物質以外の還元性物質
　　1の（1）の（エ）を準用する。
（オ）還元後の還元性物質
　　1の（1）の（オ）を準用する。
（カ）鉄
　　1の（1）の（カ）を準用する。
（キ）重金属
　　1の（1）の（キ）を準用する。
（ク）ヒ素
　　1の（1）の（ク）を準用する。

（2）第2剤
　　1の（2）を準用する。

4. システイン、システインの塩類又はアセチルシステインを有効成分とする加温二浴式パーマネント・ウェーブ用剤

　本剤は、使用時に約60℃以下に加温する操作を含めて用いられるものであって、システイン、システインの塩類又はアセチルシステインを有効成分とする第1剤及び酸化剤を含有する第2剤からなり、それぞれの品質の規格は、次のとおりである。

（1）第1剤
　本剤は、システイン、システインの塩類又はアセチルシステインを有効成分とし、不揮発性無機アルカリを含まない液剤であって、次の（ア）～（キ）までに適合するものでなければならない。本剤には、品質を保持し、又は有用性を高めるために適当なアルカリ剤、浸透剤、湿潤剤、着色剤、乳化剤、香料その他の物質を添加することができる。

（ア）pH
　　1の（1）の（ア）に準じて試験を行うとき、pHは、4.0～9.5であること。
（イ）アルカリ
　　1の（1）の（イ）に準じて試験を行うとき、0.1mol/L塩酸の消費量は、試料1mLにつき9mL以下であること。
（ウ）システイン
　　2の（1）の（ウ）に準じて試験を行うとき、システインの含量（％）は、1.5～5.5％であること。
（エ）還元後の還元性物質
　　2の（1）の（エ）を準用する。
（オ）鉄
　　1の（1）の（カ）を準用する。
（カ）重金属
　　1の（1）の（キ）を準用する。
（キ）ヒ素
　　1の（1）の（ク）を準用する。

（2）第2剤

1の（2）を準用する。

5. チオグリコール酸又はその塩類を有効成分とするコールドー浴式パーマネント・ウェーブ用剤

本剤は、室温で用いられるものであって、チオグリコール酸又はその塩類を有効成分とし、不揮発性無機アルカリの総量がチオグリコール酸の対応量以下の液剤であって、次の（1）～（8）までに適合するものでなければならない。

本剤には、品質を保持し、又は有用性を高めるために適当なアルカリ剤、浸透剤、湿潤剤、着色剤、乳化剤、香料その他の物質を添加することができる。

（1）pH

1の（1）の（ア）に準じて試験を行うとき、pHは、9.4～9.6であること。

（2）アルカリ

1の（1）の（イ）に準じて試験を行うとき、0.1mol／L塩酸の消費量は、試料1mLにつき3.5～4.6mLであること。

（3）酸性煮沸後の還元性物質

1の（1）の（ウ）に準じて試験を行うとき、酸性煮沸後の還元性物質の含量（チオグリコール酸として）（％）は、3.0～3.3％であること。

（4）酸性煮沸後の還元性物質以外の還元性物質

1の（1）の（エ）を準用する。

（5）還元後の還元性物質

1の（1）の（オ）に準じて試験を行うとき、還元後の還元性物質の含量（％）は、0.5％以下であること。

（6）鉄

1の（1）の（カ）を準用する。

（7）重金属

1の（1）の（キ）を準用する。

（8）ヒ素

1の（1）の（ク）を準用する。

6. チオグリコール酸又はその塩類を有効成分とする第1剤用時調製発熱二浴式パーマネント・ウェーブ用剤

本剤は、チオグリコール酸又はその塩類を有効成分とする第1剤の（1）、第1剤の（1）中のチオグリコール酸又はその塩類の対応量以下の過酸化水素を含有する第1剤の（2）及び酸化剤を含有する第2剤からなり、使用時に第1剤の（1）及び第1剤の（2）を混合し、約40℃に発熱させる操作を含めて用いられるものであり、それぞれの品質の規格は、次のとおりである。

（1）第1剤の（1）

本剤は、チオグリコール酸又はその塩類を有効成分とする液剤であって、次の（ア）～（ク）までに適合するものでなければならない。本剤には、品質を保持し、又は有用性を高めるために適当なアルカリ剤、浸透剤、湿潤剤、着色剤、乳化剤、香料その他の物質を添加することができる。

（ア）pH

1の（1）の（ア）に準じて試験を行うとき、pHは、4.5～9.5であること。

（イ）アルカリ

1の（1）の（イ）に準じて試験を行うとき、0.1mol／L塩酸の消費量は、試料1mLにつき10mL以下であること。

（ウ）酸性煮沸後の還元性物質

1の（1）の（ウ）に準じて試験を行うとき、酸性煮沸後の還元性物質の含量（チオグリコール酸として）（%）は、8.0～19.0%であること。

（エ）酸性煮沸後の還元性物質以外の還元性物質

1の（1）の（エ）に準じて試験を行うとき、試料1mL中の酸性煮沸後の還元性物質以外の還元性物質に対する0.05mol/Lヨウ素液の消費量は、0.8mL以下であること。ただし、加える0.05mol/Lヨウ素液の量は50mLとする。

（オ）還元後の還元性物質

1の（1）の（オ）に準じて試験を行うとき、還元後の還元性物質の含量（%）は、0.5%以下であること。

（カ）鉄

1の（1）の（カ）を準用する。

（キ）重金属

1の（1）の（キ）を準用する。

（ク）ヒ素

1の（1）の（ク）を準用する。

（2）第1剤の（2）

本剤は、第1剤の（1）に含まれるチオグリコール酸又はその塩類の対応量以下の過酸化水素を含有する液剤であって、次の（ア）～（ウ）までに適合するものでなければならない。本剤には、品質を保持し、又は有用性を高めるために適当な浸透剤、pH調整剤、安定剤、湿潤剤、着色剤、乳化剤、香料その他の物質を添加することができる。

（ア）pH

1の（1）の（ア）に準じて試験を行うとき、pHは、2.5～4.5であること。

（イ）重金属

試料2.0mLをとり、1の（2）の（ア）の（iii）を準用する。

（ウ）過酸化水素

試料1mLを200mLの共栓フラスコに正確に量り、水10mL及び30%硫酸5mLを加え、直ちに密栓して軽く1～2回振り混ぜる。次いで、ヨウ化カリウム試液5mLを注意しながら加え、密栓して30分間暗所に放置した後、0.1mol/Lチオ硫酸ナトリウム液で滴定し、その消費量をMmLとする（指示薬：デンプン試液3mL）。次の式により求められる過酸化水素の含量（%）は、2.7～3.0%であること。

$$過酸化水素の含量（\%） = 0.1701 \times M$$

（3）第1剤の（1）及び第1剤の（2）の混合物

本剤は、第1剤の（1）及び第1剤の（2）を容量比3：1で混合して得られる液剤であり、チオグリコール酸又はその塩類を有効成分とし、不揮発性無機アルカリの総量がチオグリコール酸の対応量以下のもので、次の（ア）～（カ）までに適合するものでなければならない。本剤は、混合時に発熱し、使用時に約40℃に加温される。なお、試験にあたっては第1剤の（1）1人1回分及び第1剤の（2）1人1回分の量を混合し、10分間室温に放置した後、室温まで冷却したものを試料とする。

（ア）pH

1の（1）の（ア）に準じて試験を行うとき、pHは、4.5～9.4であること。

（イ）アルカリ

1の（1）の（イ）に準じて試験を行うとき、0.1mol/L塩酸の消費量は、試料1mLにつき7mL以下であること。

（ウ）酸性煮沸後の還元性物質

1の（1）の（ウ）に準じて試験を行うとき、酸性煮沸後の還元性物質の含量（チオグリコール酸として）（%）は、2.0～11.0%であること。

（エ）酸性煮沸後の還元性物質以外の還元性物質

1の（1）の（エ）を準用する。

（オ）還元後の還元性物質

1の（1）の（オ）に準じて試験を行うとき、還元後の還元性物質の含量（%）は、3.2〜4.0%であること。

（カ）温度上昇

第1剤の（1）1人1回分及び第1剤の（2）1人1回分の量を各々25℃の恒温槽中に入れ、液温が25℃になるまで放置する。第1剤の（1）を100mLのビーカーに移し、液温（T_0）を記録する。次いで、第1剤の（2）をこれに加え、直ちにかき混ぜながら液温を測定し、最高到達温度（T_1）を記録する。温度上昇をT_1及びT_0の差として求めるとき、14〜20℃であること。

（4）第2剤

1の（2）を準用する。

7. チオグリコール酸又はその塩類を有効成分とするコールド二浴式縮毛矯正剤

本剤は、室温で用いられるものであって、チオグリコール酸又はその塩類を有効成分とする第1剤及び酸化剤を含有する第2剤からなり、それぞれの品質の規格は、次のとおりである。

（1）第1剤

本剤は、チオグリコール酸又はその塩類を有効成分とし、不揮発性無機アルカリの総量がチオグリコール酸の対応量以下の製剤であって、次の（ア）〜（ケ）までに適合するものでなければならない。本剤には、品質を保持し、又は有用性を高めるために適当なアルカリ剤、浸透剤、湿潤剤、着色剤、乳化剤、増粘剤、香料その他の物質を添加することができる。

（ア）pH

1の（1）の（ア）を準用する。

（イ）アルカリ

1の（1）の（イ）を準用する。

（ウ）酸性煮沸後の還元性物質

1の（1）の（ウ）を準用する。

（エ）酸性煮沸後の還元性物質以外の還元性物質

1の（1）の（エ）を準用する。

（オ）還元後の還元性物質

1の（1）の（オ）を準用する。

（カ）粘度

外原規一般試験法の粘度測定法、第2法に準じて試験を行うとき、その限度は、40000mPa・s以下であること。

（キ）鉄

1の（1）の（カ）を準用する。

（ク）重金属

1の（1）の（キ）を準用する。

（ケ）ヒ素

1の（1）の（ク）準用する。

（2）第2剤

1の（2）を準用する。

8. チオグリコール酸又はその塩類を有効成分とする加温二浴式縮毛矯正剤

本剤は、使用時に約60℃以下に加温する操作を含めて用いられるものであって、チオグリコール酸又はその塩類を有効成分とする第1剤及び酸化剤を含有する第2剤からなり、それぞれの品質の規格は、次のとおりである。

（1）第1剤
　本剤は、チオグリコール酸又はその塩類を有効成分とし、不揮発性無機アルカリの総量がチオグリコール酸の対応量以下の製剤であって、次の（ア）～（ケ）までに適合するものでなければならない。本剤には、品質を保持し、又は有用性を高めるために適当なアルカリ剤、浸透剤、湿潤剤、着色剤、乳化剤、増粘剤、香料その他の物質を添加することができる。

（ア）pH
　3の（1）の（ア）を準用する。
（イ）アルカリ
　3の（1）の（イ）を準用する。
（ウ）酸性煮沸後の還元性物質
　3の（1）の（ウ）を準用する。
（エ）酸性煮沸後の還元性物質以外の還元性物質
　1の（1）の（エ）を準用する。
（オ）還元後の還元性物質
　1の（1）の（オ）を準用する。
（カ）粘度
　7の（1）の（カ）を準用する。
（キ）鉄
　1の（1）の（カ）を準用する。
（ク）重金属
　1の（1）の（キ）を準用する。
（ケ）ヒ素
　1の（1）の（ク）を準用する。

（2）第2剤
　1の（2）を準用する。

9. チオグリコール酸又はその塩類を有効成分とする高温整髪用アイロンを使用するコールド二浴式縮毛矯正剤

　本剤は、室温にて第1剤処理後に、第1剤を水で十分に洗い流し、水分をふき取ってから高温整髪用アイロン（180℃以下）を使用する操作を含めて用いられるものであって、チオグリコール酸又はその塩類を有効成分とする第1剤及び酸化剤を含有する第2剤からなり、それぞれの品質の規格は、次のとおりである。

（1）第1剤
　本剤は、チオグリコール酸又はその塩類を有効成分とし、不揮発性無機アルカリの総量がチオグリコール酸の対応量以下の製剤であって、次の（ア）～（ケ）までに適合するものでなければならない。本剤には、品質を保持し、又は有用性を高めるために適当なアルカリ剤、浸透剤、湿潤剤、着色剤、乳化剤、増粘剤、香料その他の物質を添加することができる。

（ア）pH
　1の（1）の（ア）を準用する。

（イ）アルカリ

1の（1）の（イ）を準用する。

（ウ）酸性煮沸後の還元性物質

1の（1）の（ウ）を準用する。

（エ）酸性煮沸後の還元性物質以外の還元性物質

1の（1）の（エ）を準用する。

（オ）還元後の還元性物質

1の（1）の（オ）を準用する。

（カ）粘度

7の（1）の（カ）を準用する。

（キ）鉄

1の（1）の（カ）を準用する

（ク）重金属

1の（1）の（キ）を準用する。

（ケ）ヒ素

1の（1）の（ク）を準用する

（2）第2剤

1の（2）を準用する。

10. チオグリコール酸又はその塩類を有効成分とする高温整髪用アイロンを使用する加温二浴式縮毛矯正剤

　本剤は、使用時に約60℃以下に加温して第1剤処理後に、第1剤を水で十分に洗い流し、水分をふき取ってから高温整髪用アイロン（180℃以下）を使用する操作を含めて用いられるものであって、チオグリコール酸又はその塩類を有効成分とする第1剤及び酸化剤を含有する第2剤からなり、それぞれの品質の規格は、次のとおりである。

（1）第1剤

　本剤は、チオグリコール酸又はその塩類を有効成分とし、不揮発性無機アルカリの総量がチオグリコール酸の対応量以下の製剤であって、次の（ア）～（ケ）までに適合するものでなければならない。本剤には、品質を保持し、又は有用性を高めるために適当なアルカリ剤、浸透剤、湿潤剤、着色剤、乳化剤、増粘剤、香料その他の物質を添加することができる。

（ア）pH

3の（1）の（ア）を準用する。

（イ）アルカリ

3の（1）の（イ）を準用する。

（ウ）酸性煮沸後の還元性物質

3の（1）の（ウ）を準用する。

（エ）酸性煮沸後の還元性物質以外の還元性物質

1の（1）の（エ）を準用する。

（オ）還元後の還元性物質

1の（1）の（オ）を準用する。

（カ）粘度

7の（1）の（カ）を準用する。

（キ）鉄

1の（1）の（カ）を準用する。

（ク）重金属

　1の（1）の（キ）を準用する。

（ケ）ヒ素

　1の（1）の（ク）を準用する

（2）第2剤

　1の（2）を準用する。

11. 試薬、試液及び標準液

1、2、3、4、5、6、7、8、9及び10の試験に用いる試薬、試液及び標準液は、別に規定するもののほか、次のとおりである。

（1）試薬及び試液

（ア）亜鉛粉末（85）、アンモニア水（28）、1 mol / L 塩酸試液、5 mol / L 塩酸試液、塩酸、希塩酸、過塩素酸、希酢酸、シュウ酸アンモニウム、硝酸、デンプン試液、メチルオレンジ試液、メチルレッド試液、メルカプト酢酸、ヨウ化カリウム、ヨウ化カリウム試液、ラウリル硫酸ナトリウム、硫酸及び希硫酸

　外原規一般試験法の試薬・試液に掲げるもの。

（イ）3 mol / L アンモニア水

　外原規試薬アンモニア水（28）61 mL に水を加えて 300 mL としたもの。

（ウ）30％硫酸

　外原規試薬硫酸 17.1 mL を水 30 mL に注意しながら加え、冷後、水を加えて 100 mL としたもの。

（2）標準液

（ア）0.1 mol / L 塩酸、0.1 mol / L チオ硫酸ナトリウム液及び 0.05 mol / L ヨウ素液

　外原規一般試験法の容量分析用標準液の部に掲げるもの。

（イ）鉛標準液

　外原規一般試験法の標準液の部に掲げるもの。

（ウ）鉄標準液

　外原規試薬硫酸アンモニウム鉄（Ⅱ）六水和物 0.7021g を正確に量り、水 50 mL を加えて溶かし、これに硫酸 20 mL を加え、加温しながら 0.6％過マンガン酸カリウム溶液（外原規試薬過マンガン酸カリウム 0.6g に水を加えて溶かし、100 mL としたもの）を微紅色が消えずに残るまで滴加した後、放冷し、水を加えて正確に 1000 mL とする。この 10 mL を 100 mL のメスフラスコにとり、水を加え 100 mL としたもの。

12. 備考

（1）本規格における「％」及び「ppm」は、液状剤形のものにあっては、質量対容量百分率及び質量対容量百万分率、粉末状あるいは打型状等のものにあっては、質量百分率及び質量百万分率とする。ただし、試料が粘ちょうであるため、容量単位によっては、その採取量が正確を期しがたい場合には、質量単位で採取して試験を行うことができる。この場合において、1g は 1mL とみなす。

（2）本規格に規定する試験法に替わる方法で、それが規定の方法と同等若しくはそれ以上の正確さと精密さがある場合は、その方法を用いることができる。ただし、その結果について疑いのある場合は、規定の方法で最終の判定を行うものとする。

パーマネント・ウェーブ用剤添加物リスト通知

薬食審査発 0325 第 22 号
平成 27 年 3 月 25 日

各都道府県衛生主管部（局）長 殿

厚生労働省医薬食品局審査管理課長
（公印省略）

パーマネント・ウェーブ用剤添加物リストについて

　パーマネント・ウェーブ用剤製造販売承認基準については、今般、「パーマネント・ウェーブ用剤製造販売承認基準について」（平成 27 年 3 月 25 日付け薬食発 0325 第 35 号厚生労働省医薬食品局長通知。以下「承認基準」という。）において示したところですが、承認基準の 2 の（4）の添加物の種類、規格及び分量を次のとおり定めた「パーマネント・ウェーブ用剤添加物リスト」（以下「リスト」という。）を作成しましたので、下記事項にご留意の上、貴管下関係業者に対して周知方お願いします。

記

1. リスト中の規格コードとは、次のとおりであること。

コード	規格
01	医薬品、医療機器等の品質、有効性及び安全性の確保等に関する法律第 41 条の規定により定める日本薬局方
31	食品衛生法（昭和 22 年法律第 233 号）第 21 条の規定により定める食品添加物公定書
51	医薬部外品原料規格 2006
71	工業標準化法（昭和 24 年 6 月 1 日法律第 185 号）第 17 条の規定により定める日本工業規格
73	医薬品に使用することができるタール色素を定める省令（昭和 41 年厚生省令第 30 号）の別表第一、別表第二及び別表第三に定める規格

2. リスト中の「外原規 2006」とは、医薬部外品原料規格 2006（平成 18 年 3 月 31 日付け薬食発第 0331030 号厚生労働省医薬食品局長通知）を、「旧外原規」とは、医薬部外品原料規格（平成 3 年 5 月

14 日付け薬発第 535 号厚生省薬務局長通知）を、「粧原基」とは、化粧品原料基準（昭和 42 年厚生省告示第 322 号）を、「粧配規」とは、化粧品種別配合成分規格（平成 5 年 10 月 1 日付け薬審第 813 号厚生省薬務局審査課長通知）をそれぞれ示すこと。

3．リストの成分は、原則としてパーマネント・ウェーブ用剤の申請における配合前例として扱うことができること。

4．「使用時濃度上限（％）」欄に数値が付された成分について、当該数値以下の場合、上記 3．と同様の取り扱いとすること。
　この数値は、特に定めるもののほか、質量百分率、体積百分率、質量対容量百分率又は容量対質量百分率を示すこと。また、条件が付されている場合は、これらに適合すること。

5．リストには添加物の名称が収載される公定書名及び「パーマネント・ウェーブ用剤製造（輸入）承認基準について」（平成 5 年 2 月 10 日付け薬発第 111 号厚生省薬務局長通知）別添「パーマネント・ウェーブ用剤製造（輸入）承認基準」の別表 3 で定める旧成分名称を併記しているので、参考とすること。

6．添加物の名称を改めるのみの一部変更承認申請又は軽微変更届出を行う必要はなく、記載整備届出又は、他の理由により、一部変更承認申請又は軽微変更届出を行う機会があるときに併せて変更することで差し支えないこと。

7．軽微変更届出を行う際は、軽微変更届書の「備考」欄に、「平成 27 年 3 月 25 日付け薬食審査発 0325 第 22 号「パーマネント・ウェーブ用剤添加物リストについて」による届出」と記載すること。

＊P16　第 1 章 図表 2　パーマネント・ウェーブ用剤　添加物リスト（抜粋）参照

洗い流すヘアセット料に関する自主基準

薬食審査発 1218 第 1 号
薬食安発 1218 第 1 号
平成 25 年 12 月 18 日

各都道府県衛生主管部（局）長 殿

厚生労働省医薬食品局審査管理課長
（公印省略）
厚生労働省医薬食品局安全対策課長
（公印省略）

システアミンを配合した化粧品の使用上の注意等について

　化粧品の洗い流すヘアセット料（以下「化粧品パーマ液」という。）に配合されているシステアミンの安全性について、平成 25 年 12 月 11 日に開催された薬事・食品衛生審議会医薬品等安全対策部会安全対策調査会において審議した結果、現在流通が確認されている、日本パーマネントウェーブ液工業組合（以下「パーマ組合」という。）が作成している平成 21 年 9 月 7 日付け「洗い流すヘアセット料に関する自主基準」及び同日付け「チオール基を有する成分を配合した洗い流すヘアセット料の安全性の確認に関する留意事項」（以下「自主基準等」という。）で定められている濃度以下のシステアミンを含有する製剤であれば、通常の使用方法において安全性は確保されているとされ、パーマ組合の自主基準等のシステアミン配合上限を周知し、遵守されるよう指導すること及び暴露量をできるだけ少なくすることが望ましいため使用上の注意に下記 2. 1) 及び 2) を追加することが妥当とされました。
　つきましては、下記事項について、貴管下の化粧品製造販売業者及び関係団体等に対して周知及び指導いただくと共に、本方針に基づき改訂されたパーマ組合の自主基準等についても併せて周知をお願いします。

記

1. 化粧品中のシステアミン又はその塩類の配合量は、チオグリコール酸換算で 7.0%（システアミンとして 5.86%）以下とすること。

2. システアミン又はその塩類を含有する化粧品パーマ液について、既に記載がされている場合を除きできるだけ速やかに、その容器又は外箱等に以下の事項を記載すること。

1) 顔面、首筋等に本品がつかないように注意し、タオル、保護クリーム等で保護してください。なお、本品が皮膚についた場合は、直ちに水又はぬるま湯で洗い落とし、ぬれたタオル等でこすらずに軽くたたくようにふき取ってください。

2) 操作中や操作後には手指の保護のために、本品が手についた場合はよく洗い落としてください。また、かぶれ、手荒れのある場合は手袋をするなど、本品が直接接触しないようにしてください。

［別添］

平成 25 年 12 月 18 日

日本パーマネントウェーブ液工業組合

洗い流すヘアセット料に関する自主基準

1. 目的

　日本パーマネントウェーブ液工業組合では消費者の安全確保を目的として、化粧品の洗い流す用法のヘアセット料（以下、洗い流すヘアセット料）はパーマネント・ウェーブ用剤製造（輸入）承認基準の効能・効果の範囲に抵触しないものとし、本自主基準を制定する。なお、洗い流すヘアセット料の製造販売に当たっては、必ず当該企業で製品の安全性を確認する義務のあることを申し添える。

2. 適用範囲

　本自主基準は、チオール基（SH 基）を有する成分を配合したセット、カール及びストレート（及びこれに準ずる）を得ることを目的として製造され、頭髪に塗布し、その後洗い流す用法の頭髪用のヘアセット料について適用する。ただし、これらの効能を目的としない化粧品に関しては、この限りではない。

3. 基準

(1) チオール基を有する成分の配合割合

　チオール基（SH 基）を有する成分の総量（チオグリコール酸として）は 7.0% 以下であること。

　ただし、チオグリコール酸及びその塩類、システイン及びその塩類、並びにアセチルシステインの配合割合は、チオグリコール酸換算の総量として、2.0%未満であること。

(2) 用法

　「頭髪に塗布し、髪型を整える操作を行い、その後洗浄する。」等、具体的で誤認を与えない表現とすること。

(3) 効能の範囲

　効能の範囲は、「髪型を整え、保持する」等、化粧品の効能の範囲とすること。

(4) 表示事項

　洗い流すヘアセット料には、製品の容器若しくは被包又はこれに添付する文書に「化粧品の使用上の注意事項の表示自主基準」（日本化粧品工業連合会申し合わせ 昭和 50 年 10 月 1 日及び昭和 52 年 12 月 22 日改正）による他、次の事項を表示しなければならない。

ア 『必ず「使用上の注意事項」、「使用方法」をよく読んで正しくお使いください。』
イ 「目に入ったときは、直ちに洗い流してください。」
ウ 「頭髪以外には使用しないでください。」
エ 「本品とパーマ剤を組み合わせて又は混合して使用しないでください。」
オ 「加温して使用しないでください。」（室温で用いる製品の場合）
カ 「使用後は、必ず洗い流してください。」
キ 「幼小児の手の届かないところに保管してください。」
ク 「業務用」（業務用の製品の場合）

　ただし、システアミン又はその塩類を配合の場合は、以下の事項を追加して表示しなければならない。

ケ 「顔面、首筋等に本品がつかないように注意し、タオル、保護クリーム等で保護してください。なお、本品が皮膚についた場合は、直ちに水又はぬるま湯で洗い落とし、ぬれたタオル等でこすらずに軽くたたくようにふき取ってください。」
コ 「操作中や操作後には手指の保護のために、本品が手についた場合はよく洗い落としてください。また、かぶれ、手荒れのある場合は手袋をするなど、本品が直接接触しないようにしてください。」

本自主基準は、平成 25 年 12 月 18 日より実施する。

参考文献一覧

[**参考文献**]
- 日本パーマネントウェーブ液工業組合：SCIENCE of WAVE　改訂版、新美容出版、2002.
- 日本パーマネントウェーブ液工業組合：パーマネント・ウェーブ用剤　申請要領（第六版）、2008.
- 化粧品・医薬部外品 製造販売ガイドブック 2011-12、薬事日報社、2011.
- クラーレンス・R・ロビンス（山口真主訳）：毛髪の科学 - 第4版、フレグランスジャーナル社、2006.
- 毛髪科学技術者協会編：最新の毛髪科学、フレグランスジャーナル社、2003
- 日本パーマネントウェーブ液工業組合　技術委員会：BASIC CHEMICAL、新美容出版、2006.
- 医薬部外品原料規格 2006、薬事日報社、2006.
- 矢山和孝：毛髪医科学辞典、日本毛髪医科学研究所、1987.
- 特許公開 2001-213751 号
- 月刊マルセル 2010 年 7 月号、2014 年 3 月号、2014 年 12 月号、新美容出版.
- 化粧品・医薬部外品　関係通知集　2011 ／薬事日報社／ 2011
- 日本化粧品工業連合会：化粧品の安全性評価に関する指針 2001、薬事日報社、2001.
- 日本パーマネントウェーブ液工業組合：還元剤を配合した化粧品のヘアセット料に関する自主基準及び Q&A、平成 13 年 12 月 12 日.
- 日本パーマネントウェーブ液工業組合：洗い流すヘアセット料に関する自主基準、平成 21 年 9 月 7 日、平成 25 年 12 月 18 日.
- 岡野みのる：パーマネント・ウェーブ用剤の研究開発の現状と課題、フレグランスジャーナル 2000 年 1 月号 P73-77.
- Okano M., Oka H.,Hatakeyama T.,Endo : R.,Proc.3rd ASCS,Taipei,1997,p.195-204.
- 毛髪・パーマの Q & A 集（理美容師向け）
- 須藤武雄：毛髪の診断とその処置、全日本美容業環境衛生同業組合連合会、1970.
- J. R. Smith, J. : A. Swift : J. Microsc, 206, 182-193, [2002].
- D. A. D. Parry, P. M. Steinert, Q. Rev. Biophys., 32, 99, [1999].
- N. R. Watts et. al., J. Struct. Biol., 137, 109, [2002]
- J. E. Plowman, L. N. Paton, W. G. Bryson, Experimental Dermatology, 16, 707-714, [2007].
- J. H. Bradbury, "The Structure and Chemistry of Keratin Fibers", 111-211.
- D' Aniello A,Giuditta A.1977. Identification of D-aspartic acid in the brain of Octorusvulgaris LAM.J Neurochem 29:1053-1057.
- D' Aniello A,Giuditta A.1978. Presence of D-aspartate in squid axoplasm and in order regions of the cephalopod nervus system. J Neurochem 31:1107-1108.
- 清水　宏：あたらしい皮膚科学　第 2 版、中山書店、2011.
- W. G. Bryson et. al., J. Structural Biol., 166, 46-58, [2009].
- S. Nagase et. al., J. Soc. Cosmet. Chem. Jpn., 43 [3], 201-208, [2009].
- The Science of Hair Care Second Edition, CRC Press, 2005, 549-558
- 北海道大学大学院医学研究科・医学部 皮膚科編：あたらしい皮膚科学第 2 版、2011,10-12.
- 日本化粧品工業連合会編：コスメチック Q&A 事典　資料編、2008, 40-43
- 戸田浄：化粧品技術者と医学者のための皮膚科学、文光堂、35,1990.
- 公益社団法人日本理容美容教育センター：物理・化学、2015 年 4 月 1 日発行　口絵 P14、P269
- 関根茂　他：新化粧品ハンドブック、日光ケミカルズ株式会社、2006.
- 吉岡正人：ペプチドルネサンス、株式会社成和化成、2010.
- 田村建夫　他：香粧品科学，フレグランスジャーナル社、1990.
- 日本ヘアカラー工業会編：ヘアカラーリング ABC（改訂版）、2014.
- 日本ヘアカラー工業会編：染毛剤製造販売承認申請要領（改訂第六版）、2008.
- 平成 25 年度版薬事法令ハンドブック、薬事日報社、2013.
- 薬事法令ハンドブック承認許可要件省令第 5 版、薬事日報社、2013.
- 化粧品・医薬部外品表示関係通知集、西日本化粧品工業会薬事法検討委員会、西日本化粧品工業会、2011.
- 化粧品法規制研究会編：国際化粧品規制 2015、薬事日報社、2015.

[**参考 Website**]
- 日本パーマネントウェーブ液工業組合　http://www.perm.or.jp/
- 日本ヘアカラー工業会　http://www.jhcia.org/
- 日本化粧品工業連合会　http://www.jcia.org/n/
- 全国理美容製造者協会（NBBA）　http://www.nba.gr.jp/
- 独立行政法人　労働者健康福祉機構　http://www.rofuku.go.jp/
- 独立行政法人　国民生活センター　http://www.kokusen.go.jp/
- 経済産業省　http://www.meti.go.jp/
- 内閣府　http://www.cao.go.jp/
- 厚生労働省　http://www.whlw.go.jp/

日本パーマネントウェーブ液工業組合会員名簿

■関東	株式会社 アリミノ	161-0033	東京都新宿区下落合 1-5-22	田尾大介	03-3363-8211
	インターナショナル・トイレツリース株式会社	259-1304	神奈川県秦野市堀山下 88	王 静華	0463-87-7373
	有限会社 ウエルフェア研究所	158-0082	東京都世田谷区等々力 7-13-6	伊藤政俊	03-3703-5608
	株式会社 ウエルミー	184-0015	東京都小金井市貫井北町 3-20-10	黒坂英二	042-381-0915
	ＥLGC 株式会社	100-6161	東京都千代田区永田町 2-11-1 山王パークタワー24F	エリックドゥイエ	03-5251-3240
	株式会社 エルコス	325-0114	栃木県那須塩原市戸田 35	横山 是	0287-68-0674
	エルミ化学工業株式会社	188-0013	東京都西東京市向台町 4-22-34	麻田尚孝	042-463-9358
	花王株式会社	103-8210	東京都中央区日本橋茅場町 1-14-10	後藤卓也	03-3660-7246
	花精化学工業株式会社	422-8045	静岡県静岡市駿河区西島 768	松本康政	054-285-3151
	近代化学株式会社	243-0426	神奈川県海老名市門沢橋 3-19-3	岡部達彦	046-238-2508
	株式会社 コア	223-0056	神奈川県横浜市港北区新吉田東 8-44-23	山本亮一	045-546-9000
	香栄化学株式会社	145-0065	東京都大田区東雪谷 5-10-5	間仲 博	03-3727-3335
	株式会社 コスメティック・アイーダ	242-0007	神奈川県大和市中央林間 5-20-5	神谷文夫	046-275-1982
	株式会社 阪本高生堂	112-0014	東京都文京区関口 1-15-12	阪本進作	03-3269-6621
	サクラ産業株式会社	153-0042	東京都目黒区青葉台 4-9-10	塚原正道	03-3782-1219
	資生ケミカル株式会社	350-1335	埼玉県狭山市柏原 418-3	佐々木良逸	04-2900-1000
	資生堂プロフェッショナル株式会社	105-0021	東京都港区東新橋 1-1-16 汐留FSビル7F	花田浩三	03-6218-7977
	ジェックプロダクト株式会社	252-0805	神奈川県藤沢市円行 1-15-2	溝口成一	0466-43-3011
	株式会社 純ケミファ	111-0053	東京都台東区浅草橋 3-20-12	善如寺義郎	03-3863-2865
	株式会社 スイスロワール	357-0053	埼玉県飯能市上畑 231-1	竹本克宏	042-972-5218
	株式会社 タマ美容化学	111-0056	東京都台東区小島 2-18-14	玉暉好子	03-3851-8707
	有限会社 中央理化学研究所	164-0013	東京都中野区弥生町 4-14-11	高梨哲行	03-3381-9834
	株式会社 千代田化学	164-0003	東京都中野区東中野 1-53-19 新千代田ビル	河村恵右	03-3368-7373
	東粧ケミカル株式会社	131-0042	東京都墨田区東墨田 2-19-10	山口拓也	03-3616-1155
	日本美容化学株式会社	104-0061	東京都中央区銀座 3-8-12 銀座ヤマトビル2F	田中秀典	03-6303-6061
	日本ロレアル株式会社	163-1071	東京都新宿区西新宿 3-7-1 新宿パークタワー	ジェローム・ブリュア	03-6911-8461
	株式会社 ニューヘヤー化粧料本舗	101-0042	東京都千代田区神田東松下町 11	古谷龍太郎	03-3256-2621
	株式会社 ヌースフィット	170-0002	東京都豊島区巣鴨 1-23-10	亀ヶ森 統	03-5977-3651
	株式会社 ハピネス	170-0011	東京都豊島区池袋本町 4-12-6	永島敬一郎	03-3484-2073
	株式会社 パーマリンケミカル	143-0011	東京都大田区大森本町 2-7-4	渡辺智則	03-3984-2073
	プロクター・アンド・ギャンブル・ジャパン株式会社	163-1427	東京都新宿区西新宿 3-20-2 東京オペラシティタワー27F	金子雅明	03-6736-5850
	株式会社 百日草ケミカルズ	112-0011	東京都文京区千石 4-26-2	太田昌孝	03-3944-6421
	株式会社 ファインケメティックス	170-0013	東京都豊島区東池袋 3-7-1	北村晋次	03-3980-1801
	ヘンケルジャパン株式会社	140-0002	東京都品川区東品川 2-2-8 スフィアタワー天王洲 14F	玉置 眞	03-5769-6427
	ホリテック株式会社	161-0031	東京都新宿区西落合 1-26-7 ライオンズガーデン哲学堂	堀口貞三	03-3951-7755
	株式会社 ムツナミ	123-0851	東京都足立区梅田 6-18-12	下山俊幸	03-3889-6273
	メリードゥビューティプロダクツ株式会社	169-0073	東京都新宿区百人町 2-23-24	津野田正弘	03-3362-1669
	株式会社ビューティーエクスペリエンス	169-0051	東京都新宿区西早稲田 2-20-15	福井敏浩	03-3208-6000
	株式会社 ヤマノ	151-0053	東京都渋谷区代々木 1-13-8 山野代々木ビル6F	山野彰英	03-3370-0221
	株式会社 ユリカ	131-0042	東京都墨田区東墨田 2-1-9	小泉 一	03-3618-1141
	リアル化学株式会社	170-0005	東京都豊島区南大塚 3-33-1 JR大塚南口ビル9F	岩崎彰宏	03-3986-1651
	株式会社 ルノン化学研究所	273-0003	千葉県船橋市宮本 8-12-7	小林 仁	047-424-3611
	ビーシーエープロダクツ株式会社	150-0001	東京都渋谷区神宮前 2-32-4-801	井上 明	03-5772-3155
■関西	株式会社 アスター美容	518-0131	三重県伊賀市ゆめが丘 7-9-2	高松宏司	0595-21-9827
	株式会社 アモオル	454-0984	愛知県名古屋市中川区供米田 1-917	坂口正代	052-302-6528

日本パーマネントウェーブ液工業組合 事務局

〒169-0075　東京都新宿区高田馬場 1-29-20　安念ビル 7F　TEL 03-6380-2470　FAX 03-6380-2471
http://www.perm.or.jp/　E-mail : info@perm.or.jp

	会社名	〒	住所	代表者	TEL
	アモロス株式会社	535-0031	大阪市旭区高殿 4-22-40	伊藤公裕	06-6955-1900
	イリヤ化学株式会社	464-0853	愛知県名古屋市千種区小松町 6-27	入谷直行	052-741-5550
	株式会社エムビーエス	540-8530	大阪市中央区十二軒町 5-12	武田 武	06-6767-5033
	エルマン薬粧株式会社	791-8012	愛媛県松山市姫原 3-7-51	神崎建次	089-922-3488
	株式会社 近江ケミファー	525-0005	滋賀県草津市志那町 3-4	松本和雄	077-568-1282
	オリオン粧品工業株式会社	564-0036	大阪府吹田市寿町 2-9-13	岸原靖展	06-6383-6641
	関西理研化学株式会社	544-0013	大阪市生野区巽中 3-3-3	里田重興	06-6758-1863
	株式会社 キンバト	544-0012	大阪市生野区巽西 2-5-5	高松欣矢	06-6758-1032
	コタ株式会社	613-0036	京都府久世郡久御山町田井新荒見 77	小田博英	0774-46-7252
	株式会社 サプロス	777-0006	徳島県美馬市穴吹町口山字宮内 291-1	新居享也	0883-56-1187
	株式会社 サンコール	468-0077	愛知県名古屋市天白区八事山 418	今牧宏之	052-832-3101
	大興化成株式会社	536-0007	大阪市城東区成育 1-7-27	築山治夫	06-6934-0381
	タカラベルモント株式会社	542-0083	大阪市中央区東心斎橋 2-1-1	吉川秀隆	06-6211-2831
	玉理化学株式会社	613-0906	京都市伏見区淀新町 607	玉井晟義	075-631-3166
	株式会社 ダリヤ	460-0002	愛知県名古屋市中区丸の内 3-5-24	野々川 大介	052-950-7711
	有限会社 東海薬粧	501-0431	岐阜県本巣郡北方町北方 12	小島英次	058-323-0819
	中野製薬株式会社	607-8141	京都市山科区東野北井ノ上町 6-20	中野耕太郎	075-581-1191
	株式会社ナプラ	535-0031	大阪市旭区高殿 4-16-19	武田政憲	06-6954-1897
	株式会社 鳴尾化学研究所	663-8154	兵庫県西宮市浜甲子園 2-13-18	中村豊彦	0798-41-0392
	株式会社 ナンバースリー	650-0047	神戸市中央区港島南町 7-1-27	浅野全民	078-306-1183
	日華化学株式会社	910-0017	福井県福井市文京 4-23-1	江守幹男	0776-24-0213
	日宏化学薬品株式会社	636-0104	奈良県生駒郡斑鳩町高安 500	淀澤浩一	0745-74-1151
	日本ケミコス株式会社	613-0914	京都市伏見区淀生津町 98-1	衣笠正弘	075-631-1103
	パール化研株式会社	546-0013	大阪市東住吉区湯里 5-17-11	飯田重雄	06-6706-3100
	ファイテン株式会社	604-8152	京都市中京区烏丸通錦小路角手洗水町 678	平田好宏	075-229-7575
	フタバ化学株式会社	555-0022	大阪市西淀川区柏里 2-3-12	山本昌信	06-6471-9480
	ホーユー株式会社	461-8650	愛知県名古屋市東区徳川 1-501	水野真紀夫	052-935-9556
	株式会社 マンダム	540-0015	大阪市中央区十二軒町 5-12	西村元延	06-6767-5001
	三口産業株式会社	543-0013	大阪市天王寺区玉造本町 6-5	三口雅司	06-6761-5636
	株式会社 ミルボン	534-0015	大阪市都島区善源寺町 2-3-35	佐藤龍二	06-6928-2331
	株式会社理創化研	671-1235	姫路市網干区北新在家 250	柳田政弘	079-272-2540
■賛助会員	味の素ヘルシーサプライ株式会社	104-0031	東京都中央区京橋 2-17-11 三栄ビル別館	深山 隆	03-3563-7589
	株式会社 イー・エイチ・ジェイ	180-0003	東京都武蔵野市吉祥寺南町 2-12-11	野呂秀樹	0422-27-7744
	岩瀬コスファ株式会社	541-0045	大阪府大阪市中央区道修町 1-7-11	岩瀬由典	06-6231-3456
	エステートケミカル株式会社	518-0131	三重県伊賀市ゆめが丘 7-6-16	鴻池直弘	0595-24-4552
	小川香料株式会社	103-0023	東京都中央区日本橋本町 4-1-11	小川 裕	03-3270-1720
	ケーアイケミカル株式会社	541-0045	大阪府大阪市中央区道修町 4-4-3	小森 潔	06-6203-2850
	株式会社 コーセー	103-0027	東京都中央区日本橋 3-6-2	小林保清	03-3273-1511
	佐々木化学株式会社	170-0005	東京都豊島区南大塚 3-33-1 JR大塚南口ビル7F	佐々木良逸	03-5944-8400
	山栄化学株式会社	114-0004	東京都北区堀船 1-31-16	井上栄一	03-3927-3311
	株式会社シバハシケミファ	530-0042	大阪府大阪市北区天満橋 3-3-28	大平政義	06-6356-4884
	日本理化学薬品株式会社	103-0023	東京都中央区日本橋本町 4-2-2	磨田大輔	03-3241-3557
	日光ケミカルズ株式会社	103-0002	東京都中央区日本橋馬喰町 1-4-8	関根 茂	03-3662-7055
	理研香料工業株式会社	108-0014	東京都港区芝 5-31-19	永井孝彦	03-5765-5955

パーマの科学 SCIENCE OF PERM

執筆者一覧 ■ 日本パーマネントウェーブ液工業組合

理事長	岩崎彰宏	（リアル化学株式会社）
技術委員長	井上 潔	（株式会社アリミノ）
副委員長	村田賢彦	（資生堂プロフェッショナル株式会社）
副委員長	野町政司	（株式会社ミルボン）
委 員	石原良二	（中野製薬株式会社）
	魚住康裕	（リアル化学株式会社）
	太田垣久美子	（プロクター・アンド・ギャンブル・ジャパン株式会社）
	久世祥代	（タカラベルモント株式会社）
	杉崎 誉	（香栄化学株式会社）
	鈴木智博	（株式会社ファインケメティックス）
	須藤直彦	（ヘンケルジャパン株式会社）
	新美大輔	（日本ロレアル株式会社）
	福士幸子	（近代化学株式会社）
	松長克治	（ホーユー株式会社）
	緑川朋子	（株式会社アリミノ）
	山下純男	（資生ケミカル株式会社）
Editor	細田清行	（新美容出版株式会社）
Design	柚木めぐみ	（新美容出版株式会社）
表紙画像	VikaSuh/Shutterstock	

定価　本体 5,500 円＋税　検印省略

平成 27 年（2015 年）10 月 10 日　第 1 刷発行

著作権者	日本パーマネントウェーブ液工業組合
執筆者	日本パーマネントウェーブ液工業組合　技術委員会
発行所	新美容出版株式会社
	〒106-0031　東京都港区西麻布 1-11-12
	（編集部）TEL：03-5770-7021
	（販売部）TEL：03-5770-1201　FAX：03-5770-1228
	http://www.shinbiyo.com
	振替　00170-1-50321
印刷・製本	太陽印刷工業株式会社

パーマの科学　SCIENCE OF PERM
by JAPAN PERMANENT WAVE LOTION INDUSTRY ASSOCIATION©
本書の無断転載・複写を固く禁じます。